說唱藝術

王志健編著

陳奇祿題

民間文學

文史哲出版社印行

國立中央圖書館出版品預行編目資料

說唱藝術 / 王志健編著. -- 初版. -- 臺北市
: 文史哲, 民８３
面 ; 公分. -- (民間文學 ; 2)
ISBN 957-547-898-3(平裝)

1. 講唱戲曲

982.58　　83010130

② 民間文學

說唱藝術

編著者：王志健
出版者：文史哲出版社
登記證字號：行政院新聞局局版臺業字五三三七號
發行人：彭正雄
發行所：文史哲出版社
印刷者：文史哲出版社
台北市羅斯福路一段七十二巷四號
郵撥〇五一二八八一二彭正雄帳戶
電話：三五一一〇二八

實價新台幣五二〇元

中華民國八十三年十月初版

ISBN 957-547-898-3

說唱藝術 目錄

說唱藝術

開篇

說唱是一個極爲普通的名詞，不需細加解說即可明瞭它的意義。但是說唱到了說唱人的口中，便成了口耳相傳動之以色聲心境，難度極高的技術。將人生各種智識見聞表現出來，傳達給民間百姓，廣大他們的視野胸臆，激盪思想感情，拓展想像空間，乃可稱之爲藝術。所以，說唱也是陶冶大衆性情，美化人生境界一種大衆化的育樂通鑑。說是通鑑，乃因說唱藝術包含的內容極爲富碩，形式極多變化，歷史極爲悠長，藝術極爲高超的緣故。

說唱的內容，略要而言，大的方面包涵了宇宙萬事萬物萬象萬景的繽紛現狀，細而分別，則總攬了民間歌吹，神話志怪，傳奇寓言，歷史文化，地理方志，小說戲曲，民情采風等，其思想則儒道佛相融不悖，其志趣則人神鬼可以溝通，其聲口則呼風喚雨，其絃索則撒豆成兵。集神情於舌辯，化悲喜於娛樂。

說唱藝術的源遠流長，從它發展的痕跡來看，大致可以從時代背景找出它的來龍去脈，也可以測度出世局變幻人事易常，家庭的悲歡離合，愛情的纏綿悱惻。以是而知，說唱的故事情節，多出之於：神話志怪 如山海經諸神：庖犧氏女媧氏神農氏夏后氏蛇身人面牛首虎鼻。穆天子傳中見西王母觴于瑤池之上謂：西王母人類也，虎齒蓬髮勝善嘯。至後世則庖犧女媧不復獸形。西王母來時的情形在漢武帝內傳中形容說：

到夜二更之後，忽見西南如白雲起，鬱然直來，逕趨宮庭，須臾轉近，聞雲中，簫鼓之聲，人馬之響。半食頃，王母至也。縣投殿前，有似鳥集。或駕龍虎，或乘白鱗，或乘白鶴，或乘軒車，或乘天馬。群仙數千，光耀庭宇。既至，從官不復知所在。唯見王母乘紫雲之輦，駕九色斑龍，另有五十天仙，側近鸞輿！皆長丈餘，同執綵旄之節。佩金剛靈璽，戴天眞之冠，咸住殿下。

王母唯扶二侍女上殿。侍女年可十六比，服青綾之袿。容眸流眄，神姿清發，眞美人也。

王母上殿東向坐。著黃金褡襹文采鮮明，光儀淑穆。帶靈飛大綬，腰佩分景之劍，頭上太華髻，戴太眞晨嬰之冠，履玄璚鳳文之鳥。視之可年三十許。修短得中，天姿掩靄，容顏絕世，眞靈人他。

王母變成了莊麗非凡的大美人。

二郎神是李冰的兒子，到了西遊記和封神榜中，他的奇偉英俊，轉變爲人間崇拜的對象。又如牛郎織女的引人同情，因爲他們一年才見一次面，說成故事不免淒艷悱惻。八仙中李鐵枴、鍾離權、藍采和、張果老、何仙姑、呂洞賓、韓湘子、曹國舅，他們每一個人都有一段離奇動人的故事，說起來不離人世的喜怒哀樂，悲歡離合，是性格上的親和力，仁慈感，好像你身邊的叔伯姊妹，兄弟朋友，一點也不陌生，他們不僅行爲上有各自的特點，他們各又有葫蘆、扇子、花藍、道情筒、蓮花、拂塵、寶劍、玉笛、尺板爲隨身標記，遊戲人間，佻達江湖，仁術義行，積德爲善。特別是「呂洞賓三戲白牡丹」，「八仙過海」的故事，是盛傳民間，人所共知的。

民族與鄉土文化的傳承與發揚，於說唱藝術的性質析論是優而爲之的，列子黃帝中有二則故事可爲借鏡，一是商丘開這個人：

> 范氏之上客出行經坰外宿於田更商丘開之舍，中夜禾生子伯二人相與言：子華之名勢能使存者亡亡者存，富者貧貧者富。商丘開先窘於飢寒，潛於牖北聽之，因假糧荷畚之子華之門，子華之門徒皆世族也，縞衣乘軒，緩步闊視，顧見商丘開年老力弱，面目黎黑，衣冠不檢，莫不眲之，既而狎侮欺詒攩㧙挨抌，亡所不爲。商丘開常無慍容，而諸客之技單憊於戲笑，遂與商丘開俱乘高臺，於衆中漫言曰：有能自投下者賞百金，衆皆競應。商丘開以爲信然，遂先投下，形若飛鳥揚於地肌，骨無碼范氏之黨以爲偶然，未詎怪也。因復指河曲之淫隈曰：彼中有寶珠泳可得也，商丘開復從而泳之，既出果得珠焉，衆昉同疑。子華昉令豫肉食衣帛之次。俄而范氏之藏大火，子華曰：若能入火取錦者從所得多少賞若。商丘開往無難色，入火往還埃不漫，身不焦。

范氏之黨以爲有道，乃共謝之曰：吾不知子之有道而誕子，吾不知子之神人而辱子，子其愚我也，子其聾我也，子其盲我也。敢問其道，商丘開曰：吾亡道。雖吾之心亦不知所以，雖然有一於此，試與子言之，曩子二客之宿吾舍也，聞譽范氏之勢能使存者亡，亡者存，富者貧，貧者富。吾誠之無二心，故不遠而來，及來。予以黨之言皆實也，唯恐誠之之不至，行之之不及，不知形體之所措，利害之所存也，心一而已，物亡迕者如斯而已，今昉知子黨之誕我，我內藏猜慮，外矜觀聽，追幸昔日之不焦溺也，怛然內熱。惕然震悸矣，水火豈復可近哉。自此之後，范氏門徒路遇乞兒馬醫弗敢辱也，必下車而揖之。宰我聞之以告仲尼。仲尼曰：汝弗知乎夫，至信之人可以感物也，動天地感鬼神，橫六合而無逆者，豈但履危險入水火而已哉，商丘開信僞物猶不逆，況彼我皆誠哉，小子識之。

信之爲物，是民族與鄉土文化一重心，吾心信其可行，雖移山倒海，必有成功之日。說的就是這個道理。商丘開的技藝以身體來表現，已經達到爐火純青的地步。實因他的心境先已達到信心不移，金石爲開的程度。所以，一意行之，無有不成之理。

又有一則說：

孔子觀於呂梁，懸水三十仞，流沫三十里，黿魚鼉之所不能游也。見一丈夫游之以爲有苦而欲死者也。使弟子並流而承之，數百步而出，被髮行歌而游於棠行。孔子從而問之曰：呂梁懸水三十仞，流沫三十里，黿魚鼉所不能游向，吾見道之以爲有苦而欲

> 死者，使弟子並流將承子，子出而被髮行歌，吾以子爲鬼也，子則人也。請問蹈水有道乎？曰亡，吾無道，吾始乎故長乎性，成乎命，與俱入於汩。偕出從水道而不爲私焉，此吾所以道之也。孔子曰：何謂始乎故長乎性，成乎命也。曰：吾生於陵安於陵故也，長於水而安於水性也，不知吾所以然而然命也。

長於水而安於水性，日日近於水，而忘水之可以溺人，所以順乎其然，就不知道危險，且能神乎其技了。

說唱藝術至於「習相近」日日近而到忘我的地步，他的技術必然身心合一，聲口相繆，達到攀上高峰的地步了。說唱有弦索彈奏的部分，列子湯問中亦有三則故事，是可以錄來印證的。一則是鄭師文向師襄學琴，一則是韓娥的歌聲因哀樂而使人哭笑的情節：

> 瓠巴鼓琴而鳥舞魚躍，鄭師文聞之，棄家從師襄游，柱指鉤弦三年不成章，師襄曰：子可以歸矣。師文舍其琴歎曰：文非弦之不能鉤，非章之不能成，文所存者不在弦，所志者不在聲，內不得於心，外不應於器，故不敢發手而動弦，且小假之以觀其後。無幾何，復見師襄，師襄曰：子之琴何如？師文曰：得之矣，請嘗試之。於是當春而叩商弦以召南呂，涼風忽至，草木成實。乃秋而叩角弦以激夾鍾，溫風徐迴，草木發榮。當夏而叩羽弦以召黃鍾，霜雪交下，川池暴沍。及冬而叩徵弦以激蕤賓，陽光熾烈，堅冰立散。將終命宮而總四弦，則景風翔慶，雲浮甘露，降澧泉涌。師襄乃撫心高蹈曰：微矣子之彈也，雖師曠之清角，鄒衍之吹律，以加之，彼將挾琴執管而從子

後耳。薛譚學謳於秦青，未窮青之技，自謂盡之遂辭歸，秦青弗止，餞於郊衢撫節悲歌聲振林木，響遏行雲，薛譚乃謝求反，終身不敢言歸。秦青顧謂其友曰：昔韓娥東之齊，匱糧過門，鬻歌假食，既去而餘音繞梁欐三日不絕，左右以其人弗去。過逆旅逆旅人辱之。韓娥因曼聲哀哭，一里老幼悲愁，垂涕相對，三日不食，遽而追之，娥還，復爲曼聲長歌，一里老幼喜躍抃舞，弗能自禁，忘向之悲也。乃厚賂發之。故雍門之人至今善歌哭放娥之遺聲。

師文學了三年琴猶不成章，但領悟到了：「文非弦之不能鉤，非章之不能成文，所存者不在弦，所志者不在聲，內不深於心，外不應於器，故不敢發手而動弦」。等到他已經通曉到動弦的訣竅，便能夠化育春夏秋冬，超越師曠之清角，鄒衍之吹律，而更上之，就是神靈所在，莫不揮灑如意了。另一則是兪伯牙與鍾子期的故事：

伯牙善鼓琴，鍾子期善聽。伯牙鼓琴，志在登高山，鍾子期曰：善哉，峨峨兮若泰山。志在流水，鍾子期曰：善哉，洋洋兮若江河。伯牙所念，鍾子期必得之。伯牙游於泰山之陰，卒逢暴雨止於巖下，心悲乃援琴而鼓之，初爲霖雨之操，更造崩山之音，曲每奏，鍾子期輒窮其趣。伯牙乃舍琴而歎曰：善哉、善哉，子之聽夫志，想象猶吾心也，吾於何逃聲哉。

常言：「萬兩黃金容易得，知心一個也難求」。伯牙有子期這樣的知音，自然莫逆於心，流芬千古了。怪不得馮夢龍要把「兪伯牙碎琴謝知音」輯入今古奇觀中了。

孔子項託相問書

孔子項託相問書，雖然是敦煌文庫中的傳本，不論得之於斯坦因，或者是伯希和，那都純粹是民間的文學，項託是不是有其人，在列子湯問中有段孔子東遊，與兩小兒問答的話：

孔子東游，見兩小兒辯鬥，問其故。一兒曰：我以日始出時去人近，而日中時遠也。一兒以日初出遠，而日中時近也。一兒曰：日初出大如車蓋，及日中則如盤盂，此不為遠者小而近者大乎？一兒曰：日初出滄滄涼涼，及其日中，如探湯。此不為近者熱而遠者涼乎？孔子不能決也。兩小兒笑曰，孰為汝多知乎！

關於日出日落的事，問倒了博學於文的孔夫子。巧言令色於他不宜，何況他不苟笑謔，弘毅木納。也許他的「子所雅言：詩，書，執禮：皆雅言也」。這小兒所問的話，是雅言之外的。孔子項託相問書是否由日出日落的問答引出來的，這種相關卻不必說它。在「孔子項託相問書」中，有下面引用的問答，恰如近代的相聲：

……夫子問小兒曰：「汝知何山無石？何水無魚？何門無關？何車無輪？何牛無犢？何馬無駒？何刀無環？何火無煙？何人無婦？何女無夫？何日不足？何日有餘？何雄無雌？何樹無枝？何城無使？何人無字？」小兒答曰：「土山無石。井水無魚。空門無關。轝車無輪。埿牛無犢。木馬無駒。斫刀無環。螢火無煙。仙人無婦。玉女無夫。冬日不足。夏日有餘。孤雄無雌。枯樹無枝。空城無使。小兒無字。……

小兒卻問夫子曰：「鵝鴨何以能浮？鴻鶴何以能鳴？松柏何以冬夏常青？」夫子對曰：「鵝鴨能浮者緣腳足方，鴻鶴能鳴者緣咽項長，松柏冬夏常青者緣心中強。」小兒答曰：「不然也！蝦蟆能鳴，豈猶咽項長？龜鼈能浮，豈猶腳足方？胡竹冬夏常青，豈猶心中強？」夫子問小兒曰：「汝知天高幾許？地厚幾丈？天有幾樑？地有幾柱？風從何來？雨從何起？霜出何邊？露出何處？」小兒答曰：「天地相卻萬萬九千九百九十九里，其地厚薄，以天等同。風出蒼吾，雨出高處，霜出於天，露出百草。天亦無樑，地亦無柱，以四方雲而乃相扶，故與爲柱，有何怪乎？」

這裡問答到了山水門輪，牛馬刀環，煙火夫婦，鵝鴨松柏，天地樑柱，風雨霜露等，其趣味在於融生活的家常，於自然的生機，展示了說話的技巧與能辯。由此引出來明代「歷代故事統宗」卷九的「小兒論」，而於「新編小兒難孔子」（北平打磨廠寶文堂同記書鋪印本），作了極有諧諭性的解說：

……孔子曰：「你知天地之紀綱？陰陽之致中？何左何右？或表或裡？風從何起？雲從何生？天地相去幾萬里？」小兒答曰：「九九八十一，乃天地之紀綱。八九七十二，陰陽之致。山東爲左，山西爲右。山外爲表，山內爲裡。風從地起，雲從山生。天地相去萬萬餘里。」孔子曰：「我與你平卻山河，意下如何？」小兒答曰：「山河不可平。平卻高山，獸無所依；塡卻江湖，魚無所歸；除卻王侯，人多事非；除卻小人，君子是誰？」孔子不言。小兒問聖人：「鵝鴨能以浮水爲何？」孔子曰：「賴他有登水掌，逼水毛，因此浮之。」小兒又曰：「舟船無逼水毛，水上亦能浮之。」孔子不答。小兒又問曰：「松柏爲何冬夏常青？」孔子曰：「賴他心實精脈飽滿，所以冬夏常青。」小兒又問曰：「竹竿心空，心又不實，冬夏也常青。」孔子不答。小兒又問曰：「公雞因何能鳴？」孔子曰：「賴他頸長，因此能鳴。」小兒又曰：「哈蟆頸短何亦鳴？」孔子不答。小兒又曰：「天上明明有多少星？」孔子曰：「吾與你眼前之事，何必論天地？」「就問你眉毛髮有多少數？」聖人無言可答。連忙下車來接。

後面印本中的問答是從前面變文引申出來而流行的說唱本子。台灣有一種「孔子項橐論歌」是台南州嘉義市捷發書店發行的七言唱本，由王賢德改作的。

項託與項橐是一個人嗎？按「史記·索隱」注：

> 橐，音託。

「論衡。實知篇」：

> 夫項託年七歲教孔子。案七歲未入小學，而教孔子，性自知也。孔子曰：「生而知之上也，學而知之其次也。」夫言生而知之，不言學問，謂若項託之類也。

王充說：項橐是春秋時代人，天性奇慧。生七歲，窮難孔子而爲之師。

七歲奇慧的項橐，是天生智慧奇高，好像是在和孔子討論問題答辯時，弄的木納的孔夫子辭窮，所以，劉向在「戰國策」編輯「雜事」篇中也說：

秦項橐，七歲爲聖人師。

「孔子項託相問書」爲說唱文學開啓了一扇門。後來，晏子與梁王問答，有似一脈相承的辯難，看了，也不禁會讓我們發出會心之微笑的。

荀子成相的啟示

荀子爲了宣傳他的「性惡」之說在「成相篇」開頭作了一小段唱詞：

請成相，世之殃；
愚暗愚暗墮賢良！
人主無賢，如瞽無相何倀倀！

相是什麼呢？是古代人們春米的工具，像杵。我們現在看見原住民跳舞唱歌時手裡拿的杵，就是春秋戰國時的相。以相舂米，產生節拍，人們勞動唱歌如船夫的縴歌，工人的號子，農夫的秧歌，滑竿的應歌。相因此變成了民歌中手鼓之類的節拍的通稱。講成相的意思，就是請大家來聽我的說唱，世間上最大的災禍，莫過於那些愚昧昏暗暴戾無道的惡徒陷害賢德的忠良！一國的主上，失去了忠貞剛直的賢臣指引國家的道路，那就像瞎子不知道要往那條路上去！這是何等危險呀！

從「成相篇」的開場白中，使我們看出來說唱藝術的一個開端。這一開端也可說是「入話」，就其節拍來說，它的聲音好像歌者「搏拊而唱」，又引出來「負鼓盲翁正作場」的味道。在本節中，復有相對的說詞，如講史，評論到：桀紂失國，武王建業，比干死，箕子出，伍子胥、百里奚、孔夫子的遭遇，夾叙夾議，說理抒情，以三三七的句式，作說唱的表演，頗像後世的蓮花落，只是少了鼓板道情筒，加上單弦和琵琶，吟誦唱腔，便成了「成相曲」。

民間文學：說唱藝術　12

漢唐說唱藝術

講經譯經與俗講

講經

寺廟興建

佛教之東來，當在漢張騫鑿空萬里通西域之後，先有摩訶兜勒之樂曲，後有琵琶之傳播。東漢南北朝佛經的翻譯盛行，佛教的宣導一日千里，佛典之翻譯如滾雪球，越翻越多，由幾卷到幾十卷，人間何止三千大千世界，相何止我相人相衆生相壽者相，地獄何止十八層，人間如恆河沙數，如微塵。佛典的翻譯因經典不斷進來，幾十部幾萬部推積如山，以大藏經而言，就有三千六百七十三部，一萬五千六百八十二卷。而唐朝佛塔的興建，隨之遍及全國各地，塔勢高聳藍空，寺廟廣及城鄉，杜牧「江南秋絕句」：

千里鶯啼綠映紅，水村山郭酒旗風；

南朝四百八十寺，多少樓臺煙雨中。

樓臺煙雨中的佛塔，更不計其數。北國除了佛塔寺廟，石窟更把雕塑藝術發揮的淋離盡緻，鬼斧神工，何異天之創造。我們看鳩摩羅什譯「妙法蓮華經」中一段；教導民間信從佛教，供養諸佛：

爾時世尊，復告諸比丘衆。我今語汝。是大迦旃延。於當來世，以諸供具，供養奉事八千億佛。恭敬尊重。諸佛滅後。各起塔廟，高千由旬。縱廣正等五百由旬。以金銀瑠璃，硨磲碼碯。眞珠玫瑰，七寶合成。衆華瓔珞塗香末香燒香，繒蓋幢旛，供養塔廟。過是已後。當復供養二萬億佛，亦復如是。供養是諸佛已，具菩薩道，當得作佛。號曰閻浮那提金光如來，應供正徧知，明行足，善逝。世間解，無上士調御丈夫，天人師，佛世尊，其土平正。玻瓈爲地。寶樹莊嚴。黃金爲繩。以界道側。妙華覆地，周徧清淨。見者歡喜。無四惡道。地獄，餓鬼，畜生，阿修羅道。多有天人諸聲聞衆，及諸菩薩無量萬億莊嚴其國。佛壽十二小劫。正法住世二十小劫。像法亦住，二十小劫。爾時世尊欲重宣此義而說偈言。

諸比丘衆　皆一心聽　如我所說　眞實無異　是迦旃延　當以種種　妙好供具
供養諸佛　諸佛滅後　起七寶塔　亦以華香　供養舍利　其最後身　得佛智慧
成等正覺　國土清淨　度脫無量　萬億衆生　皆爲十方　之所供養　佛之光明
無能勝者　其佛號曰　閻浮金光　菩薩聲聞　斷一切有　無量無數　莊嚴其國

爾時世尊復告大衆。我今語汝。是大目犍連。當以種種供具，供養八千諸佛。恭敬尊重。諸佛滅後，各起塔廟高千由旬。縱廣正等五百由旬。以金銀瑠璃硨磲碼碯，眞珠玫瑰，七寶合成。衆華瓔珞，塗香末香燒香。繒蓋幢旛，以用供養。過是已後。當復供養二百萬億諸佛，亦復如是。當得成佛。號曰多摩羅跋栴檀香如來，應供，正徧知，明行足，善逝，世間解，無上士調御丈夫，天人師，佛，世尊。劫名喜滿。國名意樂。其土平正。玻瓈爲地。寶樹莊嚴。散眞珠華，周徧清淨。見者歡喜。多諸天人。菩薩聲聞，其數無量。佛壽二十四小劫。正法住世，四十小劫。像法亦住，四十小劫。爾時世尊欲重宣此義，而說偈言。

我此弟子　大目犍連　捨是身已　得見八千　二百萬億　諸佛世尊　爲佛道故
供養恭敬　於諸佛所　常修梵行　於無量劫　奉持佛法　諸佛滅後　起七寶塔
長表金刹　華香伎樂　而以供養　諸佛塔廟　漸漸具足　菩薩道已　於意樂國
而得作佛　號多摩羅　旃檀之香　其佛壽命　二十四劫　常爲天人　演說佛道
聲聞無量　如恆河沙　三明六通　有大威德　菩薩無數　志固精進　於佛智慧
皆不退轉　佛滅度後　正法當住　四十小劫　像法亦爾　我諸弟子　威德具足
其數五百　皆當授記　於未來世　咸得成佛　我及汝等　宿世因緣　吾今當說
汝等善聽　寺塔興建

其中佛言奉持佛法，供養諸佛塔廟，設備的華麗，建築的宏偉，演說佛道，威德莊嚴，在在頌讚塔廟的崇高偉大。唐段成式「酉陽雜俎續集」有「寺塔記」卷五卷六上下篇略要如下；可知當時寺塔興建的一些情況：

寺塔記

東禪院亦曰木塔院，院門北西廊五壁，吳道玄弟子釋思道畫釋梵八部，不施彩色，尚有典型。

光明寺中鬼子母及文惠太子塑像舉止態度如生，工名李岫。

常樂坊趙景公寺隋開皇三年置本曰弘善寺，十八年改焉。南中三門裡東壁上吳道玄白畫地獄。筆力勁怒，變狀陰怪，睹之不覺毛戴，吳畫中得意處。

三階院西廊下范長壽畫西方變及十六對事寶池，池中龍妙絕，諦視之覺水入深壁，院門上白畫樹石，頗似閻立德，予攜立德行天祠粉本驗之無異。

西中三門內門南吳生畫龍及刷天王鬚筆跡如鐵，有執爐天女竊眸欲語。

大同坊靈華寺觀音堂中構大坊爲壁，本邵武宗畫，不知何以稱聖畫。

道政坊寶應寺韓幹藍田人，少時嘗爲貰酒家送酒，王右丞兄弟未遇忽一貰酒漫遊，幹嘗徵債于王家，戲畫地爲人馬右丞精思丹青，奇其意趣，乃歲與錢二萬令幹畫十餘年，今寺中釋梵天女悉齊公妓小小等寫眞也，寺中有幹畫下生嗔彌勒衣紫袈裟，右邊仰面菩薩及二獅子尤入神。

曼殊院東廊，大曆中畫人陳子昂畫廷下象馬人物一時之妙也，及簷前額上有相觀法，法擬韓滉同，西廊有劉整畫雙松亦不循常轍。

平康坊菩提寺佛殿東西障日，及諸柱上圖畫是東廊跡舊，鄭法士畫，開元中因屋壞移入大佛殿内槽北壁。

食堂東壁上吳道玄畫智度論色偈，變揭吳自題筆跡道勁，如磔鬼神毛髮，次堵畫禮骨仙人天衣飛揚，滿殿風動。

佛殿内槽後壁面吳道玄畫消災經事，樹石古險。

佛殿内槽東壁維摩變舍利弗角而轉睞。

故興元鄭公堂書題北壁僧院詩曰：但慮彩色污，無虞臂胛肥，置寺碑陰雕飾奇巧，相傳法士所起樣也，初會覺上人以施利起宅十餘畝，工畢釀酒，百石列缾瓮于兩廡下。引吳道玄觀之，因謂曰：檀越爲我畫以是賞之，吳生嗜酒且利其多，欣然而許。予以蹤鉉似不及景公寺畫中三門内東間塑神。善繼云：是吳生弟子王耐兒之工也。

普賢堂本天后梳洗堂中尉遲畫頗有奇處，四壁畫像及脱皮白骨匠意極險，又變形三魔女身若出壁，又佛圓光均彩相錯亂目，宣陽坊静域寺本太穆皇后宅，禪院門内外遊目記云：王昭隱畫門西裡面，和修吉龍王有靈。門内之西火目藥叉及北方天王甚奇猛，門東裡面賢門夜叉部落首上蟠蛇汗煙可懼，西廊萬壽菩院門裡南壁皇甫軫畫鬼神，及雕形勢若軫脱，與吳道玄同時，吳以其藝逼己，募人殺之。萬菩薩堂三門外畫亦是皇甫軫跡也。

睿宗聖容院門外鬼神數壁自內移來，畫跡甚奇，鬼所執野雞似覺毛起，庫院鬼子母貞元中李眞畫，往往得長史規矩，把鏡者尤工。

崇聖坊資聖寺淨土院門外相傳吳生一夕秉燭醉畫，就中戟手視之惡駭，院門裡盧楞伽畫，盧常學吳勢，吳亦授以手訣，乃畫總持三門寺方半，吳大賞之曰：楞伽不得心訣，用思大苦，其能久乎，畫畢而卒。中門門窗間吳畫高僧，中三門外兩面上層不知何人畫，人物頗類閻令，寺中西廊北偶楊坦畫近塔天女明睇將瞬。

團塔院北堂有鐵觀音高三丈餘，觀音院兩廊四十二賢聖韓畫，團塔上菩薩李眞畫，四面花鳥邊鸞畫。

段成式多談壁畫，如韓幹爲酒家貰酒王右丞（維）兄弟（縉），畫地爲人馬，寶應寺中釋梵天女，生嗔彌勒，仰面菩薩及二獅子尤入神。吳道子（玄）火目夜叉，北方天王，夜叉部落鬼首土蟠蛇等，皇甫軫畫鬼神及雕形勢若脫等。又言吳自題筆跡遒動如磔，佛敎內鬼神毛髮次堵畫禮骨仙人，天衣飛揚，滿殿風動，皆可謂畫工之傑作。是將古建築與藝術相結合，年代雖久遠，仍令人嘆爲觀止。

「洛陽伽藍記」爲拓跋魏楊衒之所錄各寺院之建立及寺廟有關浮園寺景，生禪誦經，亦有石經銘文，碑表神靈之事，並錄於此：

洛陽伽藍記　拓跋魏楊衒之

永寧寺熙平元年，靈太后胡氏所立也，寺中有九層浮圖，去地千尺，去京師百里已遙遥見之，時有西域沙門菩提達摩者波斯國胡人也，來遊中土。自云年一百五十歲，歷涉諸國。而此寺精麗閻浮所無也，極佛境界，亦未有此。永熙三年二月浮圖爲火所燒，火經三月不滅，有入地柱火尋柱周年，猶存煙氣，其年五月中有人從象郡來云：見浮圖於海中俄然霧起遂隱。

建中寺普泰元年尚書令樂平王爾朱世隆所立也，本是閹官司空劉騰宅，屋宇奢侈一里之間，廊廡充溢，騰已物故，太后追思騰罪發墓殘尸。以宅賜高陽王雍，雍薨太原王爾朱榮停舔其本，榮被誅，堂書令樂平王爾朱世隆爲榮追福以爲寺。

長秋寺劉騰所立也，騰初爲長秋卿因以爲名。

瑤光寺世宗宣武皇帝所立，椒房嬪御學道之所，掖廷美人並在其中，亦有名族處女性愛道揚，落髮辭親來儀此寺，爾朱兆入洛陽，縱兵大掠時有秀容，胡騎入寺婬穢，自後頗獲譏訕，京師語曰：洛陽女兒急作髻，瑤光寺尼奪作婿。

景樂寺太傅清 河文獻王懌所立也，佛殿妙冠一時，堂廡周環曲房連接，至於六齋常設女樂，以是尼寺丈夫不得入，往觀音者以爲至天堂。

昭儀尼寺閹官等所立也。太后臨朝，閹寺專寵宦者之家，金玉滿堂。是以蕭忻云：高軒斗升者閹官之嫠婦，胡馬鳴珂者莫非黃門之養息也。忻陽平人因即知名爲治書侍御史，寺有池是晉侍中石崇家池，池南有綠珠樓。

願會寺中書侍郎王翊捨宅立也，佛堂前桑樹一株如羽蓋，五重，道俗謂之神桑。觀者成市，帝聞而惡之，命給事中黃門侍郎元紀殺伐之，斧之處，血流至地。
胡統寺太后從姑所立也，入道爲尼自居此寺。
修梵寺有金剛，鳩鴿不入，鳥雀不棲。
嵩明寺亦是名寺也。
景林寺在開陽門內實爲勝地。
明懸尼寺彭城武宣王勰所立也。
光明寺苞信縣令段暉宅也，段暉宅下常聞鐘磬聲，時有光明，掘得金像一軀高三尺，遂捨宅爲寺。
龍華寺宿衛羽林虎賁所立也，有鐘撞之聞五十里，初蕭衍子豫章王蕭綜來降，造聽鐘歌三首。綜字世纘，僞齊昏主寶卷遺腹子，衍認爲子。綜歸我聖闕，更改名曰纘字。世務封丹陽王，尚莊帝姊壽陽長公主字莒犂，容色美麗。後除徐州刺史。及京師傾覆，綜棄州北走，世隆追取公主。主至洛陽，逼之，公主罵曰：胡狗敢辱天王女乎，我寧受劍而死，終不爲逆胡所汙也。世隆怒縊殺之。
瓔珞寺在建春門外即中朝時白社地。
宗聖寺有像一軀高三丈八尺，端嚴殊特相好畢備，士庶瞻仰目不暫瞬。
崇眞寺比丘惠凝死七日還活，經閻羅王檢閱以錯名放免，惠凝具說過去之時，有五比丘同閱，一比丘云：是寶名寺智聖雜禪苦行得升天堂。一比丘是般若寺道品以誦四十卷，涅槃亦升天堂。一比丘是融覺寺曇謨最，講涅槃華嚴領衆千人。閻羅王云：講經者心懷彼我，以驕凌物，比丘第一麄行，今惟試坐禪誦經不問講經，曇謨最曰：立身以來惟好講經，實不闇誦。閻羅王付司即有青衣十人送曇謨，最向黑北門，屋舍皆異似非好處。一比丘是禪林寺道弘，自云：教化四輩檀越，造一切經人中像十軀。閻羅王曰：沙門之體必須攝心守道，志在禪誦，不干世事，不作有爲雖造作經像，正欲得他人財物，貪心既起，既懷貪心，便是三毒不除，具足煩惱，亦付司。仍與曇謨最同入黑門。一比丘是靈覺寺寶明，自云：出家之前常作隴西太守造靈覺寺成，即棄官入道，雖不禪誦，禮拜不闕。閻羅王曰：卿作太守之日，曲理枉法劫奪民財假作此寺，非卿之力何勞說此，亦付司青衣送入黑門。太后聞遣黃門侍郎徐紇依惠凝所說訪問，皆實議曰：人死定有罪福，即請坐禪會，一百人常在殿內供養之詔，不聽講經，惠凝亦入白鹿山小隱修道，出建春門外一里餘，石橋南牛馬市，刑嵇康之所也。橋北綏民里有河間劉宣明宅，神龜年以直諫忤時，斬於都市，斬訖目不瞑，尸行百步，時人談以枉死。

魏昌尼寺閹官瀛州刺史李次壽所立也，景興尼寺亦閹官所共立也。

建陽里東綏民里內洛陽縣綏民里東宗義里內京兆人杜子休宅。時有逸士趙逸云：是晉武時人晉朝舊事多所記錄，正光初來至京師見子休宅，嘆息曰：此宅中朝時太康寺也，人未之信，鄉逸云：王濬平吳之後始立此寺，本有三層浮圖用甎數十萬，並有石銘，乃晉太康六年儀同三司襄陽侯王濬造，乃服逸言號爲聖人，遂捨宅爲靈應寺，好事者遂尋逸問晉朝京師何如，今日逸曰：晉時民少於今日，王侯第宅與今日相似。又云：永嘉已來二百餘年建國稱王者十有六君，吾皆遊其都邑，目見其事，國滅後觀其史書，皆非實錄，莫不推過於引善自向。苻生雖好勇嗜酒亦仁而不殺，觀其治典，未爲凶暴，及詳其史，天下之惡皆歸苻堅，自是賢主賊臣取位妄書君惡，諸史官皆是類也，人皆是類也人皆遺遠賤近以爲信然，當今之人亦生愚死智惑已甚矣，問其故，逸曰：生時中庸之人耳，及死也，碑文墓誌莫不窮天地之大德，盡生民之能事，爲君共堯、舜連英爲臣，與伊周等跡牧民之臣，浮虎慕其清塵執法之吏埋輪謝其梗直，所謂生爲盜跖，死爲夷齊。妄言傷正華詞損實，當時構文之士，慚逸此言，汝南王聞而異之，拜爲義父，因而問何所服餌以致長年，逸曰：吾不聞養生，自然長壽，郭璞嘗爲吾筮云壽年五百歲，今始愈半常給步挽車一乘遊於市里，所經之處多記舊跡，三年已後遁去，莫知所在莊嚴寺在東陽門外一里。

秦太上君寺胡太后之所立也，太后正號崇訓，母儀天下號父爲秦太上君，母爲秦太上后，爲母追福，因以名焉。寺在暉文里之內，有太傅李延實宅，趙逸曰：是蜀主劉禪宅，延實莊帝舅也，除青州刺史辭去，帝謂曰：懷磚之俗，世號難治，舅宜好用心副朝廷所委。時黃門侍郎楊寬在帝側不曉懷磚之義，私問舍人溫子昇，子昇曰：齊之民風俗淺薄虛，論高談專，在榮利太守初欲入境皆懷磚叩頭，以美其意，及其代下還家以磚擊之，言其向背，速於反掌，是以京師謠曰：獄中無繫囚，舍內無青州，假令家道惡，腸中不懷愁，懷磚之義，起在於此也。

正始寺百官等所立也，正始年中立因以爲名。

平等寺廣平武穆王懷捨宅所立也，寺門外金像一軀高二丈八尺，國之吉凶先炳祥異，孝昌三年十二月中，此像面有悲容，兩目垂泪，偏體皆溼，時人號曰：佛汗京師士女空市里往觀之，有比丘以綿拭其泪，須臾之間綿溼都盡，更以他綿，俄然復溼如此三日乃止。明年四月爾朱榮入洛陽，誅戮百官，死亡塗地。永安二年三月此像復汗，五月北海王入洛陽，莊帝北巡，七月北海大敗，所將江淮子弟五千盡被俘虜，三年七月此像悲泣如初，十二月爾朱兆入洛陽擒莊帝，帝崩於晉陽。京殿空虛，百日無主，永熙元年平陽王入纂大業，始造五層塔一所，平陽武穆少子二年二月土木畢工，帝率百官作萬人齋會，寺門外石像自動低復舉竟乃止，中書舍人盧景宣曰：石立社移也，七月帝爲侍中斛斯椿所使，奔於長安，十月京師遷鄴焉。

景寧寺太保司徒公陽椿所立也，在景寧里椿創屋此里遂分宅。爲寺，普泰中爲爾朱世隆所誅，後捨宅爲建中寺。

殖貨里民劉胡兄弟四人以屠爲業，永安中胡殺豬，豬忽唱乞命，胡即捨宅爲歸覺寺。普泰元年金像生毛，眉髮悉皆具足，尚書左丞魏季景謂人曰：張天錫有此事其國遂滅，此亦不祥之徵矣，明年廣陵被廢死焉。

景明寺宣武皇帝所立伽藍之妙書最爲稱首，時世好崇福，四月七日京師諸像皆來此寺，堂書祠曹錄名一千餘軀，有至八日以次入宣陽門，向閶闔宮前受皇帝散花。

大統寺在景明寺西，每夜見赤光行堂前，掘地得黃金百斤。銘云：蘇秦家金得者爲吾造功德，俗遂造招福寺，世謂此地是蘇泰舊宅，衒之案：蘇泰時未有佛法功德者，不必是寺應是碑銘之類頌其聲績也。

秦太公二寺西寺太后立，東寺皇姨造，並爲父追福，因以名之，時人號爲雙女寺。

報德寺高祖孝文皇帝所立也，爲馮太后追福，在開陽門外三里，開陽門御道，東有漢國子學堂，堂前三種，字石經二十五碑表裡刻之，寫春秋堂書二部，作篆科斗隸三種，字漢右中郎將蔡邕筆也。猶有十八碑，餘皆殘毀，復有石碑八十八枚，亦表裡隸書寫周易尚書公羊論語四部，又讚學碑一所，並在堂前。魏文帝作典論六碑，至太和十七年猶有四。高祖題爲勸學里，里內有大覺三寶寧遠三寺，武定四年大將軍遷石經於鄴，周園有珍果出焉，有含消梨重十斤從樹著地盡化爲水。

王覺寺尚書令王肅所立也。

龍華寺廣陵王所立也。

追聖寺北海王所立也。

菩提寺西域胡人所立也。

崇虛寺即漢之躍龍園也。

沖覺寺太傅清河王懌捨宅所立也。

宣忠寺侍中司州牧城陽王徽所立也。

王典御寺閹官王桃湯所立也，時閹官伽藍皆爲尼寺，惟桃湯獨造僧寺，世人稱之。

白馬寺漢明帝所立也，佛入中國之始，時白馬負經而來，因以爲名。浮圖前柰林蒲萄異於餘處，柰林實重七斤，蒲萄實偉於棗。

光寶寺趙逸曰：晉朝石塔寺今爲光寶寺也，人問其故曰：晉朝三十二寺盡皆煙滅，唯此獨存。

法雲寺西域烏陽國胡沙門曇摩羅所立也，祕呪枯樹能生枝葉呪人變爲驢馬。

靈仙寺比丘道恆立也。

開善寺京兆人韋英宅也，英蚤卒。其妻梁氏不治喪而嫁河內人向子集爲夫仍居英宅，英白日來歸乘馬將數人至於庭前曰：阿梁卿忘我也，子集驚怖，張弓射之，應箭而倒，即變爲桃人，乘馬從者盡爲蒲艾，梁氏惶懼，捨宅爲寺。

追先寺侍中尚書令東平王略之宅也。

融覺寺清河文獻王懌所立也。

大覺寺廣平王懷捨宅所立也。

永明寺宣武皇帝所立也。

禪靈寺在大夏門御道西。

凝玄寺閹官濟州刺史賈璨所立也。

中述龍華寺一則中言莊帝子壽陽公主字莒有殊色，京師傾覆，世隆追至洛陽，公主大罵：「胡狗敢辱天王女乎？我寧受劍而死，終不爲逆有所汙也。」其言虎虎生色，雖死猶生，是女公主也是女丈夫，較諸棄州而逃者，有涇渭之別。

崇眞寺惠凝死而復生及智聖坐禪，曇謨最講經等，雖雜有閻羅死生之事，及其言：「沙門之體，必須攝心守道，志在禪誦，不干世事。」又說：「欲得他人財物，貪心即起，即懷貪心，便是三毒不除。」用閻羅王的話，來戒寺廟貪財。重要的是：這裡說到坐禪講經的事。

又有一則太上君寺內談「懷磚之義」言「齊土之民，風俗淺薄，虛論高談，專在榮利」。此爲當時一種儆薄的習氣，榮利太守初欲入境，「皆壞磚叩頭，以美其意。」京師歌謠：「獄中無繫囚，舍內無青州，假令家道惡，腸中不懷愁」。所指家道惡，意思是指貧寒之家，不做奸犯科，過的也心安理得。

平等寺金像流淚，低頭預兆洛陽入寇，黎民遭殃，如實有其事，事屬怪異，恐怕今世的科學也是無法加以解釋的。亂世之時，種種傳說流行，有可信的，也有不可信的，有可入史者，有屬野史者。以佛法而言，人間的治亂是神，皆應以慈悲，智慧的生命應對。

以上所述佛教的屢建寺塔，只不過是其行教的一部分，是若干故事的珍藏。若論其對俗文學說唱藝術的影響，尙有足多闡述之處，猶待繼續於後面補充。

樂曲佐助

文學的熏染，對說唱藝術來說，是顯而易見的。

叙事體的詩中，「孔雀東南飛」、「木蘭辭」、「陌上桑」司馬相如「鳳求鳳」是一例，「長恨歌」、「琵琶行」又是一例。「羽林郎」、「秦女休」、「胡笳十八拍」、「秦婦吟」也是一例。到了崔護的「人面桃花」，劉禹錫的「桃花劉郎」、韓翊的「章台柳」、杜牧的「綠葉成陰」等等，無不可成爲說唱藝術言情的內容。因爲詩的體裁進入說唱的天地，無七言，三、四、五，甚至九、十一言的可歌可頌的詩句，即無有節奏感的東西，在其開場白與結尾，及散文中間起了波浪起伏的悅耳的聲調，而增加了說唱藝術抑揚頓挫，剛柔並濟的聲調，使說唱進入了一個新的境界，加以三弦，琵琶與弦索絲竹的伴奏，乃能結合說話歌唱與樂曲，達成了「此曲（說）祇應天上有，人間那得幾回聞」的地步。（杜甫：贈花卿）

一般談到說唱藝術，涉及樂曲者不多，事實上詩歌樂曲的合流，才能使說唱藝術歷久不衰，因爲它的陪襯之功不可沒。段安節（段成式之子）「樂府雜錄」記載部分，可以做爲說唱藝術合樂而歌的一種參證：（見說郛卷三）

雅樂部　雲韶部　清樂部　鼓吹部

驅儺用方相四人戴冠及面具，黄金爲四目，衣熊裘執戈揚楯口作儺儺之聲。以逐疫也，又十二人皆朱髮衣白畫衣各執麻鞭，蓋辮麻爲之長數尺，振之聲甚厲，乃呼神名，倀子五百小兒爲之衣朱褶青襦戴面具，以晦日於紫宸殿前儺張宮縣樂。

熊羆部　鼓架部　龜茲部

胡部　歌　舞　夷部樂

俳優開元中，黃幡綽，張野狐弄參軍，始自後漢館陶令石耽有贓犯，孝和惜其才免罪，每晏樂即令衣白夾衫，命優伶戲弄之辱之，終年乃復故爲參軍。開元中李仙鶴善此戲，明皇特授李仙鶴正參軍，以食其俸。武宗朝有曹叔度，劉泉，水殊妙，咸通以來，有范傳康，上官唐卿，呂敬敬三人弄假婦人。大中以來有孫乾飯、劉璃瓶，近者郭外春，孫有熊，僖宗幸蜀時，戲中有劉眞者尤能，後乃隨駕入京，籍於教坊弄婆羅門，大和初有康迺米，禾嫁米、萬摣，近年有李伯魁、石瑤山也。

夷樂部　扶南　高昌等

琵琶　箏　箜篌　笙　笛　觱栗　琴　羯鼓　拍板

安公子始自煬帝將幸江都時，有樂工於笛中吹其父病於臥。內聞之乃問其子曰：何得此曲，對曰：宮中新翻也，父欷歔謂其子曰：宮曰君商曰臣宮聲往而不返，大駕東巡必不還矣，汝可託疾勿去也，其精鑒如此。

黃驄疊太宗定中原所乘戰馬也，後遇征遼馬斃，上歎息乃命樂工撰此曲。

離別難天后朝一士人陷冤獄其妻配入掖庭，善吹觱栗撰此曲以寄哀情，始名大郎神，蓋取良人行第也，旲人知遂易名悲切子，終號怨回鶻。

夜半樂明皇自潞州入平，内難正半夜斬長樂門關引兵入宮，翦逆人遂撰此曲。

還京樂　雨霖鈴明皇自蜀反正樂人張野狐所製。

康老子即長安富家子落魄不事生計，常與國樂遊處，一旦家產蕩盡偶一老嫗，持舊錦褥貨鬻，乃以半千獲之，尋有波斯見大驚謂康曰：何處得此至寶也，是冰蠶絲所織，暑月陳於座可致一室清涼，即酬千萬康得之還與國樂追歡，不經年復盡，康卒，樂人歎之，遂製此曲，亦名得至寶。亦曰：得寶子，明皇初納太眞喜謂後宮曰：得楊氏女如得至寶，亦製曲名得寶子。

文溆子長慶中俗講僧文溆善吟經，樂工黃米飯狀其念四聲觀世音而撰此曲。

望江南朱崖太尉鎮浙江日，爲亡妓謝秋娘所撰，本名謝秋娘後亦名曰望江南。

楊柳枝白傳閑居洛邑時作後入教坊。

傾杯樂宣宗善吹蘆管，自製此曲，有數聲不均，上初捻管命俳兒辛骨柮拍不中，上瞑目囑之，骨柮憂懼，一旦而殞。

道調子懿宗命樂工敬納吹觱栗初弄道調上謂是曲乃誤拍，之敬納乃隨拍撰成此曲。

傀儡子自昔傳云起於漢祖在平城爲突厥所圍其城，一面即突厥，妻閼支氏兵強於三面，壘中絕食。陳平方知閼支氏妒忌，即造木偶人運機關舞於陴間，閼支氏望見謂是生人，慮其下城突厥必納妓女，遂退軍。高祖乃脱禍出，史但云：陳平以祕計免之，蓋鄙其策下耳。後樂家翻爲其引歌舞，郭郎者髮正髡，善優笑、里閭呼爲郭郎，凡戲場在俳兒之首也。

別樂儀識五音輪二十八調，舜時調八音，用金石絲竹，匏土革木計用八百般樂器。周時用宮商角徵羽製五音，成樂器至五百般，直至唐時又減樂器三百般，太宗朝三百般樂器內挑絲爲胡部，宮商角羽並分平上去入四聲，其徵音有其聲而無其調。

平聲乃七調　第一運中宮調，第二運羽平調，第三運南呂調，第四運仙呂調，第五運黃鐘調，第六運般涉調，第七運高般，調上聲角七調　第一運越角調、大石角調、高大食角調、雙角調、小食角調、揭指角調、林鐘角調。

去聲宮七調　正宮調、高宮調、中呂宮調、道宮調、南呂宮調、仙呂宮調、黃鐘宮調

入聲商七調　越調、大食調、高大食調、雙調、小食調、歇指調、林鐘調。

上平聲犯下平聲犯下聲爲徵聲，商角用宮遂羽。

右件二十八調，琵琶二十四調方得足五絲五本，共應二十八調本，笙二十八調本外別有二十本，管中調初制胡部元無方響，只有竹絲，緣方響不應諸調，有直拔聲，太宗於庫內別取一片鐵有似方響，下於中呂調，頭一韻名大呂，應高般涉調頭，方得應二十八調，箏只有宮商角羽四調，臨時移柱應二十八調。

歌者樂之聲，故絲不如竹，竹不如肉，古之能者韓娥，李延年、莫愁，善歌者必先調其氣，氤氳自臍間，出至喉乃噫其調，即分抗墜之音，可致遏雲響谷之妙。開元中內人許子和，吉州永新縣樂家女也。入宮因名永新，能變新聲，高秋朗月喉轉一聲，響

傳九陌。一日大酺於勤政樓，萬衆諠譁莫得聞龍魚百戲之音，永新乃撩鬢舉袂直奏慢聲，廣場寂寂無一人。漁陽之亂，六宮星散，永新爲一士人所得，後士人卒，遂落風塵，臨卒謂其母曰：阿母錢樹子倒矣。

大曆中張紅紅本與其父唱歌，丐於衢路韋青納爲姬。嘗有樂工撰新聲，未進先即可於青，青潛令紅紅聽於屏後，以小荳數合記其拍，歌罷青入問之云：已唱得矣，青出紿云：某有女弟子久曾唱此，非新曲也，隔屏唱之一聲不失，敬宗召入宮，宮中號記曲娘子，韋青卒，紅奏云：妾本風塵丐者，致身入內，不忍忘其恩，一慟而絕。

拍板本無譜，黃幡綽造譜，紙上畫兩耳進之，但有耳道，即無節奏。

其中談到韓娥、李延年、莫愁、許子和之歌。「善歌者必先調其氣，氤氳自臍間出，至喉乃噫，其調節分抗墜之音，可致遏雲響谷之妙」。所說樂理甚合今日聲樂家呼吸發聲的要訣。又言各種樂器、曲調、樂工並及傀儡木偶之類，對說唱藝術也有相關的地方，可做爲一種民間文藝進步的參考。

關於琴瑟之歌如俞伯牙之琴，高漸離之筑，見之於「史記」及於其可歌可泣之史蹟。「西京雜記」中，說：

高帝戚夫人善鼓瑟擊筑，帝常擁夫人倚瑟而絃歌。畢每泣下流漣。夫人善爲翹袖押腰之舞，歌出塞入塞望歸之曲。侍婦數百皆習之，後宮齊首高唱聲入雲霄。

這不啻是獨唱與合唱隨弦而舞的饗宴。

又說高祖與戚夫人宮中日月，種種歷歷如繪；文中說：那時已有于闐樂：

戚夫人侍兒賈佩蘭，後出爲扶風人段儒妻。說在宮内昔見戚夫人侍高帝，嘗以趙王如意爲言，而高祖思之，幾半日不言，歎息悽愴，而未知其術。輒使夫人擊筑，高祖歌大風詩以和之。又說在宮内昔嘗以絃管歌舞相歡娛，競爲妖服之趣，良昔十月十五日共入靈女廟，以豚黍樂神吹笛擊筑歌上靈之曲。既而相與連臂踏地爲節，歌赤鳳皇來。至七月七日臨百子池，作于闐樂，樂畢以五巴縷相羈，謂爲相連愛。八月四日出雕房背户，竹下圍碁勝者終季有福，貧者終季疾病。取絲縷就北辰星求長命乃免。九月九日佩茱萸食蓬餌飲菊華酒，令人長壽。菊華舒昔並採莖葉，雜忝米釀之。至來季九月九日始熟，就飲焉。故謂之菊華酒。正月上辰出池邊盥濯食蓬餌，以祓妖邪。三月上巳張樂於流水，如此終歲焉。戚夫人死侍兒皆復爲民妻也。

戚夫人之子趙王之被殺，書中說：

惠帝嘗與趙王同寢處，呂后欲殺之而未得，後帝早獵，王不能夙興。呂后命力士於被中縊殺之。及死呂后不之信以綠囊盛之載以小軿車入見，乃厚賜力士，力士是東部門外官奴，帝後知腰斬之，后不知也。

這種史事，講到呂后的狠毒殘惡，也是說唱中「講史」的一端。

關於咸陽宮中事，「西京雜記」也有一節記錄：

高祖初入咸陽宮，用行庫府，金玉珍寶不可稱言。其尤驚異者，有青玉五枝，燈高七尺五寸，作蟠螭以銜燈，燈燃鱗甲皆動，煥炳若列星而盈室焉。復鑄銅人十二枚，坐皆高三尺，列在一筵上，琴筑笙竽各有所執。皆綴花采，儼若生人。筵下有二銅管，上口高數尺，出筵後其一管空，一管內有繩大如指，使一人吹空管，一紐繩，則衆樂皆作，與眞樂不異焉。有琴長六尺，安十三絃，二十六徽，皆用七寶飾之，銘曰：璠璵之樂。玉管長二尺三寸，二十六孔，吹之則見車馬山林，隱轔相次。吹息亦不復見。銘曰：昭華之琯，有方鏡廣四尺，高五尺九寸，表裡有明人，直來照之，影則倒見，以手捫心而來，則見腸胃五臟，歷然無硋。人有疾病，在內則掩心而照之，則知病之所在。又女子有邪心，則膽張心動，秦始皇常以照宮人膽張心動者，則殺之。高祖悉封閉以待項羽，羽併將以東後不知所在。

高祖以一布衣亭長，起自芒碭，以蕭何，張良，陳平，韓信爲股肱之助，先入咸陽爲王上，進入咸陽宮，周行府庫，若金玉珠寶皆不是民間所有，幾曾見過青玉五枝燈，上有蟠螭，燈燃起麟甲皆動。復有十二銅人手中執琴筑笙竽，有二銅管，吹一銅管，牽另一銅管中之繩，則十二銅人手持衆樂齊奏。七寶長弦，璠璵玉管吹奏，有車馬山林次第出現。其特別鑑照腸胃五臟的方鏡，可照出人的病痛所在，女子有邪心，則膽張心動。徵之王度「古鏡記」諸多怪事，方鏡之奇，不僅爲歷史鑑照事實之眞相，亦且可以將人的肺腑肝腸，忠貞奸邪照個清楚明白。此一方鏡遺落何處，恐怕只有神仙才知道了。

至於佛曲在六朝已傳入，有「于闐佛曲」，「龜茲佛曲」諸名，陳暘樂書卷一五九，文獻通考中樂考就有胡曲調二十九種，二十六曲爲佛曲：

李唐樂府曲調，有普光佛曲、彌勒佛曲、日光明佛曲、大威總佛曲、如來藏佛曲、藥師琉璃光佛曲、無威感德佛曲、龜茲佛曲，並入婆陀調也。釋迦牟尼佛曲、寶花步佛曲、觀法會佛曲、帝釋幢佛曲、無光意佛曲、阿彌陀佛曲、燒香佛曲、十地佛曲，並入乞食調也。大妙至極曲、解曲，並入越調也。摩尼佛曲，入雙調也。蘇密七俱陀佛曲、月光騰佛曲，入商調也。邪勒佛曲，入徵調也。觀音佛曲、永寧佛曲、文德佛曲、婆羅樹佛曲，入羽調也。遷星佛曲，入般涉調也。提梵入移風調也。

這許多佛曲與梵唱是相互爲用的。又如南卓的羯鼓錄，所附諸宮曲名中，又有諸佛曲調十一曲。六朝以後，想來這些佛曲是十分流行於唐代的。

不僅是佛曲，韓愈「此日足可惜贈張籍」五言詩：

孔丘日已遠，仁義路久荒；
紛紛百家起，詭怪相披猖。

唐代社會風氣開放，他感嘆儒教仁義不彰，百家紛起，而道教也有講經的，且與佛教講經相對抗；如他的詩：

華山女

街東街西講佛經。撞鐘吹螺鬧宮庭。廣張罪福資誘脅。聽衆狎恰排浮萍。黃衣道士亦講説。座下廖落如明星。華山女兒家奉道。欲驅異教歸仙靈。洗妝拭面著冠帔。白咽紅頰長眉青。遂來昇座演眞訣。觀門不許入開扃。不知誰人暗相報。訇然振動如雷霆。埽除衆寺人跡絕。驊騮塞路連輜軿。觀中人滿坐觀外。後至無地無由聽。抽釵脫釧解環佩。堆金疊玉光青熒。天門貴人傳詔召。六宮願識師顏形。玉皇頷首許歸去。乘龍駕鶴來青冥。豪家少年豈知道。來繞百市腳不停。雲窗霧閣事慌惚。重重翠幔深金屏。仙梯難攀俗緣重。浪憑青鳥通丁甯。

華山女出來化粧異服講經，居然轟動市井，甚至人滿爲患，有的「抽釵脫釧解環佩」，有的「堆金疊玉光青熒」。並且有：天門貴人相招，有：六宮識師顏形。眞是活靈活現，於滾滾紅塵中熱鬧非凡。讓韓公一面寫詩，一面禁不住嘆氣。據舊唐書憲宗記：元和十四年春，迎鳳翔法門寺佛骨至京師。刑部侍郎韓愈上疏極除其弊，貶愈爲潮州刺史。愈有「左遷至藍關示姪孫湘」詩云：

一封朝奏九重天，夕貶潮陽路八千。
欲爲聖明除弊事，肯將衰朽惜殘年。
雲橫秦嶺家何在？雪擁藍關馬不前；
知汝遠來應有意，好收吾骨瘴江邊。

他的哀忱是見於此詩的，當時佛教的瀰漫，受朝野的重視可想而知。據八仙傳中所記，愈的姪孫湘，是韓湘子，他手持玉笛，爲道教中成仙的一人。因爲八仙名滿天下，韓湘子也就名垂千古了。

其實，唐集文學藝術之大成，儒教，佛教，道教是並行不悖的。當時仕女入道觀帶髮修行，楊太眞是如此，魚玄機是如此，李商隱無題詩中，隱約於宮女與女道士間的情緣，是引人入勝的題旨。開元天寶盛世，已有藝人演出於「講院」，酉陽雜俎寺塔記崇眞寺：「曇譔最講涅槃華嚴，領衆千人」。又曇譔最曰：「立身以來，惟好講經」。南北朝講經，已成佛門之事。唐時宣佛講經，更見盛行南北各地。

譯經

講經的第一要務是要有經典，翻譯經典主要的譯者是從西域來的高僧，因爲，經典裡的文體，不是俗世的文人了解不夠便可以動手翻譯的，中國的文學如需儘合乎佛典的文字，便要深入佛典的內涵，其語言結構是新的，眞實的材料不能假手於臆測的推斷，那便是瞎子摸象，或者刻舟求劍。經典的翻譯，要做到信達雅的條件，且能正確的使用經典中的用語，將經典中的哲思要旨鉅細不遺，又能通曉舒暢的表達出來，使能義理輔成，文采煥然，絕對不是容易的事，譯經大師之均以「不加文飾，令易曉，不失本義」相勉勵，是何等鄭重的事。我們看後秦長安釋僧肇「梵網經序」即可窺知其一二：

> 夫梵網經者。蓋是萬法之玄宗。衆經之要旨、大聖開物之眞模。行者階道之正路。是以如來權教，雖復無量。所言要趣，莫不以此爲指南之說。是以秦主識達圜中。神凝紛表。雖威綸四海，而沾想虛玄，雖風偃八荒，而靜慮塵外。故弘始三年，淳風東

扇。於是詔天竺法師鳩摩羅什在長安草堂寺。及義學沙門三千餘僧。手執梵文。口翻解釋。五十餘部。唯梵網經一百二十卷六十一品。其中菩薩心地品第十，專明菩薩行地。是時道融道影三百人等，即受菩薩戒。人各誦此品，以爲心首。師徒義合。敬寫一品八十一部，流通於世。欲使仰希菩提者，追蹤以悟理。故冀於後代同聞焉。

鳩摩羅什譯「梵網經」之隆重，非閉門造車者可望其項背，且是有「義學沙門三千餘僧，手執梵文，口翻解釋五十餘部」。不僅是譯經，且是譯經並行講理。其中又有道融道影三百人等受菩薩戒口誦心首，並師徒合寫一品八十一卷。將講經譯經寫經合而爲一。僅此經卷即有一百二十卷六十一品，它的過程之緊密愼行，竟有如此者。

胡適氏在其所著「白話文學史」中於「佛教的翻譯文學」上下篇，論自三世紀並五世紀佛典翻譯之盛況，並就高僧傳所列重要的譯人，遍及南方北方的翻譯事業，加以評述，光大了中國文學的境界。他說：

> 最早的翻譯事業起于何時呢？據傳說，漢明帝時，攝摩騰譯四十二章經，同來的竺法蘭也譯有幾種經。漢明帝求法，本是無根據的神話。佛教入中國當在東漢以前，故明帝永平八年答楚王英詔裡用了『浮屠』『伊蒲塞』『桑門』三個梵文字，可見其時佛教已很有人知道了。又可見當時大概已有佛教的書籍了。至于當時的佛書是不是攝摩騰等翻的，攝摩騰等人的有無，那都是不是我們現在能決定的了。四十二章經是一部編纂的書，不是翻譯的書，故最古的經錄不收此書。它的時代也不容易決定。我們只可

以說，第一世紀似乎已有佛教的書，但都不可細考了。

「佛說四十二章經」後漢中天竺沙門迦葉摩騰共竺法蘭譯，是屬於小品經文。佛說沙門「辭視出家，識心達本，解無爲法，名曰沙門」。所謂四十二章經，是佛說四十二章信順知戒的條律。

「釋氏十三經」後漢安息國沙門安世高譯「八大人覺經」是桓帝建和二年，此經爲佛弟子修身的基本條件：

八大人覺經

後漢安息國沙門安世高譯

爲佛弟子。常於晝夜，至心誦念八大人覺。

第一覺悟。世間無常。國土危脆。四大苦空。五陰無我。生滅變異。虛僞無主。心是惡源。形爲罪藪。如是觀察。漸離生死。

第二覺知。多欲爲苦。生死疲勞。從貪欲起。少欲無爲。身心自在。

第三覺知。心無厭足。惟得多求。增長罪惡。菩薩不爾。常念知足。安貧守道。惟慧是業。

第四覺知。懈怠墜落。常行精進。破煩惱惡。摧伏四魔。出陰界獄。

第五覺悟。愚癡生死。菩薩常念。廣學多陣。增長智慧。成就辯才。教化一切。悉以大樂。

第六覺知。貧苦多怨。橫結惡緣。菩薩布施。等念怨親。不念舊惡。不憎惡人。

第七覺悟。五欲過患。雖爲俗人。不染世樂。常念三衣。瓦鉢法器。志願出家。守道清白。梵行高遠。慈悲一切。

第八覺知。生死熾然。苦惱無量。發大乘心。普濟一切。願代衆生，受無量苦。今諸衆生，畢竟大樂。

如此八事。乃是諸佛菩薩大人之所覺悟。精進行道。慈悲修慧。乘法身船。至涅槃岸。復還生死。度脫衆生。

以前八事，開導一切。令諸衆生，覺生死苦。捨離五欲。修心聖道。若佛弟子，誦此八事。於念念中，滅無量罪。進趣菩提。速登正覺。放斷生死。常住快樂。

八大覺經也是講經法師奉勸世人行善積德，修心向道的不二法門。高僧傳說安世高的譯文作到了「義理明析，文字允正，辯而不華，質而不野」的地步。讀者一看一聽就懂。以後，「法句經」是把「八大人覺經」的要義加以擴大其範圍，以四句六句的偈編輯而成易於誦頌的格言。

晉時月支僧法度譯「修行道地經」出小品而爲暢達弘闊的大塊采文，瑰麗慧朠如「勸意品」中擎鉢大臣故事：

昔有一國王，選擇一國明智之人以爲輔臣。爾時國王設權方便無量之慧，選得一人，聰明博達，其志弘雅，威而不暴，名德具足。王欲試之，故以重罪加于此人；敕告臣吏盛滿鉢油而使擎之，從北門來，至於南門，去城二十里，園名調戲，令將到彼。設所持油墮一渧者，便級其頭，不須啓問。

爾時群臣受王重教，盛滿鉢油以與其人。其人兩手擎之，甚大愁憂，則自念言：其油滿器，城里人多，行路車馬觀者塡道，……是器之油擎至七步尚不可詣，況有里數邪？

此人憂憒，心自懷懅。

其人心念：吾今定死，無復有疑也。設能擎鉢使油不墮，到彼園所，爾乃活耳。當作專計：若見是非而不轉移，唯念油鉢，志不在餘，然後度耳。

於是其人安步徐行。時諸臣兵及觀衆人無數百千，隨而視之，如雲興趣，圍繞太山。……衆人皆言，觀此人衣形體舉動定是死囚。斯之消息乃至其家，父母宗族皆共聞之，悉奔走來，到彼子所，號哭悲哀。其人專心，不顧二親兄弟妻子及諸親屬；心在油鉢，無他之念。

時一國人普來集會，觀者擾攘，喚呼震動，馳至相逐，躄地復起，轉相登躡，間不相容。其人心端，不見衆庶。

觀者復言，有女人來，端正姝好，威儀光顏一國無雙；如月盛滿，星中獨明；色如蓮華，行於御道。……爾時其人一心擎鉢，志不動轉，亦不察觀。

觀者皆言，寧使今日見此女顏，終身不恨，勝於久存而睹者也。彼時其人雖聞此語，專精擎鉢，不聽其言。

當爾之時，有大醉象，放逸奔走，入於御道，……舌赤如血，其腹委地，口唇如垂；行步縱橫，無所省錄，人血塗體，獨遊無難，進退自在猶若國王，遙視如山；暴鳴哮吼，譬如雷聲；而擎其鼻，瞋恚忿怒。……恐怖觀者，令其馳散；破壞兵衆，諸衆奔逝。……

爾時街道市里坐肆諸買賣者，皆懅，收物，蓋藏閉門，畏壞屋舍，人悉避走。又殺象師，無有制御，瞋或轉甚，踏殺道中象馬，牛羊，豬犢之屬；碎諸車乘，星散狼籍。

或有人見，懷振恐怖，不敢動搖。或有稱怨，呼嗟淚下。或有迷惑，不能覺知；有未著衣，曳之而走；復有迷誤，不識東西。或有馳走，如風吹雲，不知所至也。……

彼時有人曉化象呪，……即舉大聲而誦神呪。……爾時彼象聞此正教，即捐自大，降伏其人，便順本道，還至象廄，不犯衆人，無所嬈害。

其擎鉢人不省象來，亦不覺還。所以者何？專心懼死，無他觀念。

爾時觀者擾攘馳散，東西走故，城中失火，燒諸宮殿，及衆寶舍，樓閣高台現妙巍巍，展轉連及。譬如大山，無不見者。煙皆周遍，火尚盡徹。……

火燒城時，諸蜂皆出，放毒螫人。觀者得痛，驚怪馳走。男女大小面色變惡，亂頭衣解，寶飾脱落；爲煙所薫，眼腫淚出。遙見火光，心懷怖懅，不知所湊，展轉相呼。父子兄弟妻息奴婢，更相教言。『避火！離水！莫墮泥坑！』

爾時官兵悉來滅火。其人專精，一心擎鉢，一滴不墮，不覺失火及與滅時。所以者何？秉心專意，無他念故。……

爾時其人擎滿鉢油，至彼園觀，一滴不墮。諸臣兵吏悉還王宮，具爲王說所更衆難，而其人專心擎鉢不動，不棄一滴，得至園觀。

王聞其言，歎曰，『此人難及，人中之雄！……雖遇衆難，其心不移。如是人者，無所不辦。……』其王歡喜，立爲大臣。……

心堅強者，志能如是，則以指瓜壞雪山，以蓮華根鑽穿金山，以鋸斷須彌寶山。……有信精進，質直智慧，其心堅強，亦能吹山而使動搖，何況除婬怒癡也！……

此種淋漓的描寫，在六朝志怪小說中，得未曾見。而譯筆的秀拔暢當，也是文學中不可多得的珍品。於講經中，尤其有力舉千鈞的氣勢，使聽經者爲之痴迷。

「佛說無量壽經」是曹魏唐僧鎧譯，分卷上卷下，其中佛告阿難：

無量壽佛威神光明最尊第一。佛光明所不能及。或照百佛世界。或千佛世界。取要言之。乃照東方恆沙佛刹。南西北方四維上下亦復如是。或有佛光照於七尺。或一由旬，二三四五由旬。如是轉倍，乃至照一佛刹。是故無量壽佛。號無量光佛。無邊光佛。無礙光佛。無對光佛。炎王光佛。清淨光佛。歡喜光佛。智慧光佛。不斷光佛。難思光佛。無稱光佛。超日月光佛。其有衆生遇斯光者。三垢消滅，身意柔軟。歡喜踊躍，善心生焉。若在三塗極苦之處，見此光明，皆得休息。無復苦惱。壽終之後，皆蒙解脱。

其描寫寶樹及其音聲，想像豐富，極詩文的玄妙：

又其國土，七寶諸樹，周滿世界。金樹銀樹，瑠璃樹，玻璃樹，玻瓈樹，珊瑚樹，碼碯樹，硨磲之樹。或有二寶三寶，乃至七寶，轉共合成。或有金樹，銀葉華果。或有銀樹，金葉華果。或瑠璃樹，玻瓈爲葉。華果亦然。或水精樹，瑠璃爲葉。華果亦然。或珊瑚樹，碼碯爲葉。華果亦然。或碼碯樹，瑠璃爲葉。華果亦然。或硨磲樹，衆寶爲葉，華果亦然。或有寶樹，紫金爲本，白銀爲莖，瑠璃爲枝，水精爲條，珊瑚爲葉，碼碯爲華，硨磲爲實。或有寶樹，白銀爲本。瑠璃爲莖。水精爲枝，珊瑚爲條。碼碯爲葉。硨磲爲華，紫金爲實。或有寶樹，瑠璃爲本。水精爲莖，珊瑚爲枝。碼碯爲條，硨磲爲葉，紫金爲華，白銀爲實。或有寶樹，水精爲本。珊瑚爲莖。碼碯爲枝，硨磲爲條，紫金爲葉，白銀爲華，瑠璃爲實。或有寶樹，珊瑚爲本，碼碯爲莖，硨磲爲枝，紫金爲條，白銀爲葉，瑠璃爲華，水精爲實。或有寶樹，碼碯爲本，硨磲爲莖，紫金爲枝，白銀爲條，瑠璃爲葉，水精爲華，珊瑚爲實。或有寶樹，硨磲爲本，紫金爲莖，白銀爲枝，瑠璃爲條，水精爲葉，珊瑚爲華，碼碯爲實。行行相值。莖莖相望。枝枝相准，葉葉相向。華華相順。實實相當。榮色光曜，不可勝視。清風時發，出五音聲。微妙宮商，自然相和。又無量壽佛，其道場樹，高四百萬里。其本周圍五千由旬。枝葉四布二十萬里。一切衆寶自然合成。以月光摩尼持海輪寶，衆寶之王而莊嚴之。周帀條間垂寶瓔珞。百千萬色種種異變。無量光炎照曜無極。珍妙寶網羅覆其上。一切莊嚴隨應而現。微風徐動吹諸寶樹。演出無量妙法音聲。其聲流布遍諸佛國。聞其音者，得深法忍。住不退轉，至成佛道。耳根清徹，不遭苦患。目睹其色。鼻知其香。口嘗其味。身觸其光。心以法緣。皆得甚深法忍。住不退轉，至成佛道。六根清徹，無諸惱患。阿難。若彼國土天人，見此樹者，得三法忍。一者音響忍。二者柔順忍。三者無生法忍。此皆無量壽佛威神力故。本願力故。滿足願故。明了願故。堅固願故。究竟願故。

講到佛殿內的佈置說：

其講堂精舍宮殿樓觀，皆七寶莊嚴自然化成。復以眞珠明月摩尼衆寶以爲交絡。覆蓋其上，內外左右有諸浴池。或十由旬。或二十三十，乃至百千由旬。縱廣深淺，皆各一等。八功德水湛然盈滿。清淨香潔，味如甘露。黃金池者，底白銀沙。白銀池者，底黃金沙。水精池者，底瑠璃沙。瑠璃池者，底水精沙。珊瑚池者，底琥珀沙。琥珀池者，底珊瑚沙。硨磲池者，底碼碯沙。碼碯池者，底硨磲沙。白玉池者，底紫金沙。紫金池者，底白玉沙。或有二寶三寶，乃至七寶，轉共合成。其池岸上有旃檀樹。華葉垂布，香氣普熏。天優鉢羅華，鉢曇摩華，拘牟頭華，分陀利華，雜色光茂，彌覆水上。彼諸菩薩及聲聞衆，若入寶池。意欲令水沒足。水即沒足。欲令至膝，即至於膝。欲令至腰，水即至腰。欲令至頸，水即至頸。欲令灌身，自然灌身。

欲令還復水輒還復。調和冷暖，自然隨意。開神悅體，蕩除心哲。清明澄潔，淨若無形，寶沙映徹，無深不照。微瀾迴流，轉相灌注。安詳徐逝，不遲不疾。波揚無量，自然妙聲。隨其所應，莫不聞者。或聞佛聲。或聞法聲。或聞僧聲。或寂靜聲。空無我聲。大慈悲聲。波羅蜜聲。或十力無畏不共法聲。諸通慧聲。無所作聲。不起滅聲。無生忍聲。乃至甘露灌頂衆妙法聲。如是等聲稱其所聞，歡喜無量。隨順清淨離欲寂滅眞實之義。隨順三寶力無所畏不共之法。隨順通慧菩薩聲聞所行之道。無有三塗苦難之名。但有自然快樂之音。……

在鳩羅摩什所譯「妙法蓮華經」（法華經）中，也描寫有耳中所聽到的各種聲音說：

若善男子善女人，受持此經。若讀若誦，若解說，若書寫。得千二百耳功德。以是清淨耳聞三千大千世界，下至阿鼻地獄，上至有頂，其中內外種種語言音聲。象聲，馬聲。牛聲，車聲。啼哭聲，愁歎聲。螺聲，鼓聲。鐘聲，聖人聲。喜聲，不喜聲。天聲，龍聲，夜叉聲，乾闥婆聲，阿修羅聲，迦樓羅聲，緊那羅聲，摩睺羅迦聲。火聲，風聲，地獄聲，畜生聲，餓鬼聲，比丘聲，比丘尼聲。聲聞聲，辟支佛聲。菩薩聲，佛聲。以要言之，三千大千世界中，一切內外所有諸聲。雖未得天耳。以父母所生清淨常耳，皆悉聞知。如是分別種種音聲，而不壞耳根。

胡適氏在「佛教的翻譯文學」上中介紹鳩摩羅什說：

「鳩摩羅什是龜茲人。（傳說他父親是天竺人。）幼年富于記憶力，遍遊罽賓，沙勒，溫宿諸國，精通佛教經典。符堅遣呂光西征，破龜茲，得鳩摩羅什，同回中國。時符堅已死，呂光遂據涼州，國號後涼。鳩摩羅什在涼州十八年之久，故通曉中國語言文字。至姚興征服後涼，始迎他入關，於弘始三年十二月（四〇二）到長安。姚興待以國師之禮，請他譯經。他譯的有大品般若，小品金剛般若，十住，法華，維摩詰，思益，首楞嚴，持世，佛藏，遺教，小無量壽等經；又有十誦律等律；又有成實，中論，百論，十二門論等論：凡三百餘卷。僧傳說：……初沙門慧叡才識高明，常隨什傳寫。什每爲叡論西方辭體，商略同異，云：『天竺國俗甚重文製；其宮商體韻以入絃爲善。凡覲國王，必有讚德。見佛之儀，以歌歎爲貴。經中偈頌，皆其式也。但改梵爲秦，失其藻蔚，雖得大意，殊隔文體。有似嚼飯與人，非徒失味，乃令嘔噦也。』他對他自己的譯書這樣不滿意，這正可以表示他是一個有文學欣賞力的人。他譯的書，雖然掃除了浮文藻飾，卻仍有文學的意味，這大概是因爲譯者的文學天才自然流露，又因他明瞭他『嚼飯與人』的任務，委曲婉轉務求達意，即此一點求眞實明顯的誠意便是眞文學的根苗了。」

他的成就至爲輝煌，他的譯經藝術一爲清爽俊傑，二爲適合中國文理，三爲圓轉如意，做到信達雅，盡能表出原經的精華，陳寅恪論及「鳩摩羅什譯經的藝術」說：

予嘗謂鳩摩羅什翻譯之功，數千年間，僅玄奘可以與之抗席。然今日中土佛經譯本，舉世所流行者，如金剛，心經，法華之類，莫不出自其手。故以言普及，雖慈恩猶不能及。所以致此之故，其文不皆直譯，較諸家雅潔，當爲一主因。……慈恩法師傳卷十云，顯慶『五年春正月一日，起首翻大般若經。經梵文總有二十萬頌，文既廣大，學徒每請刪略。法師將順衆意，如羅什所翻，除繁去重。』蓋羅什譯經，或刪去原文繁重」或不拘原文體製，或變易原文。

他將繁複冗重的經文刪節，正是識者所讚許的。十三經重要的部分，大都是他的譯作，「維摩詰經」其文出小說，如戲劇，如詩如歌，正是印度佛經文學化的一個代表，與宋天竺三藏求那跋陀羅譯「楞伽阿跋多羅寶經卷」（楞伽經）的嚴謹整飭與佛禪玄義的佛語心品「如醫之難經，句句皆理，字字皆法」，「如盤走珠，如珠走盤」（蘇軾序）的說法，似同而不同。因爲「維摩詰經」於輕鬆中蘊含機峰，在詼諧內藏珠弄玉，其趣旨尤多妙意，生動活潑，有如一篇典雅的叙事詩。

居士維摩詰有病，釋迦佛叫他的弟子去問病。他的弟子舍利弗，大目犍連，大迦葉，須菩提，富樓那，迦旃延，阿那律，優波離，羅喉羅，阿難，都一一訴説維摩詰的本領，都不敢去問疾。佛又叫彌勒菩薩，光嚴童子，持世菩薩等去，他們也一一訴説維摩詰的本領，也不敢去。後來只有文殊師利肯去問病。以下寫文殊與維摩詰相見時維摩詰所顯的辯才與神通。

佛告阿難，『汝行詣維摩詰問疾。』阿難白佛言：『世尊，我不堪任詣問疾，所以者何？憶念昔時，世尊身有小疾，常用牛乳，我即持鉢詣大婆羅門家門下立。時維摩詰來謂我言：「唯，阿難，何爲晨朝持鉢在此？」我言：「居士，世尊身有小疾，當用牛乳，故來至此。」維摩詰言：「止，止，阿難，莫作是語。如來身昔，金剛之體，諸惡已斷，衆善普會，當有何疾？當有何惱？默往，阿難，勿謗如來。莫使異人聞此麤言。無命大威德諸天及他方淨土諸來菩薩得聞斯語。阿難，轉輪聖王以少福故，尚得無病，豈況如來無量福會，普勝者哉？行矣，阿難，勿使我等受斯恥也。外道梵志若聞此語，當作是念：何名爲師，自疾不能救，而能救諸疾人？可密速去，勿使人聞。當知，阿難，諸如來身，即是法身，非思欲身。佛爲世尊，過於三界。佛身無漏，諸漏已盡。佛身無爲，不墮諸數。如此之身，當有何疾？」時我，世尊，實懷慚愧，得無近佛而謬聽耶？即聞空中聲曰：「阿難，如居士言，但爲佛出五濁惡世，現行斯法，度脱衆生。行矣，阿難，取乳勿慚？」世尊，維摩詰智慧辨才爲若此也，是故不任詣彼問疾。』

其間對答說話，明利如刀切豆腐，聲氣斷然而下，不容有一絲空隙，讓人喘息。如「止，止，阿難，莫作是語。」如「行矣，阿難，勿使我等受斯恥也。」如「可密速去，勿使人聞。」如「行矣，阿難，取乳勿慚？」似鍾惜，似諷諭，有莊諧，有氣度；皆可得之於爲此簡潔之對話，出文言而如白話，要在短峭生動。

又如卷下見阿閦佛品第十二的對答：

爾時世尊問維摩詰。汝欲見如來。爲以何等觀如來乎。維摩詰言如自觀身實相。觀佛亦然。我觀如來前際不來。後際不去。今則不住。不觀色，不觀色如。不觀色性。不觀受想行識，不觀識如。不觀識性。非四大起。同於虛空。六入無積。眼耳鼻舌身心已過。不在三界。三垢已離。順三脫門。具足三明。與無明等。不一相，不異相。不自相，不他相。非無相非取相。不此岸，不彼岸。不中流，而化衆生。觀於寂滅，亦不永滅。不此不彼。不以此，不以彼。不可以智知。不可以識識。無晦無明。無名無相。無強無弱。非淨非穢。不在方，不離方。非有爲，非無爲。無示無說。不施不慳。不戒不犯。不忍不恚。不進不怠。不定不亂。不智不愚。不誠不欺。不來不去。不出不入。一切言語道斷。非福田，非不福田。非應供養，非不應供養。非取非捨。非有相，非無相。同眞際。等法性。不可解。不可量。過諸稱量。非大非小。非見非聞。非覺非知。離衆結縛。等諸智。同衆生。於諸法無分別。一切無失。無濁無惱。無作無起。無生無滅。無畏無憂。無喜無厭。無已有，無尚有，無今有。不可以一切言說分別顯示。世尊。如來身爲若此。作如是觀。以斯觀者，名爲正觀。若他觀者，名爲邪觀。

言辭若流水奔瀉，思路亦如珠走玉盤，不得不令人稱讚其譯筆有神，揮灑如意。講經者以此爲本，解釋經文，或誦頌經文，自易領會其智趣所在，除去艱澀滯礙，而行其平坦道路。「妙法蓮華經」的故事比喻，特多精采之處，如卷二「火宅」(對照十三經妙法蓮華經與胡適氏佛教的翻譯文字所錄相同，錄之如下）一節，以見其小說的性質：

爾時佛告舍利佛：『我先不言諸世尊以種種因緣譬言辭方便說法，皆爲阿耨多羅三藐菩提耶？是諸所說，皆爲化菩薩故。然，舍利弗，今當復以譬喻更明此義。諸有智者以譬喻得解。

『舍利弗，若國邑聚落有大長者，其年衰邁，財富無量，多有田宅及諸僮僕。其家廣大，唯有一門。多諸人衆，一百，二百，乃至五百人止住其中。堂閣朽故，牆壁隤落，柱根腐敗，梁棟傾危。周帀俱時倏然火起，焚燒舍宅，長者諸子，若十，二十，或至三十，在此宅中。

『長者見是大火從四面起，即大驚怖，而作是念：「我雖能於此所燒之門，安穩得出；而諸子等於火宅內，樂著嬉戲，不覺不知，不驚不怖。火來逼身，苦痛切己，心不厭患，無求出意。」

『舍利弗，是長者作是思惟：「我身手有力，當以衣裓，若以几案，從舍出之。」復更思維：「是舍唯有一門，而復狹小。諸子幼稚未所識，戀著戲處，或當墮落，爲火所燒。我當爲說怖畏之事。此舍已燒，宜時疾出，無令爲火之所燒害。」

『作是念已，如所思惟，具告諸子：「汝等速出！」父雖憐愍，善言誘喻；而諸子等樂著嬉戲，不肯信受，不驚不畏，了無出心。亦復不知何者是火，何者爲佔2，云何爲失。但東西走戲，視父而已。

『爾時長者即作是念：「舍已爲大火所燒，我及諸子若不時出，必爲所焚。我今當設方便，令諸子等得免斯害。」父知諸子先必各有所好種種珍玩奇異之物，情必樂著，而告之言：「汝等所可玩好，希有難得，汝若不取，後必憂悔。如此種種羊車，鹿車，牛車，今在門外，可以遊戲。汝等於此火宅，宜速出來。隨汝所欲，皆當與汝。」

『爾時諸子聞父所説珍玩之物，適其願故，心各勇鋭，互相推排，競共馳走，爭出火宅。

是時長者見諸等安穩得出，皆于四衢道中，露地而坐，無復障礙，其心泰然，歡喜踴躍。

『時諸子等各白父言：「父先所許玩好之具，羊車，鹿車，牛車，願時賜與。」

『舍利弗，爾時長者各賜與諸子等一大車。其車高廣，衆寶莊校，周帀欄楯，四面懸鈴。又於其上張設幰蓋，亦以珍奇雜寶而嚴飾之。寶繩交絡，垂諸華纓。重敷婉筵，安置丹枕。駕以白牛，膚色充潔，形體姝好，有大筋力，行步平正，其疾如風。又多僕從而侍衛之。所以者何？是大長者財富無量，種種諸藏，悉皆充溢，而作是念：「我財物無極，不應以下劣小車與諸子等。今此幼童，皆是吾子，愛無偏黨。我有如是七寶大車，其數無量，應當等心各各與之。不宜差別。所以者何？以我此物周給一國猶尚不匱，何況諸子？」是時諸子各乘大車，得未曾有，非本所望。

『舍利弗，於汝意云何，是長者等與諸子珍寶大車，寧有虛妄不？』

舍利弗言：『不也？世尊。是長者但令諸子得免火難，全其軀命，非爲虛妄。何以故？若全身命，便爲已得好玩之具，況復方便，於彼火宅中而拔濟之？世尊，若是長者乃至不與最小一車，猶不虛妄，何以故？是長者先作是意，我以方便令子得出，以是因緣，無虛妄也。何況長者自知財富無量，欲饒益諸子，等與大車？』

佛告舍利弗：『善哉，善哉！如汝所言。舍利弗，如來亦復如是。』……

這種熱烈的描寫，放誕不羈，是散文的，但後面有韻文的偈是四句的，是用來誦唱的，若以鐘磬木魚和以衆聲，則更見其勢宏大。說唱藝術以詩詞爲開場與結尾，是一種技巧，久之成爲習俗，之受到佛經講唱的影響，應該是顯而易見的。偈的韻文在佛典的前後和篇中章節之間的應用，也是將散文的講說，加以韻文偈言的誦唱，發生節奏上的相和相應，我們來看這偈散發出來的力量：

譬如長者，有一大宅。其宅久故，而復頓敝，堂舍高危，柱根摧朽，梁棟傾斜，基階隤毀，牆壁圮坼，泥塗阤落，覆苫亂墜，椽梠差脫，周障屈曲，雜穢充徧。有五百人，止住其中。鵄梟雕鷲，烏鵲鳩鴿，蚖蛇蝮蠍，蜈蚣蚰蜒，守宮百足，鼬貍鼷鼠，諸惡參輩，交橫馳走。屎尿臭處，不淨流溢。蜣蜋諸蟲，而集其上。狐狼野干，咀嚼踐踏，嚌齧死屍，骨肉狼籍。由是群狗，競來搏撮，飢羸慞惶，處處求食，鬥諍摣掣，嘊喍嗥吠。其舍恐怖，變狀如是。處處皆有。魑魅魍魎，夜叉惡鬼，食噉人肉。毒參之屬，諸惡禽獸，孚乳產生，各自藏護。夜叉競來，爭取食之；食之既飽，惡心轉熾，鬥諍之聲，甚可怖畏。鳩槃茶鬼，蹲踞土埵，或時離地，一尺二尺，往返遊行，縱逸嬉戲，捉狗兩足，撲令失聲，以脚加頸，怖狗自樂。復有諸鬼，其身長大，躶形黑瘦，常住其中，發大惡聲，叫呼求食。復有諸鬼，其咽如鍼；復有諸鬼，首如牛頭；或食人肉，或復噉狗，頭髮蓬亂，殘害兇險；飢渴所逼，叫喚馳走。夜叉餓鬼，諸惡鳥獸，飢急四向，窺看窗牖。如是諸難，恐畏無量。是朽故宅，屬於一人。其人近出，未久之間，於後宅舍，忽然火起，四面一時，其燄俱熾。棟梁椽柱，爆聲震裂，摧折墮落，牆壁崩倒。諸鬼神等，揚聲大叫。鵰鷲諸鳥，鳩槃茶等，周慞惶怖，不能自出。惡獸毒蟲，藏竄孔穴。毗舍闍鬼，亦住其中，薄福德故，爲火所逼，共相殘害，飲血噉肉。野干之屬，並已前死，諸大惡獸，競來食噉，臭煙𤈶㶿，四面充塞。蜈蚣蚰蜒，毒蛇之類，爲火所燒，爭走出穴。鳩槃茶鬼，隨取而食。又諸餓鬼，頭上火然，飢渴熱惱，周慞悶走。其宅如是，甚可怖畏。毒害火災，衆難非一。

是時宅主，在門外立，聞有人言，汝諸子等，先因遊戲，來入此宅，稚小無知，歡娛樂著。長者聞已，驚入火宅，方宜救濟，令無燒害。告喻諸子，說衆患難，惡鬼毒蟲，災火蔓延，衆苦次第，相續不絕。毒蛇蚖蝮，及諸夜叉，鳩槃茶鬼，野干狐狗，鵰鷲鵄梟，百足之屬，飢渴惱急，甚可怖畏。此苦難處，況復大火？諸子無知，雖聞父誨，猶故樂著，戲嬉不已。

是時長者，而作是念，諸子如此，益我愁惱。今此舍宅，無一可樂，而諸子等，沉湎嬉戲，不受我教，將爲火害。即便思惟，設諸方便，告諸子等：……我有種種，珍玩之具，妙寶好車，羊車鹿車，大牛之車，今在門外。汝等出來，吾爲汝等，造作此車，隨意所樂，可以遊戲。諸子聞說，如此諸車，即時競奔，馳走而出，到於空地，離諸苦難。

篇中初寫老屋的腐朽恐怖，如黑暗之地獄，諸惡俱做，一善難行。繼述火起，烈燄奔騰，惡鬼荼毒。後以種種珍玩，誘使無知嬉戲的諸子，競奔空地，以避苦難。此種種衆象，有如地獄世界，離此魔障，即爲另一境界；這種筆法的酣暢廣達，不僅在描寫是一種開創，在講經的聲色上，更帶來逼眞的見聞，歷歷如繪，正如其文。

「妙法蓮華經」中以比喻說佛的地方，所在皆有。如寫妙莊嚴王信佛故事，龍女化爲男身的故事，不一而足。描述「觀世音菩薩」現身，其莊嚴寶相，令人肅然起敬，產生無限的景仰之情：

菩薩身長八十萬億那由他由旬。身紫金色。頂有肉髻。項有圓光，光面各百千由旬。其圓光中，有五百化佛如釋迦牟尼。一一化佛，有五百化菩薩無量諸天以爲侍者。舉身光中，五道衆生，一切色相，皆於中現。頂上毗楞伽摩尼，寶以爲天冠。其天冠中，有一立化佛。高二十五由旬。觀世音菩薩，面如閻浮檀金色。眉間毫相，備七寶色。流出八萬四千種光明。一一光明，有無量無數百千化佛。一一化佛，無數化菩薩以爲侍者。變現自在，滿十方世界。臂如紅蓮華色。有八十億微妙光明，以爲瓔珞，其瓔珞中，普現一切諸莊嚴事。手掌作五百億雜蓮華色。手十指端，一一指端，有八萬四千畫，猶如印文。一一畫，有八萬四千色。一一色，有八萬四千光。其光柔軟，普照一切。以此寶手接引衆生。舉足時，足下有千輻輪相，自然化成五百億光明臺。下足時，有金剛摩尼華，布散一切，莫不彌滿。其餘身相，衆好具足，如佛無異。

又如稱名：觀世音菩薩之福德，自在神力，皆有十分完整的描寫，講述時，每令聽衆神往；其偈則極易誦吟：

觀世音菩薩普門品第二十五

爾時無盡意菩薩，即從座起。偏袒右肩。合掌向佛，而作是言。世尊。觀世音菩薩，以何因緣，名觀世音。佛告無盡意菩薩。善男子。若有無量百千萬億衆生，受諸苦惱。聞是觀世音菩薩，一心稱名。觀世音菩薩，即時觀其音聲，皆得解脫。若有持是觀世音菩薩名者。設入大火，火不能燒。由是菩薩威神力故。若爲大水所漂。稱其名號，即得淺處。若有百千萬億衆生，爲求金銀瑠璃，硨磲碼碯，珊瑚琥珀，眞珠等寶。入於大海。假使黑風吹其船舫，飄墮羅剎鬼國。其中若有乃至一人。稱觀世音菩薩名者。是諸人等，皆得解脫羅剎之難。以是因緣，名觀世音。若復有人，臨當被害，稱觀世音菩薩名者。彼所執刀杖，尋段段壞，而得解脫。若三千大千國土，滿中夜叉羅剎欲來惱人。聞其稱觀世音菩薩名者。是諸惡鬼，尚不能以惡眼視之。況復加害。設復有人，若有罪若無罪。杻械枷鎖，檢繫其身。稱觀世音菩薩名者，皆悉斷壞，即得解脫。若三千大千國土，滿中怨賊。有一商主將諸商人。齎持重寶，經過險路。其中一人作是唱言。諸善男子。勿得恐怖。汝等應當一心稱觀世音菩薩名號。是菩薩能以無畏施於衆生。汝等若稱名者。於此怨賊，當得解脫。衆商人聞，俱發聲言。南無觀世音菩薩。稱其名故，即得解脫。無盡意。觀世音菩薩摩訶薩威神之力，巍巍如是。是若有衆生多於淫欲。常念恭敬觀世音菩薩。便得離欲。若多瞋恚。常念恭敬觀世音菩薩。便得離瞋。若多愚癡。常念恭敬觀世音菩薩。便得離癡。無盡意。觀世音菩薩，有如是等大威神力，多所饒益。是故衆生，常應心念。若有女人，設欲求男。禮拜供養觀世音菩薩。便生福智慧之男。設欲求女。便生端正有相之女。宿植德本。衆人愛敬。無盡意。觀世音菩薩，有如是力。若有衆生，恭敬禮拜觀世音菩薩。福不唐捐。是故衆生，皆應受持觀世音菩薩名號。無盡意。若有人受持六十二億恒河沙菩薩名字。復盡形供養。飲食，衣服，臥具，醫藥。於汝意云何。是善男子善女人，功德多不。無盡意言。甚多，世尊。佛言。若復有人，受持觀世音菩薩名號。乃至一時禮拜供養。是二人福，正等無異。於百千萬億劫，不可窮盡。無盡意。受持觀世音菩薩名號，得如是無量無邊福德之利。無盡意，菩薩白佛言。世尊。觀世音菩薩，云何遊此娑婆世界。云何而爲衆生說法。方便之力，其事云何。佛告無盡意菩薩。善男子。若有國土衆生，應以佛身得度者，觀世音菩薩即現佛身而爲說法。應以辟支佛身得度者，即現辟支佛身而爲說法。應以聲聞身得度者，即現聲聞身而爲說法。應以梵王得度者，即現梵王身而爲說法。應以帝釋身得度者，即現帝釋身而爲說法。應以自在天身得度者，即現自在天身而爲說法。應以大自在天身得度者，即現大自在天身而爲說法。應以天大將軍身得度者，即現天大將軍身而爲說法。應以毗沙門身得度者，即現毗沙門身而爲說法。應以小王身得度者，即現小王身而爲說法。應以長者身得度者，即現長者身而爲說法。應以居士身得度者，即現居士身而爲說法。應以宰官身得度者，即現宰官身而爲說法。應以婆羅門身得度者，即現婆羅門身而爲說法。應以比丘比丘尼優婆塞優婆夷身得度者，即現比丘比丘尼優婆塞優婆夷身而爲說法。應以長者居士宰官婆羅門婦女身得度者，即現婦女身而爲說法。應以童男童女身得度者，即現童男童女身而爲說法。應以天龍夜叉，乾闥婆，阿修羅，迦樓羅，緊那羅，摩睺羅伽，人非人等身得度者，即皆現之而爲說法。應以執金剛神得度者，即現執金剛神而爲說法。無盡意。是觀世音菩薩成就如是功德。以種種形遊諸國土，度脱衆生。是故汝等。應當一心供養觀世音菩薩。是觀世音菩薩摩訶薩，於怖畏急難之中，能施無畏。是故此娑波世界，皆號之爲施無畏者。無盡意菩薩，白佛言。世尊。我今當供養觀世音菩薩。即解頸衆生寶珠瓔珞，價直百千兩金而以與之。無盡意復白觀世音菩薩言。仁者愍我等故，受此瓔珞。爾時佛告觀世音菩薩。當愍此無盡意菩薩，及四衆。天龍，夜叉，乾闥婆，阿修羅，迦樓羅，緊那羅，摩睺羅伽，人非人等故，受是瓔珞。即時觀世音菩薩愍諸四衆，及於天龍人非人等，受其瓔珞。分作二分。一分奉釋迦牟尼佛。一分奉多寶佛塔。無盡意。觀世音菩薩有如是自在神力，遊於娑婆世界。爾時無盡意菩薩。以偈問曰。

世尊妙相具　我今重問彼　佛子何因緣　名爲觀世音
具足妙相尊　偈答無盡意　汝聽觀音行　善應諸方所
弘誓深如海　歷劫不思議　侍多千億佛　發大清淨願
我爲汝略説　聞名及見身　心念不空過　能滅諸有苦
假使興害意　推落大火坑　念彼觀音力　火坑變成池
或漂流巨海　龍魚諸鬼難　念彼觀音力　波浪不能沒
或在須彌峰　爲人所推墮　念彼觀音力　如日虚空住
或被惡人逐　墮落金剛山　念彼觀音力　不能損一毛
或值怨賊繞　各執刀加害　念彼觀音力　咸即起慈心
或遭王難苦　臨刑欲壽終　念彼觀音力　刀尋段段壞
或囚禁枷鎖　手足被杻械　念彼觀音力　釋然得解脱
咒詛諸毒藥　所欲害身者　念彼觀音力　還著於本人
或遇惡羅刹　毒龍諸鬼等　念彼觀音力　時悉不敢害
若惡獸圍繞　利牙爪可怖　念彼觀音力　疾走無邊方

蚖蛇及蝮蠍　氣毒煙火然　念彼觀音力　尋聲自迴去
雲雷鼓掣電　降雹澍大雨　念彼觀音力　應時得消散
衆生被困厄　無量苦逼身　觀音妙智力　能救世間苦
具足神通力　廣修智方便　十方諸國土　無刹不現身
種種諸惡趣　地獄鬼畜身　生老病死苦　以漸悉令滅
眞觀清淨觀　廣大智慧觀　悲觀及慈觀　常願常瞻仰
無垢清淨光　慧日破諸闇　能伏災風火　普明照世間
悲體戒雷震　慈意妙大雲　澍甘露法雨　滅除煩惱燄
諍訟經官處　怖畏軍陣中　念彼觀音力　衆怨悉退散
妙音觀世音　梵音海潮音　勝彼世間音　是故須常念
念念勿生疑　觀世音淨聖　於苦惱死厄　能爲作依怙
具一切功德　慈眼視衆生　福聚海無量　是故應頂禮

鳩羅摩什譯「金剛經」全名「金剛般若波羅密經」，較「維摩詰」、「楞嚴」、「妙法蓮華」等大品爲小而精鍊，較「八大」等小品爲圓整。流傳最廣，信衆最多，影響最大。

本經共三十二節，各節有連環性，其要旨在第三節：

佛告須菩提。諸菩薩摩訶薩。應如是降伏其心。所有一切衆生之類。若卵生。若胎生。若濕生。若化生。若有色。若無色。若有想。若無想。若非有想非無想。我皆令入無餘涅槃而滅度之。如是滅度無量無數無邊衆生。實無衆生得滅度者。何以故。須菩提。若菩薩有我相，人相，衆生相，壽者相。即非菩薩。

佛對一切衆生皆平等，度一切衆生，大悲普化，令之解脫。第四節主旨在：「不住相布施」，因爲「四維上下虛空」，東西南北各無住相，所以在以下數節中說，所有相皆是虛妄，眼耳鼻舌身意，色聲香味觸法皆無相，「應無所住，而生其心」，就是心無所住的一片清淨。布施亦應如是。以下說受持福德，讀誦經典，心裡有佛，了卻妄念，三千大千世界微塵，即得消除，且以此身命布施，即與佛同在。如來自述其修行經過，到達了「無所從來，亦無所去」無所不見，無所不知，無所不在，無所不施舍的地步。所謂如來者就是「無所從來，亦無所去」。是在虛空中，行住坐卧的威儀中，世界是廣大無邊的，是一「合相」，是不可說，不可說是佛果菩提，妙不可言，說不盡的。這是什麼呢？就是「金剛經」。你要知道是什麼緣故嗎？

一切有爲法，如夢幻泡影。如露亦如電，應作如是觀。

你領悟了這個道理，就可做佛。本經結尾說：

佛說是經已。長者須菩提，及諸比丘比丘尼，優婆塞優婆夷，一切世間天人阿脩羅。聞佛所說。皆大歡喜。信受奉行。

金剛般若波羅蜜經

金剛般若，功德難宣。四句妙義廣無邊。須菩提，信力堅。無說無傳。應作如是觀。

鳩摩羅什圓寂於姚秦弘始十一年，是永遠讓吾人追念的大師。

「般若波羅蜜多心經」是唐三藏法師玄奘譯的，會背誦的人何止億萬，譯文的信實更是一大功德，恭錄如下：

般若波羅蜜多心經

唐三藏法師玄奘奉詔

觀自在菩薩，行深般若波羅蜜多時。照見五蘊皆空。度一切苦厄。舍利子。色不異空。空不異色。色即是空。空即是色。受想行識，亦復如是。舍利子。是諸法空相。不生不滅。不垢不淨。不增不減。是故空中無色。無受想行識。無眼耳鼻舌身意。無色聲香味觸法。無眼界，乃至無意識界。無無明，亦無無明盡。乃至無老死，亦無老死盡。無苦集滅道。無智亦無得。以無所得故。菩提薩埵依般若波羅蜜多故，心無罣礙。無罣礙故，無有恐怖。遠離顛倒夢想。究竟涅槃。三世諸佛，依般若波羅蜜多故，得阿耨多羅三藐三菩提。故知般若波羅蜜多，是大神咒。是大明咒。是無上咒。是無等等咒。能除一切苦。眞實不虛。故說般若波羅密多咒。即說咒曰。

揭諦揭諦　波羅揭諦　波羅僧揭諦　菩提薩婆訶

般若波羅蜜多心經

段成式「酉陽雜俎」續集卷之七有「金剛經鳩異」專談「金剛經」民間感應靈異者十七則，其有入陰司而轉活的，有受杖或蒙冤而未死的，現錄五則以驗其言：

金剛經鳩異

貞元十七年，先君自荊入蜀，應韋南康辟命。洎韋之暮年，爲賊闢讒構，遂攝辱靈池縣。韋尋薨，賊闢知留後，先君舊與闢不合，聞之，連夜離縣。至城東門，闢尋有帖，不令諸縣官離縣。其夕陰風，及返，出郭二里，見火兩炬夾道，百步爲導。初意縣吏迎候，且怪其不前，高下遠近不差，欲及縣郭方滅。及問縣吏，尚未知府帖也。時先君念《金剛經》已五六年，數無虛日，信乎至誠必感，有感必應，向之導火，乃經所著跡也。後闢逆節漸露，詔以袁公滋爲節度使。成式再從叔少從軍，知左營事，懼及禍，與監軍定計，以蠟丸帛書通謀於袁。事旋發，悉爲魚肉，賊謂先君知其謀。於一時先君念經夜久，不覺困寐，門户悉閉。忽覺，聞開户而入，言「不畏」者再三，若物投案，嚗然有聲。驚起之際，言猶在耳，顧視左右，吏僕皆睡。俾燭樺四索，初無所見，向之關扃，已開闢矣。先君受持此經十餘萬遍，徵應事孔著。成式近觀晉宋以來，時人感著傳記彰明其事。又先命受持講解有唐已來《金剛經靈驗記》三卷，成式當奉先命受持講解。太和二年，於揚州僧栖簡處聽《平消御注》一遍。六年，於荊州僧靖奢處聽《大雲疏》一遍。開成元年，於上都懷楚法師處聽《青龍疏》一遍。復日念書寫，猶希傳照罔極，盡形流通，摭拾遺逸，以備闕佛事，號《金剛經鳩異》。

元和中，嚴司空綬在江陵。時涔陽鎮將王沔常持《金剛經》，因使歸州勘事，迴至吒難，船破，五人同溺。沔初入水，若有人授竹一竿，隨波出沒，至下牢鎮，著岸不死。視手中物，乃授持《金剛經》也。咤灘至下牢三百餘里。

長慶初，荊州公安僧會宗，姓蔡，嘗中蠱，得病骨立。乃發願念《金剛經》以待盡，至五十遍，晝夢有人令開口，喉中引出髮十餘莖。夜又夢吐大螾長大肘餘，因此遂愈。荊山僧行堅見其事。

江陵開元寺般若院僧法正，日持《金剛經》三七遍。長慶初，得病卒，至冥司，見若王者問：「師生平作何功德？」答曰：「常念《金剛經》。」乃揖上殿，令登繡坐，念經七遍。侍衛悉合掌階下，拷掠論對皆停息而聽。念畢，後遣一吏引還，王下階送，云：「上人更得三十年在人間，勿廢讀誦。」因隨吏行數十里，至一大境，吏因臨境坑，自後推之，若隕空焉。死已七日，唯面不令。法正今尚在，年八十餘。荊州僧常靖親見其事。

石首縣有沙彌道蔭，常持念《金剛經》。寶曆初，因他出夜歸，中路忽遇虎吼擲而前。沙彌知不免，乃閉目而坐，但默念經，心期救護，虎遂伏草守之。及曙，村人來往，虎乃去。視其蹲處，涎流於地。

段成式字柯古，晚唐臨淄鄒平人。幼年隨父在蜀，後在長安。有文名，與李商隱，溫庭筠齊名，著有「廬陵官下記」書佚。卒於長安，約在懿宗咸通四年，得年六十一歲。

釋氏十三經及其譯者是：

圓覺經　唐罽賓沙門佛陀多羅譯

梵　網　經　鳩摩羅什譯
佛遺教經　鳩摩羅什譯
四十二章經　後漢中天竺沙門迦葉摩騰共竺法蘭譯
八大人覺經　後漢安息國沙門安世高譯
般若心經　唐三藏法師玄奘奉詔譯
金　剛　經　鳩摩羅什譯
無 量 壽 經　曹魏康僧鎧譯
觀無量壽經　劉宋三藏法師　良耶舍譯
維 摩 詰 經　姚秦三藏法師鳩摩羅什奉詔譯
楞　嚴　經　唐天竺沙門般剌密帝譯　烏萇國沙門彌伽釋迦譯語
法　華　經　鳩摩羅什譯

「佛所行讚經」是曇無讖譯出，另有涅槃、大集、大雲書經。「佛所行讚經」是佛教大詩人馬鳴的叙事詩，離欲品一節述佛的修行：

太子入園林，衆女來奉迎，並生希遇想，競媚進幽誠。各盡妖恣態，供侍隨所宜。或有執手足，或遍摩其身，或復對言笑，或現憂戚容，規以悅太子，令生愛樂心。衆女見太子，光顏狀天身，不假諸飾好，素體踰莊嚴；一切皆瞻仰，謂「月天子」來。種種設方便，不動菩薩心；更互相顧視，抱愧寂無言。

有婆羅門子，名曰優陀夷，謂諸婇女言：『汝等悉端正，聰明多技術，色力亦不常，兼解諸世間，隱密隨欲方；容色世希有，狀如玉女形。天見捨妃后，神仙爲之貨。如何人王子，不能感其情？今此王太子，持心雖堅固，清淨德純備，不勝女人力。古昔孫陀利，能壞大仙人，令習於受欲，以足蹈其頂。……毗尸婆梵仙，修道十千歲，深著於天后，一日頓破壞。如彼諸美女，力勝諸梵行。……何不盡其術，令彼生染生？』

爾時婇女衆，慶聞優陀說，增其踴悅心，如鞭策良馬，往到太子前，各進種種術。歌舞或言笑，揚眉露白齒，美目相眄睞，輕衣見素身，妖搖而徐步，詐親漸習近。情欲實其心，兼奉大王言，漫形媟隱陋，忘其慚愧情。

太子心堅固，傲然不改容，猶如大龍象，群象衆圍繞，不能亂其心，處衆若閑居。猶如天帝釋，諸天女圍繞。太子在園林，圍繞亦如是。或爲整衣服，或爲洗手足，或以香塗身，或以華嚴飾，或爲貫瓔珞，或有扶抱身，或爲安枕席，或傾身密語，或世俗調戲，或說衆欲事，或作諸欲形，規以動其心。……

另有寶雲譯「佛本行經」全篇韻文分三十一品，其中八品與衆婇女遊居品裡寫太子與婇女同浴的一段，也是佛所行讚沒有的：

太子入池，水至其腰。諸女圍繞，明耀浴池；猶如明珠，遶寶山王，妙相顯赫，甚好巍巍。衆女水中，種種戲笑；或相湮沒，或水相灑，或有弄華，以華相擲；或入水

> 底，良久乃出；或於水中，現其衆華；或沒於水，但現其手。衆女池中，光耀衆華，令衆藕華，先其精光。或有攀緣，太子手臂，猶如雜華，纏著金柱。女妝塗香，水澆皆墮，旃檀木榓，水成香池。

其描寫穠艷處，逐漸傾向俗講的趣味，想像的豐富，有似張鷟「遊仙窟」的情調。佛的故事，也增加了宣傳佛教的魅力。寶雲是和法顯一樣去遊學印度的先行者，他們帶回大量的經書，其中華嚴、寶積、般若、涅槃大部頭的佛典，眞是取之不盡，用之不竭，雖不若蘇東坡所說清風明月之無窮，但其內容愈來愈接近了俗講的民間品味，如華嚴經善財童子見到諸比丘的一些散漫的無聊的話，不過，由講經到俗講，就是這樣轉變的：

> 善男子，我於解脫力逮得清淨方便慧眼，普照觀察一切世界，境界無礙，除一切障，一切佛化陀羅尼力，或見東方一佛，一佛，十百千萬，十億，百億，千億，百千億佛；或見百億那由他，千億那由他，百千億那由他佛；或見無量阿僧祇，不可思議，不可稱，無分齊，無邊際，不可量，不可說，不可說不可說佛；或見閻浮提微塵等佛；或見四天下微塵等佛；或見小千世界微塵等佛；或見二千，三千大千世界微塵等佛。……（卷四十七）

這裡的內容，已失去典雅的文學性，缺少優美的吸引力，只是俗講中浮濫的泡沫，不足以爲例了。

講經的道場與其程序是有其不可亂的步驟的。講經與講唱經中的偈語，講說經文中的故事，宣導佛教的功德，逐漸發展成一種形式。講經是把經典中的經文一句句的講解給寺僧和信衆聽，經典的要旨，深奧的經義，講解之不足，要吟唱與誦讀。「宣經講經文」的另一種方法是講佛經中的故事，如「妙法蓮華經」裏街中「火宅」的故事，是引人入勝的，國王選擇輔臣的故事，觀世音菩薩的寶相的莊嚴華貴，維摩詰與阿難的對話，在在引發信衆的仰慕。偈語的梵唱，因爲是韻文，加以佛樂伴奏，高唱入雲，講唱經文乃成爲佛講宣傳的盛事。講經一事，成爲寺院的綠葉。講經而又加強佛經故事的講述，以說說唱唱來擴大其佛教在民間的聲勢，由佛的捨身布施到民間信衆的供奉成佛與菩薩的立廟建塔，納財獻金，務求寺院之規模宏大華嚴，佛塔之典型珍貴。人間信衆由京都普及邊陲，世間兒女百千億萬皆可成佛。

俗講

唐代的講經，是延續魏晉六朝的社會習尙，而更加發揮其效應，成爲普遍的流行，由講經而擴展爲俗講，把佛經的故事，結合民間的故事，把佛經中有韻的偈的誦唱，轉變爲唱文。唱文的變化，加上了民間傳統的故事，在法師的俗講中，佔了宣導上的優勢。俗講的規模之大，可說已到有街市即有俗講的地步，我們看日本增人圓仁在「入唐求法巡禮行記」中的一段記載：

開成六年正月九日五更時拜南郡了，早朝歸城，幸在丹鳳樓，改年號，改開成六年爲

> 會昌元年。乃敕于左、右街七寺開俗講。左街四處；此資聖寺，令云花寺賜紫大德海岸法師講《華嚴經》；保壽寺，令左街僧錄三教講論賜紫引駕大德體虛大法師講《法華經》，菩提寺，令招福寺內供奉三教講論大德齊高法師講《涅槃經》；景公寺，令光影法師講。右街三處：會昌寺，令內供奉三教講論賜紫引駕起居大德文溆法師講《法華經》。城中俗講，此法師爲第一。惠日寺、崇福寺，講法師未得其名。又敕開講道教。左街令敕新從劍南道召太清宮內供奉矩令費于玄眞觀講《南華》等經；右街一處，未得其名；站皆奉敕講。從太和九年以來廢講，今上新開，正有十五日起首至二月十五日罷。

左、右街有七寺開俗講，規模之大，眞的是轟動世俗，所謂俗講就是只講故事不講經文義理，投合聽講者的所好，而講述的人又是大德高僧，其中講到了（文溆）（漵）和尚，在「樂府雜錄」中有二條說：

> 長慶中，俗講僧文敘，吟經，其聲宛暢，感動里人。
>
> 文溆子長慶中俗講僧文溆罷吟，經樂工黃米飯，狀其念四聲觀世音而撰此曲。

文溆又稱文漵，可見是同一人，是俗講名僧，元和末年住錫菩提寺，寶歷時移錫興福寺，文宗時入內大德，曾因俗講流於淫佚，被流放在外。開成、會昌時復回長安，重執俗講的寶座，時長五朝，長達二十餘年。趙璘「因話錄」說：

> 有文溆僧者，公爲聚衆譚說，假托經論。所言無非淫穢鄙褻之事。不逞之徒，轉相鼓

扇扶樹。愚夫冶婦，樂聞其說，聽者塡咽寺舍。瞻禮崇拜，呼爲和尚教坊。效其聲調，以爲歌曲。其甿庶易誘。釋徒茍知眞理，及文義稍精，亦甚嗤鄙之。近日庸僧，以名繫功道使，不懼台省。府縣以士流好窺其所爲，視衣冠過於仇讎。而政僧最甚。前後杖背，流在邊地數矣。

盧氏雜說（太平廣記卷二百四引）云：

文宗善吹小管。時法師文漵爲入内大德。一日得罪，流之。弟子入内收拾院中籍入家具，猶作法師講聲。上採其聲爲曲子，號文漵子。』

趙璘說他會唱，唱起來好聽，「樂府雜錄」說文漵善吟，黃米飯這位樂工橫倣文漵的吟唱聲音作了觀世音菩薩的唱曲。又採其聲爲曲子號文漵子。文漵爲俗講講的是世俗故事，並且涉及男女淫亂鄙褻之事，雖然適合市井民衆的口味，但因他是和尚，犯了「色」戒，受了杖刑，流放邊地。但他還是有辦法回到長安，繼續俗講，而且一講就長達二十幾年，可見他的宣傳技術的高超，信衆的廣泛。文漵爲市民俗講，從「塡咽寺舍」走出來，面對大衆，於俗講推展上是一大貢獻，他的聲腔曲調，對以後的諸宮調的發展，是有一定的影響的。

由講經文中的故事而「轉變」爲俗講，這個「變」不僅是其內容向民間故事轉變，也是逐漸轉「講」而向「唱」的方向「變」，由「經變」而轉換到「俗變」，眞正把講唱向民間更普遍深入。變文的由來，從文漵和尚的情形看出來，藝術在俗講中的重要性，文漵所言「無非淫穢鄙褻之事」，則爲正人君子所不齒，是和尚豈可如此煽惑善良風俗，這就是他受杖背流放的原因。至於當時文淑的唱腔爲何，是否爲梵唄的囀唱，恐已無法探究。

圓仁在「入唐求法禮行記」中說「左、右街七寺開俗講」其熱鬧可知，七寺開俗講，其情形頗有一些競爭的味道，尤其節慶時，也要比比信衆的多寡，而法事的組織，俗講的結構，也成爲重要的情節。道宣「續高僧傳」中說：

法事所資，獨不能建。都講、香火、維那、梵唄，咸皆頌之。

俗講的法師，是講經的主角。都講負責俗講中的轉讀，和唱誦，是法師的助講。香火有如總務，辦理法會上的裝具，鐘鼓世事。維那負責秩序之維持與進行。司儀和梵唄有似合唱團中的領唱者。

俗講的儀式是從魏晉南北朝相傳下來，因應現實環境改進的，略要而言，大致分爲：

鳴鼓集衆。

物禮三寶。

法師高座。

鳴磬肅靜。

禮拜贊唄。

講經正說。

樂聞應說。

說竟回向。

復作贊唄。

下座禮辭。

這種講經佈道的方法在初唐即有，其中的「贊唄」就是高聲宣贊，「樂聞應說」包含助講的轉讀和唱誦。僧傳中說，月支僧支曇籥是「轉讀」的名家：

嘗夢天神授其聲法，覺因裁製新聲梵響清靡，四飛卻轉，反折還弄。……後進傳寫，莫匪其法。所製六言梵唄，傳響於今。

又說智宗：

中宵之夜，四衆仰昂，睡眠交至，宗則升座一轉，梵響干雲，莫不開神暢體，豁然醒悟。

延至文淑和尙不僅梵唄，更爲吟唱爲曲。這是佈道的方法「說竟回向」，也開啓了信衆發問的機會，並復作贊唄，如道宣說：

世有法事，號曰『落花』，通引皂素，開大施門，打刹唱舉，拘撒泉貝。別請設座，廣說施緣。或建立塔寺，或繕造僧務，隨物讚祝，其紛若花。士女觀聽，擲錢如刀，至如解髮百數數。

宣導佛音至於「落花」，落花的意思，就是紛紛解囊擲錢，甚至到了「解髮」奉獻的地步，因爲古時婦人的髮是可以賣錢的。到了文淑等和尙，善男信女於「落花」中奉獻財物，許願回向膜拜贊唄，其虔誠豈惜手中財物，要在皈依我佛。

變文與歌賦

變　文

變文與歌賦是從俗講中演化出來的說唱詞文。如《維摩詰經變文》。以及《敦煌變文集》已有的《漢八年楚滅漢興王陵變》；《舜子至孝變文》、《八相變》、《破魔變》、《降魔變文》、《大目乾連冥間救母變文》、《頻婆娑羅王後宮彩女功德意供養塔生夫因緣變》、《丑變》、《劉家太子變》以及《伍子胥變文》、《李陵變文》、《王昭君變文》、《張義潮變文》、《張淮深變文》、《目連變文》等十幾部。

大目乾連冥間救母變文

其中「大目乾連冥間救母變文」敘述青提夫人由於不齋僧佛而墮入地獄，子目連歷經劫難下地獄救母親脫離苦海的故事，民間流傳極廣，不僅心細膩的描寫青提夫人不齋僧信佛受苦溺苦海的可怕後果，且顯示目連孝感動天，爲佛憐憫的因緣。兩相對照，是非之別，黑白分明。這在佛經的變文中，是最受民間重視的一大果報。

「和尚卻歸，爲傳消息，交令造福，以救亡人。除佛一人，無由救得。願和尚捕提涅盤，尋常不沒，運載一切衆生智惠，鈕勤磨不煩惱林而誅威行，普心於世界，而諸佛之大願，儻若出離泥犁，是和尚慈親普降。」目連問以，更往前行。時向中間，即至五道將軍坐所，問阿孃消息處：

五道將軍性令惡，金甲明晶，劍光交錯，左右百萬餘人，總是接長手腳。
叫讞似軍驚振動，怒目得電光耀鶴，或有劈腹開心，或有面皮生剝。
目連雖是聖人，煞得魂驚膽落。目連啼哭念慈親，神通急速若風雲。
若聞冥途刑要處，無過此個大將軍。左右攢槍當大道，東西立杖萬餘人。
縱然舉目西南望，正見俄俄五道神。守此路來經幾劫，千軍萬衆定刑名。
從頭自各尋緣業，貧道慈母傍行檀。魂魄飄流冥路間，若問三塗何處苦，
咸言五道節門關，畜生惡道人遍遶，好道天堂朝暮閑。一切罪人於此過，
伏願將軍爲檢看。將軍合掌啓闍梨，不須啼哭損容儀，尋常此路恆沙衆，
卒問青提知是誰。太山都要多名部，察會天曹並地付。交牒知司各有名，
符弔下來過此處。今朝弟子是名官，暫與闍梨檢尋看。百中果報逢名字，
放覓縱由亦不難。

將軍問左右曰：『見一青提夫人以否？』左邊有一都官啓言：『將三年已前，有一青提夫人，被阿鼻地獄牒上索將，見在阿鼻地獄受苦。』目連聞語。啓言將軍。報言：「和尚，一切罪人，皆從王邊斷決，然始下來。』

目連四處找尋母親不著，傳遍訪地獄。

目連言訖，更向前行。須臾之間，至一地獄。目連啓言獄主：『此個地獄中，有青提

夫人已否？是頻道阿孃，故來認覓。獄主報言：『和尚，此獄中總是男子，並無女人。向前問有刀山地獄之中，問必應得見。』目連前行，至地獄，左名刀山，右名劍樹。地獄之中，鋒劍相向，涓涓血流，見獄主驅無量罪人，入此地獄。目連問曰：『此個名何地獄？』羅察答言：『此是刀山劍樹地獄。』目連問曰：『獄中罪人，作何罪業，當墮此地獄。』獄主報言：『獄中罪人，生存在日，侵損常住游泥伽藍，好用常住水菓，盜常註柴薪，今日交伊手攀劍樹，支支節節，皆零落處：』

刀山白骨亂縱橫，劍樹人頭千萬顆。欲得不攀刀山者，無過寺家塡好土。

檝接菓木入伽藍，布施種子倍常在。阿你個罪人不可說，累劫受罪度恆沙。

從佛涅盤乃未出。此獄東西數百里，罪人亂走肩相棳；業風吹火向前燒，

獄卒把杈從後押。身手應是如瓦碎，手足當時如粉沫。沸鐵騰光向口澆，

著者左穿如右穴。銅箭傍飛射眼睛，劍輪眞下空中割。爲言千載不爲人，

鐵把樓聚還交活。

目連聞語啼哭咨嗟，向前問言：『獄主，此個地獄中，有一青提夫人已否？』獄主啓言：『和尚是，何親眷？』目連啓言：『是頻道慈母』獄主報言：『和尚，此個獄中無青提夫人。向前地獄之中，總是女人，應得相見。』目連聞以，更往前行。至一地獄，高下有一由旬，黑煙蓬勃，臰氣勳天。見一馬頭羅刹，手把鐵杈意而立。目連問曰：『此個名何地獄？』羅刹答言：『此是銅柱鐵床地獄。』目連問曰：『獄中罪人，

生存在日，有何罪業，當墮此獄。』獄主答言：『在生之日，女將男子，男將女人，行淫欲於父母之床，弟子於師長之床，奴婢於曹主之庫，當墮此獄之中。東西不可竿，男子女人相和一半。』

女臥鐵床釘釘身，男抱銅柱兇懷爛，鐵鑽長交利鋒劍，饞牙快似如錐鑽。腸空即以鐵丸充，唱渴還將鐵汁灌。蒺蘺入腹如刀臂，空中劍戟跳星亂，刀剜骨肉仟仟破，劍割肝腸寸寸斷，不可言地獄天堂相對疋，天堂曉夜樂轟轟。地獄無人相求出。父母見存爲造福，七分之中而獲一；縱令東海變桑田，受罪之仍未出。

目連言訖，更往前行。須臾之間，至一地獄。啓言獄主：『此個獄中，有一青提夫人已否？』獄主報言：『青提夫人是和尚阿孃？』目連啓言：『是慈母』獄主報和尚曰：『三年已前，有一青提夫人，亦到此間獄中，被阿鼻地獄牒上索將。今見在阿鼻地獄中』。目連悶絕，僻良久氣通，漸漸前行，即逢守道羅剎問處：

阿鼻地獄，極恐怖，目連進不去，便去求佛，佛賜他錫杖以除八難：

目連丞佛威力，騰身向下，急如風箭，須臾之間，即至阿鼻地獄，空中見五十個牛頭馬腦，羅剎夜叉，牙如劍樹，口似血盆，聲如宙鳴，眼如掣電，向天曹當直。逢著目連，遙報言：『和尚莫來！此間不是好道！此是地獄之路。西邊黑煙之中，總是獄中毒氣，吸著和尚，化爲灰塵處：』

和尚不聞道阿鼻地獄，鐵石過之皆得殃。

地獄爲言何處？在西邊怒那黑煙中。目連念佛若恆沙，地獄原來是我家。
拭淚空中搖錫杖，鬼神當即倒如麻。白汗交流如雨濕，昏迷不覺自噓嗟。
手中放卻三楞棒，臂上遙拋六舌叉。如來遣我看慈母，阿鼻地獄救波吒。
目連不在騰身過，獄主相看不敢遮。

目連行前至一地獄，相去一百餘步，被火氣吃著，而欲仰倒。其阿鼻地獄，且鐵城高峻，莽蕩連雲，劍戟森林，刀槍重疊，劍樹千尋，以勞撥針刺相楷，刀山萬仞橫連，讒亂岳倒，猛太掣淆，似震吼咷踉，滿天劍輪，嶷嶷似星明。灰塵模地，鐵蛇吐火，四面張鱗，銅狗吸煙，三邊振吠。蒺蔾空中亂下，穿其男子之腰；錐鑽天上旁飛，剜刺女人背。鐵杷踔眼，赤血西流，銅叉剉腰，白膏東引。於是刀山入爐灰，髑髏碎，骨肉爛，觔皮折，手膽斷，碎肉迸濺於四門之外，凝血滂沛於獄壚之畔，聲號叫天，岌岌汗汗。雷地，隱隱岸岸、向上雲煙，散散漫漫，向下鐵鏘，繚繚亂亂；箭毛鬼嘍，嘍嘍竄竄；銅嘴鳥，吒吒叫叫；喚獄卒數萬餘人，總是牛頭馬面；饒君鐵石爲急得亡魂膽戰處：

目連執錫向前聽，爲念阿鼻意轉盈。一切獄中皆有息，此個阿鼻不見停，
恆沙之眾同時入，共變其身作一刑。忽若無人獨自入，其身急滿鐵圍城。
案案難難裖鐵，吸岌雲空□□□。轟轟鏘鏘栝地雄，長蛇皎皎三曾黑。

大鳥崖柴兩翅青，萬道紅爐扇廣炭。大重赤炎迸流星，東西鐵鑽讒凶劬。
左右骨鉸石眼錆，金鏘亂下如風雨。鐵針空中似灌傾，哀哉苦哉難可忍！
更交腹背下長釘，目連見以唱其哉。專心念佛幾千迴，風吹毒疑遙呼吸。
看著身爲一聚灰，一棖黑城關鏁落。再棖明門兩扇開，目連那邊仮未喚。
獄卒聳乂便出來，和尚欲阿誰消息？其城廣闊萬由旬，卒倉沒人關閉得。

目連得到佛力，下了阿鼻地獄去找母親，一直找到第七隔中，他的母親青提夫人在七隔裡卻不敢回應，因爲她心理矛盾，痛苦不堪：

獄卒行至第七隔，迢碧幡，打鐵鼓。第七隔中有青提夫人已否？其時青提第七隔中，身上下二十九道長釘，鼎在鐵床之上，不敢應。獄主更問：『第七隔中有青提夫人已否？』「若見覓青提夫人者，罪身即是。」『早個緣甚不應？』『恐畏獄主更將別處受苦，所以不敢應。』獄主報言：門外有一三寶剃除鬚髮，身披法服，稱言是兒。故來訪看，青提夫人聞語，良久思維，報言獄主：『無兒子出家，不是莫錯？』獄主聞語卻迴行至高樓，報言和尚：緣有何事，詐認獄中罪人是阿孃？緣沒事謾語。』目連連語悲泣，兩淚啓言：『獄主貧道解應傳語錯。頻道小時自羅卜父母亡沒已後，投佛出家，剃除鬚髮，號曰大目乾連。獄主莫嗔，更問一迴去。』獄主聞語，卻迴至第七隔中，報言：『罪人門外三寶，小時自羅卜。父母終沒已後，投佛出家。剃除鬚髮，號曰大目乾連』。青提夫人聞語，門外三寶，若小時字羅卜，是也罪身一寸腸嬌子。』

獄主聞語，扶起青提夫人，毋瘦卻二十九道長釘鐵鏁，腰生杖圍遶，駈出門外，母子相見處：

文中寫目連母子相見的情形是那樣的悽慘！

生杖魚鱗似雪集，千年之罪未可知。七孔之中流血汁，猛火從娘口中出。
蒺䔧步從空入由，如五百乘破車聲。腰腎豈能於管捨，獄卒擎叉左右遮。
牛頭把鏁東西立，一步一倒向前來。目連抱母號咷泣，哭曰由如不孝順，
殃及慈母落三塗。積善之家有餘慶，皇天只沒煞無辜！阿孃昔日勝潘安，
如今憔悴頻摧滅。曾聞地獄多辛苦，今日方知行路難。一從遭禍取孃死，
每日墳陵常祭祀。娘娘得食吃已否，一過容顏惣顦顇。阿孃既得目連言，
鳴呼怕嫋淚交連！星與吾兒生死隔，誰知今日重團圓。阿孃生時不修福，
十惡之愆皆具足。當時不用我兒言，受此阿鼻大地獄。阿孃昔日極芬榮，
出入羅幃錦帳行。那勘受此泥梨苦，變作千年餓鬼行。口裡千迴拔出舌，
兇前百過鐵犁耕。骨節觔皮隨處斷，不勞刀劍自彫零。一向須臾千過死，
子時唱道卻迴生。入此獄中同受苦，一論貴賤與公卿。汝向家中懃祭祀，
只得鄉閭孝順明。縱向墳中澆曆酒，不如抄寫一行經。目連哽噎啼如雨，
便即迴頭諮獄主。頻道須是出家兒，小力那能救慈母！五服之中相容隱，
此即古來賢聖語。惟願獄主放卻孃，我身替孃長受苦。獄主爲人情性剛，

嗔心默默色蒼芒。弟子雖然爲獄主，斷決皆由平等王。阿孃有罪阿孃受，阿師受罪阿師當。金牌士諫無揩洗，卒然無人輒改張。受罪只金時以至，須將刑殿上刀槍。和尚欲得阿孃出，不如歸家燒寶幡。目連慈母語聲哀，獄卒擎叉兩畔催。欲至獄前而欲到，便即長悲好住來。青提夫人一個手，托著獄門迴顧盼。言好住罪身，一寸長腸嬌子。孃孃昔日行慳始，不具來生業報恩。言作天堂沒地獄，廣然煞豬羊祭鬼神。促悅其身眼下樂，寧知冥路拷亡魂。如今既受泥犁苦，方知及悟悔自家身。悔時海然知阿道，覆水難收大俗云。何時出離波吒苦，豈敢承聖重作人。阿師如來佛弟子，足解知之父母恩。忽若一朝登聖覺，莫望孃孃地獄受艱辛。目連既見孃孃別，恨不將身而自滅。舉身自撲太山崩，七孔之中皆洒血。啓言孃孃且莫入，住於王舍城中佛塔之前，七日七夜，轉誦大乘經典，懺悔念戒，阿孃乘此功德，轉號路土卻狗身，退卻狗皮，掛於樹上，還得女人身，全具人扶圓滿。目連啓口阿孃：『人身難得，中國難生。佛法難聞，善心難發』。喚言：『阿孃，今得人身，便即修福』。目連將母於娑羅雙樹下，遶佛三匝，卻住一面白言世尊，與弟子阿孃看業道已來，從頭觀占，更有何罪，世尊不違目連之語，從三業道觀看，更率私之罪。目連見母罪滅，心甚歡喜。啓言：『阿孃歸去來！閻浮提世界，不堪停生付死。本來無住處。西方佛國，最爲精敢，得龍奉引』。其前忽得天女來迎接。一往仰前刀利天受快樂。最初說偈度俱輪。當時此經時有八萬冊冊八萬僧八萬優婆塞八萬□作禮圍繞，歡喜信受，奉行。

這『變文』便終止於佛法的頌揚與歌讚聲中。

目連救母之後，尚有：如來領龍神八部，前後圍繞，放光動地，救地獄之苦。因爲是殘本，不能有完整的面目。

「大目乾連冥間救母」變文，是散文與韻文相間運用，以七言爲主的唱詞，亦有四言、五言、六言的句子錯綜內裡。用到九言句子只偶而一見。

目連救母的事，在當時就已傳說民間，孟棨在「本事詩」中記說：

「祜（張祜）未曾識白公（白居易），白公刺蘇州，祜始來謁，方見白，白曰：「久欽籍，嘗記得君款責詩。」祜愕然！曰：「舍人何所謂？」白曰：「鴛鴦鈿帶抛何處，孔雀羅衫付阿誰？非款責何耶？」張頓首微笑，仰而答曰：「祜亦嘗記得舍人目連變。」白曰：「何也？」祜曰：「上窮碧落下黃泉，兩處茫茫皆不見，非目連變何耶？」』可見在中唐時目連救母的變文故事就已經廣泛流行于社會上了。

降魔變文

在講經的變文中，「降魔變文」和「醜女緣起」是必須要介紹的。「降魔變文」的起因是須達爲宣揚佛道，立意建立伽藍，太子施拾銀樹，六師極力阻止，出言謗佛說：

須達祇陁，于今即是。豈有禾聞天珽，外國鉤引胡神，幻惑平人，自稱是佛，不孝父母，恆乖色養之恩，不敬君王，違背人臣之禮，不懃產業，逢人即與剃頭，妄說地獄天堂，根尋無人的見。若來至此，祇恐損國喪家。臣今露膽披肝，伏望聖恩照察。

國王知道了這件事，詔須達來，問他可否與六師鬥法，須達立下重誓說：「最小弟子，亦能抵敵」。便命舍利弗出面和六師鬥法：

波斯匿王見舍利弗，即勑群寮，各須在意。佛家東邊，六師西畔，朕在北面，官應南邊。勝負二途，各須明記。和尚得勝，擊而鼓而下金籌。公家若強，扣金鍾而點尚字。各處本位，即任施張。舍利弗徐步安詳，昇師子之座，勞度叉耳居寶帳，擇擁四邊。舍利弗即昇寶座，如師子之王，出雅妙之聲，告四衆言曰：然我佛法之內，不立我之心。顯政摧邪，假爲施設。勞度叉有何變現，既任施張。六師聞語，忽然化出寶出，高數由旬，欽岑碧玉，崔嵬白銀，頂侵天漢，藂竹芳薪。東西日月，南北參晨。亦有松樹參天，藤蘿萬段，頂上隱士安居，更有諸仙遊觀，駕鶴乘龍，佛歌聊亂。四衆誰不驚嗟，見者咸皆稱嘆。舍利弗雖見此山，心裡都無畏難。須臾之頃，忽然化出金剛。其金剛乃作何形狀？其金剛乃頭圓像天，天圓祇堪爲蓋；足方六里，大地纔足爲鉆。眉鬱 如青山之兩崇，口吒 猶江海之廣闊。手執寶杵，杵上火焰衝天，一擬邪山，登時粉粹，山花萎悴飄零，竹木莫 所在。百寮齊歎希奇，四衆一時唱快！故云：金剛智杵破邪山處。若爲：

六師忿怒情難止，化出寶山難可比。嶄嚴可有數由旬，紫葛金 而覆地。

山花蔚翠錦文成，金石崔嵬碧雲起。上有王喬、丁令威，香水浮流寶出裡。
飛佛往往散名華，大王遙見生歡喜。舍利弗見山來入會，安詳不動居三昧。
應時化出大金剛，眉高額闊身軀礧。手持金杵火衝天，一擬邪山便粉碎。

於時帝王驚愕，四衆忻忻。此度不如他，未知更何神變。其時須達長者，遂擊鴻鐘，手執金牌，奏王索其尚字。六師見寶山摧倒，憤氣衝天。更發瞋心，重奏王曰：然我神通變現，無有盡期。一般雖則不如，再現保知取勝。勞度叉忽於衆裡，化出一頭水牛，其牛乃瑩角驚天，小蹄似龍泉之劍，垂斛曳地，雙眸猶日月之明。喊吼一聲，雷驚電吼。四衆嗟歎，咸言外道得強。舍利弗雖見此牛，神情宛然不動。忽然化出師子，勇鋭難當。其師子乃口以谿谿，身類雪山，眼似流星，牙如霜劍，奮迅哮吼，直入場中。水牛見之，亡魂跪地。師子乃先懾項骨，後拗脊跟。未容咀嚼，形骸粉碎。帝主驚歎，官庶芒然。六師乃悚懼恐惶。太子乃不勝慶快處。若爲：

六師忿怒在王前，化出水牛甚可憐。直入場中驚四衆，磨角握地喊連天。
外道齊聲皆唱好，我法乃達國人傳。舍利座上不驚慌，都緣智惠甚難量。
憨裡衣服女心意，化出威稜師子王。哮吼兩眼如星電，纖牙迅抓利如霜。
意氣英雄而振尾，向前直擬水牛傷。兩度佛家皆得勝，外道意極計無方。

我們看這文字是多麼的活潑佻達，裡面用了王喬、丁令威二個得道仙人，可見作者對魏晉六朝神仙故事的熟悉，隨手抓來，即成妙諭。文中如寫舍利弗：「神情宛然不動，忽然化出師（獅）子，勇猛難當。其師（獅子）乃口似谿豁，身類雪山，眼似流星，牙如霜劍，奮迅哮吼，直入場中」。吳道子寺院壁畫，已見地獄變，而文中寫舍利弗化做金剛，金剛身勢之威猛，較西遊記中二郎神尤有過之。以下寫六師化爲毒龍，而舍利弗則化爲金翅鳥王，六師無奈化作二鬼，又被舍利弗的毗沙天王嚇昏倒地。六師變大樹，舍利弗變風神。不論六師如何變化，總被舍利弗一一消除，六師五變輸失，舍利弗安詳寶座。國王論六師服從佛法「六師開語，唯諾依從，面帶羞慚，容身無地。」「降魔變文」便在「兩兩平章六師弱，芥子可得類須彌」的佛法無遺的頌讚中結束。我們看他的描寫給以後的通俗小說如「西遊記」、「封神榜」、「三遂平妖傳」、「三寶太監西洋記」書中的鬥法，帶來怎樣的啓示：

> 六師頻頻輸失，心裡加懊拙。今朝恠不如他，昨夜夢相顚倒。面色粗赤粗黃，脣口異乾燥。腹熱呋似湯煎，腸痛猶如刀。攪瞿曇雖是惡狼，不禁群狗衆咬。舍利弗小智拙謀，曾斑前頭出巧，者迴忽若得強，打破承前併滔。不忿欺屈，勿然化出毒龍。口吐煙雲，昏天翳日，揭眉眴目，震地雷鳴，閃電乍闇乍明，祥雲或舒或卷。驚惶四衆，恐動平人。舉國見之，恠其靈異。舍利弗安詳寶座，珠無怖懼之心。化出金翅鳥王，奇毛異骨，鼓騰雙翊，掩敝日月之明，抓距纖長，不異豐城之劍。從空直下，若天上之流星。遙見毒龍，數迴博接。雖然不飽我一頓，且□噎飢。其鳥乃先啅眼睛，後嚵四竪，兩迴動嘴，兼骨不殘。六師戰懼驚嗟，心神恍忽。
>
> 舍利既先毒龍到，便現奇毛金翅鳥，頭尾懼怏不將難，下口其時先啅腦。

筋骨粉碎作微塵，六師莫知何所道。三寶威神難惻量，魔王戰悚生煩腦。

王曰：和尚猥地誇談，千般伎術，人前對驗，一事無能。更有何神，速須變現。六師強打精神，奏其王曰：我法之內，靈變卒無盡期。忽於衆中，化出二鬼，形容醜惡，軀貌揚奮，面北嗔而更青，目類朱而復赤，口中出火，鼻裡生煙，行如奔電驟似飛施，揚眉瞬目，恐動四邊。見者寒毛卓豎。舍利弗獨自安然。舍利弗踟躕思忖，毗沙門踊現王前。威神赫奕甲杖光鮮，地神捧足，寶劍腰懸，二鬼一見，乞命連綿處。若爲：

六師自道無般比，化出兩箇黃頭鬼。頭腦異種醜屍骸，驚恐四邊今怖畏。
舍利弗舉念暫思住，毗沙天王而自至。天主迴顧震睛看，二鬼迷悶而擗地。
外道是日破魔軍，六師膽懾盡亡魂。賴活慈悲舍利弗，通容忍耐盡威神。
驢騾負重登長路，方知可活比龍鱗。祇爲心迷邪小逕，化遣歸依大法門。

六師雖五度輸失，尚不歸降。更試一迴看，看後功將補前過。忽然差馳更失，甘心啓首歸他。思惟既了，忽於衆中，化出大樹，婆娑枝葉，敝日干雲，聳幹芳條，高盈萬仞。祥禽瑞息，遍枝葉而和鳴，翠葉芳花，周數里而升闇。于時見者，莫不驚差。舍利弗忽於衆裡，化出風神，叉手向前，啓言和尚。三千大千世界，須臾吹卻不難。況此小樹纖毫，敢能當我風道。出言已訖，解袋即吹。于時地卷如綿，石如塵碎，枝條迸散他方，莖幹莫知何在。外道無地容身，四衆一時喝快處。若爲：

六師頻輸五度，更向王前化出樹。高下有可數由旬，枝條蓊蔚而滋茂。
舍利弗道力不思議，神通變現甚希奇。群佛故來降久道，次第惣遣火風吹。
神王叫聲如雷吼，長虵擿樹不殘枝。瞬息中間消散盡，外道飄颻無所依。
六師被吹腳距地，香爐寶子逐風飛。寶座頃危而欲倒，外道怕急扶之。
兩兩平章六師弱，芥子可得類須彌！

時王啓言和尚，朕比日已來，虛加敬金，廣施玉帛，枉費國儲，故知眞金濫鍮，目驗分拚，龍蛇渾雜，方辯只能和尚力盡勢窮，事事皆弱，惣須恆心屈節，摧伏歸他，更莫虛長我人，論天說地。六師聞語，唯諾依從，面帶羞慚，容身無地。舍利弗見邪徒折伏，悅暢心神，非是我身健力能，皆是如來加被！遂騰身直上，勇在虛空，高七多羅樹，頭上出火，足下出水，或現大身，或現小身，猶如芥子。神通變化，現十八般。合國人民，咸皆瞻仰處，若爲：

舍利佛倏忽現神通，通身直上在虛空。或現大身遍法界，小身藏形芥子中。
勞度叉愕然合掌五，我法活豈與他同。共汝捨邪歸政路，相將慚謝盡卑恭。
鬬聖已來極下劣，迴心豈敢不依從，各擬悔謝歸三寶，更亦無心事火龍。
累歷歲月枉氣力，終日從空腹至空。各自抽身奉仕佛，免被當來鐵碓舂。

醜女緣起

「醜女緣起」（巴黎國家圖書館藏P.3248）是變文中佛度善女再世爲人的故事。善女先世輕賤羅漢，死後投生波斯匿爲王之小女兒，但其醜貌，令人驚駭：

只首思量也大奇，朕今王種起如斯！醜陋世間人惣有，未見今朝惡相儀。穹崇跼蹜如龜鱉，渊身又似野豬皮，饒你丹青心裡巧，彩色千般畫不成。宮人見則皆驚怕，獸頭渾是可憎兒！國內計應無比並，長大將身娉阿誰？

醜到不可目睹的地步，如何見得了人？

黑執皮，雙腳跟頭皴又皵。髸如驢尾一椒了，看人左右和身轉。舉步何曾會禮儀，十指纖纖如露柱，一雙眼子似木槌。……公主全無窈窕，差事非常不小。上脣半斤有餘，鼻孔筒渾小。生來未有喜歡，見說三年一笑。覓他行步風流，卻是趙土檥檳。

國王只好把她藏在深宮裡，不令她見人。累月經年，她愈長愈醜，如何嫁人。爲此王后憂愁不已，與王商議，不如私令大臣，巡訪州遍，有一落魄書生，願意娶她爲妻。醜女雖然服飾華麗，但卻愈顯其醜，書生一見，嚇倒在地。雖然蘇醒過來，只是垂頭喪氣。醜妻再三盤問，終於揭開謎底。書生說：

娘子被王郎道著醜兒。不兑雨淚羞恥，怨恨此身，種何日日菓，今生減得如斯！公主纔聞淚數行，聲中哽咽轉悲傷。怨恨前生何罪業，今生醜陋異于尋常！再三自家嗟歎了，無計遂罪妝臺。心中億佛乞苗加護，懊惱今生兒不強。緊盤雲髻罪紅妝，豈料我無端正相！置令暗裡苦高量，煙脂合子捻抛卻，釵朵瓏璁調一傍。雨淚焚香思法會，遙告靈山太法王。於是娥媚不掃，雲鬢罷梳遙，靈山便告世尊。珠淚連連怨復差，一種爲人面皃差。玉葉木生端正相，金騰結朵野田花。見說牟尼長文六，八十隨形號釋迦。唯願世尊加被我，三十二相與紫紫。

醜女自嘆身世，種了惡緣，生的這般醜陋，焚香禮拜，泣告世尊救苦救難，醜女的虔誠祈告，遂得到應驗，把她變成了一位美女。這也是世尊顯靈，救世的億萬善術行中的一端：

伍頭禮拜心轉志，容顏頓改舊時容，百醜變作千般媚。醜女既得世尊加被，換卻舊時醜質，敢得皃若春花。夫主入來不識。公主輕盈世不過，還同越女及娘娥。紅花臉似輕輕圻，玉質如棉白雪和。比來醜陋前生種，今日端嚴遇釋迦。夫主人來全不識，卻覓前頭醜阿婆。妻云道：識我否？夫云：不識。我是你妻。夫主云：錿人！娘子比來是獸頭，交我人前滿面羞。今日因何端正相？請君與我說來由。妻語夫曰：自居前時，憂我身醜陋，羞見他朝官。妾懊惱再三，遂乃焚香禱祝靈山尊。佛慈悲，便爾加佑，換卻醜陋之形。軀變作端嚴之相好。公主目道：我今天生皃不強，深慙日夜尋王郎。遙相釋家三界主，不舍慈悲降此方。便禮拜，更添香，不覺形容頓改張。我得今朝端正相，感附靈山大法王。王郎見妻端正，指手喜歡道：數聲可曾巜走入內，裡，奏上大王。王郎指手歡喜，走報大王宮裡。丈人丈母不知，今日渾成差事。少娘子如今變也，不是舊時精魅。欲識公主此是容，一似佛前菩薩子。大王聞說喜盈懷，火急忙然覓女來。夫人隊丈離宮內，大王御輦到長街。纔見女，喜俳佪，灼灼桃花滿面開。大王夫人歡喜𡅅，因慈持地送資財。公主因佛端正，事須慚謝大聖。明朝速往祈園，禮拜志恭敬。

王與后去拜佛，求得因果，善女前世輕慢聖賢，故今世有此醜容，惡言之報，理應懺悔，只要誠心向佛，醜變美顏。今日漢戲中有一「醜女嫁夫」其張本應是由此而來。

伍子胥變文

「伍子胥變文」顯然是俗講中，主要的講題，已脫離佛講的內容了。「伍子胥變文」的結構，是把韻文和散文聯貫用的，這是和「大目連救母」的變文不相同的。「大目連救母」變文仍看出來是接續佛講經文的形式，而「伍子胥變文」則是不同的另一種形式。其故事內容，奇異怪誕。這故事開始於楚王無道，強奪其子媳為妃，子胥父奢鍊止不聽，反遭楚王殺害，子胥兄亦死於楚王之手。子胥乃行逃亡。在逃亡的生涯裡，浣妙女和漁父都為保護他的生命而犧牲。但在他自救的過程中，他又變成志怪裡術士之類的人物，能夠唸咒，畫地占卜，離開必死之地。

子胥哭已，更復前行。風塵慘面蓬塵映天，精神暴亂，忽至深川。水泉無底，岸闊無邊，登山入谷，遶澗尋源，龍蛇塞路，拔劍盪前，虎狼滿道，遂即張弦。餓乃蘆中餐草，喝飲巖下流泉。丈夫雖為發憤，將死由如睡眠。川中忽遇一家，遂即叩門乞食。有一婦人出應。遠蔭弟聲，遙知是弟子胥，切語相思，慰問子胥，減口不言。知弟渴多時，遂取葫蘆盛飯，並將苦苣為虀。子胥賢士，逆知問姊之情，審細思量，解而言曰：『葫爐盛飯者，內苦外甘也。苦苣為虀者，以苦和苦也。義含遣我速去，速去不可久停！』便即辭去姊問弟曰：『今乃進發，欲投何處？』子胥『答曰：欲投越國。父兄被殺不可不讎，阿姊抱得弟頭，哽咽聲嘶，不敢大哭，嘆言：『痛哉苦哉！自模槐槌，共弟前身，何罪受此孤悽！』曠大劫來有何罪，如今孤負前耶孃。雖得人身有富貴，父南子北各分張。忽憶父兄行坐哭，令兒寸寸斷肝腸。不知弟今何處？遣我獨自受悽惶。我今更無眷戀處，恨不得身自滅亡。子胥別姊稱好住，不須啼哭淚千行。父兄枉被刑誅戮，心中寫火劇煎湯。丈夫今無天日分，雄心結怨苦倉倉。倘逢天道開通日，誓願活捉楚平王。挖心並戀割，九族總須亡。若其不如此，誓願不還鄉，作此語了，遂即南行。行得二十餘里，遂乃眼瞤。畫地而卜，占見外甥來趁。用水頭上?之，將插於腰下，又用木劇倒著，並畫地户天門。遂即臥於蘆中，咒而言曰：『捉我者殃，趁我者亡。急急如律令。』子胥有兩個外甥子安、子承，少解陰陽。遂即畫地而卜占。見阿舅頭上有水，定落河滂，腰間有竹，塚墓城荒，木劇倒著，不進傍徨。若著此卦，定必身亡。不假尋覓，廢我還鄉。子胥屈節看看，乃見外甥來趁。遂即奔走星夜不停。川中又遇一家，牆壁異常嚴麗，孤莊獨立，四遍無人。不恥八尺之軀，遂即叩門乞食。

子胥臥於蘆中，作法自護一事見於武王伐紂書中，在封神傳裡也有姜尙替武吉禳災脫捕的故事。此時他和妻子相見，妻子不敢忍他，雖然有違常情，在民間看來，轉是懸疑：

子胥叩門從乞食，其妻斂容而出應。劇見知是自家夫，即欲敬言相認識。婦人卓立審思量，不敢向前相附近。以禮設拜乃逢迎，怨結啼聲而借問：妾家住在荒郊側，四遍無鄰獨棲宿。君子何至此間？面帶愁容有飢色。落草獐狂似怯人，屈節攢刑而乞食。妾雖禁閉在深閨，與君影響微相識。子胥報言娘子曰：僕是楚人充遠使，涉歷山川歸故里。在道失路乃迷昏，不覺行由來至此。鄉關過遠海西頭，遙遙阻隔三江水。適來專輒橫相忤，自惻於身實造次。遺人多望錯相認，不省從來識娘子。今欲進發往江東，幸願存情相指示。

其妻遂作藥名問曰：妾是仵茄之婦，細辛早仕於梁。就禮未及當歸，使妾閑居獨活。青莨薑芥，澤瀉無憐，仰歎檳榔，何時遠志！近聞楚王無道，遂發材狐之心，誅妾家破芒消，屈身苜蓿，葳蕤怯弱，石膽難當，夫怕逃人，茱萸得脫，潛刑菌草，匿影藜蘆。狀似被趁野天，遂使狂夫莨菪。妾憶淚霑赤石，結恨青葙。野窺可決明，日念舌乾卷栢。聞君乞聲厚朴，不覺躑躅君前。謂言夫聲麥門，遂使蓯蓉緩步。看君龍齒，似妾狼牙。桔梗若爲，願陳枳鼓』。子胥答曰：『余亦不是仵茄之子，不是避難逃人。聽是途之行出，余乃於巴蜀，長在霍鄉，父是娱公，生居貝母，遂使金牙採寶之子，遠行劉以奴是餘。賤用徐長，卿爲貴友。共疫囊阿，彼寒水傷身。二伴芒消，唯余獨活。每日懸腸斷續情思飄飄，獨步恆山，石膏難渡。彼巖已戟，數值柴胡。乃憶款冬，忽逢鍾乳。流心半夏，不見鬱金。余乃返步當歸，芎窮至此。我之羊齒，非是狼牙，桔梗之清，願知其意』。

妻答：君莫急，路遙長。縱使從來不相識，錯相識認有何妨。妾公孫、鐘鬬女，疋配君子是貞賢。夫主姓仵身爲相，束髮千里事君王。自從一去音書絕，憶君愁腸氣欲結。遠道冥冥斷寂廖，兒家不愼長欲別。紅顏顦顇不如常，相思淚落曾無歇。年華虛擲守空閨。誰能症對芳菲節！青樓日夜滅容光，口淥蕩子事於梁。嬾向庭前步明月，愁歸帳裡抱鴛鴦。遠府雁書將不達，天塞阻隔路遙長。欲識殘機情不喜，畫眉羞對鏡中妝。偏憐鵲語蒲桃桗，念□雙棲白玉堂。君作秋胡不相識，妾亦無心學採桑。見君當前雙板齒，爲此識認意相當。鹿餅下餐中不惜，願君且住莫荒忙』。子胥被認不免相辭謝。萬便軟言相帖寫，娘子莫謗惜錯忏，大有人間相似者。娘子夫主身爲相，僕是寒門居草野。倘見夫覓爲通傳，以理勸諫令歸舍。緣事急往江東，不停留復日夜。其婦知胥謀大事，更不驚動。如法供給，以理發遣。子胥被婦認識，更亦不言。丈夫未達於前，遂被婦人相認。豈緣小事，敗我大儀，列士抱石而行，遂即柯其齒落。

二人以藥名互作應答，裝作兩不相識，又以秋胡與妻子在桑園不認來作例子。惟恐夫妻相見，洩漏子胥的形跡。「見君當前雙板齒，爲此識認意相當」，子胥「遂即柯其齒落」，竟敲掉雙板齒，是即免去這個特徵，莫被人識出。他在逃亡生活中，爲了充饑被漁婦所救：

女子答曰：『兒聞古人之語蓋不虛言，情表意難實留，斷絃由可續。君之行李，足亦可知。見君盼後看，前面帶愁容，而步涉江出，迢遞冒染風塵。今乃不棄卑微，敢欲邀君一食。』兒家本住南陽縣，二八容光如皎練。泊沙潭下照紅妝，水上荷花不如面。

客行由同海泛舟，薄暮皈巢畏日晚。儻若不棄是卑微，願君努力當餐飯。子胥即欲前行，再三苦被留連。人情實亦難通，水畔存身即坐。喫飯三口，便即停餐。媿賀女人。即欲進發。更蒙女子勸諫，盡足食之。慚愧彌深，乃論心事。子胥答曰：『下官身是伍子胥，避楚逝遊入南吳。慮恐平王相捕逐，爲此星夜涉窮途。蒙賜一餐甚充飽，未審將何得相報？身經體健目精明，即欲取別登長路。僕是棄背帝卿賓，今被平王見尋討。恩澤不用語人知，幸願娘子知懷抱。』子胥語已向前行，女子號咷發聲哭。哀客惸惸實可念，以死匍匐乃貪生。食我一餐由未足，婦人不愜丈夫情。君雖貴重相辭謝，兒意慚君亦不輕。語已含啼而拭淚，君子容儀頓顦顇。儻若在後被追收，必道女子相帶累。世不若與丈夫言，與母同居位鄰里。嬌愛容光在目前，烈女忠貞良虛棄。喚言仵相勿懷疑，遂即抱石投河死。子胥迴頭聊長望，念念女子懷惆悵。遙見抱石透河亡。不覺失聲稱冤枉。無端潁水滅人蹤，落淚悲嗟倍悽愴。儻若在後得高遷，唯贈百金相殯葬。

此後，子胥逃到異國，起兵復仇，鞭平王屍，及吳越之戰，爲吳立功，但卻遭受到吳王迫其自殺的命運；但也是使吳國走上滅亡道路的開始。伍子胥殘本不全，但民間流傳他的故事，知道他結局，也知道平王和吳王殘殺忠良的後果，是自食惡果的可悲下場：

子胥得王之劍，報諸臣、百官等：『我死之後，割取我頭懸安城東門上，我尚看越軍來伐吳國者哉。』煞子胥了，越從吳貸粟四百萬石。吳王遂與越王粟依數。分付其粟將後，越王蒸粟還吳，乃作書報吳王曰：『此粟甚好，王可遣百姓種之！』其粟還吳被蒸，入土並皆不生。百姓失業一年，少乏飢虛。五載，越王即共范蠡平章吳國：『安化治人，多取宰彼之言。共卿作何方計，可伐吳軍？』范蠡啓王曰：『吳國賢臣伍子胥，吳王令遣自死。屋無強樑，必尚頽毀，墻無好土，不久即崩。國無忠臣，如何不壞，今有佞臣宰彼，可以貨求必得。』王曰：『將何物貨求？』范蠡啓言王曰：『宰彼好之金寶，好之美女，得此物女是開路？更無疑慮。』越王聞范蠡此語，即遣使人麗水取之黃金，荊山求之白玉，東海採之明珠，南國聘之美女。越王取得此物，即著勇猛之人往向吳國，贈與宰彼。宰彼見此物，美女輕盈，明珠昭灼，黃金煥爛，白玉無瑕。越贈宰彼，宰彼乃歡忻受納。王見此佞臣受貨求之，又問范蠡曰：『吳王煞伍子胥之時，吳國不熟二年，百姓乏少飢虛。經今五載。』越王喚范蠡問曰：『寡人今欲伐吳國，其事如何？』范蠡啓言王曰：『王今伐吳，正是其時。』越王即將兵動衆四十萬人，行至中路，恐兵仕不齊，路逢一怒蝸在道，努鳴，下馬抱之。左右問曰：『王緣何事抱此怒蝸？』王答：『我一生愛勇猛之人。此怒蝸在道努鳴，遂下馬抱之。』兵衆各白平章，『王見怒蝸，由自下馬抱之。我等亦須努力，身強力健，王見我等，還如怒蝸相似。』兵士悉皆勇健，怒叫三聲。王見兵仕如此，皆賜重賞。行至江口，未過小口，停歇河邊。有一人上王瓠之酒。『王飲不盡，吹在河中。兵事日共寡人同飲。』其兵惣飲河水。聞水中有酒氣味，兵喫河水，皆得醉』王聞此語，大喜。

單醪投河，三軍告醉。越王將兵北渡河口欲達吳國。其吳王聞越來伐，見百姓飢虛氣力衰弱，無人可敵。吳王夜夢見忠臣伍子胥言曰：「越將兵來伐，王可思之。……『平章：朕夢見忠臣伍子胥言越將兵來……』（下闕）

歌　賦

賦在漢時原是貴族社會的文學，「西京雜記」第二述揚雄，司馬相如之事說：

揚雄讀書有人語之曰：無爲自苦，玄故難傳。忽然不見。雄著太玄經，夢吐鳳凰集玄之上頃而滅。

司馬相如爲上林子虛賦，意思蕭散，不復與外事相關，控引天地，錯綜古今忽然如睡煥然而興。幾百日而後成。其友人盛覽字長通，牂牁名士嘗問以作賦，相如曰：合綦組以成文，列錦繡而爲質，一經一緯，一宮一商，此賦之迹也。賦家之心苞括宇宙，總覽人物，斯乃得之於內，不可得而傳。覽乃作合組歌列錦賦而退，終身不復敢言作賦之心矣。

董仲舒夢蛟龍入懷，乃作春秋繁露詞。

或問揚雄爲賦，雄曰：讀千首賦乃能爲之。

相如說：「賦家之心，包括宇宙，總覽人物」，是把賦的作品，擴大到世間萬物，天地諸象。揚雄則說，讀千首賦能爲之。不如相如的超擴。其間說董仲舒蛟龍入夢而作春秋繁露，將賦心與夢境相合。鄒陽爲酒賦，江淹爲恨賦，是更向俗世邁進一步。司馬相如與卓文君故事，是鳳求凰的琴曲，也是男女情愛向世人傾吐的歌謠。賦的流行民間，把說話放在裡邊描寫如大言、小言。穿插幽默，點染諧諭，如侯白說「晏嬰」，是機警的智慧的對話，令人作會心之微笑，在敦煌文庫裡，「晏子賦」卻是對侯白「晏嬰」的小言精華的放大，加以小說與戲劇性質相予揉合的風味，跳脫之處如彈丸出手，令人隨之驚喜：

晏子賦

昔日齊，晏子使於梁國爲使。梁王問左右，對（對字疑衍）曰：其人形容何似？左右對曰：「使者晏子，極其醜陋，面目青黑，且唇不附齒，髮不附耳，腰不附踝，既兒觀占，不成人也。」梁王見晏子，遂喚從小門而入。梁王問曰：「卿是何人，從吾狗門而入？」晏子對王曰：「王若置造作人家之門，即從人門而入，君是狗家，即從狗門而入，有何恥乎？」梁王曰：「齊國無人，遣卿來。」晏子對曰：「齊國大臣七十二相，並是聰明志惠，故使向智梁之國去。臣最無志，遣使無志國來。」梁王曰：「不道卿無智，何以短小？」晏子對王曰：「梧桐樹須大，裡空虛；井水須深，裡無魚。五尺大蛇卻蜘蛛，三寸車轄製車輪。得長何益，得短何嫌！」梁王曰：「不道卿短小，何以黑色？」晏子對王曰：「黑者天地□性也，黑羊之肉豈可不食，黑牛駕車豈可無力；黑狗趁兔豈可不得，黑雞長鳴，豈可無則；鴻鶴雖白，長在野田；邕車雖白，恆載死人；漆雖黑，鸖在前，墨梃雖黑，在王邊。採桑椹，黑者先嘗之。」「山言見大，何益？」晏子對王曰：「劍雖尺三，能定四方；麒麟雖小，聖君瑞應。箭雖小，煞猛虎，小槌能鳴大鼓，方之此言，見大何意！」梁王問曰：「不道卿黑色，卿先祖是誰？」晏子對王曰：「體有於邑生於事，粳粮稻米，出於糞土，健兒論切，儜兒說苦。今臣共其王言，何勞問其先祖。」王乃問晏子曰：「汝知天地之綱紀，陰陽之本性，何者爲公，何者爲母，何者爲左，何者爲右，何者爲夫，何者爲婦，何者爲表，何者爲裡，風從何處出，雨從何處來，霜從何處下，露從可處生，天地相去幾千萬里，何者是小人，何者是君子？」晏子對王曰：「九九八十一，天地之綱紀；八九七十二，陰陽之性。天爲公，地爲母；日爲天，月爲婦；南爲表，北爲裡，東爲左，西爲右；風出高山，雨出江海；霧出青天，露出百草，天地相去，萬萬九千九百九十九里；富貴是君子，貧者是小人。」出語不窮是名晏子。

韓朋賦

「韓朋賦」是一篇鮮血淋漓，悲苦的叙事長詩，是敦煌所出唐人的叙事抒情，以俗賦爲體的記述文，現藏巴黎圖書館。韓朋應作韓憑，韓朋事出彤管集，「朋」作「憑」聲相通也。彤管集謂：「憑爲宋康王舍人，妻何氏，美，王欲之，捕舍人築青陵之臺，何氏作烏鵲歌以見志，遂自縊，」云云：所謂烏鵲歌者，即「南山有烏」「烏鵲雙飛」二首是也。此文演述，除想像推衍外，類似民間故事孟姜女尋夫，祝英臺鴛鴦鳥連理枝等傳說！（化鴛鴦事太平寰宇記青陵條下引搜神記作韓憑化蝴蝶。）

汪廷訥「人鏡陽秋」說：

宋，韓憑，戰國時爲宋康王舍人。妻何氏美。王欲之，捕舍人築青陵台。何氏作烏鵲歌以見志云：「南山有烏，北山張羅。烏自高飛，羅當奈何！」又云：「烏鵲雙飛，不樂鳳凰。妾是庶人，不樂宋王。」又作歌答其夫云：「其雨淫淫，河大水深，日出當心。」康王得書，以問蘇賀。賀曰：「雨淫淫，愁且思也；河水深，不得往來也；日當心，有死志也。」俄而憑自殺。妻乃陰腐其衣。王與登台，遂自投台下。左右攬之，衣不中手。遺書於帶曰：「王利其生，不利其死。願以尸骨賜憑而合葬。」王怒，弗聽。使里人埋之，冢相望也，宿昔，有交梓木生於二冢之端。旬日而大合抱，屈曲體相就，根交於下。又有鴛鴦雌雄各一，恆棲樹上，交頸悲鳴。宋人哀之，號其木曰相思樹。

韓朋賦全文是：

昔有賢士，姓韓名朋。少小孤單，遭喪遂失父，獨養老母。謹身行孝。主意遠仕，憶母獨住。賢妻成功索女，始年十七，名曰貞夫。已賢至聖，明顯絕華。形容窈窕，天下更無。雖是女人身，明解經書，凡所造作，皆如天符。入門三日，意合同居，共居作誓，各守其軀。君不須再取婦，如魚如水，妾亦不再嫁，死事一夫。

韓朋出遊，仕於宋國，期去三年，六秋不返。朋母憶之，心煩惱。其妻寄書與人，恐人多言，意欲寄書與鳥，鳥恆飛，意欲寄書與風，風在空虛書君有感，直到朋前，韓朋得書，解讀其言，書曰：

浩浩白水，迴波如流。皎皎明月，浮雲映之，青青之水，各憂其時。失時不種，加豆不茲。萬物吐花不爲天時。久不相見，心中在思。百年相守，竟一好時，君不憶親，老母心悲。妻獨單弱，夜常孤棲，常懷大憂。蓋聞百鳥失伴，其聲哀哀，日暮獨宿，夜長棲棲。太山初生，高下崔嵬。上有雙鳥，下有神龜。晝夜遊戲，恆則同返。妾今何罪，獨無火明。海水蕩蕩，無風自波。成人者少，破人者多。南山有鳥，北有張羅，鳥自高飛，羅當奈何！君但平安，妾亦無化。

韓朋得書，意感心悲，不食三日，亦不覺饑。

韓朋意欲還家，事無因緣。懷書不謹，遺失殿前。宋王得之，甚愛其言，即召群臣，並及太史。「誰能取得韓朋妻者，賜金千金，封邑萬户。」梁伯啓言王曰：「臣能取之。」宋王大喜即出八輪之車，爪騮之馬，使三千餘人，從發道路，疾如風雨，三日三夜，往到朋家，使者下車打門而喚。朋母出看，心中驚怕「借問喚者是誰使者？」使者答曰：「我從國之使來，共朋同友。朋爲公曹，我爲主簿，朋友秋書，來寄新婦。」阿婆迴語新婦，「如客此言，朋今事官，且得勝途。」眞夫曰：「新婦昨夜萬惡，文文莫莫，見一黃蛇咬妾床腳，三鳥並飛，兩鳥相搏。一鳥頭破齒落，毛下紛紛，血流洛洛。馬蹄踏踏，諸臣赫赫。上下不見鄰里之人，何況千里之客，客從遠來，終不可信。巧言利語，詐作朋書。要新婦出看。阿婆報客，但道新婦病臥在床，不勝醫藥。謝客，勞苦遠來。」

使者對曰：「婦聞夫書，何故不喜，必有他情，在於鄰里。」朋母年老不能察意，新婦聞客此言，面目變青變黃。如客此語，道有他情，即欲結意，返失其理。遣妾看客，失母賢子，姑從今已後，亦夫婦婦亦……姑道下機，謝其玉被：「千秋萬歲，不傷識汝，井水淇淇，何時取汝，釜竈尫尫，何時就汝，床廗闥房，何時臥汝。庭前蕩蕩，何時掃汝。菌菜青青，何時拾汝。」出入悲啼，鄰里酸楚。低頭卻行，淚下如雨。上堂拜客，使者扶掖。

眞夫上車，疾如風雨。朋母於後，呼天喚地大器。鄰里驚聚；眞夫曰：「呼天何益，喚地何免，駟馬一去何歸返？梁伯連日日漸遠」

初至宋國，九千餘里，光照宮中，宋王怪之。即召群臣，並及太史，開書卜問，怪其所以？悟生答曰：「今日甲子，明日乙丑，諸畫聚集，王得好婦。」言語未訖，眞夫即至。面如凝脂，腰如束素。有好文理宮人姜女，無有及以。宋王見之，甚大歡喜，三日三夜，樂不可盡。即拜眞夫以爲皇后，前後事從，入其宮裡。

眞夫入宮，憔灼不樂，病臥不起。宋王曰：「卿是庶人之妻，今爲一國之母。有何不樂？衣即綾羅，食即姿口，黃門侍郎，恆在左右，有何不樂？亦不歡喜？」眞夫笑曰：「辭家別親，出事韓朋，生死有處，貴賤有殊。蘆葦有地，荆棘有藂，豺狼有伴，雉笔有雙。魚鱉有水，不渠高堂。燕若群飛，不樂鳳凰。庶人之妻，不歸宋王。」

宋王見婦人愁思，問群臣誰能諫。梁伯對曰：「臣能諫之。」朋年卅未滿，廿有餘，姿容窈窕，理法素習，齒輟如珮，耳如懸珠。是以念之，情意不樂，唯須疾害朋身，以爲囚徒。

宋王遂取其言，遂打韓朋二扳，齒……並著故破之衣，常使築清凌之臺。眞夫聞之，痛切肝腸，情中煩惌，無時不思，眞夫諮宋王，「既築清凌臺訖，乞願蹔往看下。」宋王許之，出八輪之車，爪騮之馬，前後事從。三千餘人，往到臺下。乃見韓朋，剉草飼馬。見妾恥，把草遮面。眞夫見之，淚下如雨，眞夫曰：「宋王有衣妾亦不著，王若喫食，妾亦不嘗。妾念思君，如渴思漿。見君苦痛，割妾心腸。形容燋灼，決報宋王。何足著恥，避妾隱藏。」韓朋答曰：「南山有樹，名曰荆蕀。一枝兩形，葉小心平，形容灼耀，無有心情。蓋聞東流之水，西海之魚，去賤就貴，於意如何？」眞夫聞語：低頭卻行，淚下如雨。即裂裙三寸之帛，卓齒取血，且作決書，繫著箭上，射與韓朋，朋得此，便即自死。

宋王聞之，心中驚愕，即問諸臣：「若爲自死？爲人所煞？」梁伯對曰：「韓朋死時，無傷損之處，惟有三寸素書在朋頭下。」宋王即讀之，眞書曰：「天雨霖，魚遊池中，大鼓無聲，小鼓無音。」王曰：「誰能辨之，」梁伯對曰：「臣能辨之，天雨霖，霖是其，魚遊池中，是其意，天鼓無聲，是其氣，小鼓無音，是其思。其言義大矣哉！」貞夫曰：「韓朋已死，何更再言，唯願大王有恩以禮葬之，可不得後我。」

宋王即遣人城東輇百丈之壙，三公葬之。

貞夫乞往觀看，宋王許之，令乘来車，前後事從三千餘人。往到墓所。貞夫下車，繞墓三匝。嗥啼悲哭，聲入雲中，喚君君亦不聞。迴頭辭百官，天能報恩。蓋聞一馬不能二鞍，一女不事二夫。言語未止，遂即至室，苦酒浸衣，遂脃如葱，左攬右攬，隨手而無。

百官忙怕，皆悉搥胸。即遣使者報宋王。王聞此語，其大嗔怒。床頭取劍，煞臣四五。飛輪來走，百官集聚。天下大雨，水流壙中，難可得取。梁伯諫王曰：「只有萬死，無有一生。」宋王即遣捨之。不見貞夫，唯得兩石，一青一白，宋王覩之，青石捨于道東，白石捨於道西。

道西生於桂樹，道東生於梧桐。枝枝相當，葉葉相籠。根下相連，下有流泉，絕道不通。宋王出遊見之，此是何樹？對曰：「此是韓朋之樹」，「誰能解之」，梁伯對曰：「臣能解之，枝枝相當，是其意。葉葉相籠，是其思。根下相連是其氣下。下有流泉是其淚。」宋王即遣誅罰之。三日三夜，血流汪汪。二札落水，變成雙鴛鴦。舉翅高飛，還我本鄉，唯有一毛，甚相好端正。宋王得之，即磨芬其身！

韓朋賦中若干錯別字已有所改正，賦中內容情節相扣，先寫韓朋決意遠仕，為了有人照顧母親，便娶了妻貞夫，二人情深恩愛誓回生死。次寫韓朋出仕宋國六年，朋得貞夫哀思情書，寐食難安。宋王見這封書情意眞摯，賜梁伯千金，去迎貞夫，貞夫夜夢不詳，不欲見客，但朋母年老，不察眞僞，使令貞夫同去，貞夫被騙入宮，卧病不起，賦中使用了烏鵲歌入題，並誓言：一馬不被二鞍，一女不事二夫。梁伯讒言害死韓朋，以絕貞夫之念。貞夫和韓朋相見於青淩台，以書自誓，朋得貞夫書便即殉情，貞夫求宋王以禮葬韓朋，自腐其衣。投入墓中而死。宋王救貞夫不得，在墓旁得二石，他把二石各棄東西，西邊長出了桂樹，東邊長出了梧樹，枝枝相連。宋王見了這連理枝。梁伯解說：「枝枝相當，是其意。葉葉相籠，是其思。根下相連，是其氣。下有流泉，是其淚。宋王生氣，砍伐了這兩棵樹。」這賦結尾的描寫最是動人：「三日三夜，血淚汪汪。二札落水，變成雙鴛鴦。舉翅高飛，還我本鄉而去。」後面還有兩句說：「唯有一毛，甚相好端正。宋王得之，即磨芬其所。」磨是不錯的，但芬字似乎錯別字，如果芬是焚燒的焚字，那麼，這一羽復仇的故事，就若有靈附體，就正合於民間「害人者人恆害之」的「惡有惡報」的報應了。

孝子董永傳

「孝子董永傳」是「目連救母」佛講外，流行民間的俗講。用韻語，最廣傳佈的一篇，敦煌出本是殘缺不全的。詞文是七言體的說唱，唐時的來源是怎樣，以明妃殘卷而言，五、七言體，雜有散文的說詞，在本篇部分則只見七言，其對後世「彈詞」是極有大的推動力量的。敦煌書中，句通與搜神記載董永事說：

昔劉向孝子圖曰：「有董永者，千乘人也！小失其母，獨養老父，家貧困苦至於農月，與轆車推父於田頭樹蔭下，與人客作供養不闕，其父亡歿，無物葬送，遂從主人家典田貸錢十萬文，語主人曰，「後無錢還主人時，求與歿身主人爲奴一世常力。」葬父已了，欲向主人家去，在路逢一女，願與永爲妻，永曰：「孤窮如此，身復與他人爲奴，恐屈娘子。」女曰：「不嫌君貧，心相願矣！不爲恥也。」永遂共到主人家，主人曰：「本期一人，今二人來，何也！」主人問曰：「女有何技能？」女曰：「我解織。」主人曰：「與我織絹三百疋，放汝夫妻歸家。」女織經一旬，得絹三百疋，主人驚怪遂放夫妻歸還，行至本相見之處，女辭永曰：「我是天女，見君行孝，天遣我借君償債，今既償了，不得久住，」語訖，遂飛上天，……』前漢人也。

孝子董永傳的唱詞的殘文是：

人生在世審思量，暫□□□有何大方，大衆志心須靜聽，先須孝順阿爺孃！好事惡事皆抄錄，善惡童子每抄將，孝感先賢說董永，年登十五二親亡，自歎福薄無兄弟，眼中流淚每千行，爲緣多生口姊妹，亦無知識及親房，家裡貧窮無錢物，所買當身殯耶孃！便有牙人來勾引，所發善願便商量，長者還錢八十貫，董永只要百千強，領得錢物將歸舍，揀擇好日殯耶孃。

父母骨肉在堂內，又飲攀蕤出於堂，見此骨肉齊哽咽，號咷大哭是尋常，六親今日來相送，隨車直至墓邊旁，一切掩埋總已畢，董永哭泣阿耶孃！直至三日復墓了，拜辭父母幾田常，父母見兒拜舞也，願兒身健早歸鄉，……郎君如今行孝道，見君行孝感天堂，數內一人歸下界，暫到濁惡至他鄉，帝釋宮中親處分，便遣汝等共田常，不棄人徽同千歲，便與相逐事阿郎！

這篇殘本，到此便作了結束，但故事顯然並不曾結束，他在民間有更多故事在流傳。韓朋賦的貞夫之名，自然是有含意的，貞夫二字的意思，就是「爲夫守貞節的婦人」。貞夫也眞是三貞九烈的性格，值得予以歌頌。董永的孝行，也是我們社會鼓吹「以孝爲先」的一個榜樣。

燕子賦

「燕子賦」是一篇極富於哲思的故事，對宋王強佔貞夫的霸道來說，他的行爲有似雀佔燕巢。不同的是燕子的巢被侵佔，去向霸道的雀理論也被打傷，還可向鳳凰起訴，宋王佔有貞夫，貞夫不從，就逼他們去死，眞是有理無處說。因此，結尾安排了報仇，以平民怨。「燕子賦」全篇也是缺了部分的，開始說的是，燕子被毆，去向鳳凰申訴；鳳凰就命鷦鷯去捉拿雀兒，雀兒雖然替自己辯解，但燕巢被佔，且被打傷，事實俱在，不容脫罪，鳳判他「決五白，枷項禁身」，下於獄中。但雀兒的昆季鵙鴿爲了替雀兒出氣，把燕子大罵一頓，且去獄中探望被囚的雀兒，雀兒困頓不堪，卻也爲自己的不法遮羞，說了一些替自己辯護的話，且把自己檯的高高的，誇大自己在征服遼東戰役中的功勛。鳳凰爲此，才把他放出獄中。這裡的文充滿了諷刺性，對「上柱國勳」這等功臣，也做了痛快的針貶。我們錄出以下的段落，來看他高明的描寫：

緣沒橫羅□□□□□□□□□□□□□□□□□□屋：明敎招客標□□□□□□□□□□□□□□□□錯，是我表丈人，鶆鳩我家，百州□□□□□□□□□離我門，前少時終須喫摑。燕子不分，以理從索。遂被撮頭拖曳，捉衣撦擘。遼亂尊拳，交橫禿剔，父子數人，共相敲擊，燕子被打，傷毛墮翮，起上不能，命垂朝夕。伏乞檢驗見有青赤。不勝冤屈，請王科責。鳳凰云：「燕子下牒，辭理懇切，雀兒豪橫，不可稱說。終須兩家，對面分雪。但知撼否，然可斷決。」專差鴟鵂往捉。

鴟鵂奉命，不敢欠庭，半走牛馳，疾如奔星。行至門外，良久立聽。正聞雀兒窟裡語，聞聲云：昨夜夢惡，今朝眼瞤，若不私鬪，尅被官嗔。比來傜役，徵已應頻；多是燕子，下牒申請。約束男女，必莫開門。有人覓我，道向東村。鴟鵂隔門遙喚：「阿你莫漫輒藏，向來聞你所說，急出共我平章。何謂奪他宅舍，仍更打他損傷！奉府命遣我追捉，手捽還是身當。入孔亦不得脫，任你百種思量。」雀兒怕怖，悚懼恐惶，渾家大小，亦惣驚忙。遂出跪拜鴟鵂，喚作大郎，二郎，使人遠來充熱，且向窟裡逐涼。卒客無卒主人，蹔坐撩裡家常。鴟鵂曰：「者漢大癡，好不自知。恰見寬縱，苟徒過時。飯食朗道，我亦不飢。火急須去，恐王怯遲。雀兒已愁，貴在淹流，千返不去，冀得脫頭。乾言強語，千祈萬求。通容放致，明日遇有些束羞。鴟鵂惡發，把腰即攝雀兒煩惱，兩眉不鄒。捺瞻焚去，須臾到州。」雀兒狡辯：「奉王帖追，匍匐奔走，不敢來遲。燕子文牒，並是虛辭。眯目上下，請王對推。」鳳凰云：「者賊無賴，眼惱蠹害，何由可奈！骨是捉我支配！將出脊背，拔出左腿，揭去惱蓋。」雀兒被嚇擔碎。號唯稱死罪，請喚燕子來對。燕子忽礏出頭，躬曲分疏。雀兒奪宅，今見安居；所被傷損，亦不加諸；目驗取實虛。雀兒自隱，欺負面孔，縫是攢沅，請乞設誓，口舌多端。若實奪燕子宅舍，即願一代貧寒。朝逢鷹隼，暮逢癡竿，行即著網，坐即被彈。經營不進，居處不安。日埋一□，渾家不殘。雖萬種作了，鳳凰要自難漫。燕子曰：「人急燒香，狗急驀墻，只如釘瘡病癩，埋谷屍腔。總是雀兒（轉開作）徒擬，誑惑大王。」鳳凰大嗔，狀後即判雀兒之罪。不得稱竿，推問根由，仍生拒捍。實情且決五百，枷項禁身推斷。

燕子唱快，熹慰不以。奪我宅舍，捽我巴毀，將作你吉達到頭；何期天還報你！如今及阿莽次，第五下乃是調子。鵙鴿在傍，乃是雀兒昆季，頗有急難之情，不離左右看侍。既見蕪子唱快，便即向前填置。家兄觸快明公，下走實增厚鬼。切聞孤死兔悲，惡傷其類，四海盡爲兄弟，何況更同臭味。今日自能論竟，任他官府處理。死鳥就上更彈，何須逐後罵詈。

婦聞雀兒被杖，不覺精神咀喪。但知搥胸拍臆，垂頭憶想阿莽。兩步並作一步，走向獄中看去，正見雀兒臥地，面色恰似勃土。脊上縫箇服子，髣髴亦高尺五。既見雀兒困頓，眼中淚下如雨。口裡便灌小便，瘡上還貼故紙。當時骸骸勸諫，拗戾不相用語。無事破囉啾唧，果見論官理府。更披枷禁不休，於身有阿沒好處。乃是自招禍恤，不得怨他竈祖。雀兒打硬，猶自謊漫語；男兒丈夫，事有錯誤，脊被揎破，更何怕懼！生不一迴，死不兩度！俗語云：寧值十狼九虎，莫逢癡兒一怒。如今會遭夜莽赤椎，惣是者墨嫗兒作祖。吾今在獄，寧死不辱。汝可早去，喚取鸜鵒。他家頭尖，憑伊覓曲，咬嚙勢要，教向鳳凰邊遮囑。但知免更喫杖，與他祁摩一束。

以下這一節十分入木，一些惡徒作了壞事，常唸經作解脫，認爲如此，「口中念佛，心中發願」，官事了結，多寫心經，就是免罪，實是可笑：

雀兒被禁數日，求守獄子脫枷。獄子再三不肯，雀兒美語咀取，官不容針私容車，叩頭與脫到晚衙。不相苦死相邀勒，送飯人來定有叙。獄子曰：汝今未得清雪，所已留書黃沙。我且忝爲主吏，豈受資賄相遮。萬一王耳目，碎即恰似油麻。乍可從君懊惱，不得遣我著查。雀兒嘆曰：古者三公厄於獄卒，吾乃今朝自見。惟須口中念佛，心中發願：若得官事解散，險寫多心經一卷。遂乃嗢喘本典，日徒沙門，辨曹司上下，說公白健。今日之下，些些方便。還有紙筆當直，莫言空手冷面。本典曰：你亦放鈍，爲當退顛。奪他宅舍，不解卑遜，卻事兇麁，打他見困。你是王法罪人，鳳凰命我責問。明日早起過案，必是更著一頓。杖十已上開天，去死不過半寸。但辨脊背□□，何用密箄相骸。

雀兒替自己辯護，眞的不知羞恥爲何事：

雀兒被額，更額氣憤，把得問頭，特地更悶。問燕子造舍，擬自存活，何得麁豪，輒敢強奪！仰答：但雀兒之名䳘子，交被老鳥趁急，走不擇險，逢孔即入，蹔投燕舍，勉被拘執。實緣避難，事有急疾，亦非強奪，願王體悉。又問：既稱避難，何得恐赫，仍更睍盯，使令墜翮。國有常形，舍笞決一百。有何別理，以此明白？仰答：但雀兒祇緣䳘子避難，暫時留燕舍，既見空閑，暫歇解卸。燕子到來，望風惡罵。父子團頭，牽及上下。忿不思難，便即相打。燕子既稱墜翮，雀兒今亦跛跨。兩家損處，彼此相亞。若欲確論坐宅，請乞酬其宅價。今欲據法科繩，實即不敢咋呀。見有請上柱國勳，請與收其贖罪。

雀兒的脫身，竟是用了表揚自己有功的特權：

又問：「奪宅恐赫，罪不可容。既有高勳，究於何處立功？」仰答：但雀兒去貞十九年大將軍征討遼東，雀兒□充傔，當時被入先鋒，身不□，手不彎弓，口銜□火，送著上風，高麗逐滅，因此立功。一例蒙上柱國，見有勳告數通。必期欲得磨勘，請檢山海經中。鳳凰判云：「雀兒剔禿，強奪燕屋，推問根由，元無臣伏。既有上柱國勳收贖，不可久留在獄。宜即適放，勿煩案牘。」

不僅幽了「山海經」一默，最後燕雀握手言和，眞的做了詞文說唱的「團圓」逸事，倒有點杜甫：「天地何所似，飄飄一沙鷗」的趣味：

雀兒得出，喜不自勝。遂喚燕子，且飲二升。比來觸誤，請公哀矜。從已後，別解□□。人前並地，更莫𠯫𠯫。燕雀既和，行至憐並，乃有一多事鴻鶴借問：比來諫竟雀兒不退，靜開眼尿床，違他格令，賴値鳳凰恩擇，放你一生草命。可中鶻子搦得，百年當舖了竟。遂罵燕子：你甚頑嚚！些些小事，何得粉紅！直欲危他性命，作得如許不仁！兩箇都無所識，宜悟不與同群！燕雀同詞而對曰：何其鳳凰不嗔，乃被鴻鶴責所！你亦未能斷事，到頭沒多詞句！必其倚有高才，請乞立題詩賦。鴻鶴好心，卻被譏刺。乃與一詩，以程二子。鴻鶴宿心有遠志，燕雀由來故不知。一朝自到青雲上，三歲飛鳴當此時。燕雀同詞而對曰：大鵬信徒南，鷦鷯巢一枝。逍遙各自得，何在二蟲知！

因此，「燕子賦」的詞末情趣，也自然是好的。另一篇「燕子賦」文詞不如本篇巧妙便捷，不再附錄。

前節提到段成式寺塔記和楊衒之洛陽伽藍記是與佛教發展及講經有關的。而段成式的兒子段安節的樂府雜錄則是與說唱藝術的聲韻活潑有關連。胡樂入中國，漢李延年，唐李龜年都受到胡樂的影響，而有融胡樂入國樂的發展，我們看以下的記錄，就知道樂曲反映變化社會精神面貌的情形：

> 始，開皇初，定令置七部樂。一曰國伎，二曰清商伎，三曰高麗伎，四曰天竺伎，五曰安國伎，六曰龜茲伎，七曰安康伎。……及大業中，煬帝及定清樂、西涼、龜茲、天竺、康國、疏勒、安國、高麗，禮畢以爲九部……（《隋書·音樂志》）
>
> 唐武德初，因隋舊制，用九部樂。太宗增高昌樂，又造燕樂而去禮畢曲，其著全者十

部，而總謂之燕樂。聲詞繁雜，不可勝紀。（郭茂倩《樂府詩集》）

自周、隋以來，管弦雜曲將數百曲，多用西涼樂，鼓舞曲多用龜茲樂，其曲皆時俗所知也。唯彈琴家猶傳楚、漢聲，及清調琴調蔡邕弄調，謂之九弄。（杜佑《通典》）

這些現象必然會進入說唱藝術的世界，活潑說唱藝術的聲調，由說話的流行而形成鼓子詞和諸宮調的出現，是自然的萌生，是一步步擴大了說唱的天地。在此暫不細講。

詞話與說唱

說話就是說故事，它的傳統源遠流長，但究竟源自何時，則不可究考。不過，人類會說話以來，說故事給親近的人聽，應該是不成問題的，但是究竟從何時在公衆的場合講說故事，尙無確實的記載。春秋戰國時有說客之類的人物，耳熟能知的如晏子，如蘇秦，張儀，如魯仲達，申包胥之類的人物。再如孟子，莊子等賢人，都是講故事的能手。司馬遷史記裡，專有滑稽列傳敘述楚國優孟身長八尺，是很有造意的演員。秦時優旃是能說善道，表演滑稽，語帶譏刺，行爲逗笑，舉止詼諧的表演者，他的身材矮小，形若侏儒，懂一些音樂，像伶人，有技藝在身，像優孟，司馬遷筆下說：「優孟，故楚之樂人也」。他扮了孫叔敖爲莊王表演：

爲孫叔敖衣冠，抵掌談話，歲餘，像孫叔敖，莊王左右不能別……以爲孫叔敖復生也。

「抵掌說話，歲餘，像孫叔敖」。「說話」指的是優孟的聲音扮像跟孫叔敖一樣，周邊無人說他不是孫叔敖。至於優旃也是「善於大道笑言」的人。詼諧至極的一位是漢武帝寵幸的東方朔，漢書東方朔傳贊裡說：

『劉向言：少時數問長老通於事及逆時者，皆曰：「朔口諧倡辯，不能持論，喜爲庸人誦說，故今後世多傳聞者。」而揚雄亦以爲「朔言不純師，行不純德，其流風遺書，蔑如也。」然朔。名過實者，以其詼達多端，不名一行，應諧以優，不窮似智，正諫似直，穢德似隱，非夷齊而是柳下惠，戒其子以上容首陽爲拙，柱下爲工，飽食安步，以仕易農，依隱玩世，詭時不逢，其滑稽之雄乎！朔之詼諧，逢占，射覆，其行事浮淺，行於衆庶，童兒牧豎，莫不眩耀。而後世好事者，因取奇言怪語。附著之朔。』

他的奇言怪行很多，有次喝了酒睡在殿上不說，還小了便，但如「割肉還歸遺細君」是很有人情味的。「西京雜記」卷二有一段他的軼事：

武帝欲殺乳母，乳母告急於東方朔，朔曰：帝忍而愎。有人言之益死之速耳。汝臨去但屢顧我，我當設奇以激之。乳母如言，朔在帝側曰：汝宜速去，帝今已大豈念汝乳哺時恩邪。帝愴然遂舍之。

你看他的智慧是如何的高超，當需要他說話的時候，他說的話重如千鈞，終於喚醒武帝的人性，救了將死的乳母一命。

「西京雜記」另有一則說：

匡衡字稚圭，勤學而無燭。隣舍有燭，而不逮。衡乃穿壁引其光以書，映光而讀之。邑人大姓文不識，家富多書。衡乃與其傭作而不求償。主人怪問衡，衡曰：「願得主人書遍讀之」。主人感嘆資給以書，遂成大學。衡能說詩，昔人爲之語曰：「無說詩，匡鼎來。匡說詩解人頤。鼎衡小名也。昔人畏服之如是。聞者皆解頤懽笑。衡邑人有言詩者，衡從之與語，質疑邑人挫服倒屣而去。衡追之曰先生留聽叟理前論，邑人曰窮矣，遂去不返。

匡衡不僅苦讀成名，腹笥萬卷。並且能說詩，且能說詩解人頤。講的好令人作會心之微笑，繼而開懷懽笑，那邑人有能說詩的，也被他說的詞窮，再也不敢見他的面。這等說話人，眞是說的令人口服心服，詞窮而退。「西京雜記」又有一則說：

長安有儒生曰：惠莊聞朱雲折五鹿充宗之角。乃嘆息曰：栗犢反能爾邪，吾終恥溺死溝中。遂裹糧從雲，雲與言，莊不能對，逡巡而去。拊心謂人曰：吾口不能劇談，此中多有。

「雲與言，莊不能對」。也就是口拙，對不出話來，只好逡巡而退了。

隋侯白「啓顏錄」有：

「白在散官，隸屬楊素。愛其能劇談，每上番日，即令談戲弄，或從旦至晚始得歸。

後出省門，即逢素子玄感，乃云：『侯秀才可以玄感說一個好話』，白被留連不獲已，乃云：『有一大蟲欲向野中覓肉……』」「從旦至晚始得歸」，是說之不足，聽之不完。他又有兩則異辯的俳諧文，也可做說話的一例：

齊晏嬰

齊晏嬰短小，使楚，楚爲小門於大門側，乃延晏子。嬰不入，曰：「使狗國，狗門入，今臣使楚，不當從狗門入。」王曰：「齊無人耶？」對曰：「齊使賢者使賢王，不肖者使不肖王。嬰不肖，故使王耳。」王謂左右曰：「晏嬰辭辯，吾欲傷之。」坐定，縛一人來。王問何謂者。左右曰：「齊人坐盜。」王視晏曰：「齊人善盜乎？」對曰：「嬰聞橘生於江南，至江北爲枳，枝葉相似，其實味且不同，水土異也。今此人生於齊，不解爲盜，入楚則爲盜，其實不同，水土使之然也。」王笑曰：「寡人反取病焉。」

說話的藝術，讓晏子發揮的淋漓盡緻，成爲歷史的佳話。又一例是：

劉道眞

晉劉道眞遭亂，於河側與人牽船，見一老嫗操櫓。道眞嘲之曰：「女子何不調機弄梭，因甚傍河操櫓？」女答曰：「丈夫何不跨馬揮鞭，因甚傍河牽船？」又嘗與人共飯素盤草舍中，見一嫗將兩小兒過，並著青衣，嘲之曰：「青羊引雙羔。」婦人曰：

「兩豬共一槽。」道眞無語以對。

老嫗見多識廣，對答機巧之至。她的智識，多半是從民間文學中得來的智識。

侯白爲楊素及其子玄感「說一個好話，白被留連不獲已，乃云：有一大蟲欲向野中覓肉……」侯白所說好話的故事，於是開始，就此說下去。

元微之陪白居易的老母聽戲，在元稹酬白樂天代書「百韻」中說：

翰墨題名畫，光陰聽話移。有註：

樂天每與予同遊，常題名於屋壁。

顧復本說一枝花，自寅至巳。

一枝花說的是天寶中，常州刺史榮陽公子鄭元和應舉，狎長安倡女李娃（亞仙），床頭金盡，落魄街頭，父鞭之至死，李娃救死復生，使他讀書上進，終於奉父母結成良緣，朝廷封李娃爲汧國夫人。元石君寶有曲江池，明薛近兗有綉襦記，近人俞大綱亦有綉襦記。作者白行簡是白居易的弟弟。顧復本說一枝花，一枝花就是李娃爲倡女時的藝名，微之此詩，是陪居易之母，聽自家子弟白行簡的作品了。

李娃故事流行民間，自不必說。元微之李娃行有詩：「髻鬟娥娥高一天，門前立地看春風。」是對李娃行態的描寫，一枝花般的美絕，遂成爲嬌媚的寫狀。

又如唐郭湜「高力士外傳」所說：

「太上皇移仗西內安置。每日上皇與高公親看掃除庭院，芟薙草木。或講論經議，轉變說話，雖不近文律，終冀悅聖情。」

「或講論經議，轉變說話」，從這一記載中可以確知講經與俗講，成爲俗文體故事，可以娛樂心神，不僅爲民間消閒的最好的享受，也是深宮寂寞的伴侶。我們前面粗略的提到佛講與舍利弗和六師門法，伍員入吳的故事，可以明顯的作一證明。

白居易，元微之，陳鴻，李公佐他們這群朋友，對文學各有所成，微之的「鶯鶯傳」，陳鴻的「長恨歌傳」，李公佐的「南柯太守傳」都是說話的好題材。

李商隱有詩：

或謔張飛胡，或笑鄧艾吃。

張飛胡，是說張飛的性格猛爽豪雄，意想唐時「說三分（國）」已甚流行，張飛的氣勢莽撞，舉動剛強是人人知道的，且已做爲粗獷人物的樣相。鄧艾口吃，據劉義慶「世說新語」言語第二一七說：

鄧艾口吃，語稱「艾艾……」晉文王戲之曰：「卿云艾艾……爲是幾艾？」對曰：「鳳兮，鳳兮，故爲一鳳。」孔子過接輿，歌曰：「往者不可諫，來者猶可追，鳳兮鳳兮，何德之衰。」後入蜀，隱於峨嵋不出。

「酉陽雜俎」讀集卷之四：貶誤篇：

予太和末，因弟生日觀雜戲。有市人小說呼扁鵲作褊鵲，字上聲，予令座客任道昇字正之。市人言二十年前嘗於上都齋會設此，有一秀才甚賞某呼扁字與褊同聲，云世人皆誤。予意其飾非，大笑之。近讀甄立言《本草音義》引曹憲云：扁，布典反，今步典，非也。案扁鵲姓秦，字越人，扁縣郡屬渤海。

「雜戲」是什麼呢？說笑，喬裝打扮，粉墨登場，講說故事等等，大致是都包涵在內的，王昭君、伍子胥、張飛、鄧艾不都是說話的主題人物呢？魏晉的志怪，隋唐的傳奇，應該都進入了這些「劇場」，「孔雀東南飛」的情節說詞，應該是說話人說話的重要故事內容。說話是將文詞和唱詞合用的，在講經與俗講中，就可清楚看出這一點，也是適合聽衆的需要的。說說唱唱，正是說話人吸引聽衆興趣的本錢。

像「鶯鶯傳」是先有一篇小說在那裡的，「李娃傳」也是。「長恨歌傳」則是與「長恨歌」的叙事詩同時輝映的。陳寅恪論說：

若依唐代文人作品之時代，一考此種故事的長成，在白歌陳傳以前，故事大抵尚局限於人世，而不及於靈界。其暢述人天生死形魂離合之關係，似以「長恨歌」及「傳」爲創始。此故事既不限現實之人世，遂更延長而優美。然則增加太眞死後天上一段故事之作者，即是白陳諸人，洵爲富於天才之文士矣。

這種與靈異相通的關係，雖然與佛教的出世有關，主要的還是道教神仙觀念的影響爲大。求仙悟道在志怪雜記中所在多有，不是有佛教才有的觀念。

敦煌七十八種變文中「捉季布傳文」和「季布詩詠」都殘缺不全，但都是長篇詞文。鄭振鐸氏在「中國俗文學史」上冊中語爲：

最好的一篇敍事歌曲，乃是季布罵陳詞文，這篇弘偉的詩篇，著者用了四種不同的本子，互相校勘，勉強整理出一本比較可讀的東西來。那不同的四本，都是零落的殘文，經了整理之後，卻可連接成爲一篇了；但可惜仍有殘缺，不能完全恢復舊觀。季布事，見史記卷一百（季布欒布列傳）

季布者，楚人也。爲氣任俠，有多於楚。項籍使將兵，數窘漢王。及項羽滅，高祖購求布千金。敢有舍匿，罪及三族。季布匿濮陽周氏。周氏曰：『漢購將軍急，迹且至臣家。將軍能聽臣，臣敢獻計。即不能，願先自剄。季布許之。乃髡鉗季布，衣褐衣，置廣柳車中，並與其家僮數十人，之魯朱家所賣之。朱家心知是季布，乃買而置之田。誡其子曰：『田事聽此奴，女與同食。』朱家乃乘軺車之洛陽，見汝陰侯滕公。……滕公待間，果言如朱家指。上乃赦季布。』

這裡沒有季布罵陣的記載，但是在罵陣詞文中，描寫的非常誇張。季布原是項羽的大將，爲了折服劉邦，季布向項王獻計說：『虎鬬龍爭必損人，臣罵漢王三五口，不施弓弩遣收軍；』項王遂准其所奏，許他罵王事開始，而中止於漢王平定天下後，出勑於天下，搜求季布，『捉得賞金官萬戶，藏隱封刀砍一門』。

楚漢相爭，是歷史上驚天動地的事，秦的失敗，是因爲二世不仁，施行暴政，所用李斯，趙高皆虎狼之徒，君臣昏庸殘暴，自取滅亡。劉邦得有天下，是時勢造英雄，英雄造時勢，他爲人通達，用人唯才，遂能得有天下。季布罵陣，只是民間以說唱的形式，講說季布個人的得失生涯，卻也關係到天下興亡，歷史爲鑑，故事渲染，爲民間灌輸歷史人物的悲歡趣味，進而寓教於樂。鄭氏整理的唱詞，正好符合這一意義。無妨錄之如下爲說唱生色。

敦煌寶庫七十八種變文，捉季布傳文及季布詩詠亦在其間。都是說唱的張本。先看這七十八種的名目如下：

伍子胥變文	廬山遠公話
孟姜女變文	韓擒虎話本
漢將王陵變	唐太宗入冥記
捉季布傳文	葉淨能詩
李陵變文	孔子項託相問書
王昭君變文	晏子賦
董永變文	鷰子賦　又
張義潮變文	茶酒論
張淮深變文	下女夫詞
舜子變	太子成道經
韓朋賦	太子成道變文　又　又　又　又
秋胡變文	八相變文
前漢劉家太子傳	破魔變文

降魔變文
難陁出家緣起
祇園因由記
長興因由記
長興四年中興殿應聖節講經文
金剛般若波羅蜜經講經文
佛說阿彌陀經講經文　又　又　又
妙法蓮華經講經文　又
維摩詰經講經文　又　又　又　又　又
佛說觀彌勒菩薩上生兜率天經講經文
無常經講經文
父母恩重經講經文　又
目連緣起
大目乾連冥間救母變文並圖
目連變文
地獄變文
頻婆娑羅王后宮綵女功德意供養塔生天因緣變

歡喜國王緣
醜女緣起　秋吟
不知名變文　又　又
八相押座文
三身押座
維摩經押座
溫室經講唱押座文
故圓鑒大師二十四孝押座文
左街僧祿大師壓座文
押座文　又
季布詩詠
蘇武李陵執別詞
百鳥名
四獸因緣
齖　書
搜神記
孝子傳

孝子傳

季布罵陣詞文

□□□□□□□，各憂勝敗在逡□。□□□□□□□，官爲御史大夫身。
遂奏霸王誇辯捷，□□□□□□□。「臣見兩軍排陣謀，虎鬥龍爭必損人。
臣罵漢王三五口，不施弓弩遣收軍。」霸王聞奏如斯語，「據卿所奏大忠臣！
戈戟相衝猶不退，如何聞罵肯收軍？卿既舌端懷辯捷，不得妖言悞寮人。」
季布既蒙王許罵，意似穠龍擬作雲。遂喚上將鍾離末，各將輕騎後隨身。
出陣拋騎強白步，駐馬攢蹄不動塵。腰下狼牙椗西羽，臂上烏號掛六勻。
順風高綽低牟熾，迸箭長嗜鑠甲裙。遙望漢王招手，發言可以動乾坤。
高聲直嗽呼季布：「公是徐州豐縣人，毋解緝麻居村裡。父能收放住鄉村。
公曾泗水爲亭長，□□閭閻受飢貧。因接秦家離亂後，自無爲主假亂眞。
□□如何披風翼，黿龜爭敢掛龍鱗？百戰百輸天下祐，□□□□析五分。
何不草繩而自縛，歸降我王乞寬恩？□君執迷誇鬭敵，活捉生擒放沒因。」
鼙鼓未擊旗未播，□□言高一一聞。漢王被罵牽宗祖，羞盲左右恥君臣。
□□寒鴟嫌樹鬧，龍怕凡魚避水昏。拔馬揮鞭而便走，陣似山崩遍野塵。
走到下坡而憩歇，重物戈牟問大臣：「昨日兩家排陣戰，忽聞二將語芬芸。
陣前立馬搖鞭者，□□高聲是甚人？」問訖蕭何而奏曰：「昨朝二將騁頑嚚，

□□王臣等辱，罵觸龍威天地嗔。駿馬雕鞍穿鏁甲，旂下依依認得眞。
只是季布、鍾離末，終諸更不是餘人。」漢王聞語深懷怒，拍案頻眉叵耐嗔！
不能助漢餘柱寑，□政迋君馱寡人。寡人若也無天分，公然萬事不言論。
若得片雲遮項上，楚將投來總安存。唯有季布、鍾離末，火炙油煎未是迍！
卿與寡人同記著，抄錄姓名莫因循。忽期南面稱尊日，活捉粉骨細颺塵。
後至五年冬三月，會嵃滅楚靜煙塵。項羽烏江而自刎，當時四塞絕芬芸。
楚家敗將來投漢，漢王與賞盡垂恩。唯有季布、鍾離末，始知口是禍之門。
不敢顯名於聖代，分頭逃難自藏身。是時漢帝興王業，洛陽登極獨稱尊。
四人樂業三邊靜，八表來甦萬姓忻。聖德魏魏而偃武，皇恩蕩蕩盡修文。
心念未能誅季布，常是龍顏眉不分。遂令出勑於天下，遣捉艱兇搜逆臣。
捉得賞金官萬户，藏隱封刀砍一門。旬日勑文天下遍，不論州縣配鄉村。
季布得知皇帝恨，驚狂莫不喪神魂。唯嗟世上無藏處，天寬地窄大愁人。
遂人歷山嵠谷内，偷生避死隱藏身。夜則村裡偷餐饌，曉入林中伴獸群。
嫌日月，愛星辰，晝潛暮出怕逢人。大丈夫兒遭此難，都緣不識聖明君。
如斯旦夕愁危難，時時自嘆氣如雲。「一自漢王登九五，黎庶朝甦萬姓欣。
懼我罪濃憂性命，究竟如何向□□？」自刎他誅應有日，沖天入地若無因。
忍飢□□□□□，□□□義舊恩情。

季布在前面罵漢王是黿龜，是百戰百輸，叫他草繩自縛，歸降乞命。漢王非常惱怒，誓言：「忽期南面稱尊日，活捉粉骨細颺塵」。後來項羽烏江自刎，漢王興帝業，洛陽稱尊，季布爲保命只好逃命。

以下寫的是，他到處奔逃，無法潛身，只好逃到周氏家裡去。這是和史記的記載相合的。

初更乍黑人行少，走□直入馬坊門。更深潛至堂階下，花藥園中影樹身。
周氏夫妻餐饌次，須更敢得動精神。罷飲停餐驚耳熱，捻筯橫起怯眼瞤。
忽然起立望門間：「堦下於當是鬼神？若是生人須早語，忽然是鬼莽丘墳。
問著不言驚動僕，利劍鋼刀必損君！」季布暗中輕報曰：「可想階前無鬼神。
只是舊時親分義，夜送千金與來君」。周謚按聲而問曰：「凡是千金須在恩。
記道遠來酬分義，此語應虛莫再論。更深越牆來入宅，夜靜無人但說眞。」
季布低聲而對曰：「切語莫高動四鄰！不問未能諮說得，暨蒙垂問即申陳。
夜深不必盤名姓，僕是去年罵陣人。」周氏便知是季布，下階迎接敘寒溫。
乃問：「大夫自隔闊，寒暑頻移度數春。自從有勑交尋促，何處藏身更不聞？」
季布聞言而啼泣，「自佳艱危切莫論！一從罵破高皇陣，潛山伏草受艱辛。
似鳥在羅憂翅羽，如魚問鼎惜岐鱗。特將殘命投仁弟，如何垂分乞安存？」
周氏見言心懇切，「大夫請不下心神。一身結交如管鮑，宿素情深舊拔塵。

今受困危天地窄，更問何邊投莽人。九放潘遭爲勑罪，死生相爲莫憂身。」
執手上當相對坐，素飯同餐酒數巡。周氏向妻甲子細，還道情濃舊故人。
「今遭國難來投僕，輒莫談揚聞四鄰。」季布遂藏覆壁內，鬼神難知人莫聞。
周氏身名緣在縣，每朝巾情入公門。處分交妻送盤飦，禮同翁伯好供慇。
爭那高皇酬恨切，扇開簾倦問大臣：「朕遣諸州尋季布，如何累月音不聞？
應是官寮心怠慢，至今逆賊未藏身。」遂遣使司重出勑，改條換格轉精懃。
白土拂牆交畫影，丹青畫影更邈眞。所在兩家圍一保，察有知無且狀甲。
先拆重棚除覆壁，後交播土更颺塵。尋山逐水薰巖入，踏莫搜林塞墓門。
察兒期名擒捉得，賞金賜王拜宮新。藏隱一餐停一宿，滅族誅家陣六親。
仍差朱解爲齊使，面別天階出國門。驟馬搖鞭旬日到，望捉奸兇貴子孫。
來到濮陽公館下，具述天心宣勑文。州官縣宰皆憂懼，捕捉惟愁失帝恩。
其時周氏聞宣勑，由如大石陌心珍。自隱時多藏在宅，骨寒毛豎失精神。
歸到壁前看季布，面如土色結眉頻。良久沈吟無別語，唯言禍事在逡巡！
季布不知新使至，卻著言詞恠主人。

這裡所謂朱解，便是史記所說的朱家。大約罵陳詞文的作者把朱家郭解混作一人了。

周諡是季布朋友，他逃到周家，躲在臺階下的花樹間，周諡告訴他榜文告示，到處在緝拿他，季布泣告他逃亡的辛苦。周諡把他藏在覆壁裡，但躲不過官員的追查，思來想去，只好把他送到朱家那裡，爲了避人耳目，季布賣身爲奴，且換得千金身價。這一段描寫，把朱家也騙過了，因爲，朱家還不知道，這個擎鞭執帽的人就是季布。

「院長不須相恐嚇，僕且常聞俗諺云。古來久住令人賤。從前又說水頻昏。
君嫌叨瀆相輕棄，別處難安有罪身結交語斷人情薄，僕應自殺在金晨。」
周氏低聲而對曰：「兄且聽言不用嗔。皇帝恨兄心緊切，專使新來宣勅文。
黃牒分明□在市，垂賞堆金條格新。先折重棚除複壁，後交播土更颺塵。
如斯嚴迅交尋捉，兄身弟命大難存。兄且以曾爲御史，德重官高藝絕倫。
氏且一家甘鼎鑊，可惜兄身變微塵！季布驚憂而問曰：「只今天使是誰人？」
周氏報言：「官御史，名姓朱解受皇恩。」其時季布聞朱解，點頭微笑兩眉分。
「若是別人憂性命，朱解之徒何足論。見論無能虛受福，心粗闕武又虧文。
直饒墮卻千金賞，遮莫高堆萬挺銀。皇威刺牒雖嚴迅，颺塵播土地無因。
既交朱解來尋捉，有計隈依出得身。」周氏聞言心大怪，「出語如風弄國君。
本來發使交尋捉，且如何出得身？」季布乃言：「今日計，弟佰看僕出這身。
九髮翦頭披短褐，假作家生一賤人。但道兗州莊上漢，隨君出入往來頻。
待伊朱解迴歸日，扣馬行頭賣僕身。朱家忽然來買口，商量莫共苦爭論。
忽然買僕身將去，擎鞭執帽不辭辛。天饒得見皇高恨，猶如病鶴再凌雲。」
便索剪刀臨欲剪，改形移貌痛傷神。解髮捻刀臨擬剪，氣填胸臆激紛紛。

自嗟告其周院長，「僕恨從前心眼昏！枉讀詩書虛學劍，徒知氣候別風雲。
輔佐江東無道主，毀罵咸陽有道君。致使髮膚惜不得，羞看日明恥星辰。
本來事主誇忠赤，變爲不孝辱家門。」言訖捻刀和淚剪，占項遮眉長短勻。
浣染爲瘡煙肉色，吞炭移音語不眞。出門入戶隨周氏，鄰家信道典倉身。
朱解東齊爲御史，歇息因行入市門。見一賤人長六尺，遍所肉色似煙熏。
神迷忽惑生心買，持將似洛陽人。問此賤人誰是主？「僕擬商量幾貫文。」
周氏馬前來唱喏，「一依錢數且咨聞。」氏買典倉緣欠闕，百金即買救家貧。
大夫若要商量取，一依處分不爭論」。朱解問其周氏曰：「有何能得直千金？」
周氏便誇身上藝，雖爲下賤且超群。小來父母心憐惜，緣是家生撫育恩。
偏切按摩能柔軟，好衣彩攝著煙熏。送語傳言磨識字，會交伴戀入庠門。
若說乘騎能結綰，曾向莊頭牧馬群。莫惜百金促買取，商量驅使莫頑嚚。
朱解見誇如此藝，遂交書契驗虛眞。典倉牒綈而捐筆，便呈字勢似崩雲。
題姓署名似鳳舞，書年著月若烏存。上下撒花波對當，行間鋪錦莫和眞。
朱解低頭親看札，口呿目瞪忘收脣。良久搖鞭相嘆羨，看他書札置功勳。
非但百金爲上價，千金於口合交分。遂給價錢而買得，當時便遣涉風塵。
季布得他相接引，擎鞭執帽不辭辛。朱解相貌何所似？猶如煙影嶺頭雲。
不經旬月歸朝闕，具奏東齊無此人。

且不知季布已跟隨在他身旁了，等到揭開眞相，朱家嚇得「驚狂展轉喪神魂」不知道如何是了結。季布請求朱家宴請衆大臣，由他自己出面求情。朱家只好請了夏候嬰（滕公）蕭何來，侯嬰（夏侯嬰）和蕭何聽聞說季布的懇祈，便答應救季布，讓侯嬰共同出面奏請漢帝不要再提季布，以免擾民過甚。季布便來朝見皇上。

皇帝既聞無季布，「勞卿虛涉風塵。放卿歇息歸私舍，是朕寬腸未合分。」
朱解殿前聞帝語，懷憂拜舞出鉑門。歸宅親故來軟腳，開筵列饌廣鋪陳。
買得典倉緣利智，廳堂誇向往來賓。閑來每共論今古，悶即堂前語典墳。
從此朱解心憐惜，時時誇逞向夫人。「雖然買得愚庸使，實是多知而廣聞。
天罰帶鉗披短褐，似山藏玉蛤含珍，是意存心解相向。僕應抬舉別安存。」
商量乞與朱家姓，脱鉗除褐換衣新。今既收他爲骨肉，令交内外報諸親。
莫喚典倉稱下賤，總交喚作大郎君，試教騎馬捻毬仗，忽然擊拂便過人。
馬上盤槍兼弄劍，彎弓倍射勝陵君。勒轡邀鞍雙走馬，蹺身獨立似生神。
揮鞭再騁堂堂貌，敲鐙重誇擅擅身。南北盤旋如掣電，東西懷協以風雲。
朱解當時心大怪，愕然直得失精神。心粗買得庸愚使，看他意氣勝將軍。
名曰典倉應是假，終矢必是楚家臣。笑向廳前而問曰：「濮陽之日爲因循，
用卻百金爲買得，不曾子細問根由。看君去就非庸賤，何姓何名其處人？」
季布既蒙子細問，心口思維要說眞。擊分聲嘶而對曰：「説著來由愁殺人！

不問且言爲賤士，既問須知非下人。楚王辯士英雄將，漢帝怨家季布身。」
三台八座甚忙粉，又奏逆臣星出現。早疑恐在百寮門，不期自己遭狼狽。
將此情□何處申？解誅斬身甘受死，一門骨肉盡遭迍，季布得知心裡怕。
甜言美語卻安存。「不用驚狂心草草，大夫定意布安身。見令天下搜尋僕，
必有忠貞報國恩。」皇帝聞言情大悅，「勞卿忠諫奏來頻。朕緣爭位遭傷中，
變體油瘡是箭痕。萬見楚家由戰酌，況憂季布動乾坤。依卿所奏千金召，
山河爲誓典功勳。」季布既蒙賞排石，頓改愁腸修表文。

表曰：

「臣作天尤合粉身，臣住東齊多朴眞。生居陋巷長蓬門，不知階下懷寵分。
輔佐東江狼虎君，狂謀罵牽親祖。自致煎熬鼎鑊迍，陛下登朝寬聖代，
大開舜日布堯雲，罪臣不煞將金詔，感恩激切卒難申！乞臣殘命將農業，
生死榮華九族忻。」當時隨來於朝闕，所司引對入金門。皇帝捲簾看季布，
思量罵陣忽然嗔！遂命……

在此時候，皇上突然想起季布大罵他的惡行，不由的氣上心頭，又要把他斬首午門。季布在此生死關頭，卻又能急中生智，巧妙脫險。也完成了季布罵陣詞文的一個高潮後的結束。也顯示出皇上眞的有容人之量。

以勝煎敖不用存，臨至投到蕭牆外。季布高聲殿上聞「聖明天子堪匡佐！

謾語君王何處論！分明出勑千金詔，」賺到朝門卻煞臣。臣罪授誅雖本分，
陛下爭堪後世聞！」皇帝登時聞此語，迴嗔作喜卻交存。「怜卿計策多謀掠，
舊惡些些惣莫論。賜卿錦帛並珍玉，兼拜齊州爲太君。放卿意錦歸鄉井，
光榮祿重貴宗親。」季布得官如謝勑，拜舞天街喜氣新。密報先謝朱解得，
明明答謝濮陽恩。敲鐙臨歌歸本去，搖鞭喜得脫風塵。若論罵陣身登首，
萬古千秋祇一人。具說漢書修製製，莫道辭人唱不嗔。

此卷末有「大漢三年季布罵陣詞文一卷」一行，當即此長歌的本名。鄭振鐸氏說：

> 在一般的通俗文學裡，此歌算是很重要的一篇；在描寫上看來，實不失爲傑作。其層層深入，處處吃緊的佈局，實是無懈可擊的，當是董西廂諸宮調一類的弘偉的作品的先聲吧。在當時必能吸引住許多的聽衆的，在她被歌唱出來時。

明妃殘卷

歷史永遠是使人注目的話題，史書中「左傳」、「戰國策」、「史記」中，是於歷史的記述裏，包括有大量的故事成份。「史記」的人物性格，是歷史的也是文學的，是群體的也是個人的描寫與計刻，如「項羽本紀」的「鴻門宴」其場景與動作是戲劇的也是說唱的素材。「蘭相如完璧歸趙」的智勇雙全，廉頗「將相和」的負荊請罪，何等眞切而鮮活。東周列國志雖是後人之輯作，但「趙氏孤兒」中，公孫杵臼與程嬰等的義烈高風，肝膽照人，又是何等的使讀者肉飛神馳。活生生的人物典型，其表現的手法，語言的結構，民族氣質與風格的

強烈，自然成爲「講史者」的本事。何況「通鑑」、「紀事本末」，漢、唐歷代史筆文傳千古興廢，戰亂頻仍中去聽慷慨悲歌與纏綿悱惻的說唱。

唐寫本明妃傳殘卷，存法國巴黎圖書館，是伯希和及日本羽田亨編印敦煌遺卷中。關於昭君和番事，略要如下：

西京雜記第二

元帝後宮既多，不得常見。乃使畫工圖形，案圖召幸之。諸宮人皆賂畫工，多者十萬，少者亦不減五萬。獨王嬙不肯，遂不得見。匈奴入朝求美人爲閼氏，於是上案圖以昭君行。及去，召見。貌爲後宮第一，善應對。舉止閑雅。帝悔之，而名籍已定。帝重信於外國，故不復更人。及窮案其事，畫工皆棄市，籍其家資皆巨萬。畫工有杜陵毛延壽，爲人形醜好老少，必得其眞。安陵陳敞，新豐劉白、龔寬，並工。爲牛馬飛鳥衆勢人形好醜不逮延壽。下杜陽望亦善畫尤善布色。樊育亦善布色，同日棄市，京師畫工於是差稀。

范曄後漢書南匈奴傳說道：——

昭君字嬙，南郡人也。初元帝時，良家子選入掖庭。時呼韓邪來朝，帝勑以宮女五人賜之。昭君入宮，數歲不得見御。積悲怨，乃請掖庭令求行。呼韓邪臨辭大會，帝召五女以示之。昭君豐容靚飾，光明漢宮，顧景裴回，竦動左右。帝見大驚，意欲留之，而難於失信。遂與匈奴，生二子。及呼韓邪死，其前閼氏子代立，欲妻之。昭君上書求歸。成帝勑令從胡俗，遂復爲後單于閼氏焉。

琴操有怨曠思惟歌，說道：——

王昭君者，齊國王襄（世說賢媛篇注引作「穰」）女也。昭君年十七時，顏色皎潔，聞於國中。襄見昭君端正閑麗，未嘗窺看門户，以其有異，於人求之不與。（世說賢媛篇注引作，「儀形絕麗，以節聞國中，長者求之者，王皆不許」。）獻於孝元帝。（「獻」本作「進」，從世說賢媛編注，文選恨賦注，太平御覽樂部引改）以地遠，既不幸納。叨備後宮，積五六年（「叨」字從太平御覽人事部引補）。昭君心有怨曠，僞不飾其形容。元帝每歷後宮，疏略不過其處。後單于遣使者朝賀。元帝陳設倡樂，乃令後宮妝出。（世說賢媛篇注引入作）「裝出」。）昭君怨恚日久不得侍列（世說賢媛篇作「帝造次不能別房帷，昭君恚怒之，」）乃更脩飾（太平御覽人事部引「更」作「使」），善妝盛服，形容光輝而出（「形容」二字，從太平御覽人事部引補），俱列坐。元帝謂使者曰，「單于何所願樂？」對曰，「珍奇怪物，皆悉自備，惟婦人醜陋，不如中國。」帝乃問後宮，「欲以一女子賜單于，誰能行者起？」（文選恨賦注，太平御覽人事部引作「帝令後宮欲至單于者起。」世說賢媛注引作，「帝乃謂宮中曰，欲至單于者起。」）於是昭君喟然，越席而前曰，「妾幸得備在後宮，麄醜卑陋，不合陛下之心，誠願得行。（今本作「誠願往」，從太平御覽人事部引改）時單于使者在旁，帝大驚悔之，不得復止。（世說賢媛篇注引作「帝視之，大驚悔。是時使者並見，不得止」。）

良久，太息曰，「朕已誤矣。」遂以與之。昭君至匈奴，單于大悅，以爲漢與我厚，縱酒作樂，遣使者報漢，送白璧玉一雙，駿馬十匹，胡地珠寶之類。昭君恨帝始不見遇。（太平御覽人事部引作，「昭君雖去漢至單于」，）心思不樂，乃作怨曠思惟歌曰，「秋木萋萋，其葉萎黃。有鳥愛止，（「愛止」本作「處山」，從太平御覽樂部引改。）集于苞桑。養育毛羽，形容生光。既得升雲，獲侍帷房。（「侍」本作「倖」，從太平御覽樂部引改）離宮絕曠，身體摧藏。志念幽沉，（「幽沉」「本作抑冗，」注云「一作沉」：從太平御覽樂部引改。）不得頡頏。雖則餧食，心有徊徨。我獨伊何？改變往常。翩翩之燕，遠集西羌。高山峨峨，河水泱泱。父兮母兮，（太平御覽作「父母妻子」）道里悠長。嗚呼哀哉！憂心惻傷！」昭君有子曰世違。（昭君以下七字，從世說賢媛篇注引補）單于死，世違繼立。凡爲胡者，父死妻母。昭君問世違曰，「汝爲漢也爲胡也？」世違曰，「欲爲胡耳。」昭君乃吞藥自殺。（單于以下，今本多誤，從世說賢媛篇注引改。）單于舉葬之。胡中多白草而此冢獨青。（依孫星衍平律館叢書校本）

劉義慶世說新語說道。

漢元帝宮人既多，乃令畫工圖之。欲有呼著，輒披圖召之。其中常者皆行貨賂。王明君姿容甚麗，志不苟求。工遂毀爲其狀。後匈奴求和，求美女於漢帝。帝以明君充行，既召見而惜之。但名字已去，不欲中改，於是遂行。

以上所說，無論昭君爲畫工所誤，或昭君去胡求歸不得，或從胡俗，或呑藥自殺，或留青史於千古。李白詩：「生乏黃金枉畫圖，死留表塚使人嗟」的喟嘆，是毀於畫工，但爲萬口憑悼則一。杜甫詠懷古蹟一詩，似可做爲去胡不返之定論，也成爲詠史詩中不朽的傑作：

群山萬壑赴金門，生長明妃尚有村。
一去紫臺連朔漠，獨留青冢向黃昏。
畫圖省識春風面，環珮空歸月夜魂。
千載琵琶作胡語，分明怨恨曲中論。

杜甫詩中的「明妃」，在晉石崇的王昭君辭裡說：「王明君者，本是王昭君，以觸文帝諱改焉。」江淹恨賦：「若夫明妃去時，仰天太息，紫臺稍遠，關山無極，搖風忽起，白日西匿。隴雁少飛，代雲寡色。望君王兮何期，終蕪絕兮異域」。則明妃即是昭君。昭君嫁單于，漢胡戰端遂息者近百年。清尤侗有文評說：

世人多作昭君怨，余獨非之。觀匈奴遣使請一女子，帝謂後宮欲至單于者起。昭君喟然而嘆，越席而起，其毅然勇往，略無難色，所以愧漢天子而實毛延壽之罪也。假使昭君終不自薦，一白頭老宮人耳。即幸而被幸如戚夫人，且害於呂野雞。如班婕妤，且擯於趙飛燕，豈若可汗閼氏，夜郎自大哉？虬髯客寧王扶餘，不肯比肩褒鄂，亦雞口牛口之意也。後如御溝紅葉，戰袍金鎖，巧慧女郎，多用此法。不然，上陽，長信，埋沒紅顏者幾何內人。斜冢纍纍，何如三尺青墳，尚供古今才人歔欷憑弔也哉？

其中由昭君談到宮中史事，不違論及。唐寫本明妃傳殘卷，是說明文學的體裁，以五七言的韻文雜以說話般的散文綜錯的結構完成，應該是說唱文學的早期作品，這個作品能夠保存下來，不僅值得珍視，而且因爲它是證明了唐代一種說唱的現象，是開展變文源詞的一個根本。在此之前已有胡樂佛曲，但在唐時這個保留下來的殘本，已做了相當廣泛的用途。李賀許公子鄭姬歌的描述：

長翻蜀經卷明君，轉角含商破碧雲。

這裡演唱昭君的故事，有蜀紙卷軸的畫幅爲情節的介紹，以轉角含商動人的歌曲爲之唱出，清亮亢麗的歌聲，直上碧雲霄。又如王建「觀蠻伎」說：

欲說昭君斂翠娥，清聲委曲怨於歌。
誰家年少春風裡，拋與金錢唱好多。

欲說是唱昭君的開場白，斂翠娥是同情感嘆昭君的身世而皺起了娥眉。更令人有鮮活印象的是吉師老的「看蜀女昭君變」一詩中的描述：

妖姬未著石榴裙，自道家連錦水濱。
檀口解知千載事，清詞堪嘆九秋文。
翠眉顰處楚邊月，畫卷開時塞外雲。
說盡綺羅當日恨，昭君傳意向文君。

由此可見，唐時民間對昭君傳說的管道，爲她和番的史事歌唱，爲她遠嫁異邦的遭遇感嘆。但長篇的故事，卻記載於「唐寫本明妃傳」殘卷裡，採錄如下：

附錄唐寫本明妃傳殘卷

□□□□□□難，路難荒任足風愔。
□□□□□□□，□□景色似醞醞。
□銀北奏黃蘆泊，原夏南地持白□。
□□□搜骨利幹，邊草叱沙紇邏分。
陰坂愛長席箕□，□谷多生沒咄渾。
縱有衰蓬欲成就，旋被流沙翦斷□。
□泉路遠穿龍勒，石堡雲山接雁門。
驀水頻過反及勅，□□□見可嵐屯。
如今以暮單于德，昔日還彔漢帝恩。
□□□知難見也，日月無明照覆盆。
愁城百結虛成著，□□□行沒處論。
賤妾儻期蕃裡死，遠恨家人昭取魂。

漢女愁吟，蕃王咲和。寧知惆悵，恨別聲哀。管弦馬上橫彈，節會途間常奏。侍從寂寞，如同喪孝之家；遣妾攢蚖，伏仆敗兵之將。庄子云，何者所好成毛羽，惡者成瘡癬，愛之欲求生，惡之欲求死。妾聞取塞北者不如江海有萬斛之舡，居江南之人不知塞北有千日之雪。此及苦復重苦，怨復重怨。行經數月，途程向盡，歸家滯遙。迅昔不停，即至牙帳。更無城郭，空有山川。地僻多風，黃羊野馬，日見千群萬群；口口羦羝，時逢十隊五隊，似語丹為東界，吐蕃作西鄰，北倚窮荒，南臨大漢。當心而坐，其富如雲。氈裘之帳，每日調弓。孤格之軍，終朝錯箭。將鬥戰為業，以獵射為能。不蠶而衣，不田而食。既無穀麥，噉肉充糧；少有絲麻，織麻毛為服。夫突厥法，用貴壯賤老，憎女憂男，懷鳥獸之心，負犬戎之意。冬天逐暖，即向山南；夏月尋源，便居山北。何慙尺璧，寧謝寸陰。是竟直為作處，伽宦人多，出來掘強。若道一時一餉，猶可安排；歲久月深，如何可度？妾聞鄰國者，大而小而，強自強，弱自弱，（自弱）何用逞雷電之意氣，爭烽火之聲，獨樂一身，苦他萬姓。

單于見明妃不樂，唯傳一箭，號令口軍。且有赤狄白狄，黃頭紫頭，知榮明妃，皆來慶賀。須口命縲騧柘䮤，菆菆作舞，倉牛亂歌。百姓知單于意，單于識百姓心。良日可借，吉日難逢，遂拜昭軍為煙脂皇后。故入國隨國，入鄉隨鄉，到蕃稟，還立蕃家之名，榮拜號作煙脂貴氏，處有為陳：——

傳聞突厥本同威，每喚昭君作貴妃。
呼名更號煙脂氏，猶恐他嫌禮度微。
牙官少有三公子，首領多饒五品緋。
屯下既稱張毳幕，臨時必請定門旗。
搥鐘擊鼓千軍啾，叩國吹螺九姓國。

瀚海上由嗚戛戛，陰山的是振危危。

鐏前校尉歌楊柳，坐上將軍舞樂軍。

乍到未閑胡地法，翻來且著漢家衣。

冬天野馬從他瘦，夏月犂牛任意肥。

邊雲忽然聞此曲，令妾愁腸每意歸。

蒲桃未必勝春酒，氈帳如何及綵幃。

莫恠適來頻下淚，都爲殘雲度嶺西。

（上卷立鋪畢，此入下卷。）

明妃既策立，元來不稱本情，可汗將爲情和，每有善言相向。異方歌樂，不解奴愁；別城之歡，不令人愛。單于見他不樂，又傳一箭，生報諸蕃，非時出獵，圍遶煙脂山，用昭軍作心，萬里攢軍，千兵逐獸。昭軍既登高嶺，愁思便生，遂指天漢帝鄉而曰，若爲：

單于傳告報諸蕃，各自排兵向北向，

左邊盡著黃金甲，右軍芬雲似錦團。

黃牛野馬捻槍撥，鹿鹿從頭喫箭川。

遠指白雲呼且住，聽奴一曲別鄉關。

妾家宮宛住秦川，南望長安路幾千。

不應玉塞朝雲斷，直爲金河夜蒙連。

烟脂山上愁今日，紅粉樓前念昔年。
八水三川如掌内，大道青樓若服前。
風光日色何處度，春色何時度酒泉。
可嘆輪臺寒食後，光景微微上不傳。
衣光路遠風吹盡，朱履途搖躡鐙湥。
假使邊庭突厥寵，終歸不及漢王怜。
心驚恐怕牛羊吼，頭痛生憎乳酪羶。
一朝願妾爲紅□，萬里高飛入紫煙。
初來不信胡關險，久住方知虜塞□。
祁雍更能何處在？只應弩郍白雲邊。

昭軍在胡的名諱由此而來，他一登千山，千迴下淚。慈母只今何在？君王不見追來。當嫁單于，誰望喜樂。良由畫匠，捉妾陵持。遂使望斷黃沙，悲連紫塞，長辭赤縣，永別神州。虞舜妻賢能變竹；圯良婦聖，器烈長城。乃可恨積如山，愁盈若海。單于口知他怨，至夜方歸，雖還至帳，卧仍不去。因此得病，漸加羸瘦。單于是蕃人，不郍夫妻義重，頻多借問，明妃遂作遺言，略叙平生，留將死，處若爲陳說：——

妾嫁來沙漠，經冬向晚時。
和□以合調，翼以當威儀。

容華漸漸衰，五神俱惣散。
四代的危危，月華來暎塞。
風樹已驚枝，鍊藥須岐伯。
看方耍巽離，此間無本草。
何處覓良師？妾身如紅線。
孤鸞視猶影，龍劍非人常憶雌。
妾死若留故地葬，臨時情報漢王知。

單于答曰：——

憶昔辭鸞殿，相將出雁門。
同行復同寢，雙馬覆雙奔。
度嶺看玄兑，臨行望覆盆。
到來蕃裡重，長媿漢家恩。
飲食盈怶按，蒲桃滿頡樽。
九來不向口，交命若何存。
奉管長休息，龍城永絕聞。
畫眉無若擇，淚眼有新痕。
願爲寶馬連長帶，莫學孤蓬翦斷根。

公主時亡僕亦死，誰能在後哭孤魂。

從昨夜以來，明妃漸困。應爲異物，多不成人。單于重祭山川，再求日月，百計尋口，千般求術。縱令春盡，命也何存？可惜口口，口口風燭。故知生有地，死有處，恰至三更，大命方。單于脫卻天子之服，還著庶人之裳，披髮臨喪，魁渠並至。驍夜不離喪側，部落豈敢東西。日夜哀吟，無由瘞極。慟悲切調，乃器明妃。處若爲陳說：——

昭軍昨夜子時亡，突厥今朝發使忙。
三邊走馬傳胡命，萬里非書奏漢王。
單于是日親臨哭，莫捨須臾守著喪。
解劍脫除天子服，披頭遠着庶人裳。
衙官坐位刀離面，九姓行哀截耳璫。
枷上羅衣不重香，可昔未殃宮裡女。
嫁來胡地碎紅妝，首領盡如雲雨集。
異口皆言鬭戰場，寒風入帳聲猶苦。
曉日臨行哭未殃，昔日同眠夜即短。
如今獨寢覺天長，何期遠遠離京兆。
不憶冥冥臨朔方，早知死若埋沙裡。
悔不教君還帝鄉，表奏龍庭。

敕未至，單于喚丁寧塞上衛律，令知葬事，一衣蕃法，不取漢儀。棺槨穹廬，更別方圓。千里之內，以伐醮薪；周匝一川，不案口馬。且有奔馳勃律，阿寶蕃人，膳主犂牛，兼能煞馬。醞五百甕酒，煞十萬口羊。退犢燽馳，飲食盈川，人倫若海。一百里，鋪氍毹毛毯，踏上而行。五百，鋪金銀胡瓶，下腳無處。單于親降，部落皆來，傾國成儀，乃葬昭軍。處若爲陳說：——

詩書既許禮緣情，今古相傳莫不情。
漢家雖道生離重，蕃亰猶死葬輕。
單于是日親臨送，部落皆來引仗行。
睹走熊羆千里馬，爭來競取逞五軍兵。
牛羊隊隊生埋壙，仕女芬芬聳入坑。
地上築境猶未了，泉下惟聞叫哭聲。
蕃家法用將爲重，漢國如何輒肯行。
若道可汗傾國葬，焉知死者絕防生。
黃金白玉連車載，寶物明珠盡庫傾。
昔日有秦王合國葬，校料昭軍亦未平。
墳高數尺號青塚，還道軍人爲主名。
只今葬在黃河北，西南望見受降城。

故知生有地，死有處，可惜明妃，奄從風燭。八百餘年，墳今上在。後至孝哀皇帝，然發使和蕃，遂差人漢使楊少徵杖和來吊金重錦豁繒，入於虜庭，慰問蕃王。單于聞道漢使來吊，倍加喜悅，先依禮而受，漢使吊、宣哀帝聞，遂出祭詞，處若爲陳說：——

明明漢使逢邊隅，稟稟蕃王出帳趍。
大漢稱尊成命重，高聲讀勑吊單于。
昨咸來表知其向，今嘆明妃奄逝殂。
故使敎臣來吊祭，遠道兼問有所須。
此間雖則人行義，彼處多應禮不殊。
附馬賜其千疋綵，公子仍留十解口。
雖然與朕山河隔，每每鄰卿歲月孤。
秋末既能安葬了，春間遷請赴京都。
單于受吊復含涕，漢使聞言悉以悲。
丘山義重恩難捨，江河雖深不可齊。
一從歸漢別連北，萬里長懷霸岸西。
閑時靜坐觀岸馬，悶即徐行悅鼓鼙。
嗟呼數月連非禍，誰爲今冬急解爰。
乍可陣頭失卻馬，郍堪問老更亡妻。

靈儀好日須安曆，葬事臨時不敢稽。
莫恠帳前無掃土，直為滯多旋作泥。

漢使吊畢，即使廼行至蕃漢界頭，遂見明妃之塚，青塚寂遼，多經歲月。使人下馬，設樂沙場。害非單布酒，心重傾，望其青塚，宣哀帝之命，乃述祭詞：「維年月日，謹以清酌之奠，祭漢公主王昭軍之靈。惟靈天降之精，地降之靈，姝越恃之無比，婥妁傾國和陟娉。丹青寫形遠嫁，使兇奴拜首，萬代伐信，義號罷征。賢感敢五百里，年間出德邁應。黃河號一清，祚永遠傳，萬古圖書，且載著往聲。嗚呼嘻嘻！在漢室者昭軍，亡桀紂者妃妃，孅姿，兩不圍衿誇興，皆言為姜禕荷。和國之殊功，金骨埋於萬里。嗟呼！別翠之寶帳，長居突厥之穹廬。特也黑山杜氣，擾攘兇奴。猛將降堊，計竭窮口。漂遙有懼於獫痈，衛霍怯於強胡。不嫁昭軍紫塞，難為運策，定單于。欲別攀戀拜路跪，嗟呼！身歿於蕃裡，魂兮豈忘京都。空留一塚齊天池，岸瓦青山萬載孤。」

宋代說唱藝術

諷世與講史

將詩詞，歌賦，傳奇，史話，經文，寺院建築，壁畫，樂曲相連結合錯綜交織而成唐代文學的盛況，特別是進入說唱的天地，出入於敎坊伶伎，穿梭於平康弦歌，興盛於市場，繁榮於井肆；如以此而析論，則由唐的此種習尙演變而進入到民間，聲色觀瞻，遂能令人目眩神移。周邦彥「汴都賦」言：「竭五都之瑰寶，備九州之貨賂」的商旅雲集，而有「八荒爭奏，萬國咸通」的興榮繁華。柳永「望海潮」說杭州：「市列珠璣，戶盈羅綺」的「民物康阜」，「戶口蕃息」也見得熱鬧非常。「清明上河圖」是宋代汴京風物的畫卷，據金人張著的跋說：「翰林張擇端，京正道，東武人也，幼讀書，遊學於京師，後習繪事，本工其界畫，尤嗜於舟、車、市橋、郭徑，別成家數也。」這畫是描繪汴京士女的遊春圖，清明時節插柳，踏青，野宴與風俗。不僅此也，圖中遊人聲喧，市樓林立，貨市交集，風采特殊。故宮叢刊甲種載：「清明上河圖，存世之本子，比任何畫幅爲多，以故宮博物院而論，就藏有七個本子，是：宋張擇端一卷，明仇英一卷，清沈源一卷，清院本一卷，清院本是乾隆元年由陳枚、孫祜、金昆、戴洪、程志道五位畫院中人所合繪。」這許多圖繪，加強了一種疇昔的故國之思。

「東京夢華錄」孟元老記述：

相國寺萬姓交易

相國寺每月五次開放，萬姓交易。大三門上皆是飛禽貓犬之類，珍禽奇獸無所不有。第三門皆動用什物，庭中設綵幙，露屋義鋪，賣蒲合簟席，屏幃、洗漱、鞍轡、弓劍、時果、脯腊之類。近佛殿孟家道冠王道人，蜜煎趙文秀，筆及潘谷墨，占定兩廊，皆諸寺師姑，賣繡作，領抹、花朵、珠翠、頭面、生色、銷金花、樣、幞頭帽子、特髻、冠子絛線之類。殿後資聖門前皆書籍、玩好圖畫，及諸路罷任官員土物香藥之類。後廊皆日者貨術傳神之類。寺三門閣上，並資聖門各有金銅鑄羅漢五百尊佛牙等。凡有齋供皆取旨方開三門，左右有兩罐琉璃塔寺，內有智海惠林寶梵河沙東西塔院。乃出角院舍各有住持僧官，每遇齋會，凡飲食茶果動使器皿，雖三五百分莫不咄嗟而辦。大殿兩廊皆國朝名公筆跡，左壁畫熾盛光佛降施九曜鬼百戲，右壁佛降鬼子毋建立殿庭，供獻樂部馬隊之類。大殿朵廊，皆壁隱樓殿人物莫非精妙。

此乃汴京相國寺前後各處之描寫。相國寺的地盤不大，所以，它是一個小型的市場，這裡也做齋會，有住持、僧官主持。可注意的是「近佛殿孟家道冠王道人」及「占定兩廊，皆諸寺師姑」，可見釋道是不分的。大殿兩廊有名家畫跡，「左壁畫熾盛光佛降九曜鬼百戲」，

「右壁佛降鬼子母」其他人及「莫非精妙」。孟元老是宋代人，他記述了當時汴梁（開封）相國寺的面貌。

妓館那時不止一處，但寺東門街巷錄事巷的妓館與衣著，繡作，食店，酒館，卻是連比一起的，卻看其說：

寺東門街巷

寺東門大街皆是幞頭腰帶，書籍冠朵鋪席，丁家素分茶。南即錄事巷，妓館，繡巷皆師姑繡作居住。北即小甜水巷，巷內南食店甚盛。妓館亦多，向北李慶薑鋪，直北出景靈宮，東門前又得是何色目加之人情高誼，若見外方之人爲都人凌欺，衆必救護之。或見軍鋪收領到鬥爭公事橫身勸救，有陪酒食檐官方救之者亦無憚也，或有從外新來鄰左居住則相借借動使獻遺湯茶，指引買賣之類。更有提茶瓶之人，每日鄰里互相支茶，相問動靜。凡百吉凶之家人皆盈門，其正酒店戶見腳店三兩次打酒，便敢借與二五百兩銀器，以至貧下人家，就店呼酒亦用銀器供送。有連夜飲者，次日取之。諸妓館只就呼酒而已，銀器供送亦復如是。其闊略大量，天下無之也。以其人煙浩穰，添十數萬衆不加多，減之不覺少。所謂花陣酒池，香山藥海別有幽坊小巷，燕館歌樓，舉之萬數，不欲繁碎。

這裡只見一處巷弄人情，酒店銀器，不怕人拿走。所言「人煙浩穰，添十數萬衆不加多，減之不覺少」。「花陣酒池，香山藥海，別有幽坊小巷，燕館歌樓，舉之萬數，不欲繁碎」。由此可見汴京之繁華，而對外方人，也多以平等對待。

最引人注目的，是他寫的「京瓦伎藝」部分：

京瓦伎藝

崇觀以來在京尾肆伎藝張廷叟孟子書。主張小唱李師師、徐婆惜、封宜奴、孫三四等。誠其角者，嘌唱弟子張七七、王京奴、左小四、安娘、毛團等。教坊減罷並溫習張翠蓋、張成弟子、薛子大、薛子小、俏枝兒、楊總惜、周壽、奴稱心等般雜劇。枝頭傀儡任小三，每日五更頭回小雜劇，差晚看不及矣。懸絲傀儡張金線、李外寧。藥發傀儡張臻妙、溫奴哥、眞箇強、沒勃臍、小掉刀。筋骨上索雜手伎、渾身眼李宗正，張哥。毬杖錫弄孫寬、孫十五、曾無黨、高恕、李孝詳。講史李慥、楊中立、張十一、徐明、趙世亨、賈九。小說王顏喜、蓋中寶、劉名廣。散藥張眞奴。舞旋楊望京。小兒相撲雜劇，掉刀蠻牌董十五，趙七，曹保義，朱婆兒，沒困駝，風僧哥、俎六姐。影戲丁儀、瘦吉等弄喬影戲。劉百禽，弄蟲蟻。孔三傳耍秀才諸宮調。毛詳、霍伯醜商謎。吳八兒合生。張山人說諢話。劉喬河北子帛遂吳牛兒、達眼、五重明、喬駱駝、李敦等。雜班外人、孫三神鬼、霍四究說三分。尹常賣五代史。文八娘叫果子。其餘不可勝數。不以風雨寒暑諸棚看人，日日如是。教坊鈞容直每遇旬休按樂、亦許人觀看。每遇內宴前一月教均內勾集弟子、小兒習隊舞、作樂雜劇節次。

其中說到：孟子書、小唱、嘌唱，傀儡戲、毬杖踢弄。又有講史、小說、諸宮調、商謎、合生、說渾話、說三分、賣五代史書，其分類之多，眞是洋洋大觀。講史是重頭戲，張政烺中央研究院「歷史語言研究所集刊」第十本中有「講史與詠史詩」一文認爲講史乃出於詠史詩，以唐詩胡曾、周曇等人的作品爲證。他說：

『一、詠史詩始于胡曾，前無所承，與漢魏人之詠史絕無關係。懷古題壁本詩人習氣，大量作七言絕句亦晚唐諸家之共同趨向，（如王建「宮詞」，曾唐「小遊仙」，王渙「惆悵詞」，羅虬「比紅兒」之類是也。）胡曾詠史詩即滙合此兩種風氣而生。

二、胡曾詠各詩在當時或略後即已用爲兒童讀物，蒙師教授，講語遂興，而米崇吉逐篇評解實開平話之端。

三、周曇進講詠史詩爲講史之祖。其詩每首題下注大意，詩下引史，而以己意論斷之，乃兼有胡曾詩陳蓋註八崇吉評主三者之善，已樹立平話之規模。若孫玄晏金朋說之詠史詩皆當是講史作品，雖講語已佚，可推而知也。

四、平話即由詠史詩演變而來，平者詩評，話者講語也。故必是講史人之話本始有此稱，小說中無詠史詩，亦不稱平話也。通俗演義始于羅貫中，乃仿平話而作之大衆讀物，不專爲說話之用矣。』

周曇是晚唐人，他的詠史詩是其做國子直講時之作，分三卷八門，自唐虞至隋，以人物爲主題，有七言絕句二百三首。七言絕句二十八子，對史事之述意，尙不是很周全，但於史的演進，有連貫的作用。李白五古有詠史詩，多意氣風發之作。至若王維則有「夷門歌」、

「西施詠」、「李陵詠」等篇都充滿懷古的意識。這三首詩我們分別來看：

夷門歌

七雄雄雌猶未分，攻城殺將何紛紛！秦兵益圍邯鄲急，魏王不救平原君。公子爲嬴停駟馬，執轡愈恭意愈下。亥爲屠肆鼓刀人，嬴乃夷門抱關者。非但慷慨獻奇謀，意氣兼將身命酬。向風刎頸送公子，七十老翁何所求？

此篇見「史記—信陵君列傳」述大梁夷門監者侯嬴獻策救趙事。

西施詠

艷色天下重，西施寧久微？
朝爲越溪女，暮作吳宮妃。
賤日豈殊衆，貴來方悟稀。
邀人傅脂粉，不自著羅衣。
君寵益驕態，君憐無是非。
當時浣紗伴，莫得同車歸。
持謝鄰家子，效顰安可希！

「西施詠」則是表現越國美女入吳宮，受吳王寵幸，使其荒廢國是，終於助句踐雪恥滅吳的事。

李陵詠

漢家李將軍，三代將門子。
結髮有奇策，少年成壯士。
長驅塞上兒，深入單于壘。
旌旗列相向，簫鼓悲何已。
日暮沙漠陲，戰聲煙塵裡。
將令驕虜滅，豈獨名王侍。
既失大軍援，遂嬰穹廬恥。
少小蒙漢恩，可堪坐思此？
深衷欲有報，投軀未能死。
引領望子卿：「非君誰能理？」

詩述李陵隨貳師將軍李廣利出擊匈奴，他率五千騎兵誘敵，陷入八萬敵兵圍攻，血戰八日，士卒死傷過半，被迫投降。後句說：「引領望子卿，非君誰能理？」蘇武出使匈奴，被囚北海（西伯利亞貝加爾湖附近）十九年，仗節牧羊，終得歸漢，行前與李陵河梁話別，表示心跡。二人各有五言詩述懷。

以上三首懷古史詩，應該也是「講史」的要目。

晉時陶淵明「詠荊軻」，也是此類詠史詩的重要傑作。其情節慷慨悲歌，扣人心弦，故事性十分強烈：

詠荊軻

燕丹善養士，志在報強嬴。招集百夫良，歲暮得荊卿。君子死知己，提劍出燕京。素驥鳴廣陌，慷慨送我行。雄髮指危冠，猛氣衝長纓。飲餞易水上，四座列群英。漸離擊悲筑，宋意唱高聲。蕭蕭哀風逝，淡淡寒波生。商音更流涕，羽奏壯士驚。心知去不歸，且有後世名。登車何時顧，飛蓋入秦庭。凌厲越萬里，逶遊過千城。圖窮事自至，豪主正怔營。惜哉劍術疏，奇功遂不成！其人雖已沒，千載有餘情。

其中談到燕國太子丹選了荊軻去刺秦王，送別於易水之濱，高漸離是燕國的音樂家，與荊軻爲至交，擊筑，士皆涕泣。荊軻刺秦王失敗，高漸離以鉛灌於筑中，親近秦始皇謀刺不成被殺。易水歌詞是「風蕭蕭兮易水寒，壯士一去兮不復返」。其意是表明前去刺秦，犧牲的決心。以上所舉一些「詠史詩」是詩與「講史」的一個不可分割的關係。

宣和遺事

士禮居「宣和遺事」有元、亨、利、貞四集，多取材南燼紀聞，雖說是宋代相傳，但雜有元人語，恐爲後人輯錄。宣和遺事有文言本，不甚周齊。白話本就是說話人採用的本子，是章回小說出現前的一個樣本，文字雖然不是上選，但對小說的衍變，卻有密切的關係。

據明郎瑛「七修類稿」說：

宋徽欽北擄事跡，刊本則有宣和遺事，抄本則有竊憤錄。二書較之，大事皆同，惟虜人侮慢之辭，醜污之事，則竊憤有之也。至於彼地之險，彼國之事，風俗之異，時序之乖，則宣和較錄爲少矣。二書皆無著書人名。且遺事雖以宣和爲名，而上集乃北宋之事，下集則被擄之事，首起如小說院本之流，是蓋當時之人著者也。錄則竊遺事之下集，造飾其所多之事，必宣政間遭辱之徒，以發其胸中不逞之氣而爲之，是不足觀也。觀其年月地方死生大事俱同，惟多造飾之言可知矣。故齊東野語辨南燼紀聞之事爲無有。予意竊憤或即紀聞，後人讀之而憤之，故易此名。

「宣和遺事」元集上述唐舜禹湯，隋唐五代；宋有天下，傳至徽宗，才俊過人，愛色貪杯，重用蔡京、童貫、高俅等，取樂追歡，朝綱不理。役民夫百萬，起高樓邃閣。歲遇災殃，黎民饑饉，宋江三十六人，閧州劫縣，方臘十三寇，放火殺人，明胡應麟「少室山房筆叢」說：

世所傳宣和遺事極鄙俚，然亦是勝國時閭閻俗說。中有南儒及省元等字面；又所記宋江三十六人，盧俊義作李俊義，楊雄作王雄，關勝作關必勝，自餘俱小不同，並花石綱等事，皆似是水滸事本，倘出水滸後，必不更創新名。又郎瑛藁記點鬼簿中亦具有諸人事跡，是元人鍾繼先所編。然則施氏此書所謂三十六人者，大概各本前人，獨此外則附會耳。郎謂此書及三國並羅貫中撰，大謬。二書淺深工拙，若霄壤之懸，詎有出一手之理？世傳施號耐菴，名字竟不可考、友人王承父嘗戲謂是編南華太史合成；余以非猾胥之魁，則劇盜之靡耳。（施某事見先田叔禾西湖志餘）

宋江三十六人的名字，在亨集中是：

智多星吳加亮　玉麒麟盧進義
青面獸楊志　混江龍李海
九紋龍史進　入雲龍公孫勝
浪裡百跳張順　霹靂火秦明
活閻羅阮小七　立地太歲阮小五
短命二郎阮進　大刀關必勝
豹子頭林沖　黑旋風李逵
小旋風柴進　金鎗手徐寧
撲天鵰李應　赤髮鬼劉唐
一撞直董平　插翅虎雷横
美髯公朱同　神行太保戴宗
賽關索王雄　病尉遲孫立
小李廣花榮　沒羽箭張青
沒遮攔穆横　浪子燕青
花和尚魯智深　行者武松
鐵鞭呼延綽　急先鋒索超

命二郎石秀　火舡工張岑

摸著雲杜千　鐵天王晁蓋

宋江看了人名，末後有一行字寫道：『天書付天罡院三十六員猛將，使呼保義宋江廣行忠義，殄滅奸邪。』

以後是朝廷對宋江等三十六人無奈，只得出榜招誘歸順，隨元帥張叔夜平定三路之寇，宋江收方臘有功，封節度使。

世局已有亂象。而饑民甚多，徽宗不納張商英等「罷工役後以息民，開倉庫而賑之」的秦章，一意玩樂，高俅，楊戩使徽宗遊玩市廛：

向汴京城裡串長街，驀短檻，秪是些歌臺、舞榭、酒市、花樓，極是繁華花錦田地。抵暮，至一坊，名做金環巷，那風範更別：但見門安塑像，戶列名花；簾兒底笑語喧呼，門兒裡簫韶盈耳；一個粉頸酥胸，一個桃腮杏臉。天子觀之私喜。又前行五七步，見一座宅，粉牆鴛瓦，朱戶獸環；飛簷映綠鬱鬱的高槐，繡戶對青森森的瘦竹。徽宗問楊戩、高俅曰：『這座宅是甚人的？直這般蓋造的十分清楚！』天子觀看，嘆羨不已，忽聞人咳嗽一聲。

睜開一對重瞳眼，覷著千金買笑人。

天子覷時，見翠簾高捲，繡幕低垂，簾兒下見個佳人，鬢嚲烏雲，釵簪金鳳；眼橫秋水之波，眉拂春山之黛；腰如弱柳，體以凝脂；十指露春筍纖長，一搾襯金蓮穩小。

待道是鄭觀音，不抱著玉琵琶；待道是楊貴妃，不擎著白鸚鵡。恰似嫦娥離月殿，恍然洛女下瑤堦。眞個是：

䴔眉鸞髻垂雲碧，眼入明眸秋水溢。

鳳鞋半折小弓弓，鶯語一聲嬌滴滴。

裁雲剪霧製衫穿，束素纖腰恰一搦。

桃花爲臉玉爲肌，費盡丹青描不得。

這個佳人，是兩京酒客煙花帳子頭京師上停行首，姓李名做師師。一片心只待求食巴謾，兩隻手偏會拿雲握霧；便有富貴郎君，也使得七零八落；或撞著村沙子弟，也壞得棄生就死；忽遇著俊倬勤兒，也敢教沿門吃化。徽宗一見之後，瞬星眸爲兩瞘。休道徽宗直恁荒狂，便是釋迦尊佛，也惱教他會下蓮臺。

天子見了佳人，問高俅道：『這佳人非爲官宦，亦是富豪之家。』高俅道：『不識。』猶豫間，見街東一個茶肆，牌書：『周秀茶坊』。徽宗遂入茶坊坐定，將金篋內取七十足百長錢，撇在那卓子上。周秀便理會得，道是個使錢的勤兒。一巡茶罷，徽宗遂問周秀道：『這對門誰氏之家？簾兒下佳人姓甚名誰？』周秀聞言，『上覆官人：問這佳人，說著後話長。這箇佳人，名冠天下，乃是東京角妓，姓李，小名師師。』徽宗見說，大喜，令高俅教周秀傳示佳人道：『俺是殿試秀才，欲就貴宅飲幾盃，未知娘子雅意若何？』周秀去了，不多時，來見官人言曰：『行首方調箏之間，見周秀說殿試所囑之言，幽情頗喜。不棄潑賤，專以奉迎。』徽宗聞言甚喜，即時同高俅、楊戩望李氏宅來。有雙鬟門外侍立，『請殿試稍待，容妾報知姐姐。』少刻雙鬟出道：『俺姐姐有命，請殿試相見。』師師出見徽宗，施禮畢，道：『寒門寂寞，過辱臨顧；無名妓者，何幸遭逢！』徽宗道：『謹謝娘子，不棄卑末，知感無限！』那佳人讓客先行。轉曲曲迴廊，深深院宇；紅袖調箏於屋側，青衣演舞於中庭。竹院、松亭、藥欄、花檻，俄至一廳，鋪陳甚雅：紅床設花裀繡縟，四壁掛山水翎毛。打起綠油吊窗「看脩竹湖山之景。即令侍妾添茶，再去安排酒果。師師開瓶，覷了天子道與楊戩：『你與我取幾瓶酒去。』不多時，令人取至，楊戩執盞於尊前，於是四人共飲。

師師道：『殿試仙輩，不審何郡？敢問尊姓？』天子道：『娘子休怕！我是汴梁生，夷門長。休說三省並六部，莫言御史與西臺；四京十七路，五霸帝王都，皆屬俺所管。咱八輩兒稱孤道寡，目今住在西華門東，東華門西，後載門南，午門之北，大門樓裡面。姓趙，排房第八。俺乃趙八郎也！』師師聞道，諕得魂不著體；急離坐位，說與他娘道：『咱家裡有課語訛言的，怎奈何？娘，你可急忙告報官司去，恐帶累咱們！』李媽媽聽得這話，慌忙走去告報與左右二廂捉殺使孫榮，汴京裡外緝察皇城使竇監。二人聞言，急點手下巡兵二百餘人，人人勇健，箇箇威風，腿繫著粗布行纏，身穿著鴉青衲襖，輕弓短箭；手持著悶棍，腰掛著環刀；急奔師師宅，即時把師師宅圍了。

可憐風月地，番作戰爭場。

看這個官家，怎生結束？

卻有徽宗聞宅外叫鬧，覷高俅；高俅會意，急出門見孫榮、竇監。高俅喝曰：『匹夫怎敢驚駕！』一人覷時，認得是平章高俅，急忙跪在地上，諕得兩腿不搖而自動。『上告平章：相國擔驚，不干小人每事；乃是師師之母，告報小人來到：他家中有訖言的，恐帶累他。以此小人每提兵至此。』高俅聞言，喝退。二人既免現了本身之罪，暗暗地提兵巡掉，防護著聖駕。

卻說子母知道官家，跪在地上，諕得魂飛天外，魄散九霄，口稱：『死罪。』徽宗不能隱諱，又慕師師之色，遂言曰：「恕卿無罪！」師師得免，遂重添美醞，再備嘉殽。天子亦令二臣就坐。師師進酒，別唱新詞。天子甚喜，暢懷而飲。正是：

瑠璃鍾，琥珀濃，小槽酒滴珍珠紅。烹龍炮鳳玉脂泣，羅圍繡幕圍春風。吹龍笛，擊鼉鼓，皓齒歌，細腰舞；況是青春日將暮，桃花亂落如紅雨。勸君終日酩酊醉，酒不到，劉伶墳上土。

飲多時也，天子帶酒覷師師之貌，越越的風韻。俄不覺的天色漸晚。則見詩曰：

窗外日光彈指過，席前花影座間移。

一盃未盡笙歌送，堦下辰牌又報時。

是時紅輪西墜，玉兔東生，江上漁翁罷釣，佳人秉燭歸房。酒闌宴罷，天子共師師就寢。高俅、楊戩宿於小閣。

古來貪色荒淫主，那肯平康宿妓家？

天子與李師師飲酒作樂，用了李賀的詩。李師師事正史沒有，用邦彥詞：「並刀如剪，吳鹽勝雪」。卻是一個證據。

利集述朝事腐敗，金兵攻宋，其間講康王與姚平仲事：

金兵攻通天景陽門甚急，李綱督將士拒之。金兵又攻陳橋、封丘、衛州門，綱登城力戰，自卯至酉，殺賊數萬。馬忠又以京西兵殺金人於順天門外，軍聲大振。遣鄭望之使金軍，使高世則副之；又改差李棁奉使。望之等見斡離不云：『上皇朝皆已往事，今少帝與大軍別立誓書，結萬世驩好，仍遣親王宰相詣軍前議事。』斡離不遣王汭譯云：『京城破在頃刻，所以斂兵不攻者，徒以主上新立之故，所以存趙氏宗社。今議和須索犒師金五百萬兩，銀五千萬兩，牛馬萬頭，疋緞百萬疋；尊金主爲伯父；將燕山之人在漢中者歸還；割中山、太原、河間三兩，牛馬萬頭，疋緞百萬疋；尊金主爲伯父；將燕山之人在漢中者歸還；割中山、太原、河間三鎮之地；仍以宰相親王爲質。和議可成也。』乃以書遣肖三寶奴、耶律忠、王汭與李棁來。詔皇弟康王爲軍前計謀使，張邦昌副之。時李綱固爭不能奪，而康王竟行。康王留虜營數月，當與金國太子同習射，康王連發三矢，皆中筈連珠不斷。金太子謂此必將臣之良家子，假爲親王來質，語斡離不曰：『康王恐非眞的。若是親王，生長深宮，豈能習熟武藝，精於騎射如此？可遣之別換眞太子來質。』斡離不心亦憚之，復請遣肅王樞代爲質。康王遂得南歸。

京畿北路制置使种師道及統制官姚平仲，帥涇原秦鳳路兵勤王；熙河經略姚古，秦鳳經略种師中，折彥質、折可求等勤王兵至二十萬。京師人心少安。欽宗聽得勤王兵來至，喜甚，開安上門，命李綱迎勞諸軍。是時朝廷已與金人講和，欽宗問諸帥曰：『今日之事，卿意如何？』師道奏曰：『女眞不知兵，豈有孤軍深入人境，而能善其歸哉？』欽宗宣諭曰：『業已講和矣。』師道對曰：『臣以軍旅之事事陛下，餘非所敢知也。』即拜同知樞密院事。

時金人講和，索金銀甚急，王孝迪揭榜立賞，根括在京軍民官吏金銀，違者斬之。得金二十餘萬兩，銀四百餘萬兩。民間藏蓄，爲之一空。梁師成尚留京都，或言師成有保護東宮之功。太學生陳東言：『蔡京、童貫、朱勔父子挾道君南巡，恐生變離；梁師成未正典刑，請寘之法。』欽宗下詔暴其罪，黜爲散官，命開封吏押至八角鎮殺之。

姚平仲者，世爲西陲大將，幼孤，從父姚古養爲子，年十八，與夏人戰臧底河，殺彼甚衆。宣撫童貫召與語，平仲不少屈；貫不悅，抑其功賞。睦州方臘作耗，道君曾遣童貫討賊。貫雖不喜平仲，但心服其勇，復取平仲偕行。及賊平，平仲之功冠軍，不願推賞，乃謂貫曰：『平仲不求官賞，但願一見主上耳。』貫愈忌之。他將如王淵、劉光世者，皆得召見，獨平仲不得召，貫忌其功故也。欽宗是時在東宮知其名，及即位，金人圍京城，平仲以勤王之兵來，乃得召見。賜見福寧殿，厚賜金帛，許功成之日，有不次之賞。平仲請出死力，夜劫虜營，生擒斡離不，奉康王以歸。及出，連破兩寨；奈機事已泄，虜已夜徙去，平仲之志未遂。姚古選精銳五萬人自滑州進屯虜營之後，克日併力攻擊，有必勝之道；奈李邦彥力主和議，恐其功成，遂廢親征行營使，罷李綱，已謝金虜，欲堅講和之議也。姚平仲憤恨朝廷無用兵意，遂乘一青騾亡命，一晝夜馳七百五十里，抵鄧州，方得食。入武關，至長安，欲隱華山，顧以爲淺；奔入蜀，至青城山上清宮留一日，復入大面山，行二百七十餘里，度採藥者不能至，乃解縱所乘騾，得石穴以居。朝廷屢下詔求之，弗得也。至於乾道、熙寧之間，始出至丈人觀，自言年十餘，紫髯鬱然長數尺，其行速若奔馬。陸放翁爲題青城山上清宮壁詩云：

造物困豪傑，意將使有爲；功名未足言，或作出世賢。姚公勇冠軍，百戰起西陲。天方覆中原，殆非一木支；脫身五十年，世人識公誰？但驚山澤間，有此熊豹姿。我亦志方外，白頭未逢師；年來幸廢放，倘遂與世辭。從公遊五岳，稽首湌靈芝，金骨換綠髓，欻然松杪飛。

丙午日，金虜退師。自圍京城凡三十三日，既得許割三鎮詔書及肅王爲質，不待金幣數足，遣使告辭而去。种師道請臨河邀擊之；李綱請用寇準澶淵講和故事，用兵護送之。乃命姚古、种師中、折彥質、范瓊等領十餘萬兵，數道並進，俟有便利可擊，則併力擊之。時李邦彥恐諸將有邀擊之功，密奏欽宗曰：『吾國新與金國講和，豈宜聽諸將邀擊之計以阻和議？』立大旗於河東、河北兩岸上，寫云：『準勑，有擅用兵者依軍法！』諸將之氣索然矣。

貞集中言康王爲質及歸國事：

且說斡離不自遣康王歸國後，心甚悔之。既聞康王再使，遣數騎倍道催行。康王單騎躲避，行路困乏，因憩於崔府廟，不覺困倦，依堦砌假寐。少時，忽有人喝云：『速起上馬，追兵將至矣！』康王曰：『無馬奈何？』其人曰：『已備馬矣，幸大王疾速加鞭！』康王豁然環顧，果有疋馬立於傍。將身一跳上馬，一晝夜行七百餘里，但見馬僵立不進，下視之，則崔府君泥馬也。康王遂徒步行至一莊，覺爲饑渴所逼，奔入一村莊，略求漿飲。有一老嫗出迎，延入莊中。老嫗徑出扉外，久而方返，因詢康王曰：『官人何來？願聞其略！』王曰：「吾爲商於磁、相間，因爲金兵劫擄，以至於此。』嫗曰：『官人非商旅也，莫是官中親王否？前數日有胡騎迫趕，適有四騎來追，問：『有康王由此過否？』吾已紿之曰：「已過此兩日矣，您追逐不及也。」追吏舉鞭擊其鞍道：「可惜，可惜！」遂已回去矣。大王且安心，容進酒飯。』康王問嫗姓氏，嫗但泣而不言。再三詰之，嫗曰：『妾之子李若水者，仕宋朝，已死於虜軍。一兒得爲忠臣，妾不恨矣。妾聞磁、相在邇，有宗澤留守在焉，食足兵強，天下事尚可爲，幸大王勉之！』因出金銀數兩獻康王。王受之，相向而泣，別嫗而去。行一日，到磁州，宗澤迎謁，百姓遮道，留康王駐軍。

是時，元祐皇后居延福宮，張邦昌僭位。至是三十三日，群臣復請元祐皇后垂簾聽政。

閏十一月，康王至相州，朝廷方議畫河，遣聶昌往河東路，耿南仲往河北路，爲割地使。聶昌偕虜至絳州，絳人殺之；南仲偕虜使王汭至衛州，衛人殺王汭，南仲遂奔相州見康王。康王與耿南仲連銜揭榜，召兵勤王，人心思奮。康王一日謂幕屬曰：『吾夜來夢皇帝脱所著御袍賜吾，吾解衣而服所賜袍。此何祥也？』次日報京師有使命來，問之，乃武學生秦仔齎蠟詔，命康王爲天下兵馬大元帥，汪伯彥、宗澤副元帥，速領入衛。康王捧詔嗚咽，軍民感動。十二月壬戌，大元帥開府。是時宗澤自磁州至，王齡自潞州至，梁揚祖自信德府至；張浚、王沂中皆已在麾下。

乙亥，侯章齎蠟書至，催發勤王兵。章言：『陛辭日，皇帝謂臣曰：「康王辟中書舍人從行，可令便宜草詔，盡起河北兵守臣，自將人援。」』是夜，王命延禧草詔，曉頒諸郡。惟中山、慶源被圍不得達。元帥府五軍總一萬人，又遣使招劇賊楊青、常景等皆降順，又得萬餘人也。乙亥，康王離相州，使還馳報黃河未凍，衆軍相顧驚愕。康王密禱於天地河神，行及於河渡，報河冰已合。丙子，大元帥統兵渡河。壬午，副元帥宗澤部兵二千人自磁州來會，請康王進兵，直趨開德，解京師之圍。汪伯彥執講和之說，欲阻其行，澤領兵至東平，許之。戊子，宗澤軍出南門，進屯開德，揚聲言大元帥在中軍。

靖康二年，康王至濟州，除兵馬大元帥。宗澤乞進兵援京師。二月，次濟州元帥府。官軍及群盜來歸者，凡八萬人。元祐皇后降手詔迎康王，略曰：『漢家之厄十世，宜光武之中興，獻公之子九人，惟重耳之尚在。茲爲天意，夫豈人謀。』是時曹勉自河北擴歸，以蠟書來進，乃徽宗皇帝御札。蓋是三月初三日，徽宗行幸虜營，親書九字於衣領上云：『便可即眞，來救父母。押。』付宰相何㮚，召康王興兵，以圖恢復，曹勉得御札於河東，至五月末旬方達康王。康王閱書慟哭，哀不勝情。次日，宗澤百官勸進，謂：『南京乃祖宗受命之地，取四方運漕尤易。大王宜早正位號，即皇帝位，然后號召諸將，以圖恢復舊京，迎二聖車駕回宮。』康王辭拒再三，不得已從臣寮之請，以是年五月庚寅朔，即皇帝位於南京，改元建炎，大赦天下。

「宣和遺事」至此近尾聲，利、貞二集中多不近史實之傳說。但無論如何，本書卷首的入話，仍是借古諷今，將講史作爲一面鏡子，做眞理的鑑照，這種引子，就是說話的開場白，我們回頭來看：

詩曰：

暫時罷鼓膝間琴，閒把遺編閱古今。常嘆賢君務勤儉，深悲庸主事荒淫。致平端自親賢哲，稔亂無非近佞臣。說破興亡多少事，高山流水有知音。

除引文外，太公評議講史的「吟叙」也可做爲二種例證：

歷代興亡億萬心，聖人觀古貴知今。古今成敗無多事，花殿月臺幸一吟。考摭妍蚩用破心，剪裁千古獻當今。閑吟不是閑吟事，事有閑思間要吟。

可見所謂進講者乃月殿花臺消閑之事，固主上之所戲弄，倡優所蓄，與南宋供話幕士竟無大異。其首論歷代興亡，古今成敗，已開「五代史平話」「宣和遺事」一類引子之端，則又可知是一種體裁上之沿襲矣。

太公又吟

千妖萬態逞妍姿，破國亡家更是誰。匡政必能除苟媚，去邪當斷勿狐疑。

此當指太公斬妲己事，惜講語不存，其詳不可曉。按梁李暹注「千字文」「周發殷湯」云妲己變作九尾狐狸，是妲己爲妖邪之傳說當時已有之矣。』

五代史平話

「五代史平話」於梁、唐、晉、漢、周各分上、下兩卷，梁、漢史皆缺下卷，已難補全。其中晉史節述石敬瑭爲河東節度使，唐主雖託以重任但猜忌日深。並結好契丹，歲納禮幣十萬緡，以制伏河東，並留公主不允返回晉陽。使張敬達使西北都部署，趣敎瑭往鄆州。降制徙石敬瑭爲天平節度使。半話中說：

制下，朝臣相顧駭愕。使張敬達做西北部署，趣敬瑭往鄆州。石敬瑭與將佐謀曰：

『咱再來河東，主上面許，更不除人替代。今有移鎮之命，是與千春節向公主說的話也。我豈能束手死在道路乎？今且再發表稱病，以覘主上意向。若其寬我鄆州之行，則盡節事之；若有意加兵於我，則改圖以應之。』段希堯、趙瑩等，力沮其計，惟劉知遠挺身向前，長跪而言曰：『教明公赴鄆州者，是欲殺公於機穽也。明公久在兵間，素得士卒心，今從河東形勝之地，甲兵不是寡少，糧食不是虛竭，士馬不是疲弊；若據險稱兵，遠近響應，傳檄諸鎮，帝業可成；奈何聽命於一紙之制書，自投身於虎狼之口乎？』敬瑭曰：『公之言是也。顧計將何先？』桑維翰曰：『明公入朝，主上聽公還鎮，以河東授公，此殆天意假公以興王之基也。明公爲明宗之愛婿，主上以庶孽奪天位，今以反逆疑公，豈空言可以首謝？但爲自全之計，則可免禍。吾聞契丹主與明宗約做兄弟之國，緩急相救援。明公恍能推赤心，屈節以事契丹，朝呼夕至，顧何求不獲，何向不克哉？』敬瑭謝之曰：『策甚善。』乃令維翰寫表奏：

『石敬瑭謹言。古者，帝王之治天下也，立儲以長，傳位以嫡，此古今不可易之法也。晉獻公以驪姬之故，廢太子，立奚齊，晉之亂者，數十年。秦始皇不早立儲君，殺扶蘇，立胡亥，卒以自墟其國。唐之天下，明宗之天下也。明宗皇帝，金戈鐵馬之所經營，麥飯豆粥之所收拾，提三尺劍從馬上得天下，厥功亦不細矣。近者，宮車晏駕，主上以庶孽之子，入承大統。天下忠義之士，聞者皆爲扼腕，區區臣愚，欲望陛下退處藩邸，傳位許王，有以慰明宗皇帝在天之靈，有偶服天下忠臣義士之志。不然，同興問罪之師，少正篡位之罰，徒使血污闕庭，生靈塗炭，彼時悔之亦噬臍矣。冒昧奏言，伏候勅旨！』

唐主見表文辭語蹇傲，裂破其表，擲之於地，罵道：『豎子欲稱兵向宮闕耶？』即手詔答之。詔曰：

『卿於鄂王，固非踈遠，衛州之事，卿實負之。傳之許王，何人肯信卿往鎮鄆州，毋得翱翔不進，故茲詔答，卿宜悉之。』

唐主降制，削石敬瑭官爵。

但雄義指揮使安元信卻於此時率部屬奔晉陽，歸附敬塘說：

『帝王之所以統御天下者，莫重於信與義。今主上與令公至親且貴，尚待之以不信，況其他疏賤之小人乎？無信與義，何以爲人？其敗可翹足而待也，何強之有？』敬瑭聽元信的話，大悅，悉以軍事委之。振武巡檢使安重榮亦帥馬步軍五百人來奔陽。

秋，七月，敬瑭子弟之在京都者凡四子，朝廷盡收捕殺之。敬瑭聽得朝廷恁地處置，遂東向大慟曰：『臣受明宗皇帝如天福廕，今主上昏愚，聽信讒邪，將臣四子一日屠之。臣不改圖，死無葬所矣。臣非敢負明宗，顧今上激臣之叛耳。皇天后土，實聞此言。』

明日，大會諸將佐，辦個茶飰飲宴，共議舉兵的勾當。即令掌書記桑維翰草表，稱臣於契丹主，請假兵赴援，且約以父禮事之；約事濟之日，割盧龍一道，及雁門關以北諸州，賂之。劉知遠聽得這話，力爭曰：『稱臣可矣，稱子事父，其禮太過；厚許歲可矣，許割土田，所賂太厚。乘快許之，雖足得其氣力，然他日反爲中國之患，不無生受麼？』敬瑭曰：『但依咱說的寫去。』表文曰：

『臣石敬瑭表奏契丹大國可汗。臣唐室之愛婿，切惟明宗皇帝，與大國約爲兄弟，非一日矣。刑馬之誓，歃血之盟，緩急相援，憂患相卹，兩國信義，誓不食言。今潞王從珂廢主自立，臣欲舉兵興問罪之師，顧兵單力寡，恐不足以辦大事。願執子禮，父事可汗，願借精兵，共濟斯役，事捷之日，願割盧龍一道，及雁門關北土地以爲謝。冒昧表聞，伏候報可。』

契丹王自然高興，如此一來，豈非鷸蚌相爭，漁翁得利嗎？

八月，唐主遣張敬爲太原四面丘馬都部署，討石敬瑭。張敬達軍到晉陽，以爲攻城計。石敬瑭以劉知遠爲馬步都指揮使，知遠收撫降附，用法無私，由是人皆爲用。敬瑭身擐甲冑，登城坐臥矢石之下。知遠謂敬瑭曰：『咱觀敬達無它奇策，不足畏也。願令公多遣間諜，經略外事。守城至易，知遠獨力足以當之。』唐主聽得契丹許敬瑭以秋高赴援，催趣敬達急攻；奈天時風雨，長圍爲水潦所浸，竟不能就。而知遠不時遣輕兵抄掠，敬達無以制之。

九月，契丹德光將馬軍五萬，自武陽谷至晉陽，就地名虎北口下寨。先遣使謂敬瑭曰：『契丹可汗，傳示元帥：大軍已到，吾欲今日即破賊，您但傍觀可也。』敬瑭遣使馳赴契丹軍營，報曰：『勞頓爺爺親帥大軍來到，略備些犒軍物件赴軍前投納。』

這些略備此犒軍的財物是：

犒軍錢二十萬緡　酒一星醒　羊三百口　牛二百頭

石敬瑭自稱孩兒，合力將張敬達的唐軍殺的大敗，退保晉安，唐降軍千餘人，盡被石敬瑭殺個乾淨。

『吟敘□茫茫往古，繼繼來今，上下三千餘年，興廢百千萬事，大概風光霽月之時少，陰雨晦冥之時多；衣冠文物之時少，干戈征戰之時多。看破治亂兩途，不出陰陽一理。中國也，天理也，皆是陽類；夷狄也，小人也，人慾也，皆是陰類。陽明用事的時節，中國奠安，君子在位，在天便有甘露慶雲之瑞，在地便有醴泉芝草之祥，天下百姓，享太平之治；陰濁用事底時郎，夷狄陸梁，小人得志，在天便有彗孛日蝕之災，在地便有蝗蟲饑饉之變，天下百姓，有流離之厄。這箇陰陽，都關係著皇帝一人心術之邪正是也。

大唐三藏取經詩話

「大唐三藏取經詩話」三卷，日本高山寺舊藏。卷中有「中瓦子楊家印」款字，中瓦子是宋臨安府（杭州）的劇場。可見這是說唱用的本子。我們引用一些來看：

經過女人國處第十

僧行前去，沐浴慇勤。店舍稀疏，荒效止宿，雖有虎狼禽獸，見人全不傷殘。次入一國，都無一人，只見荒屋漏落，園籬破碎。前行漸有數人耕田，布種五穀。法師曰：『此中似有州縣，又少人民，且得見三五農夫之面。』耕夫一見，個個眉開，法師乃成詩曰：

荒州荒縣無人住，僧行朝朝宿野盤。今日農夫逢見面，師僧方得少開顏。

猴行者詩曰：

休言荒國無人住，荒縣荒州誰去耕？人力種田師不識，此君住處是西城。早來此地權耕作，夜宿天宮歇洞庭。舉步登途休眷戀。免煩東土望回程。

舉步如飛，前遇一溪，洪水茫茫。法師煩惱。猴行者曰：『但請前行，自有方便。』行者叫天王一聲，溪水斷流，洪浪乾絕。師行過了，合掌擎拳。此是宿緣，天宮助力。

次行又過一荒州，行數十里，憩歇一村。法師曰：『前去都無人煙，不知是何處所？』行者曰：『前去借問，休勞歎息。』又行百里之外，見有一國，人煙濟楚，買賣駢驜。入到國内，見門一牌云：「女人之國。」

僧行遂謁見女王。女王問曰：『和尚因何到此國？』法師答言：『奉唐帝勑命，爲東土衆生往西天取經作大福田。』女王合掌，遂設齋供。僧行赴齋，都喫不得。女王曰：『何不喫齋？』僧行起身唱喏曰：『蒙王賜齋，蓋爲砂多，不通喫食。』女王曰：『啓和尚知悉此國之中，全無五穀。只是東土佛寺人家，及國内設齋之時出生，盡於地上等處收得，所以砂多。和尚回歸東土之日，望垂方便！』法師起身，乃留詩曰：

女王專意說清齋，蓋爲砂多不納懷。竺國取經歸到日，教令東土置生臺。

女王見詩，遂詔法師一行入内宮著賞。僧行入内，見香花滿座，七寳層層；兩行盡是女人，年方二八。美貌輕盈，星眼柳眉，朱唇榴齒，桃臉蟬髮，衣服光鮮，語話柔和，世間無此。一見僧行入來，滿面含笑，低眉促黛，近前相揖：『起咨和尚，此是女人之國，都無丈夫。今日得睹僧行一來，奉爲此中起造寺院，請師七人，就此住持。且緣合國女人，早起晚來，入寺燒香，聞經聽法，種植善根；又且得見丈夫，夙世因緣，不知和尚意旨如何？』法師曰：『我爲東土衆生，又怎得此中住院？』女王曰：『和尚師兄！豈不聞古人說：「人過一生，不過兩世。」便只住此中，爲我作個國主，也甚好一段風流事。』和尚再三不肯，乃辭行。兩伴女人，淚珠流臉，眉黛愁生，乃相謂言：『此去何時再睹丈夫之面？』女王遂取夜明珠五顆，白馬一疋，贈與和尚前去使用。僧行合掌稱謝，乃留詩曰：

願王存善好修持，幻化浮生得幾時？一念凡心如不悟，千生萬劫落阿鼻。休喏綠髻桃紅臉，莫戀輕盈與翠眉。大限到來無處避，髑髏何處問因衣？

女王與女衆，香花送師行出城，詩曰：

此中別是一家仙，送汝前程往竺天。要識女王姓名字，便是文殊及普賢。

入王母池之處第十一

登途行數百里，法師嗟嘆。猴行者曰：『我師且行，前去五十里地，乃是西王母池。』法師曰：「汝曾到否？」行者曰：「我八百歲時到此中偷桃喫了，至今二萬七千歲，不曾來也。』法師曰：『願今日蟠桃結實，可偷三五個吃。』猴行者曰：『我因八百歲時，偷吃十顆，被王母捉下，左肋判八百，右肋判三千鐵棒，配在花果山紫雲洞。至今肋下尚痛，我今定是不敢偷喫也。』法師曰：「此行者亦是大羅神仙。元初說他九度見黃河清，我將妄語；今見他說小年曾來此處偷桃，乃是眞言。』

前去之間，忽見石壁高……萬丈，又見一石盤，闊四五里地，又有兩池，方廣數十里，瀰瀰萬丈，鴉鳥不飛。七人纔坐，正歇之次，舉頭遙望萬丈石壁之中，有數株桃樹，森森聳翠，上接青天，枝葉茂濃，下浸池水。法師曰：『此莫是蟠桃樹？』行者曰：『輕輕小話，不要高聲！此是西王母池。我小年曾此作賊了，至今由怕。』法師曰：「何不去愈一顆？」猴行者曰：「此桃種一根，千年台生，三千年方見一花，萬年結一子，子萬年始熟。若人喫一顆，享年三千歲。』師曰：『不怪汝壽高。』猴行者曰：『樹上今有十餘顆，爲地神專在彼處守定，無路可去偷取。』師曰：『你神通廣大，去必無妨。』說由未了，攧下三顆蟠桃入池中去。師甚敬惶，問：『此落者是何物？』答曰：『師不要敬，此是蟠桃正熟，攧下水中也。』師曰：『可以尋取來喫。』

猴行者即將金鐶杖向盤石上敲三下，乃見一個孩兒，面帶青色，爪似鷹鷂，開口露牙，從池中出。行者問：「汝年幾多？」孩曰：『三千歲。』行者曰：『我不用你。』水敲五下，見一孩兒面如滿月，身掛繡纓。行者曰：『汝年多少？』答曰『五千歲。』行者曰：『不用你。』水敲數下，偶然一孩兒出來。問曰：『你年多少？』答曰：『七千歲。』行者放下金鐶杖，叫取孩兒入手中，問：『和尚！你喫否？』和尚聞語，心敬便走。被行者手中旋數下，孩兒化成一枝乳棗，當時吞入口中；後歸東土唐朝，遂吐出於西川。——至今此地中生人參是也。

空中見有一人，遂吟詩曰：

花果山中一子方，小年曾此作場乖。而今耳熱空中見，前次偷桃客又來。

入沉香國處第十二

師行前邁，忽見一處，有牌額云：「沉香國。」只見沉香樹木，列占萬里，大小數圍，老株高侵雲漢。想我唐土，必無此林。乃留詩曰：

國號沉香不養人，高低從翠列千尋。前行又到波羅國，專往西天取佛經。

入波羅國處第十三

入到波羅國內，別是一座天宮：美女雍容，人家髣髴；大孩兒鬧攘攘，小孩兒衮球嬉嬉；獅子共龍吟，佛嵒與虎嘯。見此一國瑞氣，景象異常，乃成讚曰：

波羅別是一仙宮，美女人家景象中。

大孩兒，小孩兒，辛苦西天心自知。東土衆生多感激，三年不見淚雙垂。大明皇，玄奘取經壯大唐。程途百萬窮天日，迎請玄微請法王。

三國志平話

「三國志平話」上中下三卷，藏日本內閣文庫，後由鹽谷溫博士影印流行，爲說三分的開始。不知作者是誰？但其內容最富於說書的精神，也有原文的面目，是民間傳揚三國英雄的一個基礎的本子，開卷有司馬仲相陰間斷故事，說曹操、孫權、劉備，是西漢韓信，英布（季布）彭越的轉世，我們看這段公案：

光武即位五載，於三月三日清明節傳民衆來御園賞花。有書生名司馬仲相以來遲，亭館爲人所據，無地休息。遂於數十步外屏風栢下坐定，取酒自酌，並撫琴一操。既展書閱覽，至秦始皇無道事，不禁大怒。以爲天公令始皇爲君，殊屬失當。維時酒已半酣，瞥睹荼蘼架邊有錦衣花帽五十餘人來前，前行之八人稱奉玉皇旨，令以六禮持交，六禮者，平天冠，衮龍服，無憂履，白玉圭，玉束帶，誓劍。仲相一一拜受，並穿著齊備，衆擁之登轎，至琉璃殿，升座羅拜畢。八人奏言，此報冤之殿，非陽間，乃陰司也。因仲相毀罵始皇，有怨天之意，故令其在陰間爲君。如能斷案公允，便可轉生陽世爲天子，否則將有永墮陰山之苦。仲相遂傳旨令沉冤者來訴，於是韓信彭越英布三人相繼至，各請伸雪。仲相命宣劉邦呂雉，至則二人互諉其過，案不能決。又傳蒯通，始定讖。方天公傳諭，韓信彭越英布三人各轉世平分漢室天下，韓信爲曹操，彭越爲劉備，英布爲孫權，是即魏蜀吳三國之由來。漢高祖轉世爲獻帝，呂雉爲伏皇后，昔之殺韓信者，今則曹操弑伏后以報前仇矣，蒯通爲諸葛亮，輔佐西蜀。仲相後投胎爲司馬仲達，併呑三國。

這段公案就是揭開序幕，引聽衆進入話題的開始。由前漢的開國元勛韓信，英布，彭越三人寃屈，在地獄中得到轉世爲曹操，劉備，孫權三分天下。蒯通原來勸韓信背叛劉邦，今則轉世爲諸葛亮，輔佐劉備。仲相則因毀罵秦始皇，玉皇令他在陰司斷案。後又轉世爲司馬仲相併呑三國。三分天下，分久必合，由司馬仲相完成。我行側錄「三國志平話」一節，來看書中描述劉、關、張義敗黃巾之事，也就三國志演義的所本：

話說一人姓關名羽，字雲長，乃平陽蒲州解良人也。生得神眉鳳目，虬髯，面如紫玉，身長九尺二寸，喜看春秋左傳。觀亂臣賊子傳便生怒惡。因本縣官員貪財好賄，酷害黎民；將縣令殺了，亡命逃遁前往涿郡。

不因趓難身漂潑，怎遇分金重義知。

卻說有一人姓張名飛，字翼德乃燕邦范陽涿郡人也。生得豹頭環眼，燕頷鬚，身長九尺餘，聲若巨錯，家豪大富。因在門首閑立，見關公街前過，生得狀貌非俗，衣服襤褸，非是本處人，縱步向前，見關公施禮，關公還禮，飛問曰：「君子何往，甚州人氏？」關公見飛問，觀飛貌亦非凡，言曰：「念某河東解州人氏。因本縣官虐民不公，吾殺之，不敢鄉中住，故來此處避難。」飛見關公話畢，乃大丈夫之志，遂邀關公於酒肆中，飛叫量酒將二百錢酒來，主人應聲而至，關公見飛非草次之人，說話言談便氣和酒盡，關公欲待還盃，乃身邊無錢，有艱難之意，飛曰：「豈有是理。」再叫主人將酒來。二人把盞相勸，言語相投，有如契舊。正是：

龍虎相逢日，君臣慶會時。

說起一人姓劉名備，字玄德，涿州范陽縣人氏。乃漢景帝十七代賢孫，中山靖王劉勝之後，生得龍準鳳目，禹背湯肩，身長七尺五寸，垂手過膝，語言喜怒不形於色，好結英豪，小□□母織席編履爲生。舍東南角籬上，有一桑樹，生高五丈餘，進望見重重如小車蓋。往來者皆怪此樹非凡，必出貴人。玄德少時，與家中諸小兒戲於樹下，「吾爲天子，此長朝殿也。」其叔父劉德然見玄德發此語，曰：「汝勿語戲吾門。」德然父元起，起妻曰：「他自一家趕離門户。」元起曰：「吾家中有此兒，非常人也。汝勿發此語。」年十五，母使行學，事故九江太守盧植處學業。德公不甚樂讀好書，好大馬，美衣服，愛音樂。當日因貶履於市，賣訖，也來酒店中買酒喫。關張二人見德公生得狀貌非俗，有千般說不盡底福氣，關公遂進酒於德公。公見二人狀貌亦非凡，喜甚，也不推辭接盞便飲，飲罷，張飛把盞德公又接飲罷。飛邀德公同坐，三盃酒罷，三人同佰昔交，便氣合。有張飛言曰：「此處不是咱坐處，二公不棄，就敝宅聊飲一盃。」二公見飛言，便隨飛到宅中。後有一桃園，園內有一小亭。飛遂邀二公亭上置酒，三人懽飲，飲間，三人各序年甲，德公最長，關公爲次，飛最小。以此大者爲兄，小者爲弟，宰白馬祭天，殺烏牛祭地，不求同日生，只願同日死；三人同行同坐同眠，誓爲兄弟。有德公見漢朝危如累卵，盜賊蜂起，黎庶荒荒，嘆曰：「大丈夫生於世當如此乎！」時時共說，欲救黎民於塗炭之中，解天子倒懸之急；見奸臣竊命，賊子弄權，常有不平之心。

不爭龍虎興仁義，賊子讒臣睡裡驚。

卻說張飛一日告二兄曰：『今黃巾賊遍於郡，劫掠民財，奪人妻；倘賊來，飛雖有家財不能作主。」玄德曰：「似此若何？」飛曰：「咱不若告燕主，招些義兵，便賊來何懼。」玄德並關公言曰：「此舉有理。」即便上馬離家，來見燕主議事，撚指到燕主階前下馬，被門人攔住。飛曰：「念某特來見主公，有商議的事」把門人曰：「少待某報知主公。」把門人至廳前，稱有一人在衛前欲與主公有議的事。燕主曰：「交請來。」飛即隨門吏人到於廳上，燕主賜飛坐，燕主曰：「公有何幹？」飛曰：「今有黃巾賊遍天下，倘若來此都，此中無備，卻不踏碎燕京！」燕主曰：「雖然，如此府庫無錢，倉廩無粟，無甚糧著，養濟軍人，交誰人爲其頭目？」飛曰：「某雖有上部下民，略有些小家財，可贍軍人。」燕主曰：「便招得些義兵，交誰爲頭目。」飛曰：「某家有一人，姓劉名備，字玄德，乃中山靖王劉勝之後，其人生的龍準鳳目，耳垂過肩，手垂過膝，可爲頭目。」燕主即時出令，立起義旗，爲首者乃劉玄德。次下關雲長張翼德梅芳簡獻和孫虔，不滿一月招的義軍三千五百，燕主當日共劉備於教場內，教演其事。燕主看時，所招軍將人人有力，個個威雄，燕主甚喜，正門中間，有人報曰：「禍事也。」

幽郡聚勇興戈甲，反亂黃巾覓死來。

燕主言曰：「有何禍事？」答曰：「今有黃巾賊離城百里，來取幽州，」燕主曰：「義軍頭目如何？」玄德曰：「主公免憂，備願領軍去破黃巾。」道罷，玄德辭了燕主，領所招軍將出城三十里下寨，玄德坐於帳上，問曰：「誰人敢去探賊兵多少。」道一聲未了，有飛帳前報喏：「飛願自往。」玄德曰：「兄弟去小心者。」道罷，張飛上馬出寨去不多時，飛復回，下馬至帳前，告曰：「今有漢天子差元帥皇甫松，持詔赦，如有作下罪人，招軍買馬，敢破黃巾賊者，便挂先鋒印，若滅了黃巾賊，封官賜賞，告哥哥咱在此處，只一郡之主，不若投漢元帥，與國家出力東蕩西除，南征北伐，顯功於今，揚名於後。」玄德聽得張飛道罷，甚喜，即時引手下人，出寨迎接元帥，帥至帳上，言曰：「今天子赦你每招義軍之罪，若破了黃巾即賜高官重賞。」道罷，元帥賜玄德坐，關張並衆人侍立，元帥覷了玄德關張，狀貌威雄，大喜，據此英雄，視黃巾賊如草芥然，元帥即時教玄德，挂了先鋒印，遂差快騎往探黃巾數目，探事人回言，賊兵大勢，兗州昔慶府最多，賊軍五十萬在於兩處。兗州有賊軍三十萬，離兗州三十里，杏林莊有二頭目，一名張寶，一名張表，領兵二十萬，元帥交先鋒將領五萬軍去探昔慶府虛實，劉備曰：「不用五萬軍，止用本部三千五百軍，先往任城縣下寨。」元帥大軍，隨後亦到任城縣下寨，元帥又問諸將：「誰人再探賊人虛實？招賊人？」劉備曰：「備爲先鋒，願往，」即時分付詔赦劉備，賫擎詔赦辭了元帥，引本部下軍，往任城縣東門，打跳河中過去，前去班村。玄德問曰：「這裡離杏林莊遠近約一十五里，玄德問衆軍，誰可將詔赦往杏林莊，招安張表。」道罷，張飛曰：「飛願往。」曰：「爾用軍多少？」飛曰：「不用軍兵，飛獨往將詔赦去杏林莊，招安張表。張飛一人一騎，便出，至杏林莊上，有把門軍卒，遮當不住直至中軍帳下，立馬橫槍，帳上坐著五十餘人，中間坐著張表，帳下五百餘人，鞁鎗，張表等衆人，皆驚，張表問甚人莫非探馬，張飛曰，「我不是探馬，我是漢元帥手下先鋒軍內一卒，我不爲私來，我有皇帝聖旨，並詔赦，若有謀反大逆，殺天子命官，盡皆赦免，若投漢者，取其黃巾，打國家旗號，廕子封妻，高丘重賞，如不投者，盡皆誅戮。」張表聞言大怒，呼左右即下手，□□□齊向前來刺張飛，張飛不望，用丈八長鎗，撮梢兒把定輪轉動，衆軍不能向前，打落賊軍鎗桿，勿知其數，寨中賊兵，發喊，驚恐自開，張飛一騎馬，於賊軍中，縱橫來往，無人敢當。賊軍自聞鑼鼓之聲，張表見一人帳下報喏，「大王禍事。」張表問「怎生禍事？」「今有漢先鋒軍分六隊，各領兵五百，金鼓亂鳴。搖旗發喊，奪門撞入寨中。」張表急速領賊兵，一發奔兗州走，漢軍隨後追趕到五十餘里，玄德收軍往杏林莊下寨，玄德令軍把了寨門，點視諸將，問軍趕賊那裡去也，答曰：「都入袞州城也。」有抛棄老小，盡皆殺了，玄德便申元帥，交奔杏林莊來，元帥見申狀，大喜，即時領軍至杏林莊，劉備接著元帥，共於帳上坐定，筵宴，元帥降令，先鋒軍兵並帥府下諸將頭目等，盡皆賜賞，正宴筵間，有一探馬至帳前，報喏：「今有張表入袞州與張實合兵一處甚大。」道罷，元帥降令，「誰人敢取兗州？」玄德曰：「劉備願往。」元帥大喜，「據賊兵勢大，寡不敵衆，你多將軍兵去。」備曰：「不用軍多，止將本部下雜虎軍去足矣。」元帥曰：「爾去在意者！」玄德即時辭了元帥，將詔赦領兵奔兗州來，前離兗州十餘里，下寨，玄德曰：「誰人將詔赦招安張表並張實？」張飛曰：「某願往。」玄德曰：「爾用兵多少？」飛曰：「不用一卒，飛獨自去。」玄德曰：「恐防有失，爾可將取五百軍去。」飛連聲叫：「不用不用」玄德曰：「爾少將些軍去。」飛曰：「我招些自願去的軍。如根我去得功者，子孫永享國祿。」第一聲招得七人七騎，第二聲招得三人三騎，第三聲招得二人二騎，共招得十三人，飛曰：「足矣！」張飛一十三人，賫擎詔赦，前往兗州，到於城下，張飛覩瞻城池，敵樓，戰棚，深埋鹿角，開掘壕塹，見城上擂木砲石極廣，拽起吊橋，放下棧板。張飛在城壕外，高聲叫：「城上有甚人來打話則個。」說罷，一簇軍於城上來打話問：「爾來的軍卒是誰？」張飛曰：「我是漢元帥手內先鋒將下張飛，卻問城上爾是誰/」「我乃是把兗州頭目張實。」飛曰：「我今賫擎漢朝詔赦來，若你投赦盡皆免罪封職，加官重賞，如不投者，並行誅戮。」張實聽得，大怒，即時便待開門迎之，張表曰：「不可，表在杏林莊，這漢單馬直至寨中，衆軍不能抵當，以此杏林莊失了。」張寶曰：「似此怎生？」表曰：「堅閉休出，恐防張飛有計，乞中楊州求救。」張飛城下大叫，城上人無語，張飛大怒：遶城大罵，並無人應，再轉到南門城下，高叫「守門是誰？」又無人應，張飛見無人應，乃對衆軍道：「咱從爲漢軍，鞍不離馬。甲不離軀，□弓□印月臥甲地生□苦征惡戰，相持廝殺，多少生受來，咱今日就著壕塹之前，柳樹甚多，柳陰下御甲，於壕中澡洗馬，於樹上氣歇。」中間張飛指著城上再罵，張表大怒。見張飛城壕澡洗，人馬無備，張表對兄言，「我今不救這漢，雖死不辱。」兄寶曰：「咱軍約迭五十餘萬，將有千員，咱軍十萬爲首。縱橫天下，無人敢敵，咱把漢朝世界三停占了二停，看看地都屬咱，今日走出張飛來，失了杏林莊一小寨，你卻早有怕懼之心，不論上將，下至散軍，如有敢敵張飛者，不問，兄長便賜重賞。」張表曰：「當日天時昏暗，軍不慣甲，馬不被鞍，後有大勢軍來，以此失了杏林莊寨，今有張飛一十三人，張表將了五千軍，必捉了張飛。」張寶曰：「吾弟所言甚當，即時領五千軍兵，放下吊橋，出城來，張飛見兵出城一發上馬力，著衣甲，各執其器，往南便走，前至姚家莊，約離兗州四十餘里，張表後追至杏林莊，見一隊軍，約一千餘人，爲首將是前部先鋒劉備，手提雙股劍，身穿錦征袍，立馬在門旗下，叫：「賊軍頭目是誰？」「我乃是張表。」玄德見道，兜轉坐下馬，二人便鬥，約二十餘合，後五百軍，不覺襲著備後爲首者簡獻和，混戰殺，張表大敗，張表回軍，往兖州便走。後有玄德襲著，前有一大村，村中走出一隊軍來，約一千餘人，立馬横刀，張表急問：「來者是誰？」「我是漢先鋒手下一卒，關某字雲長。」言曰：「賊將何不下馬受降。」張表大驚，雲長横刀向前，張表更不敢迎敵，棄斜便走，玄德軍亦趕上，與關公一發將張表軍殺其九分，都無百十餘人相戰，到晚前至兖州城下，張表急聲高叫開門，後有伏兵趕之甚急，城上張寶火急開門，張表軍都無五七十人入城，壕塹之外，柳林中張飛埋伏軍一發撞入城去，殺張表軍落水者勿知其數，張飛領百十餘人，高叫斫斷吊橋索者。後軍都入城來，寅夜間張寶張表又不知漢軍多少，急往北門便走，復奪兖州。至來日，元帥排筵宴商議間，有探軍人回報，敗軍都入廣寧，約離城一射地下寨。卻說張表點軍不見張寶，死在亂軍中，張覺大怒又見探馬至報曰：「探得漢軍至近有先鋒劉備，離城一射地下寨。」張覺召諸將省會來朝，「大軍須傾城都起前迎劉備。」至次日天明，張覺領軍出，劉備將軍三隊，關張二人各將一隊，頭至兩軍相交，關公□□向後，張飛横脅便撞，劉備教小校高叫：「若賊軍去其黃巾，棄了兵器，便在赦下，如捉住張覺者，封爲五霸諸侯。」道罷有元帥軍至，賊人見了，投棄甲，取了黃巾拜降者，勿知其數，張覺張表死在亂軍之中。劉備得了楊州，漢元帥領軍入楊州，元帥降令安撫百姓，秋毫無犯如違者依軍令，百姓皆喜。元帥降令，自先鋒爲首已下諸將軍卒，來日赴筵宴。至次日都赴席，元帥言大小衆官，破黃巾賊生受各人賜賞畢，寫表申朝選日回軍。

小說與話本

漢時對小說的觀念是粗略且模糊的，漢書藝文志列小說十五家，千三百八十篇，按語說：

> 小說家者流，蓋出於稗官，街頭巷語，道聽塗說者之所造也。孔子曰：「雖小道，必有可觀者焉。致遠恐泥，是以君子弗爲也。」然亦弗滅也，閭里小知者之所及，亦使綴而不忘，如或一言可采，此亦芻蕘狂夫之議也。

小說是小道，君子不爲的。因其有可觀之處，往往在市井里巷流傳，所以流傳既久而弗滅。

在漢以前，莊子在外物篇中提到：

> 飾小說以千縣令其於大達亦遠矣。

小說是小道理，莊子寫任公子釣魚使若干人受其益惠，雖然不是大政，確實也是小的恩情。這小道不也有可取之處嗎？漢張衡「西京賦」有言：

> 匪唯觀好，乃有秘書，小說九百，本自虞初。

虞初志所輯小說，在當時已甚爲流傳。東漢桓譚「新論」也說：

> 若其小說家合叢殘小語，近取譬論，以作短書，治身理家，有可觀之辭。

前說秘書，此說短書，前指靈書，此指叢殘，前言小說九百，此言叢殘小語，均已列於著述之內，且爲小說正名。

隋書經籍志子集中對小說，有綜合的論說：

小說者，街談巷語之說也。「傳」載輿人之頌，「詩」美詢于芻蕘。古者聖人在上，史爲書，瞽爲詩，工誦箴諫，大夫規誨，士傳言而庶人謗。孟春，徇木鐸以求歌謠。巡省，觀人詩以知風俗，過則正之，失則改之，道聽塗說，靡不畢記，周官誦訓掌道方志以詔觀事，導方慝以詔避忌，而職方氏掌道四方之政事與其上下之志，誦四方之傳道而觀其衣物是也。孔子曰：「雖小道，必有可觀者焉，致遠恐泥。」

其中最重要的一句話是「誦四方之傳道，而觀其衣物是也」。小說的範圍已廣及四方，細其衣物了。

唐代是詩與小說並進的，且與其他藝術互爲影響。胡應麟說：

變異之談盛于六朝，然多是傳錄舛訛，未必盡幻設語。至唐人乃作意好奇，假小說以寄筆端。

到了宋代確如「東京夢華錄」說及各處各家說話之盛況，宋灌園耐得翁「古杭夢遊錄」（說郛卷三）紀勝說：

古杭夢遊錄

自大內和寧門外新路南北，早間珠玉珍異，及花果時新海鮮野味奇器，天下所無者悉集於此，以至朝天門清河坊中瓦，洋灞頭官巷口柵心，衆安橋食物店鋪人烟浩攘，其夜市除大内前後諸處亦然，惟中瓦前最勝，撲賣奇巧器皿百色物件與日間無異，其餘坊巷市井買賣榷關酒樓歌館直至四鼓後方靜，而五鼓朝馬將動，其有趁賣早市者，復起開張無論四時皆然，如遇元宵尤盛，排門私貨民居作肆觀玩鱗次不可勝紀。

市肆謂之行者，因官府科索而得此名，不以其物小大，但合充用者，皆置爲行雖醫卜亦有職，醫剋擇之差占則與市肆當行固也，内亦有不當行而借名之者，如酒行食飯行是也，又有名爲園者，如城南之花園，泥路之青果園，江下之養魚園，後市街之柑子園是也。其他工伎之人或爲作，如名篦刀作，腰帶作，金銀鍍作，鈒作，是也。

酒肆店，宅子酒店，花園酒店，直賣店，散酒店，庵酒店，羅酒店，除官庫子庫腳店之外，其餘皆謂之拘户，有茶飯店包子店，所曰庵店者，謂有娼妓在内可以就歡，而於酒閤内暗隱藏臥床也。門前紅梔子燈上不以晴雨必用箬匾蓋之以爲記認，其他大酒店娼妓只伴坐客而已。欲買歡則多往其居。

大茶坊張掛名人書畫，在京師只熟食店掛畫，所以消遣久待也，今茶坊皆然，人情茶坊本非大茶坊爲正，但將此爲由多下茶錢也，又有一等專是娼妓父兄打聚處，又有一等專是諸行借工賣伎人會聚行老處，謂之市頭，水茶坊及娼家聊設桌凳以茶爲由，後生輩甘於費錢謂之乾茶錢。

官府貴家置四司六局，各有所掌，故筵席排當，凡事整齊，都下街市亦有之，常時人户，每遇禮席以錢倩之皆可辦也，四司者帳設司廚司茶司臺盤司也，六局者果子局蜜煎局菜蔬局油燭局香藥局排辦局也，凡四司六局人祗應慣熟便省賓主一半力。

瓦者野合易散之意也，散樂傳學坊十三部，唯以雜劇爲正色，舊教坊有篳篥部，大鼓部，杖鼓部，拍板色、笛色、琵琶色、方響色、箏色、笙色、舞施色、歌板色、雜劇色、參軍色，色有色長，部有部頭，上有教坊使副鈐轄都掌儀範者皆是命官。紹興十一年省廢教坊之後，每遇大宴則差撥臨安府衙前樂等人充應，屬修內司教樂所掌管，雜劇中末泥爲長，每四人或五人爲一場，先做尋常熟事一段，名曰艷段次做正雜劇通名爲兩段，末泥色主張，引戲色、分付副淨色、發喬副末色、又打諢又或添一人妝孤老，其吹曲破斷送者謂之把色，諸宮調本京師孔三傳撰傳奇靈怪入曲，說唱細樂以簫管笙箏稽琴方響之類合動，小樂器即一二人合動，清樂比馬後樂加方響笙笛用小提鼓，唱叫小唱謂執板唱慢曲曲破大率重起輕殺，嘌唱謂上鼓面唱令曲小謳驅駕虛聲縱弄宮調，與叫果子唱耍曲兒爲一體。叫聲自京師起撰鄉國市井諸色歌吟賣物之聲採合宮調而成也。唱賺在京只有纏達，中興後張五牛大夫遂撰爲賺，賺者誤賺之意也。雜扮或名雜班又名紐元子又名拔和乃雜劇之散段，在京師時村人罕得入城遂撰此端。

百戲　相撲　踢弄　雜手藝　弄懸絲傀儡　影戲。

說話有四家：一者小說謂之銀字兒，如煙粉靈怪傳奇說公案皆是，搏拳提刀趕棒及發跡變態之事，說鐵騎兒謂士馬金鼓之事，說經謂演說佛書，說參請禪講史書謂說前代興廢爭戰之事，合生與起令隨合相似，各點一事。（小說又分銀字兒、說公案、說鐵騎兒三類。說經與說參請爲一家，故稱四家）商謎舊用鼓板吹賀聖朝聚人猜詩謎字謎之類，本是隱語有道謎來正猜、下套、貼套、走智橫下，問曰調爽。

都城天街舊自清河坊南則呼瓦，北謂之界，北中瓦謂之五花兒中心。自五間樓北到官巷南到御街兩行多是上户，金銀鈔引交易鋪僅百餘家，門列金銀見錢謂看垜錢，自融和坊北至市南方謂之珠子市頭，如遇買賣動以萬數，間有府第富室質庫十餘處，皆不以萬貫收質，其他如名家綵帛鋪堆上細疋段，而錦綺縑素皆諸處所無者。

「古杭夢遊錄」有謂：「都城紀勝」述其當時盛況如商市繁榮貨物充盈，酒樓飯店，茶場果局。也說雜劇樂曲，其中把色諸宮調，本京師「孔三傳撰傳奇靈怪入曲說唱」，以下說樂器合動，「唱叫小唱」、「慢曲曲破」、「嘌唱、叫果子、耍曲兒」、「唱賺」等，都是說唱的名目，是一些段落分明，短小的曲調。

「小唱」原取自唐、宋大曲（見白居易新樂府），都城紀勝說：唱叫小唱，謂執板唱慢曲、曲破，大率重起輕殺，故曰淺斟低唱（見柳永詞），「東京夢華錄」中記北宋「小唱李師師、徐婆惜、封宣奴、孫三四等誠其角者。」武林舊事（宋、周密）也說：「南宋時有蕭婆婆、賀專、畫魚周等九人」。其中蕭婆婆者韓太史府歌伎。小唱之流行於歡場筵席，由此可見。

「唱賺」是有一套曲調的，「都城記勝」說：

唱賺在京師日，有纏令、纏達……中興後，張五牛大夫因聽動鼓板中又有四片太平令或賺鼓板，即今拍板大篩揚處是也，遂撰爲賺。

唱賺所用腳本稱賺詞，南宋書會人有李霜涯以善作賺詞著名，元代《事林廣記》載有《圓裡圓賺》，其結構爲集合若干曲調爲一套曲，前有引子，後有尾聲，中間有以《賺》爲名之曲調，近人王國維認爲即係宋人所作賺詞。

「唱賺」的前身是「轉踏」和「纏達」、「轉踏」：

亦稱『傳踏』。北宋歌舞表演形式的一種。演出分爲若干節，每節一詩一詞，唱時伴以舞蹈。開演前有『勾隊詞』大都用駢體文數句，表演結束後有『放隊詞』，大都是七絕一首。傳世『轉踏』曲詞有《調笑集句》（作者不詳）、鄭僅《調笑》等，可參考南宋曾慥《樂府雅詞》，都是一節演一事。也有合若干節而演唱一事的，如石曼卿《拂霓裳傳踏》，述開元、天寶遺事，見南宋王灼《碧雞漫志》，今已失傳。近人王國維氏以爲轉踏即纏達。

北宋歌舞表演形式的一種。南宋王約《碧雞漫志》作『傳踏』，南宋曾灼《樂府雅詞》作『轉踏』，實同。

『纏達』北宋說唱藝術的一種。與纏令都是唱賺的早期形式。南宋耐得翁《都城紀勝》：『唱賺在京師日，有纏令、纏達：有引子、尾聲爲纏令；引子後以兩腔互迎，循環間用者爲纏達。「近人王國維氏以爲北宋初的『傳踏』（即轉踏）到北宋末即演變爲纏令、纏達。《宋元戲曲考》『纏達之音，與傳踏同，其爲一物無疑也。』

纏令北宋說唱藝術的一種。與纏達都是唱賺的早期形式。纏令的詞令已無存，但金董解元的《西廂記》諸宮調中，尚有《醉落魄纏令》、《點絳唇纏令》等名稱。

耐得翁說：「合生與起令隨令相似」。這是比較風雅的說唱，起令就是起一個題目來說，紅樓夢在酒筵中的酒令與此相近。小型的合生，起於筵席之間，「借題咏物」需胸中有些文墨，口才便捷才是當行。洪邁夷堅志之卷六有「合生詩詞」一則說：

江浙間路岐令女有慧黠知文墨，能于席上指物題咏，應叩輒成者，謂之合生。其滑稽含玩諷者，謂之喬合生。蓋京都遺風也。』接著他記載了一個例子，盧陸太守解印歸途中，臨州太守設宴招待他，在宴席上一位郡士對一樂妓說：「太守俗呼五馬，今日兩州使君對席，遂成十馬，汝體此意作八句。』妓凝立良久，即高吟曰：『同是天邊侍從臣，江頭相遇轉情親，瑩如臨汝無瑕玉，暖作盧陸有腳春。五馬今朝成十馬，兩人前日壓千人，便看飛詔催歸去，共坐中書秉化鈞』，這是合生。另外，宋·張齊賢《洛陽搢紳舊聞記》〈少師佯狂〉條還有一段記載說，有談歌婦人楊苧夢，善合生雜嘲，少師楊凝式與僧人雲辨對坐，恰有大蜘蛛于簷前垂絲而下，少師即令楊苧夢嘲之。歌者更不待思慮，應聲嘲之：『吃得肚罌撐，尋絲繞寺行，空中設羅網，只待殺衆生』。意全不離蜘蛛，而嘲成之辭，正諷雲辨。『蓋雲辨體肥而肚大故也』。這是屬於含有滑稽玩諷的喬合生。這裡以『合生』與『雜嘲』並舉，可見喬合生與隋唐以來的雜嘲也有一定淵源關係。雜嘲是隋唐間文人互相以對方形貌、資質戲爲詩詞嘲諷之伎，歌妓的嘲雲辨，與此相類似。另一種是瓦舍中伎藝人表演的合生。《繁勝錄》稱爲『勾欄合生』。《都城紀勝》〈瓦舍衆伎〉中講，『合生與起令、隨令相似，各占一事』。起令、隨令是文人在酒席間的文字遊戲，如《唾玉集》載：『東坡嘗遇坐客行一令，以兩卦名證一故事。一人云「孟嘗門下三千客，大有同人」；一人云「光武兵渡滹沱河，既濟未濟」……』。『以兩卦名證一故事』即是起令，坐客依令而行就是隨令。演變爲民間伎藝時，與女藝人在席間應命而作的指物題咏也有相近處。在勾欄中演出時一人起令，一人隨令，『各占一事』，是說在一個節目中，一人命題起令，另一人隨令，隨令可以有許多段令詞，但在內容上可以各說一事，互不聯屬。比如傳統相聲裡有『酒令』一類節目，形式當極近似。如傳統相聲《四字聯音》，就是要求一人說四句，最後一句要四個同音字聯在一起像一句話。起令者說：『檐前一燕，檐下生炭，炭著生煙，煙淹燕眼。』隨令者說：『一領細席，席上有泥，溪邊去洗，溪洗細席。』另一人說：『二董同鋪，橫搭一褥，西董翻身，東董凍肚。』

宋代合生又稱爲『唱題目』，後來在宋金雜劇中發展爲『題目院本』，成爲由藝人扮演腳色來演唱的形式。元·陶宗儀《輟耕錄》所載〈院本名目〉中的『題目院本』，有《蔡消閑》、《方偷眼》、《呆太守》、《呆秀才》等名目，仍然帶有滑稽玩諷的意味。另外，合生也可以咏歌，在長期的謳歌中逐漸形成了〔合生〕和〔喬合生〕的曲調。比如《南曲九宮正始》、《詞林摘艷》中都引有南戲中〔合生〕的曲詞。〔喬合笙〕見於《西廂記諸宮調》，寫張生接到鶯鶯酬簡時，張生唱，紅娘和：

〔喬合笙〕休將閑事苦縈懷（和：哩哩羅哩哩羅哩哩來也），取次摧殘天賦才（和），不意當初完妾命（和），豈防今日作君災（和）……

共八句唱，每句唱後都和以『哩哩囉哩哩囉哩哩來也』。從中也可以看出這一曲調仍富有滑稽可笑的情趣。

南宋時，北宋出色的合生藝人，《據東京夢華錄》載，有『吳八兒合生』；南宋時據《武林舊事》載，有『合生雙秀才』（見曲藝辭典）。

、「商謎」是風趣的說唱，也叫做「射覆」或「隱語」是文人的娛樂，以後轉變成詩謎、字謎、社謎、燈謎。猜謎叫做打謎，有鼓板伴說。

《東京夢華錄》載，北宋時有商謎藝人毛詳、霍伯丑。南宋時《武林舊事》載，有蠻明和尚、東吳秀才、魏智海等十三人。《夢粱錄》說商謎藝人馬定齋、有歸和尚都『記問博洽』名傳很久。《都城紀勝》記載隱語的社會『有南北塵齋、西齋，皆依江右謎法』。

以上資料各家記述大都可做參考，不過對於說話四家，陳汝衡著「說書小史」中區別爲：

（一）小說……………一名銀字兒
1. 煙粉
2. 靈怪
3. 傳奇

說公案……………搏拳提刀趕棒發跡變泰之事

（二）說鐵騎兒……………士馬金鼓之事

說話四家

說經……………說佛書

（三）說參請……………賓主參禪悟道等事

說諢經

（四）講史……………講說通鑑漢唐歷代書史文傳興廢戰爭之事

「武林舊事」有「雄辯社」之名，這是爲說話人所建立的社團，說話四家自然是社團中主要份子，不過在諸色伎藝人條下尚有：

彈唱因緣 童道，費道，蔣居安，陳端（亦作遂），李道，沈道，顧善友，甘道，俞道，徐康孫，張道。

杭州一地，即有知名的說話人如許之衆，其問儒、釋、道三界各有能人博士，不必細表。「夢粱錄」中有「王六大夫，元係御前供話，爲幕士請洽講，諸史俱通，於咸淳年間，敷演「復華篇」及「中興名將傳」，聽者紛紛，蓋講得字眞不俗，記問淵博甚廣耳」。這明明是一位老師，不僅在御前供話，且爲幕士講道和講史。不過，他「最畏小說人，蓋小說者，能講一朝一代故事，頃刻間捏合，與起令隨令相似，各占一事也。」小說者能講一朝一代之故事，又像講史。各占一事者，就是故事甚多，不過是短篇，這是可以肯定的，若講史爲說三分，五代史則不是各占一事，但可以立即轉變題目的。近人劉永濟氏於「學衡」雜誌四十期論「說部流別」，言宋代說書：

> 大抵文雜韻散，事分唱說，逢韻文則撥絃以吟唱，逢散句則歇指而道說；蓋所以宣聽衆之勞卷，壯說者之聲情，亦合樂而歌之遺意也。遙想當日中瓦街頭，酒闌月上，此輩登場，裙屐嬉遊，當稱極盛。所以國變之後，騷人詞客，感覺夢華，而情傷無已也。

此處說到說話人的心情，說到他們的感傷，所謂，設身處地，留連光景，正是此意。孫楷第氏論「中國小說書目」及「日本東京所見中國小說書目」在「分類說明」中言：

> 宋人言風土之書，如夢華錄、都城紀勝、夢粱錄、武林舊事，記說話人色目略同。除說經演佛經故事，合生商謎爲對答商略外，其演世間事者爲講史小說二類。而小說子目又有四五種：曰煙粉，意謂煙花粉黛，男女情感之事也；曰靈怪，神鬼變化及精怪之事也；曰公案，注云「皆是朴刀桿棒發跡變泰之事」，則是江湖亡命遊俠招安受職之事，即俠義武勇之屬矣；曰鐵騎兒，注云「士馬金戈之事」，語意亦明；曰傳奇，

其義難定，或是古今奇節至行，非上四類所能範圍者屬之。

其所論小說，市井說話人之所本，大類如此。孫氏對通俗小說源流，亦說：

若乃通俗小說，遠出唐代之俗講，近出宋人之說話。其初不過僧俗演說，附會佛經及世間故事，寫梵唄之音以及俗部新聲，賣券喻衆，有類俳優。雖有話本傳錄，其意義即不同於文人著作，其不足爲當時人所重視也宜矣。然宋元書會中人，本長詞翰；瓦舍技藝，亦儘有魁傑；且其曲喻近指，談言微中，固已有當於學士之心。遂有好事之人，爲之潤色增益，去其繁複咏歎之音，而博之以趣味，裁之以篇章，別行刊布，即爲通俗小說之濫觴矣。而書本易行，習俗所嗜，尤勝書史。麻沙書坊，桃源主人，有鑑於此，遂亦私行編次，刊印流傳。朝煩剞劂，暮行市里。」

他說：「宋元書會中人，本長詞翰；瓦舍伎藝，亦儘有魁傑；且其曲喻近指，談言微中」。所言「書會」與「雄辯社」似有相近之處，而說話人的故事「裁之以篇章，別行刊布」爲通俗小說之濫觴。而其本事，則爲南京皇都風月主人編「錄窗新話」二卷，其引用書籍一百二十八卷，不謂不廣，他在後記中說：「陶眞」的陶又做淘，「涯詞」的涯也叫崖，都是民間的技藝。陸游「小舟遊近村舍獨步歸」第八首：「斜楊古柳趙家莊，負鼓盲翁正作場，身後是非誰管深，滿村聽說蔡中郎」。蔡中郎是「琵琶記」裡趙五娘身背琵琶，沿路乞討，千里尋夫的故事。是村子裡說陶眞的情形。高明「琵琶記」裡十七齣「義倉賑濟」中一段淨丑唱「陶眞」：

（淨）……大的孫兒不孝不義，小的媳婦逼勒離分，單單只有第三個孫兒本分，常常將去了老夫的頭巾，激得我老夫性發，只得唱個陶眞。（丑）呀，陶眞怎麼唱？（淨）呀，到被你聽見了。也罷，我唱你打和。（丑）使得。（淨）孝順還生孝順子，（丑）打打哈蓮花落，（淨）忤逆還生忤逆兒，（丑）打打哈蓮花落，（淨）不信但看檐前水，（丑）打打哈蓮花落，（淨）點點滴滴不差移，（丑）打打哈蓮花落。

宋代的陶眞是否如此說法？明田汝成「西湖遊覽志餘」卷二十「遊朝樂事」記說：

杭州男女瞽者，多學琵琶，唱古今小說平話，以覓衣食，謂之陶眞。據同書載，明代所唱陶眞有『紅蓮、柳翠、濟顚、雷峰塔、雙魚扇墮等』

琵琶在說唱中是主要的伴奏，「涯詞」的唱調爲「傀儡戲」所用。都城紀勝說：

凡傀儡敷演煙粉靈怪故事、鐵騎公案之類，其話本或如雜劇、或如涯詞，大抵多虛少實，如巨靈神、朱姬大仙之類是也。』

「夢粱錄」中則說：「凡傀儡敷演煙粉、靈怪、鐵騎、公案、史書、歷代君臣將相故事，話本或講史，或作雜劇，或如崖詞。」

從這兩種記載中可知，當時演出的傀儡戲中採用了講史、雜劇和崖詞這三類的內容和演出方式。其中除去「講」是演出歷代君臣將相故事外，採用崖詞或雜劇的，其題材即爲煙粉、靈性、鐵騎、公案之類了。由此可知，當時市肆間演唱的涯詞，其題材內容也不外乎這一類。

「董西廂諸宮調」中有段「傀儡兒」的唱詞，說的是：

〔傀儡兒〕妄想那張郎的做作，于姐姐的恩情不少。當初不容易得來，便怎肯等閑撇掉。鄭恆的言語無准，一向把夫人說調。爲姐姐受了張郎的定約，那畜生心頭熱燥。對甫成這一段兒虛脾，望姐姐肯從前約。等寄書的若回路，便知端的。目下且休，秋後便了。

「諸宮調」要談的內容較多，留待後面專題說他。在此先看小說史料中的可參考者：

武林舊事 淳熙八年正月元日，……上侍太上於欏木堂香閣內，說話宣押棊待詔並小說人孫奇等十四人，下棊兩局，分賜銀絹，……〔宋，周密〕

武林舊事 雄辯社〔宋，周密〕

武林舊事〔演史〕喬萬卷 許貢生 張解元 周八官人 檀溪子 陳進士 陳一飛 陳三官人 林宣教 徐宣教 李郎中 武書生 劉進士 鞏八官人 徐繼先 穆書生 戴書生 王貢生 陸進士 丘幾山 張小娘子 宋小娘子 陳小娘子

〔說經諢經〕長嘯和尚 彭道 陸妙慧 余信庵 周太辯 陸妙靜 達理 嘯庵 隱秀 混俗 許安然 有緣 借庵 保庵 戴悅菴 息庵 戴忻淹

〔小說〕蔡和 李公佐 張小四郎 朱修 孫奇 任辯 施珪 葉茂 方端 劉和 王辯 盛顯 王琦 陳方輔 王班直 翟四郎 粥張二 許濟 張黑剔 俞住庵 色頭陳彬 秦州張顯 酒李一郎 喬宜 王四郎 王十郎 王六郎 胡十五郎 故衣

毛三 倉張三 棗兒徐榮 徐保義 汪保義 張拍 張訓 沈佺 沈喝 湖水周 爊肝朱 掇條張茂 王三教 徐茂 王主管 翁彥 嵇元 陳可庵 林茂 夏達 明東

王壽 白思義 史惠英

〔說諢話〕 蠻張四郎〔宋，周密〕

夢粱錄 說話者，謂之舌辯，雖有四家，各有門庭。且小說名銀字兒，如煙粉靈怪，傳奇公案，扑刀桿棒，發發蹤參之事。有譚淡子，翁三郎，雍燕，王保義，陳良甫，陳郎婦棗兒，余二郎等。談論古今，如水之流。談經者，謂演說佛書。說參請者，謂賓主參禪悟道等事，有寶庵，管庵，喜然和尚等。又有說諢經者，戴忻庵。講史書者，謂講說通鑑，漢唐歷代書史文傳，興廢爭戰之事，有戴書生，周進士，張小娘子，宋小娘子，邱機山，徐宣教。又有王六大夫，元係御前供話，爲幕士請洽講，諸史俱通，於咸淳年間，敷演復華篇，及中興名將傳，聽者紛紛，蓋講得字眞不俗，記問淵源甚廣耳。但最畏小說人，蓋小說者，能講一朝一代故事，頃刻間捏合，與起令隨令相似，各占一事也。商謎者，先用鼓兒賀之，然後聚人猜。詩謎字謎戾謎社謎，本是隱語，有道謎來容念思司語機謎，又名打謎，走智改物類以困猜者，正猜來客索猜下套，商者以物類相似者譏之。又名對知貼套貼，智思索橫下，許旁人猜問，因商者喝問句頭調爽，假作難猜，以走其智。杭之猜謎者，且言之一二，如有歸和尚及馬之齋，記連博洽，厥名傳久矣。〔宋，吳自牧〕

七修類稿　小説起宋仁宗時。蓋時太平盛久，國家閑暇，日欲進一奇怪之事以娱之，故小説得勝頭迴之後，即云：話説趙宋某年。閭閻淘眞之本之起，亦曰太祖太宗眞宗帝，四帝仁宗有道君。國初瞿存齋過汴之詩，有「陌頭盲女無愁恨，能撥琵琶説趙家，」皆指宋也。若夫近時蘇刻幾十家小説者，乃文章家之一體，詩話傳記之流也，又非如此之小説。〔明，郎瑛〕

西湖遊覽志餘　杭州男女瞽者，多學琵琶，唱古今小説平話，以覓衣食，謂之「陶眞。」大抵説宋時事，蓋汴京遺俗也。瞿宗吉過汴梁詩云：「歌舞樓臺事可誇，昔年曾此擅豪華，尚餘艮嶽排蒼昊，那得神霄隔紫霞。廢苑草荒堪牧馬，長溝柳老不藏鴉，陌頭盲女無愁恨，能撥琵琶説趙家。」其俗殆與杭無異。若紅蓮，柳翠，濟顚，雷峰塔，雙魚，扇墜等記，皆杭州異事，或近世所擬作者也。〔明，田汝成〕

堅瓠九集　世之瞽者，多學琵琶，演唱古今小説，以覓衣食，謂之「陶眞，」蓋汴京遺俗也。瞿存齋過汴詩云：「歌舞樓臺事可誇，昔年曾此擅豪華，尚餘艮嶽排蒼昊，那得神霄隔紫霞。廢苑草荒堪牧馬，長溝柳老不藏鴉，陌頭盲女無愁恨，猶撥琵琶説趙家。」〔清，褚人穫〕

通俗編　新論，小説家合叢殘小語，近取譬諭，以作短書。按古凡雜説短記，不本經典者，概比小道，謂之小説，乃諸子雜家之流，非若今之穢誕言也。輟耕錄言宋有諢詞小説，乃始指今小説矣。水東日記：書坊射利之徒，僞爲小説雜書，農工商販，抄寫繪畫，家蓄而人有之痴騃婦女尤所酷好，因目爲女通鑑。七修類稿：小說起於宋仁宗時，蓋時太平日久，國家閑暇，欲進新奇之事以娛之，故小說每得勝回頭之後，即云「話說趙宋某年。」（清，翟灝）

兩般秋雨盦隨筆　小說起於宋仁宗時，太平已久，國家閒暇，日進一奇怪之事以娛之名曰小說；而今之小說，則紀載矣。傳奇者，裴鉶著小說多奇異可以傳示，故號傳奇；而今之傳奇，則曲本矣。（清，梁紹壬）

歸田瑣記　小說九百，本自虞初，此子部之支流也。而吾鄉村里，輒將故事編成七言，可彈可唱者，通謂之小說。據七修類稿云，起於宋時宋仁宗朝，太平盛久，國家閒暇，日欲進一奇怪之事以娛之，故小說興如云「話說趙宋某年」又云「太祖太宗眞宗帝，四帝仁宗有道君。」瞿存齋詩所謂「陌頭盲女無愁恨，能撥琵琶說趙家，」則其來亦古矣。（清，梁章鉅）

九九消夏錄　永樂大典有平話一門，所收至夥，皆優人以前代軼事敷衍而口說之。見四庫全書提要雜史類附註。按七修類稿云，小說起於宋仁宗時，國家閒暇，日欲進一奇怪之事以娛之，故小說得勝回頭之後，即云「話說趙宋某年」云云。此即平話也。永樂大典所收，必多此等書；如得見之，亦足消閒而娛老矣。宋劉斧所著青瑣高議，每條各有七字標目，如張乘崖明斷分財，回處士磨鏡題詩之類，頗與平話體例相近。明萬曆間，播州宣慰使楊應龍叛，郭子章巡撫貴州，與李化龍同討平之。化龍時巡撫四川，進總督四川湖廣貴州軍務；事平，化龍有平播全書之作。其後一二武弁，造作平話，以播事全歸化龍一人之功。子章不平，作平播始末二卷以辨其誣。據此，知明人於時事亦有平話也。（清俞樾）

九九消夏錄　明楊東明所繪河南饑民圖，至今猶有刊本，乃東明萬曆中所上也。圖凡十有四：前十三圖繪饑民之狀，各繫以說；末一圖乃東明拜疏之象，亦有說曰，這望闕叩頭的就是刑科右給事中小臣楊東明。諸說皆俚俗之語，冀人主閱之，易於動聽，亦深費苦心矣。明薛夢李教家類纂一書，首以圖說，繪畫故事而係之以說云，這一個門內站的人是某朝某人云云。疑明代通行小說平話，有此體也。（清俞樾）

據「東京夢華錄」、「古杭夢遊錄」、「夢粱錄」、「武林舊事」等的記載，可見汴梁及臨安等地的說唱遊藝場所，叫做「瓦子」、「瓦舍」。開封即有「桑家瓦子」、「中瓦」、「次里瓦」等，其中大小勾欄有五十餘座。南宋的京城杭州有瓦子二十三處，其中最大的一處有十三座勾欄。演出的伎藝項目很多，有演影戲的，唱雜劇的，玩雜耍的，也有「說話」的。操這種「說話」職業的人叫做「說話人」。「說話人」用的底本叫做「話本」。「說話人」組織的團體叫做「書會」、「雄辯社」。有些落魄的知識分子也參加這種團體，被稱爲「書會人才」。他們或是把說話人的講述加以整理、提高，或是給「說話人」編寫「說話」的本子，這就形成了宋代的話本。對於「錄窗新話」我們看以下的記錄：

綠窗新話二卷，題皇都風月主人撰，國內僅有一二抄本。民國十六年，董康見於日本細川書店，他因記得吳興嘉業堂藏有手抄本，所以只借回抄下目錄，刊在『書舶庸譚』裡。但這目錄所載，只有一百十九篇，並非足本。寧波范氏天閣藏書中，也有這書的抄本，趙萬里曾據以輯楊湜古今詞話的佚文。民國廿四——廿五年藝文雜誌曾分期刊載此書全文，共一百五十四篇，較董康所抄目錄多三十五篇，當是足本，據說它所根據的是嘉業掌抄本。現在時隔二十年，藝文雜誌也不可得，此書遂久湮不復傳世。

全書雖有一百五十四篇，但都經節錄，所以分量並不十分多。羅燁醉翁談錄曾把它和夷堅志、琇瑩集、東山笑林並列，可見它是南宋說話人的重要參考書；每篇都用七字標目，也和話本的形式相仿。書中所載，沒有一篇宋以後的作品。我們雖然不敢確定此書編者是南宋人，但醉翁談錄既曾提到它，則它的產生，必在醉翁談錄之先。

此書雖多半是節錄舊文，但對於後世的小說、戲曲影響很大，許多小說、戲曲的故事都從本書中取材。舉其重要的來說：邢鳳遇西湖水仙，就是小說西湖二集邢君瑞五載幽期的本事，寶文堂書目著錄有邢鳳此君堂遇仙傳；蘇東坡攜妓參禪，就是小說醒世恆言佛印師四調琴娘的本事；張浩私通李鶯鶯，就是小說警世通言宿香亭張浩遇鶯鶯的本事，寶文堂書目著錄有宿香亭記。王尹判道士犯奸，就是小說拍案驚奇西山觀設籙度亡魂，開封府備棺追活命的本事；蘇守判和尚犯奸，就是小說歡喜冤家一宵緣約赴兩情的本事；這兩篇本事，除綠窗新話外，他書都未載過。王子高遇芙蓉仙，就是宋元戲文王子高的本事，一般都從施註蘇軾詩中找它的出處，卻不知它的來源在於綠窗新話。特別值得提出的是金彥游春遇會娘一篇，就是醉翁談錄所錄宋人話本名目中的錦莊春游的本事，注出剡玉小說，此書各家都未見著錄，錦莊春游話本大概不會再見於世了，所以綠窗新話中所載的本事對古典小說研究者就極有價值。

崔護覓水逢女子

博陵崔護，姿質甚美，而孤潔寡合。舉進士下第。清明日，獨游都城南，得居人莊，一畝之宮而花本叢萃，寂若無人。叩門久之，有女子自門隙窺之，問曰：『誰耶？』以姓氏對。曰：『尋春獨行，酒渴求飲。』女人以杯水至，開門設床命坐，獨倚小桃，斜盼佇立，而意屬殊厚，妖姿媚態，綽有餘妍。崔以言挑之，不對，目注者久之。崔辭去；送至門，如不勝情而入。崔亦睠盼而歸。嗣後絕不復至。及來歲清明日，忽思之，情不可抑，逕往尋之，門牆如故，而已鎖扃之。因題詩於左扉曰：「去年今日此門中，人面桃花相映紅，人面祇今何處去？桃花依舊笑春風。」後數日，偶至都城南，復往尋之，聞其中有哭聲，叩門問之，有老父出曰：『君非崔護耶？』曰：『是也。』又哭曰：『君殺吾女！』護驚起，莫知所答。老父曰：『吾女笄年知書，未適人，自去年以來，常恍惚若有所失。比日與之出，及歸，見左扉有字，讀之，入門而病，遂絕食數日而死。吾老矣，此女所以不嫁者，將求君子以託吾身，今不幸而殞，得非君殺之耶？』又特大哭，崔亦感慟，請入哭之，尚儼然在床。崔舉其首，枕其股，哭而祝曰：『某在斯！某在斯！』須臾，開目，半日，復活矣。父大喜，遂以女歸之。

按本事詩記崔護覓水事，未言所遇女子姓名，元人則以爲名謝菊英，如「曲江池」油葫蘆云：『如今那統鏝的郎君又村，謁漿的崔護又蹇，他來到謝家莊，幾曾見桃花面？」又「百花亭」醉扶歸云：「莫不你前生原從謝，自笑我有那崔護詩才幾些，怎敢便大廝八將涼漿謁？」又「留鞋記」醉扶歸云：「有緣千里能相會，劉晨曾誤入武陵溪，那崔護曾在菊英行覓水。」合此三條觀之，此女子似姓謝名菊英也。

杜牧之睹張好好

杜牧之在江西時，張好好以善歌，來入樂籍。後別三年，於洛陽城東，重睹好好，題詩贈之曰：

按杜牧之「張好好詩並序」云：『牧太和三年，佐故吏部沈公江西幕。好好年十三，始以善歌，來樂籍中。後一歲，公移鎭宣城，復置好好於宣城籍中。後二歲，爲沈著作述師以雙鬟納之。後二歲，於洛陽東城重睹好好，感舊傷懷，故題詩贈之。』

君爲豫章姝，十三纔有餘。翠茁鳳生尾，丹葉蓮含跗。高閣倚天半，章江聯碧虛。此地試君唱，特使華筵鋪。主公顧四座，始訝來踟躕。吳娃起引替，徘徊映長裾。雙鬟可高下，纔過青羅襦。盼盼乍垂袖，一聲離鳳呼，繁絃迸關細，塞管裂圓盧，衆音不能逐，裊裊穿雲衢。主公再三歎，謂言天下殊。贈之天馬錦，副以水犀梳。龍沙看秋浪，明月游東湖。自此每相見，三日已爲疏。玉質隨月滿，艷態逐春舒，絳脣漸輕巧，雲步轉虛徐。旌旆忽東下，笙歌隨舳艫。霜凋謝樓樹，沙暖句溪浦。身外任塵土，樽前極歡娛。飄然集仙客，諷賦欺相如。聘之碧瑤珮，載以紫雲車。洞閉水聲遠，月高蟾影孤。爾來未幾歲，散盡高陽徒。洛城重相見，綽綽爲當壚。怪我苦何事，少年垂白鬚，朋游今在否？落拓更能無。門館慟哭後，水雲秋景初，斜日掛衰柳，涼風生座隅。灑盡滿襟淚，短歌聊一書。〔出麗情集〕

張公子遇崔鶯鶯

張君瑞寓蒲之普救寺，崔氏亦止茲寺，光艷動人，張惑之。崔婢紅娘曰：『何不求娶焉？』張曰：『若待納采問名，索我於枯魚之肆矣。』婢曰：『君試爲情詩以亂之。』張遂綴春詞以授婢達之。崔答其題篇曰：「明月三五夜。」詞曰：「待月西廂下，迎風户半開。拂牆花影動，疑是玉人來。」二月既望，張踰牆攀樹，達於西廂，户果半開。張謂得之矣，至則嚴請無及亂，張自失而退。數夕，忽紅娘斂衾攜枕，引崔氏至。斜月晶瑩，疑若仙降。自是歡好幾一月。崔小字鶯。

按此條未注出處，實出元稹鶯鶯傳。文中節略雖多，然西廂事世人無不知者，故不具引。

秦少游崔鶯鶯詩云：『崔家有女名鶯鶯，未識春光先有情，河橋兵亂依蕭寺，紅愁綠慘見張生。張生一見春情重，明月拂牆花影動，夜半紅娘擁抱來，脈脈驚魂若春夢。』

又調笑令曲子云：「春夢，神仙洞，冉冉拂牆花樹動。西廂待月知誰共，更覺玉人情重。紅娘深夜行雲送，困嚲釵橫金鳳。」

張子野潛登池閣

張先，字子野。嘗與一尼私約，其老反性嚴，每臥於池島中一小閣上。俟夜深人靜，其尼潛下梯，俾子野登閣相遇。臨別，子野不勝惓惓，作一叢花詞以道其懷曰：「傷高傷遠幾時窮，無物似情濃。離愁正引千絲亂，更南北飛絮濛濛。嘶騎漸遙，征塵不斷，何處認郎蹤。雙鴛池沼水溶溶，南北小橋通。橫看畫閣黃昏後，又還是新月朦朧。沈思細恨，不如桃李，猶解嫁東風。」〔出古今詞話〕

按張子野集所載此詞，與綠窗新話小異。詞云：「傷高懷遠幾時窮，無物似情濃。離愁正引千絲亂，更東陌飛絮濛濛。嘶騎漸遙，征塵不斷，何處認郎蹤。雙鴛池沼水溶溶，南北小橈通。梯橫畫閣黃昏後，又還是斜月簾櫳。沈恨細思，不如桃杏，猶解嫁東風。」

過庭錄：子野郎中一叢花詞云：「沉恨細思，不如桃杏，猶解嫁東風。」一時盛傳。永叔尤愛之，恨未識其人。子野家南地，以故至都，謁永叔，閽者以通，永叔倒屣迎之曰：「此乃桃杏嫁東風郎中。」東坡守杭，子野尚在，嘗預筵席，蓋年八十餘矣。』

張子野逢謝媚卿

張子野往玉仙觀，中路逢謝媚卿，初未相識，但兩相聞名。子野才韻既高，謝亦秀色出世：一見慕悅，目色相授。張領其意，緩轡久之而去。因作「謝池春慢」以敘一時之遇。詞云：「繚繞重院靜，聞有啼鶯到。繡被堆餘寒，畫幕明新曉。朱檻連天闊，飛絮如多少。徑莎平，池水渺。日長風靜，花影閒相照。塵香拂馬，逢謝女城南道。秀艷過施粉，多媚生輕笑。鬥色鮮衣薄，碾一雙蟬小。歡難偶，春過了；琵琶流怨，都入相思調。」〔出古今詞話〕

按「樂府侍兒小名」云：『又有「減字木蘭花」一闋，題但云「贖妓」，不知何人題，亦咏媚卿。詞云：「垂螺近額，走上紅裀趁拍；又恐驚飛，擬倩游絲惹住伊。文鴛繡履，去似風流塵不起；舞徹梁州，頭上宮花顫未休。」』

柳耆卿因詞得妓

柳耆卿嘗江準，惓一官妓，臨別，以杜門爲期。既來京師，日久未還，妓有異圖，耆卿聞之怏怏。會朱儒林往江準，柳因作擊梧桐以寄之曰：「香靨深深，孜孜媚媚，雅格奇容天與。自識伊來，便有憐才心素。臨岐再約同歡，定是都把身心相許。又恐恩情易破難成，未免千般思慮。近日書來，寒暄而已，苦沒刀刀（忉）言語。便認得聽人教當，擬把前言輕負。見說蘭臺宋玉，多才多藝善詞賦，試與問朝朝暮暮，行雲何處去？」妓得此詞，遂負媿，竭產泛舟來輦下，遂終身從耆卿焉。〔出古今詞話〕

柳耆卿欲見孫相

柳耆卿與孫相何爲布衣交。孫知杭州，門禁甚嚴，耆卿欲見之不得，作望海潮詞曰：「東南形勝，三吳都會，錢塘自古繁華。煙柳畫橋，風簾翠幕，參差千萬人家。雲樹遶堤沙，怒濤卷霜雪，天塹無涯。市列珠璣，户盈羅綺，競豪奢。重湖疊巘清佳，有三秋桂子，十里荷花。羌管弄晴，菱歌泛夜，嬉嬉釣叟蓮娃。千騎擁高牙。乘醉聽簫鼓，吟賞煙霞。異日圖將好景，歸去鳳池誇。」往謁名妓楚楚曰：『欲見孫相，恨無門路，若因府會，願借朱唇歌於孫之前。若問誰爲此詞，但說柳七。』中秋夜會，楚楚宛轉歌之。孫即日迎耆卿預坐。〔出古今詞話〕

按歲時廣記三十一引此條「作望海潮詞曰」爲「作望海潮詞往謁名妓楚楚曰」，而將全詞載於「孫即日迎耆卿預坐」之後，並於「預坐」下加「詞曰」二字。

青泥蓮花記：『柳耆卿與孫相何爲布衣交。孫如杭，門禁甚嚴，耆卿欲見之不得，作望海潮云云，往謁名妓楚楚曰：「欲見孫相，恨無門路，若因府會，願借朱唇，歌於孫之前。若問誰爲此詞，但說柳七。」中秋夜會，楚宛轉歌之。孫即日迎耆預坐。』梅禹金此條，蓋全引楊湜古今詞話也。

錢塘遺事：『孫何帥錢塘，柳耆卿作望海潮詞贈之，有「三秋桂子，十里荷香」之句。此詞流播，金主亮聞之，欣然起投鞭渡江之志。謝處厚詩云：「誰把杭州曲子謳？荷花十里桂三秋，那知卉木無情物，牽動長江萬里愁。」予謂此詞雖牽動長江之愁，然湖山之清麗，使士大夫流連於歌舞嬉遊之樂，遂忘中原，是則深可恨耳。』

蘇東坡攜妓參禪

東坡居士在錢塘，無日不在西湖。嘗攜妓謁大通禪師，師慍形於色，東坡作南柯子，使妓歌之曰：「師唱誰家曲？宗風嗣阿誰？借君拍板與門鎚，我也逢場作戲莫相疑。谿女方偷眼，山僧莫眨眉，卻愁彌勒下生遲，不見阿婆三五少年時。」時仲殊在，聞而和之曰：「解舞清平樂，如今說與誰？紅爐片雪上鉗鎚，打就金毛獅子也堪疑。木女明開眼，泥人暗皺眉，蟠桃已是著花遲，不向東風一笑待何時？」涪翁見而賞之曰：『此檀越並此門僧，非取次者所爲爾。』（出冷齋夜話）

調謔錄云：『大通禪師者，操律高潔，人非齋沐，不敢登堂。東坡一日挾妙妓謁之，大通慍形於色；公乃作南柯子一首，令妙妓歌之，大通亦爲解頤。公曰：「今日參破老禪矣。」』

「醉翁談錄」是宋盧陵羅燁撰，共十集二十卷，附錄一卷，所錄是話本的本事。校印「醉翁談錄」前言中說：

『醉翁談錄』十集，每集二卷，共二十卷，題『盧陵羅燁撰』。盧陵即今江西吉安，但羅燁是什麼人。卻無可考證。此書各家叢書中未載，僅明代李詡『戒菴老人漫筆』中曾引過此書的文書。另有一種『醉翁談錄』，爲宋金盈之所撰，記唐代遺事、宋人詩文及宋代京城風俗，和此書是完全不同的兩種書。此書在日本發現，說是由韓傳入，日人曾於民國三十年影印傳世，稱『觀瀾閣藏孤本宋槧』，從『小說引子』的『小說開闢』中所載『分州、軍、縣、鎮之程途』上觀察，雖係宋代地方行政區劃，但我們卻有理由疑它是元代刻本因爲本書乙集卷二中『吳氏寄夫歌』的作者吳伯固女，乃是元人；又。『王氏詩回吳上舍』中的吳仁叔妻，也是元人。如是『宋槧』，決不會有元人詩。現假定羅氏是宋人而其書則是經元人增訂刊行的。

此書爲傳奇集和雜俎集，明人『國色天香』等書都是仿它的體裁。除了傳奇文外，還有許多遊戲文章。所載傳奇文，多半係轉述或節錄前人作品，沒有多大價值。但其中也有很可寶貴的資料：如『張氏夜奔呂星哥』、『靜女私通陳彥臣』等，宋、元戲文久佚，我們可在此書中看到詳細情節。『因兄姊得成夫婦』，就是醒世恆言『喬太守亂點鴛鴦譜』的淵源所自，不過姓名不同，有私和與經官之別罷了。『紅綃密約張生負李氏娘』，就是明朝熊龍峰刊萬曆版話本四種之一『張生彩鸞燈傳』，也就是古今小說『張舜美元宵得麗女』的入話。不過入話的內容簡略（歲時廣記引惠畝拾英集所載與入話同樣簡略），而萬曆版話本四種至今還沒有印行，我們在此書中卻可以見到它的全部故事始末。尤其是卷首『舌耕敘引』的小說引子，分話本小說爲靈怪、煙粉、傳奇、公案、朴刀、捍棒、神仙、妖術八類，可辨明『東京夢華錄』、『都城紀勝』、『夢梁錄』諸書所載宋代說話人家數分類不清之惑，而它羅列的小說名目一百餘種，更是研究話本小說的珍貴資料。

我們看他的目錄。

甲集　卷一　舌耕敘引　小說引子　小說開闢

甲集　卷二　私情公案　張氏夜奔呂星哥

乙集　卷一　煙粉歡合　林叔茂私挈楚娘　靜女私通陳彥臣　憲臺王剛中花判

乙集　卷二　婦人題詠　唐宮人製短袍詩　金陵眞氏有詩才　韓玉父尋夫題漠口鋪　姑蘇錢氏歸鄉壁記於道　吳氏寄夫歌　王氏詩回吳上舍　六歲女吟詩

丙集　卷一　寶卷妙語　黃季仲不挾貴以易娶　因兄姊得成夫婦　致妾不可不察

丙集　卷二　花衢實錄　柳屯田耆卿　耆卿譏張生戀妓　三妓挾耆卿作詞　柳耆卿以詞答妓名朱玉

丁集　卷一　花衢記錄　序平康巷陌諸曲　序諸妓子母所目　諸妓期遇保唐寺　鄭生詩贈趙降眞　島仙自小有詩名　潘瓊兒家最繁盛　德奴家燭有異香

丁集　卷二　嘲戲綺語　嘲人好色　杜正倫譏任瓌怕妻　嘲人不識羞　嘲人請酒不醉　婦人嫉妒　夫嘲妻靑黑　嘲人面似猿猴　王次公借驢罵僧　錯認古人詩句

戊集　卷一　煙花品藻

戊集　卷二　煙花詩集

己集　卷一　煙粉歡合　梁意娘與李生詩曲引　意娘與李生小帖　意娘復與李生二首　意娘復與李生批　意娘與李生相思歌　意娘與李生相思賦

己集　卷二　遇仙奇會　趙旭得靑童君爲妻　薛昭娶雲容爲妻　郭翰感織女爲妻　封陟不從仙姝命

庚集　卷一　閨房賢淑　刁氏夫人賢德　曹氏廉不受贈　賢於教子　勉夫爲學　事姑孝感

道韞才辨

庚集　卷二　花判公案　大丞相判李淳娘供狀　張魁以詞判妓狀　判暨師奴從良狀　判娼妓爲妻　判妓執照狀　富沙守收妓附籍　判夫出改嫁狀　黃判院判戴氏論夫　子瞻判和尙遊娼　判僧姦情　判和尙相打　判楚娘悔嫁村夫　斷人冒稱進士　判渡子不孝罪　判妓告行賽願

辛集　卷一　神仙嘉會類　柳毅傳書遇洞庭水仙女　劉阮遇仙女于天台山　裴航遇雲英于藍橋

辛集　卷二　負約類　王魁負心桂英死報

壬集　卷一　負心類　紅綃密約張負李氏娘

壬集　卷二　夤緣奇遇類　崔木因妓得家室　題詩得耦類　華春娘題詩遇君亮成親

癸集　卷一　重圓故事　樂昌公主破鏡重圓　無雙王仙客終諧　不負心類　李亞仙不負鄭元和

癸集　卷二　重圓故事　韓翃柳氏遠離再會　張時與福娘再會　離妻復合　錢穆離妻而後再合

附　錄　題漢口鋪　望湖亭題壁詩自序　吳伯固女　伴喜私犯張禪娘　梁意娘本傳　張雲容　楚娘矜姿色悔嫁　王魁傳　鴛鴦燈傳　華春娘通徐君亮

〔舌耕叙引〕述「小說引子」及「小說開闢」兩節，把小說的面目及其作用說的十分明白清楚，是通俗文章中的佳構。

小說引子

演史講經並可通用

靜坐閑窗對短檠，曾將往事廣搜尋，也題流水高山句，也賦陽春白雪吟；世上是非難入耳，人間名利不關心，編成風月三千卷，散與知音論古今。自古以來，分人數等：賢者清而秀，愚者濁而蒙。秀者通三綱而識五常，蒙者造五逆而犯十惡。好惡皆由情性，賢愚遂別尊卑。好人者如禾如稻，惡人者如蒿如草；使耕者之憎嫌，致六親之煩惱。如此等人，豈足共話？世有九流者，略爲題破：一、儒家者流，出於司徒之官，遂分六經詞賦之學。二、道家者流，出於典史之官，遂分三境清淨之教。三、陰陽者流，出於羲和之官，遂分五行占步之術。四、法家者流，出理刑之官，遂分五刑胥吏之事。五、名家者流，出於禮儀之官，遂分五音樂藝之職。六、墨家者流，出於清廟之官，遂分百工技事之衆。七、縱橫者流，出於行人之官，遂分四方趨容之輩。八、農家者流，出於農稷之官，遂分九付財貨之任。九、小說者流，出於機戒之官，遂分百官記錄之司。由是有說者縱橫四海，馳騁百家。以上古隱奧之文章，爲今日分明之議論。或名演史，或謂合生，或稱舌耕，或作挑閃，皆有所據，不敢翹謬言。言其上世之賢者可爲師，排其近世之愚者可爲戒。言非無根，聽之有益。

〔歌云〕

傳自鴻荒判古初，羲農黃帝立規模，無爲少昊更顓帝，相授高辛唐及虞，
位禪夏商周列國，權歸秦漢楚相誅，兩京中亂生王莽，三國爭雄魏蜀吳，
西晉洛陽終四世，再興建鄴復其都，宋齊梁魏分南北，陳滅周亡隋易孤，
唐世末年稱五代，宋承周禪握乾符，子孫神聖膺天命，萬載昇平復版圖。

太極既分，陰陽已定，書契已呈河洛，皇王肇判古初。圓而高者爲天，方而厚者爲地。其人稟五行之氣，爲萬物之靈。氣化成形，道與之貌。形乃分於妍醜，名遂別於尊卑。由是有君有臣，從此論將論相，或爭權而奪位，或誅暴以勝殘。間有圖名而僥一旦尺寸之功，又有報國而建萬世長久之策。遂制舟車兵革，俾陳弓矢干戈。始因戰涿鹿之蚩尤，備見殛羽山之帝鯀。畫象之形已玩，結繩之政不施，世態紛更，民心機巧。須賴君王相神武，庶安中外以和平。所業歷歷可書，其事班班可紀。乃見典墳道蘊，經籍旨深。試將便眼之流傳，略爲從頭而敷演。得其興廢講按史書；誇此功名，總依故事。如有小説者，但隨意據事演説云云。

〔詩曰〕

破盡詩書泣鬼神，發揚義士顯忠臣，試開戛玉敲金口，説與東西南北人。

〔又詩〕

春濃花艷佳人膽，月黑風寒壯士心，講論只憑三寸舌，秤評天下淺和深。

小説開闢

夫小説者，雖爲末學，尤務多聞。非庸常淺識之流，有博覽該通之理。幼習太平廣記，長攻歷代史書。煙粉奇傳，素蘊胸次之間；風月須知，只在唇吻之上。夷堅志無有不覽；琇瑩集所載皆通。動哨、中哨，莫非東出笑林；引倬、底倬，須還綠窗新話。論才詞有歐、蘇、黄、陳佳句；説古詩是李、杜、韓、柳篇章。舉斷模按，師表規模，靠敷演令看官清耳。只憑三寸舌，褒貶是非；略團萬餘言，講論古今。説收拾尋常有百萬套，談話頭動輒是數千回。説重門不掩底相思，談閨閣難藏底密恨。辨草木山川之物類，分州軍縣之程途。講歷代年載廢興，記歲月英雄文武。有靈怪、煙粉、傳奇、公案，兼朴刀鎖、捍棒、妖術、神仙。自然使席上風生，不枉教坐間星拱。説楊元子、汀州記、崔智韜、李達道、紅蜘蛛、鐵甕兒、水月仙、大槐王、妮子記、鐵車記、葫蘆兒、人虎傳、太平錢、巴蕉扇、八怪國、無節論，此乃是靈怪之門庭。言推車鬼、灰骨匣、呼猿洞、鬧聲錄、燕子樓、賀小師、楊舜俞、青腳狼、錯還魂、側金盞、刁六十、鬥車兵、錢塘佳夢、錦莊春遊、柳參軍、牛渚亭，此乃爲煙粉之總龜。論鶯鶯傳、愛愛詞、張康題壁、錢榆罵海、鴛鴦燈、夜遊湖、紫香囊、徐都尉、惠娘魄偶、王魁負心、桃葉渡、牡丹記、花萼樓、章臺柳、卓文君、李亞仙、崔護覓水、唐輔採蓮，此乃爲之傳奇。言石頭孫立、姜女尋夫、憂小十、驢垛兒、大燒燈、商氏兒、三現身、火杴籠、八角井、藥巴子、獨行虎、鐵秤槌、河沙院、戴嗣宗、大朝國寺、聖手二郎，此乃謂之公案。論這大虎頭、李從吉、楊令公、十條龍、青面獸、季鐵鈴、陶鐵僧、賴五郎、聖人虎、王沙馬海、燕四馬八，此乃爲朴刀局段。言這花和尚、武行者、飛龍記、梅大郎、鬥刀樓、攔路虎、高拔釘、徐京落章、五郎爲僧、王温上邊、狄昭認父，此爲捍棒之序頭。論種叟神記、月井文、金光洞、竹葉舟、黃粮夢、粉合兒、馬諫議、許岩、四仙鬥聖、謝溏落海，此是神仙之套數。言西山聶隱娘、村鄰親、嚴師道、千聖姑、皮篋袋、驪山老母、貝州王則、紅線盗印、醜女報恩，此爲妖術之事端。也說黃巢撥亂天下，也說趙正激惱京師。說征戰有劉項爭雄，論機謀有孫龐鬥智。新話說張、韓、劉、岳；史書講晉、宋、齊、梁。三國志諸葛亮雄材；收西夏說狄青大略。說國賊懷奸從佞，遣愚夫等輩生嗔；說忠臣負屈啣冤，鐵心腸也須下淚。講鬼怪令羽士心寒膽戰；論壯怨遣佳人綠慘紅愁。說人頭廝挺，令羽士快心；言兩陣對圓，使雄夫壯志。談呂相青雲得路，遣才人著意群書；演霜林白日昇天，教隱士如初學道，噇發跡話，使寒門發憤，講負心底，令奸漢包羞。講論處不滯搭、不絮煩；敷演處有規模、有收拾。冷淡處提掇得有家數，熱鬧處敷演得越久長。曰得詞，念得詩，說得話，使得砌。言無訛舛，遣高士善口贊揚；事有源流，使才人怡神嗟訝。

〔詩曰〕

小說紛紛皆有之，須憑實學是根基，開天闢地通經史，博古明今歷傳奇，

藏蘊滿懷風與月，吐談萬卷曲和詩，辨論妖怪精靈話，分別神仙達士機，

涉案鎗刀並鐵騎，閨情雲雨共偷期，世間多少無窮事，歷歷從頭說細微。

「醉翁談錄」中與「綠窗新話」重出者甚多，且均屬短篇，今錄醉翁談錄卷之二中一篇作例：

王魁負心桂英死

王魁者，魁非其名也，以其父兄皆名宦，故不書其名。魁學行有聲，因秋試觸諱，爲有司榜；失意浩歎，遂遠遊山東萊州。萊之士人，素聞魁名，日與之遊。一日，爲三四友招，過北市深巷，有小宅，遂叩扉。有一婦人出，年可二十餘，姿色絕艷。言曰：『昨日得好夢，今日果有貴客至。』因相邀而入。婦人開樽，酌獻于魁曰：『某名桂英，酒乃天之美祿，使足下待桂英而飲天祿，乃來春登第之兆。』桂英謂人曰：『此大壯之士。』又謂魁曰：『聞君譽甚久，敢請一詩。』魁作詩曰：

謝氏筵中聞雅唱，何人戛玉在簾幃？一聲透過秋空碧，幾片行雲不敢飛。

桂英乃再拜。酒罷，桂英獨留魁宿。夜半，魁問：『娘子何姓？顏貌若此，反居此道何也？』桂英曰：『妾姓王，世本良家。』復謂魁曰：『君獨一耳，囊無寸金，倦遊閭里；君但日勉學，至於紙筆之費，四時之服，我爲君辦之。』由是魁醮止息於桂之館踰年，有詔求賢，魁乃求入京之費。桂曰：『妾家所有，不下數百千，君持半爲西遊之用。』魁乃長吁曰：『我客寓此踰歲，感君衣食之用，今又以金帛佐我西行之費，我不貴則已，若貴，誓不負汝。』魁將告行，桂曰：『州北有望海神，我與君對神痛誓，各表至誠而別。』魁忻然諾之。乃共至祠下，魁先盟曰：『某與桂英，情好相得，誓不相負，若生離異，神當殛之；神若不誅，非靈神也，乃愚鬼耳。』桂大喜曰：『君之心可先矣。』又對神解髮，以綵絲合爲雙髻。復用小刀，各刺臂出血盈盃，以祭神之餘酒和之而交飲。至暮，連騎而歸。翌日，魁行，桂爲祖席郊外，仍贈以詩云云：

靈沼交禽皆有匹，仙園美木盡交枝，無情微物猶如此，因甚風流言別離？

魁覽之，愕然。桂曰：『以君才學，當首出群公，但患不得與君偕老！』魁驚曰：『何言之薄也？盟誓明如皎日，心誠固若精金，雖死亦相從於地下。』桂曰：『但望早還，無負約也。』魁遂行，抵京師，就試，果頂高薦，乃遣介歸報書，後有一書，詩曰：

琢玉磨雲輸我輩，攀花折柳是男兒，來春我若功成去，好養鴛鴦作一池。

桂得詩，大喜，乃答書賀之。魁既試南宮，復若上遊，及宸廷唱第，爲天下第一。魁乃私念曰：『吾科名若此，即登顯要，今被一娼玷辱，況家有嚴君，必不能容。』遂背其盟。自過省御試後，即絕書報。桂探聞魁擢第爲龍首，大喜，乃遣人馳書賀之，兼有詩曰：

人來報喜敲門速，賤妾初聞喜可知，天馬果然先驟躍，神龍不肯後蛟螭，
海中空卻雲鰲窟，月裡都無丹桂枝，漢殿獨成司馬賦，晉庭惟許宋君詩。

身登龍首雲雷疾，名落人間霹靂馳，一榜神仙隨馭出，九衢卿相盡行遲，煙霄路隱休回首，舜禹朝清正得時，夫貴婦榮千古事，與君才貌各相宜。

復書一絕，再寄良人，因以戲之。詩曰：

上都梳洗逐時宜，料得良人見即思，早晚歸來幽閣內，須教張敞畫新眉。

魁得書，閱畢，涕下交頤，曰：『吾與桂英，事不諧矣！』乃竟無答書。桂亦不知其中變，惟閉門以俟。及聞瓊林宴罷，乃復附書，又有一絕。詩曰：

上國笙歌錦繡鄉，仙郎得意正疏狂，誰知憔悴幽閨客，日覺春衣帶系長！

魁得書涕泣，隱忍未決。會其父已約崔家女，與之作親，魁不敢拒。遂授徐州簽判。乃歸江左覲父，回即赴任。桂聞魁授徐簽，又赴上了，喜曰：『徐去此不遠，必使人迎我。』乃作衣一襲「爲書遣僕往徐。魁方坐廳，人吏環擁，閽吏引僕見魁。魁因問之僕：『自何處來？』僕以桂英之言對之。魁當大怒，欲撻其僕，書遂擲地，並不受，遣僕還之。桂英喜迎之問，聞及此語，乃仆地大哭。久之，謂侍兒曰：『今王魁負我盟誓，必殺之而後已，然我婦人，吾當以死報之。』遂同侍兒，乃往海神祠中，語其神曰：『我初來，與王魁結誓於此，魁今辜恩負約，神豈不知？既有靈通，神當與英決斷此事，吾即自殺以助神。』乃歸家，取一剃刀，將喉一揮，就死於地，侍兒救之不及。桂英既死，數日後，忽於屛間露半身，謂侍兒曰：『我今得報魁之怨恨矣！今以得神以兵助我，我今告汝而去。』侍兒見桂英跨一大馬，手持一劍，執兵者數十人，隱隱望西而去。遂至魁所，家人見桂英仗劍，滿身鮮血，自空而墜，左右四走。桂曰：『我與汝輩無冤，要得無義漢負心王魁爾！』或告之曰：『魁見在南京為試官。』桂忽不見。魁正在試院中，夜深，方閱試卷，忽有人自空而來，乃見桂英披髮仗劍，指罵：『王魁負義漢，我上窮碧落下黃泉，尋汝不見，汝卻在此。』語言分辨，魁知理屈，乃嘆之曰：『吾之罪也！我今為汝請僧，課經薦拔，多化紙錢可也。』桂曰：『我只要汝命，何用佛書紙錢！』左右皆聞之與桂言語，但不見桂之形。於是魁若發強悖，乃以剪刀自刺，左右救之，不甚傷也。留守乃差人送魁還徐。魁復以刀自刺，母救之，然魁決無生意。徐有道士守素者，設醮則有夢應。母乃召之使。母果夢見兒魁與一婦人以髮相繫，在一官府中。守素告其魁母曰：『魁不可救。』舉家大慟哭。後數日，果自刺死。

這就是「古今小說」中「王魁負桂英」，馮夢龍改編之所本。「醉翁談錄」所錄小說，大致是宋人之作。但亦有元人的痕跡，可能是元人輯編時，放入的散文。

金元明清說唱藝術

說唱諸宮調

「諸宮調」是結合諸種宮調而成套數以說唱故事情節的藝術。

「諸宮調」的唱詞是韻文的，而穿插以說白。在唱的方面，其曲調分屬十七個宮調，多至一百二十九，甚至一百八十八個宮調，其中綴以套數連唱，長套與短套錯雜其間，變樣繁多。

「諸宮調」韻文敘事體的說唱，與古敘事體詩脫離不了關係，與唐宋詞曲有連帶關係，與變文相似而出乎變文之上。「諸宮調」是一種集大成的，不拘於一類綜合的創造。它不是簡單的說唱，而是形式極爲繁複，內容極爲豐富，說唱極爲精美，民間極爲流行的大創造，臺靜農氏在「女眞族統治下的漢語文字—諸宮調」一文中（原載中外文學一卷一期），認爲敦煌歷代詞曲五百餘首，與「諸宮調」極爲相似，如「鳳歸雲」兩首云：

幸因今日，得睹嬌娥，眉如初月，目引横波，素胸未消殘雪，透輕羅，□□□□，朱含碎玉，雲髻婆沙。東鄰有女，相料實難過，羅衣掩袂，行步逶迤，逢人問語羞無力，態嬌多，錦衣公子見，垂鞭立馬，腸斷知麼？

兒家本是，累代簪纓，父兄皆是，佐國良臣，幼年生於閨閣，洞房深，訓習禮儀足，三從四德，針指分明。娉得良人，爲國願長征，爭名定難，未有歸程，徒勞公子肝腸斷，謾生心，妾身如松柏，守志強過，曾女堅貞。（以上兩曲並據全唐五代詞彙編本）

任中敏「敦煌初探」後記云：「鳳歸雲二首，先問後答。問雖非完全代言，而末語『腸斷知麼』？卻是代言。至於次首之答，不但完全代言，且用語體，極合舞臺對白之用。以現有資料言，此乃我國歌辭中，最合劇辭條件，而時代最早之一首，殊爲難得。」按此兩曲固合於劇辭條件，而與諸宮調詞亦頗切合，這倒算得諸宮調的遠祖了。又如「南歌子」兩首云：

斜倚朱簾立，情事共誰親？分明面上指痕新，羅帶同心誰綰？甚人踏破裙？蟬鬢因何亂？金釵爲甚分？紅妝垂淚憶何君？分明殿前說，莫沉吟。

自從君去後，無心戀別人；夢中面上指痕新，羅帶同心自綰，被猻兒踏破裙。蟬鬢朱簾亂，金釵舊股分，紅妝垂淚哭郎君；信是南山松柏，無心戀別人。

這是問答代言體。任中敏說：「不僅一問一答，且詠故事：問者窮追，而答者婉陳，情事可按。此體最明，雖亦入小曲，但在明爲戲劇發達之餘波，自不足重視；若在唐代，劇曲尚未十分發達，其形式、地位，自覺有異。二辭當時可能入歌舞戲，入陸參軍，入俗講，佐以說白，或其他辭體，以供講唱。」（敦煌曲初探第五章體裁）

問答體轉而為說說唱唱，邊說邊唱，佐以弦索伴奏，加上曲調，攬而充之，以一曲一尾簡單的套數而言，庶幾近乎「諸宮調」。「水滸傳」五十一回裡白秀英說唱「豫章城雙漸趕蘇卿」為「金董解元西廂」初校八種諸宮調中引辭有「雙漸豫章城」故事，起落簡短，當是原初的諸宮調形式。唐代敦煌所出歌曲，他又舉以下幾首為例：

憶昔笄年，未省離合，生長閨院。閑凭著繡床，時拈金針，擬貌舞鳳飛鸞，對妝台重整嬉恣面。自知兒算料，豈教人見，又被良媒，苦出言詞相誘炫。

每道說水際鴛鴦，惟指梁間雙燕。被父母將兒匹配，便認多生宿姻眷。一旦娉得狂夫，攻書業抛妾求名宦。縱然選得，一時朝要，榮華爭穩便。（傾杯樂）

結草城樓不忘恩，些些言語莫生嗔，比死共君緣外客，悉安存。百鳥相依投林宿，道逢枯草再迎春，路上共君先下拜，如若傷蛇口含眞。（浣溪沙）

繡簾前，美人睡，庭前猧子頻頻吠。雅奴曰：玉郎至，扶下驊騮沉醉。出屏幃，正雲起，鶯啼濕盡相思淚，共別人，好說我不是，你莫辜天負地。（魚歌子）

今世共你如魚水，是前世因緣，兩情準擬過千年，轉轉計較難，教汝獨自眠。每見庭前雙飛燕，他家好自然，夢魂往往到君邊，心穿石也穿，愁甚不團圓。（送征衣）

臺氏對於民歌深有研究，他認為宋代詞人能融民間歌曲風格，入其詞，而能深刻渾成者，便是有井水處即能歌其詞的柳永。民間歌曲之抬頭，乃因金人鐵諦踏入中原，正統詞人沒落，民間歌曲抬頭，遂有「諸宮調」創作之出現。

鄭振鐸氏認爲「鼓子詞」與「諸宮調」的興起，有連帶的關係，因爲，宋趙德麟譜「鶯鶯傳」的直接原因，是得之於唐代的民間歌曲的影響。他的「元微之崔鶯鶯商調蝶戀花詞」，見於趙氏「侯鯖錄」卷五，他說：

崔鶯鶯的故事，『惜乎不被之以音律，故不能播之聲樂，形之管弦』。是鼓子詞乃是以『管弦』伴之歌唱的，和諸宮調之單用『弦索』（即弦樂）伴唱者不同。在商調蝶戀花鼓子詞的開頭，趙氏說道：『調曰商調，曲名蝶戀花。句句言情，篇篇見意。奉勞歌伴，先定格調，後聽蕪詞』。其後，每一段歌唱的開始，必先之以『奉勞歌伴，再和前聲』。是知鼓子詞的講唱者至少須以三人組成；一人是講說的，另一人是歌唱的。講唱者或兼操絃索，或兼吹笛，其他一人則專吹笛或操弦。今先將趙氏的蝶戀花鼓子詞錄載於下：

元微之崔鶯鶯商調蝶戀花詞

夫傳奇者，唐元微之所述也。以不載於本集而出於小說，或疑其非是。今觀其詞，自非大手筆孰能與於此！至今士大夫極談幽玄，訪奇述異，無不舉此以爲美話。至於娼優女子，皆能調說大略。惜乎不被之以音律，故不能播之聲樂，形之管絃。好事君子，極飮肆歡之際，願欲一聽其說。或舉其末而忘其本，或紀其略而不終其篇。此吾曹之所共恨者也。今於暇日，詳觀其文，略其煩褻，分之爲十章。每章之下，屬之以詞。或全摭其文，或止取其意。又別爲一曲，載之傳前，先敘前篇之義。調曰商調，曲名蝶戀花。句句言情，篇篇見意。奉勞歌伴，先定格調，後聽蕪調。

麗質仙蛾生月殿，謫向人間，未免凡情亂。宋玉牆東流美盼，亂花深處曾相見。
密意濃歡方有便，不孛浮名旋遣輕分散。最恨多才情太淺，等閒不念離人怨。

傳曰：余所善張君，性溫茂，美丰儀，寓於蒲之普救寺。適有崔氏孀婦將歸長安，路出於蒲，亦止茲寺。崔氏婦鄭女也。張出於鄭，緒其親乃異派之從母。是歲，丁文雅不善於軍，軍人因喪而擾，大掠薄人。崔氏之家財產甚厚，多奴僕。族寓惶駭，不知所措。先是張與蒲將己黨有善，請吏護之，遂不及於難。鄭厚張之德甚。因飾饌以命張，中堂讌之。復謂張曰：姨之孤嫠末之，提攜幼稚，不幸屬師徒太潰，實不保其身。弱子幼女，猶君之所生。豈可比常恩哉！今俾以仁兄之禮相見，冀所以報恩也。乃命其子曰歡郎，可十餘歲，容其溫美，次命女曰鶯鶯，出拜爾兄。爾兄活爾！久之，辭疾。鄭怒曰：張兄保爾之命，不然，爾且虜矣！能復遠嫌乎？又久之，乃至。常服睟容，不加新飾。垂鬟淺黛，雙臉斷紅而已。顏色豐異，光輝動人。張驚，爲之禮。因坐鄭傍。凝睇怨絕，若不勝其體。張問其年幾。鄭曰：十七歲矣。張生稍以詞導之，不對。終席而罷。奉勞歌伴，再和前聲。

錦額重簾深幾許？繡履彎彎，未省離朱户。強出嬌羞都不語，絳綃頻掩酥胸素。
黛淺愁紅妝淡佇，怨絕情凝，不肯聊回顧。媚臉未均新淚汙，梅英猶帶春朝露。

張生自是惑之。願致其情，無由得也。崔之婢曰紅娘。生私爲之禮者數四。乘間遂其衷。翌日，復至，曰：郎之言，所不敢言，亦不敢泄，然而崔之族姻，君所詳也。何不因其媒而求娶焉？張曰：予始自孩提時，性不苟合。昨日一席間，幾不自持。數日來，行忘止，食忘飯，恐不能踰旦暮。若因媒氏而娶，納采問名，則三數月間，索我於枯魚之肆矣！婢曰：崔之貞順自保，雖所尊不可以非語犯之。然而善屬久。往往沉吟章句，怨慕者久之。君試爲倫情詩以亂之。不然，無由得也。張大喜。立綴春詞二首以授之。奉勞歌伴，再和前輩。

懊惱嬌癡情未慣，不道看看，役得人腸斷。萬語千言都不管，蘭閨跬步如天遠。

廢寢忘餐思想遍，賴有青鸞，不必憑魚雁。密寫香箋倫繾綣，春詞一紙芳心亂。

是夕，紅娘復至，持綵牋而授張曰：崔所命也。題其篇云：明月三五夜。其詞曰：待月西廂下，迎風戶半開。拂牆花影動，疑是玉人來。奉勞歌伴，再和前輩。

庭院黃昏春雨霽，一縷深心，百種成牽繫。青翼蓦然來報喜，魚牋微諭相容意。

待月西廂人不寐，簾影搖光，朱戶猶慵閉。花動拂牆紅萼墜，分明疑是情人至。

張亦微諭其旨。是夕，歲二月，旬又四日矣。崔之東牆有杏花一樹，攀援可踰。既望之夕，張因梯其樹而踰焉。達於西廂。則戶半開矣。無幾，紅娘復來。連曰：至矣！至矣！張生且喜且駭，謂必獲濟。及女至，則端服儼容，大數張曰：兄之恩，活我家厚矣！由是慈母以弱子幼女見依。奈何因不令之婢，致淫泆之詞。始以護人之亂爲義，而終掠亂求之。是以亂易亂，其去幾何！誠欲寢其詞，則保人之姦不義；明之母，則背人之惠不祥。將寄於婢妾，又恐不得發其眞誠。是用紀於短章，願自陳啓。猶懼兄之見難，是用鄙靡之詞，以求其必至。非禮之動，能不愧心！特願以禮自持，毋及於亂。言畢，翻然而逝。張自失者久之，復踰而出。由是絕望矣！奉勞歌伴，再和前聲。

屈指幽期惟恐悞，恰到春宵，明月當之五。紅影壓牆花密處，花陰便是桃源路。

不謂蘭城金石圈，斂袂怡聲，恣把多才數。惆悵空回誰共語？只應化作朝雲去。

後數夕張君臨軒獨寢，忽有人覺之。驚欻而起，則紅娘斂衾攜枕而至。撫張曰：至矣！至矣！睡何爲哉？並枕重衾而去。張生拭目危坐久之，猶疑夢寐。俄而紅娘捧崔而至。則嬌羞融冶，力不能運支體。曩時之端莊，不復同矣。是夕，旬有八日，斜月晶熒，幽輝半床。張生飄飄然且疑神仙之徒，不謂從人間至也。有頃，寺鐘鳴曉，紅娘促去。崔氏嬌啼宛轉，紅娘又捧而去。終夕無一言。張生辨色而興，自疑曰：豈其夢耶？所可明者，妝在臂，香在衣，淚光熒熒然猶瑩於茵席而已。奉勞歌伴，再和前聲。

數夕孤眠如度歲，將謂今生，會合終無計。正是斷腸凝望際，雲心捧得嫦娥至。

玉圍花柔羞抆淚，端麗妖嬈，不與前時比。人去月斜疑夢寐，衣香猶在妝留臂。

是後又十餘日，杳不復知。張生賦會眞詩之十韻未畢，紅娘適至。因授之以貽崔氏。自是復容之。朝隱而出，暮隱而入。同安於曩所謂西廂者幾一月矣。張生將之長安。

先以情愉之。崔氏宛無難詞，然愁怨之容動人矣！欲行之再夕，不復可見。而張遂西。奉勞歌伴，再和前輩。

一夢行雲還暫阻，盡把深誠，綴作新詩句。幸有青鸞堪密付，良宵從此無虛度。

兩意相歡朝又暮，爭索郎鞭，暫指長安路。最是動人愁怨處，離情盈抱終無語。

不數月，張生復游於蒲舍，於崔氏者又累月。張雅知崔氏善屬文。求索再三，終不可見。雖待張之意甚厚，然未嘗以詞繼之。異時，獨夜操琴，愁弄悽惻。張竊聽之。求之，則不復鼓矣。以是愈感之。張生俄以文調及期，又當西去。臨去之夕，崔恭貌怡聲，徐謂張曰：『始亂之，今棄之，固其宜矣。愚不敢恨。必也君始之，君終之，君之惠也。則沒身之誓，其有終矣！又何必深憾於此行？然而君既不懌，無以奉寧。君嘗謂我善鼓琴。今且往矣。既達君此誠。因命拂琴，鼓霓裳羽衣序。不數聲，哀音怨亂，不復知其是曲也。左右皆欷歔。張亦遽止之。崔投琴擁面，泣下流漣。趣歸鄭所，遂不復至。奉勞歌伴，再和前聲。

碧沼鴛鴦交頸舞，正恁雙棲，又遣分飛去。洒翰贈言終不許，援琴請盡奴衷素。

曲未成聲先怨慕，忍淚凝情，強作霓裳序。彈到離愁淒咽處，絃腸俱斷梨花雨。

結旦，張生遂行。明年，文戰不利，遂止於京。因貽蓄於崔，以廣其意。崔氏緘報之詞，粗載於此。曰：捧覽來問，撫愛過深。兒女之情，悲喜交集。兼惠花信一合，口脂五寸，致耀首膏脣之飾，雖荷多惠，誰復爲容！睹物增懷，但積悲歎耳。伏承便於京中就業，於進修之道，固在便安。但恨鄙陋之人，永以遐棄。命也如此，知復何言！自去秋以來，嘗忽忽如有所失。於諠譁之下，或勉爲笑語。閒宵自處，無不淚零。乃至夢寐之間，亦多敘感咽離憂之思。綢繆繾綣，暫尋常。幽會未終，驚魂已斷。雖半衾如煖，而思之甚遙。一昨拜辭，倏如舊歲。長安行樂之地，觸緒牽情。何幸不忘幽微，眷念無斁！鄙薄之志，無以奉酬。至於終始之盟，則固不忒。鄙與中表相因，或同宴處。婢僕見誘，遂致私誠。兒女之情，不能自固。君子有援琴之挑，鄙人無投梭之拒。及薦枕席，義盛恩深，愚幼之情，永謂終託。豈期既見君子，不能以禮定情。致有自獻之羞，不復侍巾櫛。沒身永恨，含歎何言！儻若仁人用心，俯遂幽劣，雖死之日，猶生之年。如或達士略情，捨小從大，以先配爲醜行，謂飄盟之可欺，則當骨化形銷，丹忱不泯，因風委露，猶託清塵。存沒之誠，言盡於此！臨紙嗚咽，情不能申！千萬珍重！奉勞歌伴，再加前聲。

別後想思心目亂，不謂芳音，忽寄南來雁。卻寫花箋和淚卷，細書方寸教伊看。

獨寐良宵無計遣，夢裡依稀，暫若尋常見。幽會未終雲已斷，半衾如暖人猶遠。

玉環一枚，是兒嬰年所弄，寄先君子下體之佩。玉取其堅潔不渝，環取其終始不絕，兼欲綵絲一絢，文竹茶合碾子一枚。此數物不足見珍。意者欲君子如玉之潔，鄙志如環不解，淚痕在竹，愁諸縈絲。因物達誠，永以爲好耳。心邇身遐，拜會無期。幽憤所鍾，千里神合。千萬珍重，春風多厲，強飯爲佳。愼言自保，毋以鄙爲深念也。奉勞歌伴，再和前聲。

尺素重重封錦字，未盡幽閨，別後心中事。珮玉綵絲文竹器，願君一見知深意。環玉長圓絲萬繫，竹上斕班，總是相思淚。物會見郎人永棄，心馳魂去心千里。

張之友聞之，莫不聳異，而張之志固絕之矣。歲餘，崔已委身於人，張亦有所娶。適經其所居，乃因其夫言於崔，以外兄見。夫已諸之，而崔終不爲出。張怨念之誠動於顏色。崔知之，潛賦一詩寄張曰：自從消瘦減容光，萬轉千迴懶下床。不爲旁人羞不起，爲郎憔悴卻羞郎。竟不之見。復數日，張君將行，崔又賦一詩以謝絕之。詞曰：棄置今何道！當時且自親。還將舊來意，憐取眼前人。奉勞歌伴，再和前聲。

夢覺高唐雲雨散，十二巫峰，隔斷相思眼，不爲旁人移步懶，爲郎憔悴羞見郎。青翼不來孤鳳怨，路失桃源，再會終無便。舊恨新愁無計遣，情深何似情俱淺。

逍遙子曰：樂天謂微之能道人意中語。僕於是益知樂天之言爲當也。何者？夫崔之才華婉美，詞彩豔麗，則於所載緘書詩章盡之矣。如其都愉淫治之態，則不可得而見。及觀其文飄飄然彷佛出於人目前。雖丹青摹寫其形狀，未知能如是工且至否。僕嘗採摭其意，撰成鼓子詞十一章，示余友何東白先生。先生曰：文則美矣！意猶有不盡者。胡不復爲一章於其後，具道張之與崔，既不能以理定其情，又不能合之於義。始相遇也，如是之篤；終相失也，如是之遽。必及於此則完矣。余應之曰：先生眞爲文者也。言必欲有終始箴戒而後已。大抵鄙靡之詞，止歌其事之可歌，不必如是之備。

若夫聚散離合，亦人之常情，古今所共惜也。又況崔之始相得而終至相失，豈得已哉！如崔已他適，而張詭計以求見。崔知張之意，而潛賦詩而謝之，其情蓋有未能忘者矣！樂天曰：天長地久有時盡，此恨綿綿無盡期！豈獨在彼者耶？予因命此意，復成一曲，綴於傳末云：

鏡破人離何處問？路隔銀河，歲會知猶近。只道新來消瘦損，玉容不見空傳信。

棄擲前歡俱未忍，豈料盟言，陡頓無憑準。地久天長終有盡，綿綿不似無窮恨。

趙氏名令時，字德麟，燕王德昭玄孫，爲安定郡王，他的才華受蘇軾稱美。趙氏以爲張生即元微之自況。

胡忌「曲藝研究叢書」說：

鼓子詞，宋代流行的說唱伎藝。它的特點是歌唱時主要用鼓伴奏，一個節目不論有幾段唱詞，均以一個詞調反覆應用。表演形式分爲只唱不說和有說有唱兩種。只唱不說的，短者只用一首詞，如侯寘的『金陵府會鼓子詞』，用〔新荷葉〕或〔點絳唇〕，呂渭老的『聖節鼓子詞』用〔點絳唇〕；連用二首的，如姚述堯的『聖節鼓子詞』用〔減字相蘭花〕二首；篇幅較長的，如歐陽修的『十二月鼓子詞』，連用十二首〔漁家傲〕，分詠十二個月的景色，有說有唱的鼓子詞，說的部分，有只用在節目開始時類似『致語』的小序，詞用駢文，格局比較固定，如歐陽修詠西湖景物的十一首〔採桑子〕，首有『西湖念語』，最後說：『乃知偶來常勝於特來，前言可信；所有雖非於己有，其得已多。因翻舊闋之辭，寫以新聲之調，敢陳薄伎，聊佐清歡。』李子正詠梅花的十首〔減字木蘭花〕，序文後說：『試綴蕪詞，編成短闋，曲盡一時之景，聊資四座之歡。女伴近前，鼓子祇候。』說唱相間運用的，僅見趙令畤《元微之崔鶯鶯商調蝶戀花》一種，它開始一段介紹全篇說：『夫傳奇者，唐元微之所述也。……今日暇日，詳覩其文，略其煩褻，分之爲十章；每章之下，屬之以詞，或全摭其文，或止取其意。又別爲一曲，載之傳前，先敘前篇之義。調曰商調，曲名〔蝶戀花〕。句句言情，篇篇見意。奉勞歌伴，先定格調，後聽蕪詞。』然後是一段唱接一段說，直至篇尾。全篇共用〔蝶戀花〕十二首。現存鼓子詞都是封建時代知識分子階層寫景抒情之作，多用於朝廷州府筵席宴會。對後世影響較大的《元微之崔鶯鶯商調蝶戀花》。用敘事體說唱唐代作家元稹的《鶯鶯傳》，將崔鶯鶯故事播之聲樂，形之管絃，對後來金代董解元《西廂記諸宮調》和演唱西廂記內容的雜劇以及南戲的產生起了一定的作用。明代編刊的《清平山堂話本》中有《刎頸鴛鴦會》一篇，說唱蔣淑珍和鄰人朱秉中相戀被丈夫張二官殺害的故事，唱詞用〔醋葫蘆〕十首，可能是源於宋代的民間鼓子詞，但尚待論定。

歐陽修詠西湖景物的「采桑子」十一首，前有「西湖念語」，結尾處說：「乃知偶來常勝於將來，前言可信；所有雖非於己有，其深已多。因翻舊闋之辭，寄以薄聲之調，敢陳深伎，聊佐清歡」。李子正咏梅花「減字木蘭花」十首，在序文後也說：「試綴蕪詞，編成短闋，曲盡一時之景，聊佐四座之歡，女伴近前，鼓子祇候。」其形式與趙氏之作的分為十章「蝶戀花」的詞、說白、尾聲的文詞典雅，首尾一體，是有其相似性的，較短的只用一首詞，如侯寘「金陵府會鼓子詞」只有「新荷葉」一首，姚述堯「聖節鼓子詞」用「減字木蘭花」二首為豐腴得多。

宋時有「蹴球」社，流行於市井和宮庭。「水滸傳」第二回：「王教頭私走延安府，九紋龍大鬧史家村」中說：高俅是一個「浮浪破頭戶子弟。自小不成家業，只愛好使槍弄棒。但他踢得一腳好毬，於是京師裡的人就順口叫他高毬。」毬就是宋代踢的球，外面是皮，裡面充塞了綿毛，踢的動作近似踢毽子，有各種花樣。這裡的「唱賺」拍板當胸，唱者要字正腔圓，按著板眼來唱，唱法在「遏雲要訣」裡說的清楚。在「賺」中說到各種花樣的踢毬技巧。後面唱到兩個人對壘，樂在其中的感覺。

看了「唱賺」的套數，不僅有引子，有賺詞，有尾聲，唱出了一段情節和故事，在「筵席之間，娛人耳目。

宋、金、元最大的說唱藝術成就是「董西廂」和「劉智遠」的創造。

前文說到「唱賺」，詞文亡失。王國維氏始於事林廣記中發見之。其前且有唱賺規則。現在錄之如下：

〔遏雲要訣〕。『夫唱賺一家，古謂之道賺，腔必真，字必正，欲有墩亢掣拽之殊，字有脣喉齒舌之異，抑分輕清重濁之聲，必別合口半合口之字，更忌馬囂韃子，俗語鄉談。如對聖案，但唱樂道出居水居清雅之詞，切不可以風情花柳艷冶之曲；如此，則爲瀆聖。社條不賽，筵會吉席，上壽慶賀，不在此限。假如未唱之初，執拍當胸，不可高過鼻，須假鼓板村撥，三拍起引子，唱頭一句。又三拍至兩片結尾，三拍煞，入序尾三拍巾斗煞，入賺頭一字當一拍，第一片三拍，後做此。出賺三拍，出聲巾斗又三拍煞，尾聲總十二拍；第一句三拍，第二句五拍，第三句二拍煞，此一定不踰之法』。

〔遏雲致語〕（筵會用）鷓鴣天

遇酒當歌酒滿斟，一觴一詠樂天眞，三盃五盞陶情性，對月臨風自賞心。環列處，總佳賓，歌聲嘹亮遏行雲，春風滿座知音者，一曲教君側耳聽。

圓社市語 中呂宮 圓裡圓

〔紫蘇丸〕相逢閑暇時，有閑的打換瞞兒，呵喝囉聲嗽道賺廝，俺嗏歡喜，纔下腳，須和美，試問伊家有甚夾氣，又管甚官場側背，算人間落花流水。

〔縷縷金〕把金銀錠打旋起，花星照臨我，怎譚避？近日間游戲，因到花市簾兒下，瞥見一個表兒圓，咱每便著意。

〔好女兒〕生得寶妝蹺，身分美，繡帶兒纏腳，更 好肩背，畫眉兒入札春山翠，帶著粉鉗兒，更綰個朝天髻。

〔大夫娘〕忙入步，又遲疑，又怕五角兒衝撞我沒蹺踢。網兒盡是札，圓底都鬆例，要抛聲忒壯果難爲，眞個費脚力。

〔好孩兒〕供送飲三盃先入氣，道今霄打歇處。把人拍惜，怎知他水脈透不由得你。咱們只要表兒圓時，復兒一合兒美。

〔賺〕春游禁陌，流鶯往來穿梭戲，紫燕歸巢，葉底桃花綻蕊。賞芳菲，蹴鞦韆高而不遠，似踏火不沾地，見小池風擺，荷葉戲水。素秋天下，正翫月斜插花枝。賞登高佶料沙羔美。最好當場落帽，陶潛菊繞籬。仲冬時，那孩兒忌酒怕風，帳幞中纏脚忒稔膩。講論處下梢團圓到底，怎不則劇。

〔越恁好〕勘脚並打一步步隨定伊，何曾見走衮。你於我，我與你，場場有踢，沒些拗背。兩個對壘，天生不枉作一對脚頭，果然廝稠密密。

〔鶻打兎〕從今復一來一往，休要放脱些兒。又管甚攪閑底拽，閑定白打賺廝，有千般解數，眞個難比。

〔尾聲〕五花叢裡英雄輩，倚玉偎香不暫離，做得個風流第一。骨自有

「唱賺」是宮調中幾支曲子組成的一個套數，來向聽衆說唱。王國維氏在「宋元戲曲考」中說：「纏達之音與轉踏同，其爲一物無疑也」。曾慥「樂府雅詞」中收「調笑轉踏」是每一節一詩一詞歌咏一個故事。王灼「碧雞漫志」卷三記石曼卿作「拂霓裳轉踏」專述開元、天寶遺事的。宋時，以韻文爲主的唱詞，代替了一詩一詞的歌咏的形式而有纏令、纏達

的歌唱。耐得翁「都城紀勝」說：「唱賺在京師日有纏令、纏達。有引子、尾聲為纏令，引子後只以兩腔互迎，循環間用者為纏達。」纏令用之於諸宮調者甚多。其中纏達「兩腔互迎，循環間用」的形式，多以「滾繡球」與「倘秀才」來互迎，來循環間用，也有間有「窮河西」、「采骨朵」、「醉太平」、「三煞」加上「煞尾」形成「正宮端正好」的一個套數，以加強其變化與發展，使之錯落有聲，引人入勝。耐得翁說：當時藝人張五牛因為聽到鼓、笙、拍板的合奏「太平令」和「賺鼓板」樂曲抑揚頓挫的變化多樣，而轉化慢曲、曲破，大曲而間以嘌唱、要令，叫聲入「賺」提高了聲調與唱腔而有人新的發展。也就是更豐富了「賺」的套數，如前面所用的例子。「駐雲主張」以詩描述說：「鼓似珍珠綴玉盤，笛如鸞鳳嘯丹山；可憐一片雲陽木，過駐行雲不往還。」由此可見其風情治艷之態。而覆賺則是又有增益的曲調。

「諸宮調」的創作，早在北宋時有王灼「碧雞漫志」卷三言：「熙豐元祐間，兗州張山人以詼諧獨步京師，時出一兩解。澤州有孔三傳者，首創諸宮調古傳，士大夫皆能誦之。」張山人的詼諧，大類說笑話如笑林之類。孔三傳自創諸宮調古傳，士大士皆能誦之，是高雅的曲調，所以士大夫皆能誦之，大都能琅琅上口。耐得翁「都城記勝」說：「諸宮調本京師孔三傳編撰傳奇靈怪入曲說唱。」傳奇靈怪大致採用六朝志怪、唐代傳奇之類「入曲說唱」。吳自牧「夢粱錄」二十說：

「說唱諸宮調，汴京有孔三傳，編成傳奇靈怪，入曲說唱。今杭城有女流熊保保及後輩女童，皆效此說唱，亦精於上鼓板無二也。」杭州城內有女說唱人熊保保及後輩女童皆「效此說唱」，學得這種說唱的本事，「亦精於上鼓板無二」，用鼓板伴奏，「無二」不作其他人想，可見精良。孟元老「東京夢華錄」卷五：「孔三傳要秀才諸宮調」，只知道是高郎婦所唱。要秀才諸宮調，是不是像般涉調哨遍中的要孩兒？或是「唱賺」中的「倘秀才」？因爲未曾流傳下來，所以，他的腔調究是如何？尚不能確實知道。要孩子，兒戲在「西廂記雜劇張君瑞鬧道場」中見有：當初那巫山遠隔如天樣」。要秀才的腔調應是一個短套，像「倘秀才」連間其他曲調而成套數，加以弦索伴奏如「雙漸趕蘇卿」故事。有關弦索和消遍，我們看下面資料：

「弦索」原指樂器上的弦。唐元稹《連昌宮調》：『夜半月高弦索鳴，賀老琵琶定場屋。』金元以來用爲各種弦樂器如琵琶、三弦等的泛稱。也常指用這類樂器伴奏的戲曲或曲藝，如金董解元的《西廂記》諸宮調亦稱《弦索西廂》。明清戲曲論著中也有以弦索作爲北曲的代稱，更多的是指北曲的清唱。

「哨遍」周德清云：『哨遍乃般涉調一曲。』古今詞話：『卓人月曰：「般涉調曲，龜茲部語，於華言爲五聲，五聲羽聲也，羽於五音之次爲五，東坡、稼軒爲三疊詞。」東坡序曰：「予於雪堂之上，同張毅夫語及哨遍，爲般涉羽音，居曼詞之最，毅夫喜拈是曲，予以檃括歸去來辭，使就於聲律以遺之，毅夫爲之閣筆。」』侯鯖錄：『東坡在昌化，負大瓢行歌田間，蓋哨遍也。』又曲牌名。南曲入小石調正曲；北曲入黃鐘調隻曲。

這是弦索與哨遍與要秀才的一些可能的關係，好作研究參考。「董西廂」是渾然天成的創作，是集大成的創作，在結構上完成了正統文人詞風而又能提高民間說唱藝術，把「會眞記」故事，以詩的、小說的、樂曲的全知的高創作手法，綜合而爲精美的表現，董解元因「董西廂」而傳世，爲說唱藝術開了新紀元。元鍾嗣成「錄鬼傳」中「前輩名公樂章傳於世者」首列董解元說：

「金章宗時人，以其創始，故列諸首」。董者其姓，而解元乃係一時尙中對知名文士的尊稱。他的名字叫什麼，已不爲人所知曉。他的身世如何，已失之於紀錄。但是「董西廂」傳世爲萬古不磨，爲人所尊，爲藝術上輝煌的翹楚，則爲後世人所共知，「董西廂」不朽，亦董解元之永存的證明。十年前留美學人陳荔荔已將「董西廂」英譯問世，以供外人之閱讀，在惟我獨有的中國說唱藝術上，向世間各國展示，十二世紀時的「董西廂」已寫成了如此偉大的說唱藝術巨構，中國俗文字史上，的未曾有，世界藝術史上，也是首見其光彩奪目，開創了嶄新的典範。

「董西廂」開首說：

以上話說唐時，這個書生，姓張名拱，字君瑞，西洛人也。

這個說話人的體裁，完全是民間的，「董西廂」開頭曲中有標題說：

『也不是崔韜逢雌虎；也不是鄭子遇妖狐；也不是井底引銀瓶；也不是雙女奪夫；也

不是離魂倩女，也不是謁漿崔護；也不是雙漸豫章城；也不是柳毅傳書。這些兒古蹟，見在河中府，即目仍存舊寺宇』。

這八種名目，在志怪和傳奇中，依稀可見，也是元雜劇中引用的節目劇情。「雙漸豫章城」所述者爲伎女蘇小卿與書生雙漸情事。王實甫「蘇小卿月夜販茶船」雜劇雖已不存，但當是同述一事。

「董西廂」的唱詞的自然樸實，和宮調的變易迅速處處可見，以下一節中就有五宮調的轉換：

〔黃鐘〕〔侍香金童〕清河君瑞邸店權時住。人沒個親知爲伴侶。欲待散心沒處去，正疑惑之際，二哥推户。張生急問道：都知聽說不問賢家別事故，聞說貴州天下沒有甚希奇景物，你須知處。

〔尾〕二哥不合盡說與，開口道不彀十句，把張君瑞送得來腌受苦。

〔高平調〕〔木蘭花〕店都知說：一和道國家修造了數載餘過，其間蓋造的非小可。想天宮上光景賽他不過，說謊後小人圖甚麼。普天之下更沒兩座，張生當時聽說破，道：譬如閒走與你看去則個。

〔仙呂調〕〔醉落魄〕綠楊影裡，君瑞正行之次。僕人順手直東指，道：兀底一座山門，君瑞定睛視。見琉璃碧瓦浮金紫，若非普救怎如此？張生心下猶疑貳，道：普天之下，行來不曾見這區宇。

（尾）到跟前方知是覷，牌額分明是敕賜。寫著簸箕來大六個渾金字。

〔商調〕（玉抱肚）普天下佛寺無過普救，有三簷經閣，七層寶塔，百尺鐘樓。正堂裡幡蓋，懸在畫棟迴廊下，簾幕金鉤。一片地是琉璃瓦，瑞雲浮。千梁萬枓，寶階數尺是琉璃甃。重簷相對，一謎地是寶妝就。佛前的供床金間玉，香煙裊裊噴瑞獸。中心的懸壁，周迴的畫像，是吳生親手。金剛揭帝骨相雄善，神菩薩相移走，張生覷了，失聲的道：果然好，頻頻的稽首。欲待問是何年建，見梁文上明寫著垂拱二年修。

（尾）都知說得果無謬，若非今日隨喜後，著丹青畫出來，不信道有。

〔雙調〕（文如錦）景清幽，本罷絕盡塵俗意，普救光陰出塵離世，明晃晃輝金碧，修完齊楚，裁接奇異。有長松矮柏，名葩異卉。時潺潺流水，湊著千竿翠竹，幾塊湖石，瑞煙微浮屠千丈，高接雲霓。

行者道：先生本待觀景致，把似這裡閒行隨喜，塔位轉過，迴廊見個竹簾兒掛起，到經藏北法堂西廚房南面，鐘樓東裡，向松亭那畔花溪，這壁粉牆掩映几間，寮舍半亞朱扉。正驚疑，張生覷見了，魂不逐體。

（尾）瞥然見了如風的，有其心情更待隨喜，立掙了渾身森地。

「董西廂」以張生與鶯鶯婚姻爲主的情節。前段如創造新人物如白馬將軍杜確，如賊首孫飛虎，如普救寺中曾經以盜掠爲生，改過向善的粗豪人物法聰和尚等，虎虎生風：

（仙呂調）（繡帶兒）不會看經，不會禮懺，不清不淨，只有天來大膽。一雙垂（怪）眼，果是殺人不斬（不貶眼）。自受了佛家戒，手中鐵棒，經年不磨被塵暗。腰間戒刀，是舊時斬虎誅龍劍，一從殺害的衆生厭，掛於壁上，久不曾拈。頑羊角靶盡塵緘，生澀了雪刃霜尖。高呼「僧行（和尚們），有誰隨俺？但請無慮，不管有分毫失賺。」心口自思念，戒刀舉，今日開齋，鐵棒有打螫。立於廊下，其時遂把諸僧點：「搊搜好漢每兀誰敢？」待飄斬賊降衆，大喊故是不險。

（尾）開門但助我一聲喊，戒刀舉把群賊來斬，送齋時做一頓饅頭餡。

（雙調）（文如錦）細端詳，見法聰生得搊搜相，刁厥精神，蹺蹊模樣；牛腳闊，虎腰長。帶三尺戒刀，提一條鐵棒，一疋戰馬，似敲了牙的活象。偏能軟纏，只不披著介胄，八尺堂堂好雄強，似出家的子路，削了髮的金剛。從者諸人二百餘，一箇箇器械不類尋常。生得眼腦甌摳，人才猛浪。或拿著切菜刀，幹麵杖，把法鼓擂得鳴，打得齋鐘響。著綾幡做甲，把缽盂做頭盔戴著頂上，幾箇鬅頭的行者，著鐵裰直掇，走離僧房，騁無量，道「俺咱情願，苦戰沙場。」

（尾）這每取經後，不肯隨三藏，肩擔著掃帚藤杖，簇捧著箇殺人和尚。

這是「撲刀杆棒」的寫法，是民間所愛的，寫白馬將軍的英武，卻用春秋戰國，三分的「講史」人物相比擬，也是民間熟悉的：

愛騎一疋白戰馬，如彪虎。使一柄大刀，冠絕今古。扶社稷，清寰宇；宰天下，安邦國。爲主存忠，願削平禍亂，開疆展土。自古有的英雄，這將軍，皆不許。壓著一萬箇孟賁，五千箇呂布。楚項籍，蜀關羽，秦白起，燕孫武；若比這箇將軍，兵書戰策索拜做師父。

〔尾〕文章賈馬豈是大儒。智略孫龐是眞下愚，英武笑韓彭不丈夫。

難得的是全用韻文的聲調說唱，把人物活潑的描畫出來，形相生動，英勇難比並。在後段中寫紅娘玲瓏慧黠，穿針引線，有如「留連戲蝶時時舞」。意正嚴詞，一身是膽，於老夫人面前不卑不亢，說庸懦自私，一錯再錯之言，又如「自在嬌鶯恰恰啼」。把一場說唱寫的淋漓盡緻，如水銀瀉地。而其曲調轉折，運行如意，尤多別出心裁，獨到特立之處，如卷二：

〔仙呂調〕〔賞花時〕酒入愁腸悶轉多，百計千方沒奈何，都爲那人呵，知他你姐姐。知我此情麼？眼底閒愁沒處著，多謝紅娘見察我，與你試評度，這一門親事。全在你成合。

〔尾〕些兒禮物莫嫌薄，待成親後再有別酧賀，奴哥，託付你方便子箇。

〔中呂調〕〔棹孤舟纏令〕不以功爲念。五經三史何曾想。爲鶯娘近來妝就箇軃浮浪，也囉。老夫人做事搊搜相，做個老人家說謊，白甚鋪謀退群賊。到今日方知是枉，也囉。一陌兒來。直恁地難偎傍，死冤家無分同羅幌，也囉。待不思量又早隔著窗兒望，贏得眼狂心痒痒，百千般悶和愁、盡總撮在眉尖上，也囉。

〔雙聲疊韻〕燭熒煌，夜未央，轉轉添惆悵。枕又閑。衾又涼，睡不著如翻掌，謾歎息。謾悒快，謾道不想，怎不想，空贏得肚皮兒裡勞攘，淚汪汪昨夜甚長。挨幾時東方亮，情似癡。心似狂，這煩惱如何向，待樣下。又瞻仰道忘了。是口強，難割捨我兒模樣。

〔迎仙客〕宜淡玉。稱梅妝，一箇臉兒堪供養，做爲掙。百事搶，只少天衣。便是捻塑來的觀音像，除夢裡。曾到他行，燒盡獸爐百和香，鼠窺燈。偎著矮床，一箇孽相的蛾兒。遶定那燈兒來往。

〔尾〕淅零零的夜雨兒擊破窗，窗兒破處風吹著忒飄飄的響，不許愁人不斷腸。

〔大石調〕〔洞仙歌〕當初遭難。與俺成親事，及至而今放二四，把如合下。休許咱家。你恁地。我離了他家門便是，不如歸去。卻往京師，見你姐姐夫人俱傳示，你咱說謊。我著甚癡心。沒去就。白甚只管久淹蕭寺，道得一聲好將息。早收拾琴囊。打疊文字。

又如卷四所用疊句：

〔越調疊字三臺〕簪雖小是美玉，玉取其潔白純素，微累纖瑕不能污，渾如俺爲你。俺爲你心堅固，你曾惜俺如珍。今日看如糞土，紫管毫未嘗有。是九嶷山下蒼竹，當日湘妃別姚虞，眼兒裡淚珠，淚珠兒如秋雨，點點都盡出班。比我別離來苦，搖琴是你咱撫，夜間曾挑鬥奴，你俏似相如獻了上林賦，成名也在上都，在上都裡貪歡趣，鎮日家耽酒迷花。便把文君不顧。（董西廂卷四頁十五，暖紅室刊本，下同。）

在這段曲調唱詞中，引用了「山海經」娥皇女英故事，又引出了司馬相如和卓文君故事，隨手作成，可見其腹笥豐厚。

明胡應麟論「董解元西廂諸宮調」云：「西廂記雖出唐人鶯鶯傳，實本金董解元，董曲今尚行世，精工巧麗，備極才情；而字字本色，言言古意，當是古今傳奇鼻祖，金人一代文獻盡此矣。」（金少室山房筆叢辛部莊嶽委談下）臺靜農氏說：「金一代文學，確乎不是詩詞散文而是諸宮調，諸宮調的體制可說是上承唐宋詞曲，融會創新，爲北曲的支派，彈詞的祖先」。這種說法，自是定論。因爲「諸宮調」可說是衆體皆備，綜合了各種唱腔的體製而成爲一大奇蹟。

「劉知遠」諸宮調，據日本青木正兒「劉知遠諸宮調考」認爲是較「董西廂」體例形式爲原始，而其曲牌亦較單純。不像「董西廂」的繁複，亦無其熟練的風華，只是樸拙而已。但日本長澤規矩在版本上鑑定，認爲「劉知遠」諸宮調必是金代產品。「劉知遠」說的是他與李三娘的婚姻及其由貧寒發跡位至九州安撫使一家團圓的故事。原有十二折諸宮調，現只有五折，是俄人柯智洛夫於一九〇七年間，發掘張掖黑水故城穫的。現有的五折是：

知遠走慕家莊沙陀村入舍第一

知遠別三娘太原投事第二

知遠充軍三娘剪髮生少主第三

知遠投三娘與洪義廝打第十一
君臣弟兄子母夫婦團圓第十二

我們看第的一大段：

〔商角定風波〕老兒離莊院，料他家中須是豪強。衣服噉齊整，手把定筇竹柱杖。行田野，出村房，約半里，風吹滿目麥浪。◯忽地心驚詑，見槐影之間，紫霧紅光。睹金龍戲寶珠，到移時由有景像，單一人鼻如雷臥偃，御萬千福相。

〔尾〕翁翁感嘆少年郎，這人時下別無向當，久後是一個潛龍帝王。

老兒嘆曰：此人異日必貴。未知姓字名誰？暫候移時，少年睡覺。因詢鄉貫姓名，意欲結識。知遠便說：

〔商調拋毬樂〕老兒詢問，潛龍不能推免。欲待說，難言，轉添悲怨。兩臉泪流如線，謾哽咽，短嘆長吁，叉定手前來分辨。不肖欲話行蹤，披著麻被把祖宗怎施展。論門風家業，也曾榮顯。上稍幾輩，爲官在京輦。俺父陣前亡，值唐末荒荒起塞煙。老母遂將定俺兩個弟兄，離了仙原。◯波波漉漉驅驅，受此般飢寒怎過遣！陽盤村一個豪民，見求母親，同爲姻眷。也生二子，長大來爲人不善。喚作進兒超兒，聽人唆調，與俺怒叫喧。便分星百兩，道俺不姓慕容。漢家怎受小兒薄賤！瘦鱉上離了慈親，悞然地兩腳到您莊院，深丞丈丈便恁好見。

〔尾〕家住應州金城縣，爲罹亂傷殘了土田。言著姓名，自覺愚濁心先倦。是逐粮趁熟底劉知遠。

翁翁既聞此語，便一言再問：如肯不相棄家門卑賤，老漢莊中田土甚廣，客户瞧少。肯庸力相守一年半歲？知遠便從引至莊上，請王學，究寫文契了必。

〔正呂錦纏道〕又思憶未發跡潛龍皇帝，不得已迤邐尋村轉疃求乞。悮至沙陀小李，逢老丈語話因依。便相隨書文立契，半年已外別商議，也子強如你但衣食。◯也合是來到翁翁家裡，向堂前兩個婆娘便生不喜。是大嫂忙呼大哥，劉知遠試與觀窺陌驚疑。元來卻是務中昨日耍酒喫，我曾與了一頓死拳踢。

〔尾〕冤家濟會非今世，惡業相逢怎由你？恰正是讎人李洪義。

李洪義亦認得是讎人，提荒桑棒向前來便打。潛龍性命怎生？云云翁翁姓李，排房最大，爲多知古事，善書算陰陽，時人美呼三傳。二子不賢。大者李洪義，小者洪信。二婦女皆有外名，大者倒上樹，小者棘針棍。見知遠皆有不喜之色。大哥欲打，被三傳扯住，說與洪義，此人立契庸身，見爲客户，我兒何怒！

〔黃鍾宮願成雙〕李三傳頻告訴：我兒，你爲何發怒？指定新來少年郎，此人也家豪大富。◯傷心陣上亡了慈父，這家親娘嫁人爲婦。獨自一身尚漂蓬，向咱家中拈錢受雇。

〔尾〕你恁兇頑騁麤鹵，交外人怎生存住！待你再打著，共你兩個沒好處！

洪義對父不言昨日務中相打之事，只言不喜這人。兒子弟兄，因爲縣中稅賦未了，須索理會去。此至迴來，休交在莊。道罷，備馬而去。大翁不問，引知遠宿於西房。當夜三傳女子號曰三娘，好燒夜香。明月之下，見一金蛇，長約數寸，盤旋入於西房。

〔中呂調安公子纏令〕雖是個莊家女，顏貌傾城誰堪並！洛浦西施共妲己，也難似這佳人。年紀方當笄歲，未曾有良婚。柳眉排臉朱櫻口，似玉肌膚，腰細金蓮步穩。◯體掛衣相稱，一套羅裳金縷盡。每夜焚香對皓月，忽爾心驚。地上見金光一道，分明認是一個小蛇兒迭七寸，直入西房，門户不曾關定。〔柳青娘〕佳人趕著到房中，壁燈昏著，金釵再挑，光焰忒分明。土床上臥著個年少人，七尺堂堂貌美，御軀凜凜如神。閉雙眸熟睡著，一事罕曾聞。〔酥棗兒〕紅光紫霧罩其身，那些福氣說不盡。蛇通鼻竅來共往，三娘時下好懽欣。〔柳青娘〕昔有相師，算奴家合發奮，得爲正宮，做國母，嫁明君。今宵果應先生語。唐末龍蛇，未辦布衣，下官家潛隱好莊中，先結識這個貴人。

〔尾〕如還脱了這門親，我幾時到得昭陽寶殿？眼裡無眞一世貧。

三娘遂取頭上金釵，分其一股。等得潛龍覺來，兩手度與知遠。燈下見而且驚曰：某乃貧困之人，謝尊君見愛，庸力莊中。願娘子速去。恐二兄嫂知，某必有禍。三娘笑爲劉郎，無得怕拒，故與君相結。

〔黃鍾宮女冠子〕此夜潛龍向心中倒大驚然，連忙土榻邊，躬身施禮問。當姐姐夤夜之間，因何來到此？早離西房，是爲長便。翁翁知道，定見小人必有禍。◯三娘全更不羞慘，待結識天子望他居宮苑，低低分辨。劉家，你休怕，那日見你來俺莊院，伊非貧賤者。先許咱兩個待爲姻眷，取金釵分破，遂將一股與他知遠。

〔尾〕未作夫妻分釵願，待你發跡恁時團圓。咱傚學他樂昌徐德言。

知遠不獲已，授釵股，餘外並無他事。至次日，三娘對父，私言夜來見金蛇通竅之事。翁翁大喜。

第二，劉知遠與李三娘作了夫妻，卻因三娘兩個兄長洪信、洪義與知遠有仇，從中阻隔。兩個嫂嫂棘針棍，倒上樹使計把知遠趕離門，致令夫妻分兩處。知遠無奈告知三娘要到幷州太原投軍。我們看這一段：

三娘洒淚告曰：夫往太原，如何過日？知遠卻對：今有九州安撫，即目招軍，我去投事。特來與妻相別。三娘聞語，心若刀剜。妾已懷身，將近數月，不免附囑。

〔中呂調本笪綏〕李三娘黛眉斂，愁容掬，纖纖手，扯定劉知遠破碎衣服。若太原聞了面，早早來取我。懷身三個月，你咱思慮。◯李洪義、李洪信如狼虎，棘針棍倒上樹。曾想他劣缺名目，向這濃眉尖眼上存住。神不和，天生是卯酉子午。◯我這口無虛語，道一句只一句。生時節是你妻，便死也是賢婦。住自在交胡道，我誰秋故，全不改貞潔性，效學姜女。◯莫憂拒，待交我尋活路，嗔不肯。止不過將我打著皮肉，祇吾怕底死難熬他。掙揣不去，刀自抹，繩自縶，覓個死處。◯道罷後，垂珠淚，淚點將羅衣污，哭著告著，哭也不敢放聲高哭。莫道是感血氣，口飡五穀，石頭鐫，生鐵鑄，也傷情緒。

〔尾〕似梨花一枝帶春雨，如何見得月下悲啼皇后，便似泣竹底湘妃別了舜主。愁鑠眉尖，吳邦西子不爲嬌，泪滴臉透，漢宮戚氏非爲媚。兒夫若是太原不來，妾當專倚柴門等候。劉郎略等，取些小盤費去。去移時不至。知遠自來覷覷。

〔黃鍾宮快活年〕侊家尚未來，去去迭時餉，交人候夜深，全然無影響。躡足潛蹤，來到閨房。關上重門，窗眼裡探頭，試望見三娘。◯手攜斫桑斧，豈故他身喪。生時沒兩度，死來只一場。不故危亡，自古及今，罕有這婆娘，貞列賽過孟姜。

〔尾〕把頭髮披開砧子上，斧舉處唬殺劉郎，救不知迭扢插地一聲響。

長城姜女非爲列，垓下于姬未是賢。三娘性命如何？卻元來是用斧截青絲一縷，幷紫皂花綾團襖一領，開門付與劉郎。願兒夫無得忘妾。相送到牆下。

〔般涉調哨遍〕二儀初分天地，也有聚散別離底，想料也不似這夫妻今宵難捨難棄。謾更說錢唐小卿雙生兩個，祖送郵亭驛。徐都尉隋兵所逼，與樂昌公主分鏡在荒陂。霸王垓下別虞姬，織女牽牛過七夕。雲雨輕分，感恨巫娥，宋玉慘悽。◯大花綾襖貨賣，你且爲盤費。恩義重如山，恰來解開雲髻。用斧截青絲一縷，付與劉郎。此夜恩常記，欲去時臨行情緒，想世間煩惱無可堪比！痛極時復泪滴，地慘天愁無輝，當陽佛見也攢眉。

〔尾〕鴛侶分，連理劈，無端洪信和洪義，阻隔得鸞孤共鳳隻。

李三娘說到要效學姜女（孟姜），又說到湘妃別舜王，以西子與戚氏比喻三娘的美麗，以孟姜與于（虞）姬自況三娘的烈性。其描寫也是有聲有色，如泣如訴的。第十一是知遠與三娘別後重聚：

〔南呂宮瑤臺月〕喜色滿腮，知遠從頭一一開解，您兒見在，三娘且放心懷。當年裡雪降天寒，也是您洪義害，蠶連卷毛袋帶，幷州內送將來。頗耐向營前，鬧了一條大街。◯孩兒撇向雪中埋，這冤讎想來最大。土軍營內覓個婆娘，交妳到如今許大身材。眉目秀，腮紅耳大。昨日個莊門外柳陰裡問情懷，你作怪，見他年幼，看成癡矮。

〔尾〕對我曾說道俺娘乖，子母間別十二載，道你呆著人見他佯不采。

知遠說罷，三娘尋思道：是見來。昨日打水處，見個小禿廝兒，身上一領布衫似打魚網。那底管是，更還兩個月，深秋奈何！

〔黃鍾宮願成雙〕李三娘聽說透，孩兒果然實有。我覷身上瞻襤縷，向耶行無替新換舊。◯前生注在今生受，俺子母躲閃無由。這兩幅布裙較此新，且與恁耗肩換袖。

〔尾〕你又營中恁般生受，我向莊中□□罵無休，怎生交俺子母窮廝守。

知遠笑道：

不用布裙三兩幅，恁兒身穿錦綉衣。

小禿廝兒也不是你兒。聽我說：

〔仙呂調繡帶兒〕昨日個向莊裡臂鷹走犬，引著諸僕吏，打獵爲戲。因渴交人買水，郭彥威將身去欲取水。陌見伊家，成祐甚驚悸。前者作夢火坑，見伊將身立，稱言救我離此地。他心疑忌，喚到根底。○問伊：因甚著麻衣？青絲髮剪得眉齊？你把行蹤去跡，細說眞實。他垂雙淚，騎馬便歸城內。甚你卻抵諱，問我兒安樂存亡，剗地道不知！你須會見，眉眼耳腮口和鼻，比我只爭些年紀，如今恰是十三歲。

〔尾〕恁子母說話整一日，直到了不辨個尊卑，你嬌兒便是劉衙內。

三娘怒喝：衙內卻道是伊兒！

想你窮神，怎做九州安撫使？

知遠恐他妻不信，懷中取一物伊覷。

三娘見，喜不自勝。眞個發跡也！

體掛布衣番做錦綉，櫳頭草索變作金冠。

是甚物？是九州安撫使金印。三娘接得懷中揣了。

〔黃鍾宮出隊子〕知遠驚來，魂魄俱離殼。前來扯定告嬌娥：金印將來歸去呵，紅日看看西下落。○三娘變得嗔容惡，罵薄情聽道破。你咱實話沒些個，且得相逢知細鎖，發跡高官非小可。

〔尾〕金印奴家緊藏著，休疑怪不與伊呵，又怕脫空謾唬我。

知遠再取，三娘終不與知遠。收則收著，不管無失，不限三日，將金冠霞帔，依法取你來。你聽祝付。

〔般涉調麻婆子〕是日，劉知遠頻頻地又囑托又告三娘子，如今聽信我。垂鎮官封長山河，西方國柄我權握，二十五兩造，莫看成做小可。〇有印後爲安撫，無印後怎結末。上面有八個字，解說著事務。多被你一生在村泊，不知國法事如何。有多少蹺蹊處，不認對你學。

〔尾〕此貴寶，勞覷著，若還金印有失挫，怎向幷州做經略？

三娘見道，牢收金印，告兒夫聽。

〔仙呂調醉落托〕三娘告啓劉知遠，伊自參詳。我因伊喫盡兄打桄，今日高遷，寶印我收藏。〇孤眠每夜何情沖！一十三歲阻鸞凰。知遠聽說相偎傍，雖著粗衣，體上有餘香。

〔尾〕抱三娘欲意窩穰，六地權牙床，這麻科假做青羅帳。

三娘言：夫婦雖團圓，起拜知遠。

兒夫肯發慈悲行，救度三娘離火炕！

再三告：早來取我。

「劉知遠傳」也有樸渾，也有情致，其直率是不下於「董西廂」的。他的結局，自然是大團圓。尾聲說：

曾想此來新編傳，好伏侍您聰明英賢，有頭尾結束劉知遠。

「天寶遺事諸宮調」，爲元王伯成之作，全書散佚，殘存約五十九套，想必是一個大本子，我們看其中一小部分，以見其他：

〔黃鐘宮傾盃序〕蜀道中間。馬嵬側近。討根討苗絕地，帥首獨專。衆心皆悅。軍政特聽。將令頻崔，弟兄死別。郎舅絕親。夫妻生離，偏愁荒是。不知死太眞妃，何濟，寶髻鬅鬆。玉容寂寞。惜芳姿不勝憔悴，似太皡春歸，艷陽時過。白帝風搖。青女霜欺，急淹淚眼。忙啓櫻唇。緊皺峨眉，似鶯吟鳳語。悄悄奏帝王知，陛下、著哀告敢爲敢做的陳玄禮，更不弱如當世當權郭子儀，又不曾背叛朝廷。篡圖天下。又不曾□□□□。誤失軍期，平白地處死。無罪遭誅。性命好容易，君王聽道罷。屈即便衣隨，將軍。大爲天子欣然退，要轉吾當不敢違，施些存恤之心。減些雷霆之怒。生些惻隱之心。罷些虎狼之威，唇亡則齒寒。龍門魚傷，免死孤悲，陳將軍聽道罷。出語忒忠直。

鍾嗣成錄鬼錄說「王伯成，涿州人。有「天寶遺事諸宮調行於世」」，日本倉石武四郎存有輯本，我們等待全書公布。

對於「諸宮調」說唱，鄭振鐸氏在「鼓子詞與諸宮調」中說：——雖然不過寥寥的三部。她在宋、金、元三代的民間有了極大的勢力。有專門的班子到各地講唱『諸宮調』；講唱的時間，不止一天兩天，也許要連續到半月至三、兩月，然而聽衆並不覺得疲倦。

劉智遠諸宮調最後有：『曾想此本新編傳，好伏侍您聰明英賢』的話；董解元西廂記諸宮調的開頭有：『比前覽樂府不中聽，在諸宮調裡却著數』云云，又有：『窮綴作，腌對付，怕曲兒捻到風流處，教普天下顛不刺的浪兒每許』的話；王伯成天寶遺事諸宮調的引言裡，也有：『俺將這美聲名傳萬古，巧才能播四方，歎行中自此編絕唱，教普天下知音盡心賞』的話。這都可看出其爲實際的講唱的本子。在元人石君寶諸宮調「風月紫雲亭」一劇裡，對於講唱諸宮調的班子，有很重要的描寫：

〔點絳脣〕怎想俺這月館風亭，竹溪花徑，變得這般嘿光景！我每日撇嵌爲生，俺娘向諸宮調里尋爭競。

〔混江龍〕他那里問言多傷倖，孥得些家宅神長是不安寧。我勾欄里把戲得四五迴鐵騎，到家來卻有六七場刀兵。我唱的是三國志，先饒十大曲俺娘便五代史，添續八陽經。爾覷波，比及攛斷那唱叫，先索打拍那精神。起末得便熱鬧，團揞得更滑熟。並無那脣甜句美，一剗地希嶮艱難，衠撲得些掂人髓，敲人腦，剝人皮，飣腿得回頭硬。娘呵，我看不的爾這般粗枝大葉，聽不的爾那里野調山聲。……

〔醉中天〕我唱道那雙漸臨川令，他便惱袋不嫌聽，搔起那馮員外，便望空里助采聲，把個蘇媽媽便是上古賢人般敬，我正唱到不肯上販茶船的少卿，向那岸邊相刁蹬，俺這虔婆道，兀得不好拷末娘七代先靈。……

〔賞花時〕也難奈何俺哪六臂哪吒般狠柳青，我唱的那七國里龐涓也沒這短命，則是個八怪洞里受錢精。我若還更九番家廝併，他比的十惡罪尚尤輕。

這裡叙的是一位以唱『諸宮調』爲職業的女子韓楚蘭，和一位少年靈春馬的變愛的故事。那個時候，使用『諸宮調』這個新文體所歌唱的題材是很廣泛的，已有所謂三國志、五代史、雙漸蘇卿、七國志等等諸宮調了。

「作場」賣藝，正說明了「諸宮調」走江湖，到處說唱的事實，除此外，金、元講史成爲風氣，是因爲說話人齊心要把漢族歷史以極通俗淺近的方式傳佈民間，這是講史發達的重要原因。

現存元代講史話本的代表作是《全相平話五種》，是元至治（一三二一—一三二三）年間福建建安虞氏的刊本，這五種平話是：《新刊全相平話武王伐紂書》凡三卷；《新刊全相平話樂毅圖齊七國春秋後集》凡三卷；《新刊全相平話秦幷六國秦始皇傳》凡三卷；《新刊全相平話呂后斬韓信前漢書續集》凡三卷；《新刊全相平話三國志》凡三卷。

據鄭振鐸氏的研究，虞氏新刊《全相平話五種》原本是一套叢書，『所刊似不僅此五種』，『至少在《樂毅圖齊七國春秋後集》之前，必定是有一個「前集」的，在《呂后斬韓信前漢書續集》之前，也必定是有一個正集的，如此，則這部書，至少當有七種』。（鄭振鐸《論元刊全相平話五種》）只不過這些本子現在已經看不到了。

「全相平話五種」的開卷前與結尾都用了七絕和七律，中間穿插詩詞、書傳、表章、信柬等，源出變文而爲歷史長篇章回小說所用。說話人的博古通今，才思敏捷，口齒伶俐，隨機應變。是以：

說書伎藝人第一需要具有廣博的知識，『雖爲末學，尤務多聞』，『開天闢地通經史，博古明今歷傳奇』；第二需要才思敏捷，『只憑三寸舌，褒貶是非，咯噝萬似言，講論古今，說收拾尋常有百萬套，談話頭動輒是數千回。』第三需要多方面的伎藝：『曰得詞，念得詩，說得話，使得砌』，這樣，才能夠『舉斷模按師表規模，靠敷衍令看官清耳』。它尤其重視口頭伎藝，說『講論處不滯搭，不絮煩；敷演處有規模，有收拾；冷淡處提掇得有家數，熱鬧處敷演得越久長。』《醉翁談錄》有關說話伎藝的描寫，可以說是宋代以來說話伎藝的總結，表現了當時人們對說話伎藝的認識。

元代胡祇遹的《紫山大全集》第八卷載有作者寫的《黃氏詩卷序》，是寫給一個姓黃的女藝人的，這篇序講女藝人說唱應當具備以下九個條件：

一、姿質濃粹，光彩動人。

二、舉止閑雅，無塵俗態。

三、心思聰慧，洞達事物之情狀。

四、語言辯利，字眞句明。

五、歌喉清和圓轉，累累然如貫珠。

六、分付顧盼，使人解悟。

七、一唱一語，輕重疾徐中節合度，雖記誦嫻熟，非如老僧之誦經。

八、發明古人喜怒哀樂，憂悲愉快，言行功業，使觀聽者如在目前，諦聽忘倦，唯恐不得聞。

九、溫故知新，關鍵詞藻，時出新奇，使人不能測度爲之限量。

胡祇遹是元代中葉的理學家，他對於說唱藝術的認識顯然較之《醉翁談錄》又前進了一步，這裡不僅談到說，而且談到唱，不僅談到演員的口頭伎藝，而且談到了演員的素質，風姿，表演技巧，這是元雜劇興起之後對演唱伎藝的影響和提出的新的要求。尤其值得注意的是，胡祇遹在談到演員的表演伎藝時強調演員要深入角色，要發明古人的喜怒哀樂，懮悲愉快，使觀衆忘記那是在表演；演員要有創造性，要『時出新奇』，使觀聽者『不能測度』，這些都表明元代的說唱伎藝無論在演員方面，還是在觀衆方面，在審美觀點上都已不滿足於一般的程式化的表演而向更深的層次追求，較之宋代有了很大的提高。孫楷第氏在《中國短篇白話小說的發展與藝術上的特點》一文中說胡氏此文『使我們知道宋、元說話人的技術好到什麼程度』，『這是好的樂藝史料』。

「金元散曲」中，王日華與朱凱合作「雙漸蘇卿問答」共用雙調小令十六支曲子，表達情意，輕鬆適趣：

〔殿前歡〕

再問：

小蘇卿，言詞道得不實誠。江茶詩句相兼幷。那件著情。休胡盧提二四嚒。相傒幸。端的接誰的紅定，休教勘問，便索招承。

答：

滿懷冤，被馮魁掩撲了麗春園，江茶萬引誰情願！聽妾明言，多情小解元，休埋怨，俺違不過親娘面，一時間不是，誤走上茶船。

〔水仙子〕

駁：

明明的退佃麗春園，暗暗的開除了雙解元。慘可可說下神仙願，卻原來都是編。再誰聽甜句兒留連，同他行坐，和他過遣，總做的誤走上茶船。

招：

書生俊俏卻無錢，茶客村虔倒有緣，孔方兄教得俺心窮變。胡盧提過遣。如今是走上茶船，拜辭了呆黃肇，上覆那雙解元，休怪俺不赴臨川。

「董西廂」亦名「西廂搊彈詞」，「劉知遠傳」，「天寶遺事」諸宮調與變文的親屬關係，與南諸宮調無名氏作「張協狀元戲文」，是出變文而爲搊彈說唱，淵源來自宋金元諸宮調，自然不差。

張協狀元諸宮調

〔末白〕〔滿庭芳〕暫息喧嘩，略停笑話，試看別樣門庭。教坊格範，緋綠可仝聲。酢詞源諢砌，聽談論四座皆驚。渾不比，乍生後學，謾自逞虛名。

狀元張協傳前回曾演，汝輩搬成。這番書會要奪魁名。占斷東甌盛事，諸宮調唱出來

因，廝羅響，賢門雅靜，仔細說教聽。〔唱〕

〔鳳時春〕張協詩書遍歷，困故鄉功名未遂。欲占春闈登科舉，暫別鶯娘獨自離鄉里。

〔白〕看的世上萬般俱下品，思量惟有讀書高。若論張協，家住四川成都府，兀誰不識此人，兀誰不敬重此人！眞個此人朝經暮史，晝覽夜習，口不絕吟，手不停披。正是：煉藥爐中無宿火，讀書窗下有殘燈。忽一日堂前啓覆爹媽，「今年大比之年，你兒欲待上朝應舉，覓些盤費之資，前路支用。」爹娘不聽這句話，萬事俱休；才聽此一句話，突地兩行淚下。孩兒道，「十載學成文武藝，今年貨與帝王家，方欲改換門閭，報答雙親，何須下淚？」〔唱〕

〔小重山〕前時一夢斷人腸，教我暗思量。平日不曾爲宦旅，憂患怎生當！

〔白〕孩兒覆爹媽，「自古道一更思，二更想，三更是夢。大凡情性不拘，夢幻非實。大底死生由命，富貴在天，何苦憂慮。」爹娘見兒苦苦要去，不免與他數兩金銀以作盤纏，再三叮囑孩兒道，「未晚先投宿，雞鳴始過關，逢橋須下馬，有渡莫爭先。」孩兒領爹娘慈旨，即日離去。〔唱〕

〔浪淘沙〕迤邐離鄉關，回首望家。白雲直下，把淚偷彈。極目荒郊無旅店，只聽得流水潺潺。

〔白〕話休絮煩。那一日正行之次，自覺心兒裡悶。在家春不知耕秋不知收，眞個姣嫋嫋也，每日詩書爲伴侶筆硯作生涯。在路平地尚可，那堪頓著一座高山，名做五磯山。怎見得山高？巍巍侵碧漢，望望入青天。鴻鵠飛不過，猿狖怕扳緣。稜稜層層，奈人行鳥道，齁齁鮐鮐，爲滕住須尖。人皆平地上，我獨出雲登。雖然未赴瑤池宴，也教人道散神仙。野猿啼子，遠聞咽咽嗚嗚；落葉辭柯，近睹得撲撲簌簌。前無旅店，後無人家。〔唱〕

〔犯思園〕刮地朔風柳絮飄，山高無旅店，景蕭條。躋跧何處過今宵！思量只恁地，路迢遙。

〔白〕道猶未了，只見怪風淅淅，蘆葉飄飄；野鳥驚呼，山猿爭叫。只見一個猛獸金睛閃爍，猶如兩顆銅鈴，錦體斑斕，好若半園霞綺。一副牙如排利刃，十八爪密布鋼鉤。跳出林浪之中，直奔草徑之上。唬得張協三魂不附體，七魄漸離身，仆然倒地。霎時間只聽得鞋履響，腳步鳴，張協抬頭一看，不是猛獸，是個人。如何打扮？虎皮磕腦皮袍，兩眼光耀志氣號。倘使留下金珠饒你命，你還不肯不相饒。〔末介〕〔唱〕

〔遶池游〕張協拜啓，念是讀書輩。往長安擬欲應舉，些少裹足路途里欲得支費，望周全不須劫去。

〔白〕強人不管他說，怒從心上起，惡向膽邊生，左手捽住張協頭稍，右手扯住一把光霍霍冷搜搜鼠尾樣刀，番過刀背去張協左肋上劈，右肋上打，打得他大痛無聲，奪去查果金珠。那時張協性命如何？慈鴉共喜鵲同枝，吉凶事會然未保，似恁唱說諸宮調，何如把此話文敷演。後行腳色，力齊鼓兒，饒個攛掇末泥色，饒個踏場。〔生上白〕訛未。〔眾喏〕〔生〕勞得謝送道呵。〔眾〕相煩那子弟。後行子弟，饒個燭影搖紅斷送。〔眾動樂器〕〔生踏場調數〕〔生白〕〔望江南〕多忔戲，本事實風騷。使拍超烘非樂事，築球打彈謾徒勞，沒意品笙簫。諳諢砌，酢酢仗歌謠。出入須還詩斷送，中間惟有笑偏饒，教看眾樂淘淘。適來聽得一派樂聲，不知誰家調弄？〔眾〕燭影搖紅。〔生〕暫借軋色。〔眾〕有。〔生〕罷！學個張狀元似像。〔眾〕謝了。〔生〕畫堂悄最堪宴樂。繡簾垂隔斷春風。波艷艷盃行泛綠，夜深深燭影搖紅。〔眾應〕〔生唱〕

〔燭影搖紅〕燭影搖紅，最宜浮浪多忔戲。精奇古怪事堪觀，編撰於中美，眞個梨園體。論恢諧除師怎比。九山書會，近目翻騰，別是風味。一個若抹上擦灰，迻鎗出沒人皆喜。況兼滿坐盡明公，曾見從來底。此段新奇差異，更詞源移宮換羽。大家雅靜，人眼難瞞，與我分個令利。

這就是張協狀元開場的一段。轉折流暢，是口語的好文詞。

彈詞與評話

明代時曲多爲短篇，開啓了民間俗曲的傳唱，是它的功績。要說能夠繼承諸宮調長篇說唱的傑構，則要數清初彈詞體的巨著如「再生緣」等作品了，因爲，中國最長的叙事詩，且能被之以弦索說唱的是「彈詞」。

陳寅恪氏「論再生緣」：

寅恪少喜讀小說，雖至鄙陋者，亦取寓目。獨彈詞七字唱之體，則略知其內容大意後，輒棄去不復觀察，蓋厭惡繁複冗長也；及長，游學四方，從師受天竺希臘之文，讀其史詩名著，始知所言宗教哲理，固有遠勝吾國彈詞七字唱者，然其構章遣詞，繁複冗長，實與彈詞七字唱無甚差異，絕不可以桐城古文義法及江西詩派句律繩之者，而少時厭惡此體小說之意，遂漸減損改易矣。又中歲以後，研治元白長慶體詩，窮其流變，廣涉唐五代俗講之文，於彈詞七字唱之體，益復有所心會。衰年病目，廢書不觀，唯聽小說消日，偶至再生緣一書，深有感於其作者之身世，遂稍稍考證其本末，草成此文。

其論「再生緣」思想：

今人所以不喜讀此書之原因頗多，其最主要者，則以此書思想陳腐，如女扮男裝，中狀元，作宰相等俗濫可厭之情事。然此類情事之描寫，固爲昔日小說彈詞之通病，其可厭自不待言，寅恪往日所以不喜讀此等書者，亦由此故也。年來讀史，於知人論事之旨稍有所得，遂取再生緣之書，與陳端生個人身世之可考見者相參會，鉤索乾隆朝史事之沈隱，玩味再生緣文詞之優美，然後恍然知再生緣實彈詞體中空前之作，而陳端生亦當日無數女性中思想最超越之人也。

其論「再生緣」之結構，兼論中國之小說；其見解殊為深刻：

結構綜觀吾國之文學作品，一篇之文，一首之詩，其間結構組織，出於名家之手者，則甚精密，且有系統。然若為集合多篇之文多首之詩而成之巨製，即使出自名家之手，不亦通取多數無系統或各自獨立之單篇詩文，匯為一書耳。其中各有例外之作，如劉彥和之文心雕龍，其書或受佛教論藏之影響，以軼出本文範圍，故不置論。又如白樂天之新樂府，則拙著元白詩箋證稿新樂府中言之已詳，亦不贅論。至於吾國小說，則其結構遠不如西洋小說之精密。在歐洲小說未經翻譯為中文以前，凡吾國著名小說如水滸傳石頭記與儒林外史等書，其結構皆甚可議。寅恪讀此類書甚少，但知有兒女英雄傳一種，殊為例外。其書乃反紅樓夢之工作，世人以其內容不甚豐富，往往輕視之。然其結構精密，頗有系統，轉勝於曹書，在歐西小說未輸入吾國以前，為罕見之著述也。哈葛德者，其文學地位在英文中，並非高品，所著小說傳入中國後，當時桐城派古文家林畏廬深賞其文，至比之史遷。能讀英文者，頗怪其擬於不倫。實則琴南深受古文義法之熏習，甚知結構之必要。而吾國長篇小說，則此缺點最顯著。歷來文學名家輕視小說，亦由於是。（桐城派名家吳摯甫序嚴譯天演論。謂文有三害，小說乃其一。文選派名家王壬秋鄙韓退之侯朝宗之文，謂其同於小說。）一旦忽見哈氏小說，結構精密，遂驚嘆不已，不覺以其平日所最崇拜之司馬子長相比也。今觀再生緣爲續玉釧緣之書，而玉釧緣之文冗長支蔓殊無系統結構，與再生緣之結構精密，系統分明者，實有天淵之別。若非端生之天才卓越，何以得至此乎？總之，不支蔓有系統，在吾國作品中如爲短篇，其作者精力尚能顧及，文字剪裁，亦可整齊。若是長篇巨製，文字逾數十百萬言，如彈詞之體者，求一敘述有重點中心，結構無夾雜駢枝等病之作，以寅恪所知，要以再生緣爲彈詞中第一部書也。端生之書若是，端生之才可知。在吾國文學文中，亦不多見。但世人往往不甚注意，故將標出之如此。韓退之云：「發潛德之幽光。」寅恪之草此文，猶退之意也。

至其論及彈文詞尤多特出獨到之見。

紫竹山房文集柒才女說略云：

> 世之論者每云，女子不可以才名，凡有才名者，往往福薄。余獨謂不然，福本不易得，亦不易全。之古之薄福之女，奚啻千萬億，而知名者，代不過數人，則正以其才之不可沒故也。又況才福亦常不相妨，嫻文事，而享富貴以沒世者，亦復不少，何謂不可以才名也。誠能於婦職餘閒，流覽墳索，諷習篇章，因以多識故典，大啓性靈，則於治家相夫課子，皆非無助。以視邨姑野媼惑溺於盲子彈詞，乞兒說謊，爲之啼者，譬如一龍一豬，豈可以同日語哉？又經解云！溫柔敦厚，詩教也。由此思之，則女教莫詩爲近，才也而德即寓焉矣。

寅恪先生認爲：

再生緣之文，質言之，乃一敍事言情七言排律之長篇巨製也。

元氏長慶集伍陸唐故工部員外郎杜君墓志銘並序略云：

山東人李白亦以奇文取稱，時人謂之李杜。予觀其肚浪縱恣，擺去拘束，模寫物象，及樂府歌詩，誠亦差肩於子美矣。至若鋪陳終始，排比聲韻，大或千言，次猶數百，詞氣豪邁，而風調清深，屬對律切，而脫弁凡近，則季尚不能歷其藩翰，況堂奧乎？

姚鼐今體詩鈔序自略云：

杜公今體四十字包涵萬象，不可謂少。數十韻百中運掉變化如龍蛇，穿貫往復如一線，不覺其多。讀五言至此，始無餘憾。余往昔見〔錢〕蒙叟箋，於其長律，轉折意緒都不能了，頗多謬說，故詳爲詮釋。

同書五言陸杜子美下注略云：

杜公長律有千門萬户開闔陰陽之意。元微之論李杜優劣，專主此體。見雖少偏，然不爲無識，自來學杜公者，他體猶能近似，長律則愈邈矣。〔元〕遺山〔論詩絕句〕云：「〔排比鋪張特一途，文章如此亦區區。〕少陸自有運城壁，爭奈微之識珷玞。」，有長律如此，而目爲珷玞，此成何論耶？杜公長律旁見側出，無所不包，而首尾一線，尋其脈略，轉得清明。他人指成褊隘，而意緒或反不逮其整晰。

寅恪先生復認爲：

自香山於作秦中吟外，別作新樂府。秦中吟之體乃五言古詩，而新樂府則改用七言，且間以三言。蘄求適應當時民間歌詠，其用心可以推見也。（可參拙著元白詩箋稿新樂府章。）彈詞之文體即是七言排律，而間以三言之長篇巨製。故微之惜抱論少陵平言排律者，亦可以取之以論彈詞之文。

又說：

吾國昔日善屬文者，常思用古文之文法，作駢儷之文。但此種理想能具體實行者，端繫乎其人之思想靈活，不爲對偶韻律所束縛。六朝及天水一代思想最爲自由，故文章亦臻上乘，其駢儷之文遂亦無敵於數千年之間矣。若就六朝長篇駢儷之文言之，當以庾子山哀江南賦爲第一。

更說：

今觀陳端生再生緣第壹柒卷中自序之文。（上文已引。）與再生緣續者梁楚生第貳拾卷中自述之文，兩者之高下優劣立見，其所以致此者，鄙意以爲楚生之記誦廣博，雖或勝於端生，而端生之思想自由，則遠過於楚生。撰述長篇之排律駢體，內容繁複，如彈詞之體者，茍無靈活自由之思想，以運用貫通於其間，則千言萬語，盡成堆砌之死句，即有眞實情感，亦墮世俗之見矣。不獨梁氏如是，其他如邱心如輩，亦莫不如是。再生緣一書，在彈詞體中，所以獨勝者，實由於端生之自由活潑思想，能運用其對偶韻律之詞語，有以致之也。故無自由之思想，則無優美之文字，舉此一例，可概其餘。此易見之眞理，世人竟不知之，可謂愚不可及矣。

陳寅恪氏論「再生緣」一書，其於彈詞史源亦有述及，他特別標舉「無自由之思想，則無優美之文字」對「瑞生此等自由及自尊即獨立之思想」推崇至極。他考證的雖是一部彈詞，其實是爲文學自由作一證據。亦說明彈詞作品之重要。其價值可論者，皆如前文。陳瑞生寫元十七卷絕筆，後三卷爲梁德繩續成。

蔣瑞藻「小說考證」續編二十四引閨媛叢談說：

> 楊蓉裳先生嘗稱南花北夢，江西九種，南花謂天雨花，北夢爲紅樓夢，謂二書可與蔣青容九種曲並傳，天雨花彈詞，共三十餘卷，而一韻到底，洵乎傑作也。其署名爲梁溪女子陶貞懷，而近人謂實出浙江徐致和太史之手，爲其太夫人愛聽彈詞，太史作之，以爲承歡之計，則所謂陶貞懷，似係子虛烏有，未知然否，其眞係閨閣手筆者，爲再生緣。相傳泉唐陳勾山太僕之女孫端生女士，適范氏，婿以科場事，爲人牽累謫戍，女士謝膏沐，譔再生緣彈詞，託名有元代女子孟麗君，男裝應試，更名酈君玉，號明堂，及第爲宰相，與夫同朝，而不合并。以寄別鳳離鸞之感。曰，婿不歸，此書無完全之日也，後范遇赦歸，未至家而女士卒，許周生駕部與配梁楚生恭人，足成之，稱全璧。吾國舊時婦女之略識之無者，無不讀此書焉，楚生名德繩，晚號古春老人駕部卒後，遺集皆其手定，二女雲林雲姜，皆能詩。

彈詞流行於江南，在江浙一帶稱爲「南詞」或叫做文書。在福建一帶稱爲「評話」。楊蔭深在其「俗文學概論」中說：「聞有『榴花夢評話』一種，多至三百餘本，可謂彈詞中最長的作品」。阿英「彈詞小話」中也說：「我所見『榴花夢』抄本，竟達二百六十餘冊之多，還沒有完。鄭振鐸氏藏「彈詞目錄」中說：「彈詞最長者，可以有三十冊以上。如『天雨花』有四十冊。安邦志、定國志、鳳凰山之『三部曲』合之得七十餘冊。眞可謂中國文藝名著中卷帙最浩瀚者」。彈詞在廣東則稱「木魚書」，但其情節較爲偏狹，不如江浙的彈詞那麼廣泛。吳趼人在「小說叢話」中說：

彈詞曲本之類，粵人謂之「木魚書」。此等本魚書雖皆附會無稽之作，要其大旨，無一非陳述忠孝節義者。甚至演一妓女故事，亦必言其殉情人以死。其他如義僕代主受戮，孝女賣身代父贖罪等事，開卷皆是，無處蔑有，而必得一極良結局。婦人女子，習看此等書，遂暗受其教育，惜乎此等木魚書，限於方言，不能遠播耳。

最早的彈詞，是元末明初楊維楨的「四遊記彈詞」，四遊是俠遊、仙遊、冥遊、夢遊，但今無存本。阿英「彈詞小話引」中認爲：「楊愼的『二十一史彈詞』王有軗頭本的『三笑緣彈詞』算是最早」。「四遊記」明人臧懋循「負苞堂文集」卷三有「彈詞小記」說：

若有彈詞……近得無名氏《仙遊》、《夢遊》二錄，皆取唐人傳奇爲之敷衍。深不甚文，諧不甚俚，能使騃兒少女無不入於耳而動於心，自是元人伎倆。或云楊廉夫避難吳中時爲之。聞尚有《俠遊》、《冥遊》錄，未可得。

「二十一史彈詞」的十言句，聽起來缺少意味，可說是彈詞中，張力不夠委婉曲折的一種：

一騎馬，渡康王，江南立帝。建中興，無計策，航海逃生。宗留守，固京城，表還車駕，江黃沮，抑鬱死，淚滿衣襟。振軍聲，累得勝，張韓吳岳。苗劉變，遭禁制，不勝疑心。賊檜歸，決講和，稱臣奉貢；殺忠良，三字獄，匿怨忘親。

「續二十一史彈詞」明末陳忱作，已散佚。明末董說「西遊補」十二曲下半曲：「撥琵琶季女彈詞」中有：「天皇那日開星斗」談彈詞體制。明末田汝成「西湖游覽志餘」中卷二十記杭州八月觀潮」說：

其時優人百戲，擊毬。關朴，魚鼓，彈詞，聲音鼎沸。其魁名朱國臣者，初亦宰夫也，畜二瞽姬，教以彈詞，博金錢，夜則侍酒。（沈德符《野獲篇》卷十八『冤獄』）

（章頭娘）……更熟二十一史，精彈詞。（清·佚名《三風十愆記》敘明末常熟丐户章頭娘）

張岱字宗子，明山陰人，寓錢塘又字陶菴，自號蝶菴居士，著「西湖夢尋」、「琅環文集」等。在「陶菴夢憶」中有「西湖香市」。

西湖香市

西湖香市。起於花朝。盡於端午。山東進香普院者日至。嘉湖進香天竺者日至。至則與湖之人市焉。故曰香市。然進香之人。市於三天竺。市於岳王墳。市於湖心亭。市於陸宣公祠。無不市。而獨湊集於昭慶寺。昭慶兩廊。故無日不市者。三代八朝之骨董。蠻夷閩貊之珍異。皆集焉。至香市。則殿中甬道上下。池左右。山門内外。有屋則攤。無屋則廠。廠外又柵。柵外又攤。節節寸寸。凡赬赦簪珥牙尺剪刀。以至經典木魚。孩兒嬉具之類。無不集。此時春暖。桃柳明媚。鼓吹清和。岸無留船。寓無留客。肆無留釀。袁石公所謂山色如娥。花光如頰。波紋如綾。溫風如酒。已畫出西湖三月。而此以香客雜來。光景又別。士女閑都。不勝其村妝野婦之喬畫。芳蘭薌澤。不勝其合香芫荽之薰蒸。絲竹管絃。不勝其搖鼓欲笙之聒耳。鼎彝光怪。不勝其泥人竹馬之行情。宋元名畫。不勝其湖景佛圖之紙貴。如逃如逐。如奔如追。撩撲不開。牽挽不住。數百十萬男男女女。老老少少。日簇擁於寺之前後左右者。凡四閱月方罷。恐大江以東。斷無此二地矣。崇禎庚辰三月。昭慶寺火。是歲及辛巳壬午游飢。民強半餓死。壬午虜梗山東。香客斷絕無有至者。市遂廢。辛巳夏。余在西湖。但見城中餓殍舁出。扛挽相屬。時杭州之劉太守夢謙汴梁人。鄉里抽豐者。多寓西湖。日以詩詞饋送。有輕薄子改古詩誚之曰。山不青山樓不樓。西湖歌舞一時休。暖風吹得死人臭。還把杭州送汴州。可作西湖實錄。

其中有「絲竹管弦，不勝其搖鼓飲笙之聒耳」。又在「西湖七月半」中說：

西湖七月半。一無可看。止可看看七月半之人。看七月半之人、以五類看之。其一樓船。簫鼓峨冠。盛筵燈火。優傒聲光相亂。名爲看月。而實不見月者。看之。其一亦船亦樓。名娃閨秀。攜及童孌。笑啼雜之。還坐露臺。左右盼望。身在月下而實不看月者。看之。其一亦船亦聲歌。名妓閒僧。淺斟低唱。弱管輕絲。竹肉相發。亦在月下。亦看月而欲人看其看月者。看之。其一不舟不車。不衫不幘。酒醉食飽。呼群三五。躋入人叢。昭慶斷橋。嘄呼嘈雜。裝假醉。唱無腔曲。月亦看看月者。亦看不看月者。亦看而實無一看者。看之。其一小船輕幌。淨几煖爐。茶鐺旋煮。素瓷靜遞。好友佳人。邀月同坐。或匿影樹下。或逃囂裡湖。看月而人不見其看月之態。亦不作意看月者。看之。杭人游湖。巳出酉歸。避月如仇。是夕好名。逐隊爭出。多犒門軍酒錢。轎夫擎燎。列俟岸上。一入舟。速舟子急放斷橋。趕入勝會。以故二鼓以前。人聲鼓吹。如沸如撼。如魘如囈。如聾如啞。大船小船。一齊湊岸。一無所見。止見篙擊篙。舟觸舟。肩摩肩。面看面而已。少刻興盡。官府席散。皂隸喝道去。轎夫叫船上人。怖以關門。燈籠火把如列星。一一簇擁而去。岸上人亦逐隊趕門。漸稀漸薄。頃刻散盡矣。吾輩始艤舟近岸。斷橋石磴始涼。席其上。呼客縱飲。此時月如鏡新磨。山復整妝。湖復頮面。向之淺斟低唱者出。匿影樹下者亦出。吾輩往通聲氣。拉與同坐。韻友來。名妓至。杯箸安。竹肉發。月色蒼涼。東方將白。客方散去。吾輩縱舟。酣睡於十里荷花之中。香氣沁人。清夢甚愜。

中有「亦船亦聲歌，名妓閒僧，淺斟低唱，弱管輕絲，竹肉相發。」此種勝況，如詩如畫，聲色並茂。寫「亦解吳歌」的「王月生」：

南京朱市妓。曲中羞與爲伍。王月生出朱市。曲中上下三十年。決無其比也。面色如建蘭初開。楚楚文弱。纖趾一牙。如出水紅菱。矜貴寡言笑。女兄弟閒客多方狡獪嘲弄咍侮。不能勾其槩。善楷書。畫蘭竹水仙。亦解吳歌。不易出口。南中勳戚大老力致之。亦不能竟一席。富商權胥得其主席半晌。先一日送書帕。非十金。則五鄉。不敢褻訂。與合巹。非下聘一二月前。則終歲不得也。好茶。善閔老子。雖大風雨。大宴會。必至老子家啜茶數壺。始去。所交有當意者。亦期與老子家會。一日。老子鄰居有大賈。集曲中妓十數人。群誶嘻笑。環坐縱飲。月生立露臺上。倚徙欄楯。眡娗羞澀。群婢見之。皆氣奪、徙他室避之。月生寒淡如孤梅冷月。含冰傲霜。不喜與俗子交接。或時對面同坐起若無睹者。有公子狎之。同寢食者半月。不得其一言。一日。口囁嚅動。閒客驚喜。走報公子曰。月生開言矣。閧然以爲祥瑞。急走伺之。面頰。尋又止方公子力請再三。蹇澀出二字曰。家去。

寫「柳敬亭說書」尤其是神來之筆：

南京柳麻子。黧黑。滿面疤癗。悠悠忽忽。土木形骸。善說書。一日說書一回。定價一兩。十日前先送書帕下定。常不得空。南京一時有兩行情人。王月生柳麻子是也。余聽其說景陽岡武松打虎白文。與本傳大異。其描寫刻畫。微入豪髮。然又找截乾淨。並不嘮叨。有時聲如巨鐘。說至筋節處。叱吒叫喊。洶洶崩屋。武松到店沽酒。店內無人驀地一吼。店中空缸空甓。皆瓮瓮有聲。閒中著色。細微至此。主人必屛息靜坐傾耳聽之。彼方掉舌。稍見下人呫嗶耳語。聽者欠伸有倦色。輒不言。故不得強。每至丙夜。拭桌翦燈。素甆靜遞。款款言之。其疾徐輕重。吞吐抑揚。入情入理。入筋入骨。摘世上說書之耳而使之諦聽。不怕其齰舌死也。柳麻子貌奇醜。然其口角波俏。眼目流利。衣服恬靜。直與王月生同其婉孌。故其行情正等。

孔尚任「桃花扇—餘韻」一節是彈唱的傑作，我們看其描寫：

〔丑彈絃介〕六代興亡，幾點清彈千古慨。半生湖海。一聲高唱萬山驚。〔照盲女彈詞唱介〕

〔秣陵秋〕陳隋煙月恨茫茫。井帶胭脂土帶香。駘蕩柳綿沾客鬢。叮嚀鶯舌惱人腸。中興朝市繁華續。遺孽兒孫氣焰張。只勸樓臺追後主。不愁弓矢下殘唐。蛾眉越女纔承選。燕子吳歈早擅場。力士僉名搜笛步。龜年協律奉椒勵。西崑詞賦新溫李。烏巷冠裳舊謝王。院院宮妝金翠鏡。朝朝楚夢雨雲床。五侯閫外空狼燧。二水洲邊自雀舫。指馬誰攻秦相詐。入林都畏阮生狂。春燈已錯從頭認。社黨重鉤無縫藏。借手救讐長樂老。脅肩媚遺半閒堂。龍鍾閣部啼梅嶺。跋扈將軍譟武昌。九曲河流晴喚渡。千尋江岸夜移防。瓊花劫到雕欄損。玉樹歌終畫殿涼。滄海迷家龍寂寞。風塵失伴鳳徬徨。青衣啣壁何年返。碧血濺沙此地亡。南內湯池仍蔓草。東陵輦路又斜陽。全開鎖鑰淮揚泗。難整乾坤左史黃。建帝飄零烈帝慘。英宗困頓武宗荒。那知還有福王一。臨去秋波淚數行。

〔淨〕妙妙。果然一些不差。〔副末〕雖是幾句彈詞。竟是吳梅村一首長歌。〔淨〕老哥學問大進。該敬一盃。〔斟酒介〕〔丑〕倒叫我吃罰酒了。〔淨〕愚兄也有些須下酒之物。〔丑〕你的東西。一定是山殺野藪了。〔淨〕不是不是。昨日南京賣柴。特地帶來的。〔丑〕取來共享罷。〔淨指口介〕也是舌頭。〔副末〕怎的也是舌頭。〔淨〕不瞞二位說。我三年沒到南京。忽然高興。進城賣柴。路過教陵。見那寶城享殿。成了芻牧之場。〔丑〕阿呀呀。那皇城如何。〔淨〕那皇城牆倒宮塌。滿地蒿萊了。〔副末掩淚介〕不料光景至此。〔淨〕俺又一直走到秦淮。立了半響。竟沒一個人影兒。〔丑〕那長橋舊院。是俺們熟遊之地。你也該去瞧瞧。〔淨〕怎的沒瞧。長橋已無片板。舊院剩了一堆瓦礫。〔丑搥胸介〕咳。慟死俺也。〔淨〕那時疾忙回首。一路傷心。編成一套北曲。名爲哀江南。待我唱來。〔敲板唱弋陽腔介〕俺樵夫呵。

〔哀江南〕〔北新水令〕山松野草帶花挑。猛抬頭。秣陵重到。殘軍留廢壘。瘦馬臥空壕。村郭蕭條。城對著夕陽道。〔駐道聽〕野火頻燒。護墓長楸多半焦。山羊群跑。守陵阿監幾時逃。鴿翎蝠糞滿堂拋。枯枝敗葉當階罩。誰祭掃牧兒打碎龍碑帽〔沉醉東風〕橫白玉八根柱倒。墮紅泥。半堵牆高。碎琉璃。瓦片多。爛翡翠。窗櫺少。舞丹墀燕雀常朝。直入宮門一路蒿。住幾個乞兒餓殍。〔折桂令〕問秦淮。舊日窗寮。破紙迎風。壞檻當潮。目斷魂消。當年粉黛。何處笙簫。罷燈船。端陽不鬧。收酒旗。重九無聊。白鳥飄飄。綠水滔滔。嫩黃花。有些蝶飛。新紅葉。無箇人瞧。〔沽美酒〕你記得跨青谿。半里橋。舊紅板。沒一條。秋水長天人過少。冷清清的落照。剩一樹柳彎腰。〔太平令〕行到那舊院門何用輕敲。也不怕小犬哰哰。無非是枯井頹巢。不過些磚苔砌草。手種的花條柳梢。儘意兒採樵。這黑灰是誰家廚竈。〔離亭宴帶歇拍煞〕俺曾見金陵玉殿鶯啼曉。秦淮水榭花開早。誰知道容易冰消。眼看他起朱樓。眼看他讌賓客。眼看他樓塌了。這青苔碧瓦堆。俺曾睡風流覺。將五十年興亡看飽。那烏衣巷。不姓王。莫愁湖。鬼夜哭。鳳皇臺。棲梟鳥。殘山夢最眞。舊境丟難掉。不信這與圖換稾。謅一套哀江南。放悲聲唱到老。

〔副末掩淚介〕妙是絕妙。惹出我多少眼淚。〔丑〕這酒也不忍入唇了。大家談談罷。

〔副淨時服扮皁隸暗上〕朝陪天子輩。暮把縣官門。皁柰原無種。通侯豈有根。自家魏國公嫡親公子徐青君的便是。生來富貴。享盡繁華。不料國破家亡。剩了區區一口。沒奈何在上元縣當了一名皁隸。將就度日。今奉本官籤票。訪拿山林隱逸。只得下鄉走走。〔望介〕那江岸之上。有幾個老兒閑坐。不免上前討火。就便訪問。正是開國元勳留狗尾。換朝逸老縮龜頭。〔前行見介〕老哥們。有火借一個。〔丑〕請坐。〔副淨坐介〕〔副末問介〕看你打扮。像一位公差大哥〔副淨〕便是。〔淨問介〕要火吃煙麼。小弟帶有高煙。取出春敬罷。〔敲火吸煙奉副淨介〕〔副淨吃煙介〕好高煙。好高煙。〔作暈醉臥介〕〔淨扶介〕〔副淨〕不要拉我。讓我歇一歇就好了。〔閉目臥介〕〔丑問副末介〕記得三年之前。老相公捧著史閣部衣冠。要葬在梅花嶺下。後來怎樣。〔副末〕後來約了許多忠義之士。齊集梅花嶺。招魂埋葬。倒也算千秋盛事。但不曾立得碑碣。〔淨〕好事好事。只可惜黃將軍。刎頭報主。拋屍路傍。竟無人埋葬。〔副末〕如今好了。也是我老漢同些村中父老。檢骨殯殮。起了一座大大的墳塋。好不體面。〔丑〕你這兩件功德。卻也不小哩。〔淨〕二位不知。那左寧南氣死戰船時。親朋盡散。卻是我老蘇殯殮了也。〔副末〕難得難得。聞他兒子左夢庚。襲了前程。昨日搬柩回去了。〔丑掩淚介〕左寧南是我老柳知己。我曾託藍田叔畫他一幅影像。又求錢牧齋題贊了幾句。逢時遇節。展開祭拜。也盡俺一點報答之意。〔副淨醒作悄語介〕聽他說話。像幾個山林隱逸。〔起身問介〕三位是山林隱逸麼。〔衆起拱介〕不敢不敢。爲何問及山林隱逸。〔副淨〕三位不知麼。現今禮部上本。搜尋山林隱逸。撫按大老爺。掛告示。布政司行文。已經月餘。並不見一人報名。府縣著忙。差俺們各處訪拿。三位一定是了。快快跟我回話去。〔副末〕老歌差矣。山林隱逸。乃文人名士。不肯出山的。老夫原是假斯文的一個老贊禮。那裡去得。〔丑淨〕我兩個是說書唱曲的朋友。而今使了漁翁樵子。益發不中了。〔副末〕你們不曉得。那些文人名士。都是識時務的俊傑。從三年前。俱已出山了。目下正要訪拿你輩哩。〔副末〕啐。徵求隱逸。乃朝廷盛賽。公祖父母。俱當以禮相聘、怎麼要拿起來。定是你這衙役們奉行不善。〔淨副〕不干我事。有本縣籤票在此。取出你看。〔取看籤票欲拿介〕〔淨〕果有這事哩。〔丑〕我們竟走開何如。〔副末〕有理。避禍今何晚。入山昔未深。〔各分走下〕〔副淨趕不上介〕你看他登崖涉澗。竟各逃走無蹤。

至於彈詞的技能，可引蘇州光裕社自己的行內話：

馬春帆耍孩兒前半云：「一情節，二言詞，三歌唱，四弦子，起承轉合多如此，談笑全憑俚鄙詞。」

陸瑞廷云：「畫石五訣，瘦、皺、漏、透、醜也。不知大小書中亦有五訣，理、味、趣、細、技耳。理者，貫通也；味者，耐思也；趣者，解頤也；細者，典雅也；技者，工夫也。具此五長，人不可及矣。」

朱耀新云：「說書何難，難于唱可以成篇，說可以成片，今可以稽古，後可以應前。脫漏之弊，不時檢點。如是而不終卷者，未之有也。彈唱至妙，而名利皆無者，必有疵病，惜未曾自求其不足耳。」

澹園論四大忌，六不可少，見蘇州快覽；王周士也有十四大忌與十四不可少。十四大忌是他的書忌：

「樂而不歡，哀而不怨，哭而不慘，苦而不酸，接而不貫，扳而不換，指而不看，望而不遠，評而不判，羞而不敢，學而不願，束而不展，坐而不安，惜而不拼。」

十四不少是他的書品：

「快而不亂，慢而不斷，放而不寬，收而不短，冷而不顫，熱而不汗，高而不喧，低而不閃，明而不暗，啞而不乾，急而不喘，新而不竄，閒而不倦，貧而不諂。」

至於書場的設備則有李百泉的書場銘：

「臺不在高，有書則名；文不在深，有譃則靈，斯是書社，惟吾揚聲。竹窗映水綠，茶竈透煙靑。談笑集群賢，往來多佳賓。可以彈三弦，論古今，闢玩徒之知識，儆奸佞之邪心。座多周公瑾，我慚柳敬亭。古人云：姑妄聽之。』

陳次衡言「說書大別爲兩派：一曰評話，一曰彈詞。」堯山堂外記說：「杭州瞽女，唱古今小說平話，謂之陶眞」。平話就是評話，也就是彈唱，彈唱有把小書、大書作分別爲：

小書：珍珠塔，三笑姻緣，倭袍傳，白蛇傳，玉蜻蜓，描金鳳，雙珠鳳，落金扇，雙珠球，玉夔龍，文武香球，繡香囊，雙金錠，等。

大書：三國，水滸，英烈傳，岳傳，金槍傳，金臺傳，東西漢，隋唐，綠牡丹，五義圖，西遊記，彭公案，施公案，濟公傳，封神榜，等。

清人范祖述（字月橋，錢塘人）之杭俗遺風中，已見記載：

大書 一人獨說，不用傢伙，惟有醒木一塊，紙扇一把。所見惟沈蒲包一人，工亦一洋，其餘不過街書有之。

柳敬亭在左帥寧南軍中說書，是否此種方式，他用敲板唱弋陽腔，且編成一套北曲「哀江南」，近乎成套的諸宮調，他的說書，論才情與氣概來說，慷慨悲壯，聲氣洋溢應該是大書。范氏認爲「南詞」就是彈詞，他說：

『南詞 說唱古今書籍，編七字句，坐中開口彈弦子，打橫者佐以洋琴。名曰洋二百，蓋坐中工洋一元，而打洋琴者工錢二百也。每本四五回，稱爲唱書先生。出名者有諺云：倪老開，張老福，陳金姑，沈小六。其他戴鼎，孟隆，許煥，莫培等。所最興時者，惟倪開張福二人。倪開風流蘊藉，張福滑稽詼諧，令人發笑，雖當面誚人，人不之怨也。五月十九，倉橋元帥廟有文書老會，凡省中唱書者，不取工錢，俟唱一回，以傢伙到廟先後爲序，不大出名者，以此爲榮也。廟惟備點飯，人家喜事生日多用之。」

他說的這些，聽來像是小書，是纖巧含情逗人樂趣，行走市井等府會的游藝說唱人。

陳次衡說：

彈唱有單擋與雙擋之分。一人唱說者爲單擋，多用絃子；二者爲雙擋，又有陽面陰面之分，陽面用弦子，陰面用琵琶，亦有彈銅絲琴者。

北方說書也有大小之分，不過與南詞稍有不同；可能是因爲燕趙多慷慨悲歌之士。亦因地理氣候，自古以來就有的分別：

大書：列國，西漢，東漢，三國，隋唐，跨海，水滸，精忠，英烈。演義：封神，西遊，聊齋。

小書：善惡圖（前），大宋八義（後），綠牡丹，三俠五義，小五義，濟公傳，清烈傳（彭公案之前部），彭公案，施公案，于公案，永慶昇平。

老殘遊記中大明湖有似陶菴夢憶中的西湖，西湖上絲竹管弦，淺斟低唱，相應大明湖王小玉（白妞黑妞響遏行雲繞梁三日的彈唱，反映南北兩地說唱藝術的景況。評話之爲大書，因其以史蹟入於演義，橫生枝節，觸景造境，稗官野史，傳聞雜錄，運用如意，翻出新奇。

務必情理兼備，寓教於樂。說唱三國，必爛熟於胸膛，唱彈水滸，必描述其聲音形貌。在社會背景，水泊生涯中是甚等人物。評話中生旦淨丑，男女老少，粗細精壯，矜寡孤獨，必須橫倣周至，刻畫到家。尤要聲口便捷，學識淵源，我們看：

揚州畫舫錄卷十一：『徐廣如始爲評話，無聽之者，在寓中自摑其頰。有叟自外至，詢其故。自言其技之劣，且告以將死。叟曰：「姑使余聽之可乎？」徐諾，叟聆之，笑曰，「期之三年，當使爾技蓋於天下也。」徐隨侍，叟令讀漢魏文三年，曰：「可矣！」故其吐屬淵雅，爲士大夫所重也。』

拜師學藝，非有其才其學，以毅力恆心，日日磨練，事事求知，窮年累月，深入領悟者，不易在此說唱藝術業中展露頭角而臻於名角。

清涼道人聽雨軒筆記卷三：『小說所以敷衍正史，而評話又所以敷衍小說。小說間或有與正史相同，而評話則皆海市蜃樓，憑空架造，如列國，東西漢，三國，隋唐，飛龍，金槍，精忠，英烈傳是已。然其中亦有標異出奇，駭人耳目者，茲就余所聞者而言之，以見其概然。余昔在郡城城隍廟，見有說三國演義葭萌關桓侯戰馬超者，言孟起與桓侯苦戰三日夜，欲於馬上擒桓侯而不能，遂詐敗，桓侯追之。孟起回身手擲飛抓罩其首，蓋孟起之高祖爲新息侯馬援，素精此技，昔佐光武定天下，百步之內，取敵人首如囊中物，孟起之家傳絕技也。桓侯見飛抓自空直下，猝不及避，不覺大聲而呼，舉蛇矛向上格之。孟起回望桓侯頂上，黑氣沖天而起，內現一大鳥，以翅擊抓。

抓墮於地，不可收，大驚而退。後李詼說之，遂降昭烈。世傳桓侯是大鵬金翅鳥降，故急迫之際，元神出現耳。昔有桓侯在唐留姓在宋留名之說，於唐時爲張睢陽，宋時爲岳忠武。在孕時，母夢鵬飛入室而生，此其徵據也，可謂有源有委矣。後於杭州昭慶寺西廊茶店内，聽說飛龍傳陳橋兵變一段，言宋太祖領兵北代，夜宿陳橋驛中。張光遠羅彥瓌等議欲奉以爲帝，太祖聞之，大驚，遂踰牆至廄，獨乘九天斑豹馬而逃。行至陳橋，時月色明亮，見一白鬚者握鐵鞭立於橋上，大呼曰：「來者非趙某乎？」曰：「然。」其人曰：「我高行周也。向知汝係眞命天子，故我聽莆川之言，自刎以全汝一家。今天命在汝，逃欲何之？」蓋行周諱名高鷂能捕雀，故昔郭威與高戰，輒敗，歷有仇隙。後郭威登極，知宋太祖之父宏毅，素與行周結生死盟，遂執宏毅及其眷屬囚之。而令宋太祖往說行周，使之歸降，否則取其首來。若二者皆不能，則滿門皆戮。時行周爲漢守海平城，宋太祖奉命而至，行周誓不背漢，不肯歸降。術士苗訓以天命有在勸之，行周遂自刎死，其首以畀太祖。太祖持歸，周太祖親啓匣驗之，忽見行周立於前，以鞭擊其頭，驚悸而卒，宏毅全家始得釋縶。今宋太祖將次登位而逃，其馬日行千里，夜行八百，人不能追，故行周顯靈以阻之。太祖不答，策馬上橋，行周拒以鞭，馬驚躍長嘶，不敢進。正徘徊間，張光遠等自後聞聲追至，被以黃袍，擁之而返，行周亦冉冉入雲去。按二說雖皆謬悠縹緲之辭，然亦新穎可喜，所以柳敬亭一派，至今盛行，而人莫之厭也，溽暑炎蒸，北窗高臥，靜聽說書者劇談一回，亦一快事。』

軍營說唱，一爲激勵士氣，二爲消散其單調之生活，行之於左良玉軍中者如柳敎亭，下及賊軍，亦好之若鶩者如：

陳康祺郎潛紀聞：『明末李定國初與孫可望並爲賊。蜀人金公趾在軍中爲說三國衍義，每斥可望爲董卓曹操，而許定國以諸葛。定國大感曰：「孔明不敢望，關張伯約不敢不勉」，自是遂與可望左。及受桂王封爵，自誓努力報國，洗去賊名，百折不回，殉身緬海，爲有明三百年忠臣之殿，則亦傳習郢書之效矣。』

五色瓠：『張獻忠之狡也，日使人說水滸三國諸書，凡埋伏攻擊皆效之。其老本營管隊楊興吾語孔尚大如此。』

評話中忠奸之辨，義利之分，是說話人爲民間傳佈倫理文化的一大任務，說唱人於插科打諢，敎節義忠孝，於醒木紙扇下述俠骨柔腸。鄉下婦翁，雖不讀書，亦知敦品勵行，帝王宮廷，羅致評話人如：

明李日華紫桃軒又綴云：

『宋王防禦，號委順子。方萬里挽之曰：「溫飽逍遙八十餘，稗官原是漢虞初。世間怪事皆能說，天下鴻儒有不如。聳動九重三寸舌，貫穿千古五車書。哀江南賦箋成傳，從此韋編鎖蠹魚。」蓋防禦以說書供奉得官，既老，築委順堂以居，士大夫樂與往還。』

委順子爲何許人，其說「虞初志」及庾信「哀江南賦」的情況雖不能知，但揆其挽詞，則知其聲望甚高，乃得爲宮廷供奉，又見揚州畫舫錄卷十一列舉江南評話家之名，有韓圭湖者（見第四章）即嘗供奉清順治帝。

王西樵贈韓生詩：『政平如水先皇日，行樂時時觝戲傳；江畔逢君訴遺事，斷腸如遇李龜年。謔語縱橫許入詩，舍人傳宴栢梁時，武皇沒後天無笑，說著宮車只淚垂。』

原註云：『生善平話，常供奉世祖皇帝。』

評話流風所及，是即貴族平民無不喜愛，「說書小史」對評話闢有專節論說，其有乾隆時揚州葉英多爲評話人之代表，舊籍中多有記載；讀斯文，其人足可傳世：

揚州畫舫錄卷二：『葉勇復，字英多，號霜林，江都諸生。好歐陽通書法，摹之逼肖。善評話，言古人忠孝事，慷慨激發，座客懍然。』

阮元廣陵詩事卷四：『葉英號霜林，江都老諸生也。善柳敬亭之技，然性情孤傲，不易得而聞也。富貴人有慕其技者，請之，每遭其詬辱。生平與桃花菴僧石莊交最密（畫舫錄卷二有石莊記事），僧善吹洞簫，相約互示以技。簫甫畢，適鹺賈數人至，霜林素疾之者也，亟避之。未幾，石莊死，自恨前約未踐，至僧棺前，竭盡精力演說其技。感慨淋漓，聞者泣下。乾隆戊午偶病臥，忽朗吟云：「碧桃紅杏人何在，白石清泉任我行。」語畢而絕。』

清稗類鈔音樂類：『乾隆時揚州有好奇狷潔之士，曰葉允復，字英多，一字霜林。年十六，補江都縣學生，嘗三踏省闈而不售。居常視世事齷齪，每思一發其邁往不羈氣，而有託以自見。……於是辭家浪游數年，歸而皤然曰：「得之矣！」……然甚祕其技，不肯泄，故所常與同硯席通氣誼者，欲強試之，亦時應時不應。其爲一時說書之魁者，方百計密伺，偶入聽，則大驚卻走，而名遂籍甚。然人皆知其高簡絕佔，不敢求一奏也。其所說以宗留守交印爲最工。大旨原本史籍，稍加比傅，乃皆國家流離之變，忠孝抑鬱之志。撫膺悲憤，張目嗚咽，一時幕僚將士之聽命者，及諸子之侍疾者，疏乞渡河之口授者，呼吸生死，百端坌集。如風雨之雜沓而不可止也！如繁音急管之慘促而不可名也！如魚龍呼嘯松栢哀吟之震盪淒絕而無以爲情也！』

中國最長的敘事詩是彈詞，這不是新發現，原來，彈詞就在那裡成爲一種事實。趙景深氏在「彈詞研究」中認爲「珍珠塔更近於劉知遠傳，不僅有時用諸宮調的體例相似，即情節也有類似之處。你瞧，本冊所選的劉知遠傳中李三娘麻地捧印，這不就是本冊所選的珍珠塔中方卿交印給陳翠娥的影子嗎？他如李三娘見知遠龍形出現，畢秀金也見方卿的原形出現，差不多處處即可以列上印證的。」葉紹鈞在「說書」（見未厭居習唱作）中說：

『珍珠塔裡的陳翠娥私自把珍珠塔贈給方卿，不便明言，只說是乾點心。她從閨房裡取了珍珠塔走到樓梯邊，心思不定，下了幾級又回上去，上去了又跨下來，這樣上下有好多回；後來把珍珠塔交到方卿手裡了，再三叮囑，叫他在路上要當心這乾點心：這些情節在名手都有好幾天可以說。於是聽衆異常興奮，互相提示說：「看今天陳小姐下不下樓梯，」或者說：「看今天叮囑完了沒有。」』

這個可說是「藏頭露尾」，也可以說是「委婉曲折」的細微地方。

「珍珠塔」前段是述方卿家貧離鄉來投奔嫌窮愛富的姑母，說話刁難又譏諷。侄兒方卿知書識禮，但不甘受氣受辱，雖非反唇相譏，但也回答便捷，不肯稍露些許寒酸氣。其間，下人的勢利也表露無遺，只有一個老奴王本是曉事的卻也幫不了什麼忙。我們看這段說唱：詞裡的白就是說，這裡一大段的白是說。說了情事，加入了彈唱，再加上表情，成爲三位一體的彈詞。

〔表白〕再說王本回到曉霞堂說道：〔末白〕大爺，老奴已著丫環通報夫人去了，未免姑蛭相逢，還有一番耽擱，老奴外面有事，少頃進來伺候罷。〔小生白〕你去便了。〔表唱〕慢云老僕身出外，紅雲通報老夫人。〔表白〕紅雲走到裡邊低低說道：〔花旦白〕太太河南方大爺到哉。〔表白〕夫人聽說方大爺到了一句，登時面皮失色，站起身來走到無人之所便問。〔老旦白〕紅雲你那裡曉得。〔花旦白〕太太，老爺分付王伯伯，領大爺到蘭雲堂，見仔夫人，吃仔點心，換仔衣服，原打前門進去，相見老爺。〔表白〕夫人聽得，更加氣悶，心裡一想，一定窮到不堪，所以如此。但是夫人向來最要體面，他就故意在丫頭面前說的好看話。〔老旦白〕吓！方大爺今日到此，必定與老爺賀壽來的。〔花旦白〕紅雲接口說，唔！勿像。〔老旦白〕怎麼不像　。〔老旦白〕怎生打扮。〔花旦白〕丫頭不敢說，夫人去看。〔老旦白〕你且講來，〔花旦白〕

夫人呀！看起來介個大爺。〔唱〕一點勿像個尚書後，狀貌寒酸像個苦命人。身穿一退色銀紅襖，前後磨穿舊絹拼。半舊藍衫肩上破，焦黃一頂舊方巾。〔表唱〕那丫頭輕輕出口千斤重，誰知氣壞夫人八九分。聞言語，面青青，半響無言難出聲。〔老旦唱〕咳！天呀！我方門造孽何深重，身遭慘戮尚嫌輕。家破人亡田產盡，後代還留這不肖的孫。你在家貧苦誰知道，還要來到襄陽出醜名。你平日來時還猶可，偏偏今日到門庭。適當家中逢喜慶，書堂坐滿衆嘉賓。倘被他們見你寒酸態。豈不削盡我面皮門。〔老旦白〕不要說別個，就是這丫頭。〔唱〕尚且被他來嘲笑，叫我怎在陳府再作人。咳！天呀！你就方便我姑娘也罷了。何苦的，還要千里迢迢來辱我的身？禾人雖則心中悶，面上不形怨恨容。勉強開口把紅雲叫，〔老旦白〕紅雲，你去請方大爺進來相見。〔花旦白〕曉得。〔表唱〕丫頭奉命請書生。〔花旦白〕方大爺，夫人請你進去相見。〔小生白〕是，來了，多謝姐姐，與我拿了這行子方〔花旦白〕這個就是方大爺的行李？〔小生白〕正是。〔唱〕我的行李替我拿。〔花旦白〕呵！我替你拿末哉。〔小生白〕有勞姐姐費手。〔花旦白〕阿唷！啥話。棒槌能介點我拿得動個。〔小生白〕唔！好難聽。〔花旦白〕吓！大爺請。〔小生白〕姐姐，我不認得的，你先走。〔花旦白〕介末方大爺這裡來。〔耍孩兒〕〔表唱〕小紅雲，上前行；方子文，後面跟。灣灣曲曲來行進。但見，蘭雲堂三字名人筆，畫棟雕樑不染塵，堂前擺設難細述，方子文呆呆坐定，小紅雲去報夫人。〔花旦白〕夫人，方大爺請拉朵蘭雲堂下哉。〔老旦白〕如此隨我來。〔表唱〕你道夫人何等樣？他原是，宰相之女千金體，生來玉貌似天成。雖則年交四十九，他是受用的人，白髮全然沒半根。兩髮如雲光爍爍，金珠爍爛滿頭珍。霓裳繡襖穿來慣，外罩披風燕尾青。弓鞋三寸元青色，穩步輕移不染塵。像容體態多端正，畢竟是，官宦之家有福人。行來已到屏車門首，丫頭通報大爺聞。〔花旦白〕大爺，夫人出來哉方〔表唱〕方卿椅內檯身起。上前相見甚殷勤。〔小生白〕姑母在上，姪兒拜見。〔老旦白〕姪兒少禮，請坐。〔小生白〕姑母在上，姪兒不敢坐。〔老旦白〕那有不坐之理！〔小生白〕如此告坐了，姑母大人一向納福？姪兒只因南北睽違，不能常來問候，多多有罪。〔老旦白〕說那裡話，雲樹懷思，彼此皆然。〔小生白〕姑母，吾母親在家說。〔唱〕自從別後幾多年，老母家庭常掛牽。今朝特遣姪兒到，叫多多致意問平安。〔老旦白〕承你令堂的好意，我做姑娘的，〔唱〕望風懷想言難盡。卻不道，兩處哀腸總一般。〔小生白〕多謝姑娘掛念。〔唱〕念姪兒掛念前來候，覺得，素手空拳甚歉然。〔老旦白〕姪兒呀！自己骨肉來相見，說什麼，素手空拳客套言。問你老萱在家康健否？〔小生白〕姑娘呀！老母康然靠上天。〔老旦白〕你近來可曾把詩書讀？〔小生唱〕家貧只讀聖賢編。我是，陋巷簞瓢甘淡泊，蒙娘教子已三冬。〔老旦白〕怎麼說陋巷簞瓢！〔唱〕你目下家中何景況？〔小生唱〕咳！提起家中實可憐。鼠耗之糧常欠缺，窮來紫燕不窺簾。炊無升米難爲食，落得廚灶堆塵冷爨煙。

〔老旦白〕不要說了。〔唱〕你既然這樣家貧，何苦的還要遠程途往返費盤纏？〔小生白〕姑母，說這費盤纏二字，想是怪姪兒來的不是了。〔老旦白〕有什麼來的不是，但既然這樣貧苦，就在家裡訓訓蒙，坐個館，將就度日也罷。今奔走遠方，盤纏多用，豈不累娘親益發受苦？況且你娘親曉得我姑娘性子的，一向最愛冠冕爭氣，我在這裡說得自己河南相府錦上添花。〔老旦唱〕我說你百般富貴言難盡，一向是，把你方家窮氣瞞。〔小生〕姑娘呀！〔唱〕別件都可支吾過，這窮苦，如何瞞得一般情。自古常言說得好，從來窮字最難瞞。〔老旦白〕窮雖瞞不過，但大寇可以禦強暴，既已出門，不比在家，也宜略加修飾！你這般打扮。〔唱〕似乎失了尚書體面。〔老旦白〕被我陳氏門中見了。〔唱〕只道我，平寺誇富皆虛言。倘被他們說幾句，豈不使我姑娘有汗顏。〔表唱〕那方生聽得汗顏兩個字，臉上邊，一紅紅至兩眉尖。〔小生白〕阿，姑母，如此說來，無非笑我姪兒窮了。〔老旦白〕我和你至親骨肉，那個來笑你窮！只是你這般模樣，今日前來，未免陳氏門中少見多怪，他們指指搠搠，叫我面上豈不難看！〔小生白〕姑娘呀！你若笑我窮，姪兒自當忍受；若陳姓門中，笑我姓方的窮，姪兒卻有可答。〔老旦白〕阿姪兒，拿甚麼言語答他呢？〔小生白〕喏姑母，若說你陳氏門中，笑我姓方的窮，當時姑爹就不該入贅，到可……〔老旦白〕可什麼，可什麼？阿呀！年紀輕輕，說話這般無禮，你到曉得當姑爺怎麼樣入贅不入贅的。〔小生白〕是，姑母，姪兒一時失言，無禮犯上，姪兒知罪告辭了。〔老旦白〕你把告辭二字來兄我，先看你，生得了這樣好性子。〔小生白〕咳！姑娘，姪兒焉路敢使性，但這個立志是有的。〔小生唱〕自問鰲魚淺水遊，誰將涸轍濟河侯。姑娘呀！你看我衣衫藍縷身狼狽，可曉得，縕袍不恥並狐裘。經天緯地胸中蘊，繡虎文光燭斗牛。一條玉帶圓還缺，萬粒明珠散復收。諒來此處無魚釣，收拋絲綸別下鉤。〔小生白〕姑娘，姪兒去了。〔老旦白〕且慢，你既爲窮而來，自然要借貸些，何以去得如此之急。〔小生白〕姪兒甯可向別處借貸，決不受這陳府的財帛。〔老旦白〕啊呀！你出言太狂了。我看見人面上，你就不借貸，訇要付你些路費，免得流落他鄉。〔小生白〕多謝，多謝，不消姑娘破鈔。〔老旦白〕既然要去，吃了飯去。〔小生白〕姪兒肚中不饑，一概不消了。〔老旦白〕好！有志氣，你去，你去。〔小生白〕姑母，姪兒去便去了，但還有句話卻要講明的。〔老旦白〕有甚說話就講。〔小生白〕姪兒是今朝，〔唱〕奉母命，到府來，只爲親情不爲財。但是我，娘親待你情非薄。〔老旦白〕住了，你娘親待我什麼好處，你曉得？〔小生白〕姪兒是不曉得。〔唱〕我母時常提起來，前事萬般言不盡，這叫做，話不投機且撇開。此來應受他的辱，俗語道得好，窮人切萬到富家來。若是他年還再到，除非有日步金　。〔老旦白〕好，好，好，志氣大，口氣又大，這下叫我也但願你如此。〔老旦白〕但是你，少年人必須心應口，我專望，泥金捷報位三台。但不曉，憑空那個拿雲手，把你福薄書生抬一抬。〔小生白〕哼！哼！論不得。〔老旦白〕既如此，紅雲。大爺動了氣了，你送大爺出去。〔花旦白〕吓！介末大爺走罷，勿要來里鬧熱哉。

〔表唱〕紅雲前面拿行李，怒疑塡胸方秀才。〔小生白〕咳！豈有此理！〔唱〕姑娘尚且輕相待，門上的家人待我正應該。母親吓，早知如此光和景，何必千山萬水來。正是，想到不堪回首處，淚珠點點滴下來。〔旦白〕紅雲送到回廊下，也來輕慢小書獃。〔花旦白〕大爺，走罷，那點行李自家拿仔去，路上小心點，看儂臉上定要撞著強盜哩。〔小生白〕好胡說！〔花旦白〕介末弗送哉。〔小生白〕不勞你送。〔表唱〕紅雲是，交還行李忙回轉。方生是，獨行耍路步徘徊。

趙景深氏在此段注中認爲：「嘉慶十四年吟餘閱刊本，題俞正峰編次。」同治刻本爲周殊士改訂，並加入婢紅雲，改老僕陳宣爲王本，加入了劫塔、追塔、當塔、認塔、哭塔、造塔等情事。「珍珠塔」最關鍵的情節是陳翠娥私下贈塔的這段。「贈塔」一節，原列「新戲考」甚爲簡短的幾句話是：

〔小旦唱〕表弟，舅母一身惟有你，你休把尊軀看得鬆，回家一路多尊重。所慮的是，嚴寒日短走途窮。並須要，行囊刻刻來查點，莫放西來莫放東。〔小生白〕曉得。〔表白〕看官，你道小姐她爲甚叮嚀頻囑咐，多只爲暗藏珠塔在包中。

很簡單的幾句，沈儉安與薛筱卿唱起來，便是六百字左右，這就是節上生枝，枝上生葉，葉上生果，不密不疏又密又疏的手法：

『〔生白〕呀，姐姐。〔旦白〕是。〔生白〕時光不早，小弟拜別。〔旦白〕賢弟且慢行，愚姐還有話說。(生白)是，吩咐就是了。(旦白)賢弟吓，(唱)想你保重身軀爲第一，太平人返太平村，乾點心一點要留神。(表白)格末奇怪得來！我走也走哉，要緊叮囑我，當仔要緊閒話，原來是乾點心要留神點。胡仔一聲調罷，(白)是，小弟明白了。(旦白)賢弟哪。(生白)姐姐。(旦唱)荒村雨露眠宜早。客店風霜晏起身，乾點心到處要留神。(表白)咦，像煞倷説過格哉滑！我末也明白哉，連一連格來叫勒白場。(生白)是，小弟知道了。(旦白)賢弟哪！(生)姐姐！(旦唱)逢人且說三分話，未可全抛一片心，乾點心切記要留神。(表)啥格了勒白場勒得太多仔，賽過有幾人厚嘴訥得寫起信來，信寫完仔，信封背後頭扳要寫千切千切，至囑至囑，厚嘴納得。(生白)是，小弟把包乾點心路上留神的。(旦白)賢弟哪。(唱)涼亭不可多耽擱，臨行檢點要分明，乾點心千萬要留神。(表白)涼亭不可多耽擱，我胡聲調罷。(生白)是，曉得了。方才叮囑我，叫涼亭不可多耽擱，多耽擱要覺著肚皮餓。格包乾點心你倷撥拉我娘喫個，勿是撥拉我吃個。方才送格辰光，是表明白，倘怕我涼亭浪喫脱。安慰聲俚倷！(生白)吓！姐姐。小弟效學當時間陸郎懷橘歸奉家慈，記姐姐的人情，望裡邊去罷。(表白)小姐一聽，倷是來鈍我，勿然倒勿說，爲子倷鈍，倒還要說。(旦)賢弟吓！(生白)是。(旦唱)風急浪高休過渡，月明如晝且長行，乾點心切記要留神。(表白)亦是乾點心。喫仔俚篤娘一粒芝麻，要小氣半世咧，何況媛圓送慢慢大一包乾點心，勿是俚倷表姊格勿好，是我拿格人勿識相，拉浪表姊手裡去拿一包乾點心。（生白）是，小弟把這包乾點心路上一路當心！（旦白）賢弟哪。（生白）是。（旦唱）滴水成冰天氣冷，饑腸宜飽體宜溫，乾點心時刻要留神。（表白）阿要討厭，聰敏面孔笨肚腸閒話勿行換花樣，說來說去格兩聲。（生日）是小弟謹愼，還加一個留意。（旦白）賢弟哪。（表白）還有乾點心拉海！（唱）美酒客中宜少飲，好書枕上莫多吟。（表白）乾點心要來快哉。（旦唱）乾點心千萬要留神。（表白）喫仔格包乾點心，那怕登仙也不過實梗，還要鈍得俚傺結棍些。（生白）小弟把這包乾點心路上留神還加謹愼，去罷！（旦白）賢弟吓。（生白）是。（旦唱）那是回鄉全仗攻書本，科甲終算用些心。（表白）讓我來鈍住俚傺，（生唱）只怕乾點心不可不留神。

叮嚀又叮囑，惟恐怕方卿不小心丟了這乾點心當中寶貴的珍珠塔。因此之故，「大盜無心當劫珍」才顯出驚險與有驚有險，有驚無險的情節過程，加上了油臉邱六喬，和大總管萬六爺及朝奉等的一翻打鬧和設計，到老爺問小姐珍珠塔的事。這個「山重水覆疑無路，柳暗花明又一村」的迴峰路轉，也甚合情合理：

那時小姐，〔表唱〕只得雙膝來跪下，把眞情哭訴老年高。〔淨白〕挨其情來，這珠塔就是我家的了，快將實情講來。〔旦白〕爹爹吓1事到其間，女兒不得不說了。〔淨白〕快講，快講。〔旦白〕爹爹吓！〔西江月〕〔唱〕總是女兒該死，不宜瞞卻雙親。客冬表弟到家庭，只爲萱堂執性。輕慢窮儒猶可，恐傷昔日親情。周全代母曲調停，敢負河南方姓？〔淨白〕你怎樣調停的呢〔旦白〕爹爹，孩兒叫采苹追到花園裡面。〔前腔〕〔唱〕再四款留不住，囊空怎走風塵。盤纏相送理該應，傲氣堅辭未領。即便心生一計，送伊茶食零星。他因微物受而行，珠塔包中暗贈。〔淨白〕你叫采苹拿去送把他的？〔旦白〕正是。〔淨白〕我問你，這珠塔向有紫檀匣子，可曾一同拿去。〔旦白〕爹爹，那時恐其不受。去了小匣，將繡袱包好拿去的，〔淨白〕什麼樣繡袱？〔旦白〕就是爹書房中包圖書的。〔淨白〕咳！你今說明，我纔知道，雖是你一團好意，但女兒家輕舉妄動，究竟不該！〔旦白〕吓！爹爹，如今第一要追究珠塔是那里來的？〔淨白〕這個自然，兒吓！幸虧你那老不賢的母親不在家中，此言不可洩漏。但是要追珠塔，非過官府不可，我自有道理。〔表白〕老爺站起身來，走到書房，便問小郎，那珠塔可有包的？〔丑白〕有去不多時，同萬六爺，帶進包袱，老爺一看，眞贓已實，便道萬六哥，說也奇怪，那曉這珠塔就是我家之物。〔外白〕老先生何以見得？〔淨白〕你聽我道來。〔唱〕說起來話也長，此物舍間一向藏。〔外白〕他如何來盜去的？〔淨唱〕並非家內來盜去，搶奪窮途在遠方。〔外白〕搶奪那一個？〔淨白〕去歲冬間，〔唱〕有個舍親前來到。〔外白〕是那個？〔淨白〕是河南内姪小方郎。只爲我賤内禮文未周到，他少年心性別姑娘。我曉得了，連忙追到南關外，九松亭相遇訴衷腸。曲意苦留留不住，我就將女兒，許配訂鸞鳳。送他盤費他堅卻，只得相贈珍珠寶塔送歸鄉。今日吓，此物忽來眞奇怪，必然途中遭劫事非常。況且此刻當中一個，畢竟是，強徒兇漢不馴良。難得他，偏到我家來典押，豈非天理甚昭彰！

〔外白〕吓！老先生，這也奇怪。〔淨白〕萬六哥，你可出去，好言好語，哄誦著他，或留他吃酒，只說我要問他買力多少價值，只管加添，纏住他的身子，切不可放走了他。〔外白〕這個事容易。〔淨白〕快去。〔外白〕是。〔表白〕老爺一面分付家人王本，持帖到縣，並備細開明情節，要縣尊立刻出差，拿兇究審，自然要三拷六問的了。

「珍珠塔」既失而復得有了交待，末後「登門竊笑狀元唱小調新腔」有了新的熱鬧。這就是方卿高中狀元，居七省巡漕職，按院來襄陽，奉旨完婚。見了岳母，又是一陣調侃與答對：

〔白〕賢婿先請，老夫隨後就來，丫環，伏侍姑爺進去。〔貼旦白〕嘎！姑爺請這里來。〔生唱〕方卿洋洋得意繞迴廊，緩步輕移過耳房。一路行來風景好，清風拂拂送幽香。苔痕嫩綠　沿滑，多少名花傍粉牆。滴水簷前聲細細，兩邊畫眉巧語舌如簧。欄杆十二紅光映，一帶玲瓏粉牆。〔貼旦白〕大爺這里來。〔生唱〕彎彎曲曲隨他去，已到蘭雲幽雅堂。〔貼旦白〕太太，姑爺來哉。〔唱〕丫頭通報姑爺到，外邊來了小方郎。夫人抬起頭來看。〔老旦白〕心中暗想說，唔！尤其體面了。〔唱〕方卿猶鞠躬施禮見姑娘。〔生白〕姑娘生上，不肖姪兒方卿拜見。〔老旦白〕阿呀！不敢當，不敢當，請坐。〔生白〕告坐了。〔唱〕方卿告坐在旁邊，故作寒酸口不言。眉頭緊鎖顛搖膝，十分做作假憂煎。夫人腹內沈吟想，看他窮乏勝從前。〔老旦白〕賢姪，你當初，〔唱〕與我大鬧一場來分別，我只道你，親長尊卑丟一邊。難得你，還有娘姑情一面，忽降蓬門到舍間。當初看你志氣不凡多驕傲，目今是自然學問鑽研。〔老旦白〕這是你當初說的，〔唱〕視此功名如反掌，必然的早步金　近帝顏。〔生唱〕方爺聽，把身偏停捱半響始開言。姑母，你今不必來嘲笑。姪兒是八字生來顚倒顚。時運不濟惟怨命，不能爭氣有何言。幸而改業別圖爲活計，偷得浮生半日閑。〔老旦白〕改業別圖，難道你不讀書了？〔生白〕姑娘吓！〔唱〕雖然讀書爲上品，晌道，除卻詩書就命不全。〔老旦白〕除了讀書，所幹何事？〔生白〕喏！姑娘，你不見我手中拿這件東西麼？〔老旦白〕便是這魚鼓簡板，要他何用。〔生白〕姑母吓，你不要看輕了這兩件東西，所用甚大哩。〔老旦白〕什麼所用甚大？到要請教，〔生白〕喏！這魚鼓一敲吓！〔唱〕可以題醒世間利客。〔生白〕這簡板一敲吓！〔唱〕可以喚醒苦海夢中人。只爲天下無人知禮義，〔生白〕所以當初的張果老，〔唱〕就將這，鼓板輕敲唱道情。我今偷取仙家術，雲游四海訪知音。〔老旦白〕阿呀！如此說來。〔唱〕你紫袍金帶全不愛，居然要，仙風道骨脫凡塵。〔老旦白〕既學會了道情，想必你唱得是，〔唱〕賽過那黃鶴樓中吹玉笛，梅花五月落江城。〔老旦白〕定有妙音，必須請教。〔生白〕姑母愛，蒙台命，定當出醜。〔唱〕方卿正要手將角鼓敲，那外邊，陳公急得魂膽消、連忙走得天井內，對著方卿把手搖。卻被夫人來看見，〔老旦白〕阿呀！你令岳來了。〔唱〕他是但知有婿把妻抛。〔老旦白〕爲了你是，〔唱〕與他斷絕往來時已久。〔老旦白〕今朝爲了你尊客在此，〔唱〕特地前來慰寂廖。〔老旦白〕來得正好，大家來聽你令婿的妙音。〔唱〕陳公聽說通紅臉，羞慚無地緣眉梢。雖然大氣難發洩，默默低頭手挽腰。〔淨白〕賢婿，外邊去坐罷。〔老旦白〕什麼話，我正要請教妙音，怎麼說外邊去坐，不要你來打叉，賢姪！一定要請教的。〔生白〕是，姑母命唱。小姪遵命了。但是，唱得不好，姑母不可見怪。〔老旦白〕說那里話，一定好的。那方卿把手中魚鼓簡板，勺咚咚，勺咚咚，敲起來了。〔唱〕方卿手内勺咚咚。再說一個采萍，氣倒在後屏風。〔貼旦白〕咳！〔唱〕老爺有意來喚你，你落得好落蓬時就落蓬。〔貼難道還識夫人性，冤家何故大裝風，如今卻被上下來恥笑，叫小姐羞慚何地容。〔貼旦白〕恨不得走了出來，〔唱〕把你手内東西來奪下，上前掩住你喉嚨。采苹好不心頭氣，再說方卿歌聲宛轉與偏濃。

方卿仍不肯罷休，又唱了韓信逢漂母全命，蘇秦榮歸故里，姑母笑他只會唱道情罵人，如作了官豈非要把姑母挫骨揚灰嗎？「珍珠塔」的結局自然是喜劇收場，也討得聽衆的喜愛。

「珍珠塔」又名「九松亭」方卿狀元及第是彈詞中的熱門話題。「玉蜻蜓」寫申貴升與女尼志貞相愛，死於尼庵，後其子元宰狀元及第，奉養志貞的情節。與後由道光間陳遇乾改編爲「芙蓉洞」，「義妖傳」「雙金錠」等亦由他改編，可說是位改編大家。「義妖傳」本於

「白蛇傳」，白娘娘爲子許夢蛟裁衣，爲四十回中主要的一節。

裁 衣

這一天娘娘房中空閒無事。咳，不免與孩兒做幾套衣服，待他長大起來好穿，也見我做娘的手跡。開了箱子，拿出綾羅裁剪，自一歲上邊做起，做到七歲上，共成七套衣服。無非要官官大起來，見見里個手跡、不然叫裁縫做子一樣個。那娘娘是〔唱〕開箱即便取綾羅，裁剪原將單子鋪。穿針引線從頭做，長長短短有規模。縫了衣裳還做褲，不停玉指費心窩。原算娘娘神手段，做就天衣縫也無。急忙又做鞋和襪，細密針挑沒有粗。鞋圈上原把花繡好，完成約有十雙多，件件般般周備好，娘娘是抱了官官親口叫，兒吓幼時衣服都成就，你做娘的今日費功夫。且做到你七歲來上學，四季身穿那一件無。兒吓你長成須賴姑母扶。想姑娘，情義多，決不至凌辱親兒忘卻奴。他年自有頭角崢嶸日，那時好放我心窩。咳，你是個未知人事的初生子，我就衷腸訴盡總模糊。匆匆便取衣收拾，一對皮箱滿滿鋪。

後來，許夢蛟於十九年後見他作了道宗和尙的父親。「祭塔」一節是他作了狀元來拜會壓在雷峰塔下的母親。

「三笑姻緣」是金山張堰吳毓昌的作品。鄭振鐸氏說：「在吳語文學裡是不可忽視的。其中保存了無數的方言俗語。」趙景深氏說作者是佚名的無名氏。此處說的是唐寅化身爲華安在相爺府答對聯的「對字」；由此可見彈詞詞文無所不有，對字也是其中的一環。此處引自十八回「三會」的一節：

〔唱〕先生說罷一席話，華安聽了笑迷迷，老相公，阿，小人骨格是低微，怎好今朝答對聯。〔白〕伏望老相公寬洪度量恕無知。〔末白〕詩也續了，無妨對答。太師爺聽了滿心歡喜，卻要試試華安的才學如何，便說，華安，恕你無罪便了。〔小生白〕如此，請老相公上聯。〔末白〕聽著：「雪壓竹枝頭著地。」解元一想，如今末要倒運了，這是老對，也來混你娘的賬，便說：對就了。〔末白〕對來。〔小生白〕「風翻荷葉背朝天。」〔合白〕好，好，阿，絕絕絕對。〔刁白〕假在行！晤朵曉得舍個絕對！太師爺喝道：不許多言。〔末白〕華安官！〔小生白〕老相公！〔末白〕我還有一對。〔小生白〕請上聯。〔末白〕聽著：「雪塑觀音，一片冰心難救苦。」〔合白〕那那那末，雪家門裡來哉。〔刁白〕阿聽得！爺吩咐，不許多言。〔小生白〕小人對就了。〔末白〕對來！〔小生白〕「雨淋羅漢，兩行珠淚假慈悲。」這些多是老對，三歲孩童都知道的。〔外白〕小狗才，又來唐突老相公了。〔末白〕華安官，你要新的麼？聽著：「塔頂胡蘆，遍覆身軀軀白日。」〔小生白〕小人對就了！〔末白〕對來！〔小生白〕「城頭垛堞，倒生牙齒吃青天。」

「天雨花」彈詞的作者陶貞德，自署梁溪人，其作共三十餘卷，而一韻到底，爲家傳戶曉的一大傑作。前半寫男主角左維明與權奸鬥法，智勇雙全，後半段寫女主角左儀貞智脫權奸羅網。但結局是「明朝氣數今已絕，王氣全消輔不成」的哀嘆。「天雨花」開篇述公子左維明年僅十二，帶同家衆等搬柩回鄉，經過一個鄉村，爲徐孀老婦找回被拐子撈拐的孫兒天保等及向地方除害的智勇的事，揭開左維明自小便不同凡響的作爲與氣象。

樂善村除害

公子年雖十二，英銳威嚴非等閒；因此衆人，甚是畏懼，並不敢欺他年幼無知。喪車停駐看看走到日正午，方到一鄉鎮市存。一行歇馬打中火，齊趕鄉村茅店門。野店無母卻是女，走出個白髮蒼蒼老婦人。見了左公子問道：「小相公那裡來的？」公子道：「我等自大同府而來，行了半日，要打中火，不知你這鎮市屬何方管下！」婆婆道：「此地名叫樂善村，屬大同管下。多承小相公前來下顧，還是我老身店中供飯，還是自家起火？」早有總管左書上前說道：「我們數十餘人，你這小店料難供應，我等自買米糧食物，速速安排，臨行算還你柴錢房金便了。」

婆婆聽了答應是，抬頭細細看分明。白布盔巾頭上戴，白布毛邊一直身。上罩合衫元青布，足下蔴鞋孝滿身。雖然面帶風雲色，脣若抹珠眼似星。端然坐定非凡像，氣概莊嚴是貴人，婆婆看定開言問：「相公今年幾何春？」維明答道：「年十二，」婆婆聽了暗心驚徘徊不覺流下淚，一聲歎息欲回身，公子見了心奇異，止住婆婆年老人。回對家人道：「看這婆婆如此年老，安能炊爨多人飯食？爾等自去料理，我還有言語問也。」

家人答應稱曉得，大家都去後邊行，公子便問婆婆道：「今年高壽有幾何？店中還有何人存？方纔問了我年紀，婆婆因甚雙流淚？必定中心有苦情。」婆婆聽得他來問：「相公雖則在年輕，說出話言多老到，看來不像小兒身。」眾家將道：「你不知道我家是總督的公子，只因老爺盡忠身故，特來搬柩回鄉。我大爺年雖十二，文章詩賦，信筆而成，豈等閒可及？」婆婆聽了，吐舌驚奇道：「原來是督爺家的公子，怪道氣品不同。」公子道：「婆婆少說閒談，只說方纔流淚，是甚麼緣故？」

婆婆聽了回答言：「公子今朝訴聽聞。老身姓徐孀居婦，今年六十七年庚。只有一子名徐壽，娶了媳婦在家門。養個孫兒名天保。三世單傳止一人。不想去年媳婦身亡故，遺下孤孫十二齡。老身受之如至寶，他父憐如掌上珍。並無三男並二女，只一個傳宗接代。

「不想村中近來出了拐子，聞得專拐人家小兒。去年前村人家，不見了五六個小兒，幾次報官訪拏不著。今年不想又到我這村中來鬧了，三日之間，不見了兩家兒女。我那天保孫兒，是前日在鎮上玩耍，忽然就不見了。滿村尋覓，不見影響，多分是拐子拐去。今已第三日了，他父親早間去城內報官，還有對門何家一個女兒，年纔十一，昨日在鎮上玩耍，也不見了。如今他家父兄，都出去尋覓還沒回來。

「因聽得相公說道年十二，想著了天保孫兒苦十分。不知拐去如何樣，自然不得命殘生！」婆婆說罷悲號哭，兩淚如泉似雨傾。公子聽了方知道，原來是有這般情。

後面便是他命家將等留駐下來，自己去捉了兩個拐子，救了天保與孩兒的事。以後的情節逐漸開展成引人入勝的篇章。

侯香葉是嘉慶道光間人，他改訂的彈詞有四種，一爲玉釧緣，二爲再生緣，三爲再造天，四爲錦上花。

「筆生花」的作者邱心如是淮陰人，他受「再生緣」影響，主角姜德華有若孟麗君，自殺獲救，改扮男裝，中狀元，官至宰相。他與未婚夫少霞的婚姻，也是經過撲朔迷離的試探與周折才終於完婚的。這些地方，都是聽衆一再歡迎的。

「開篇」是彈詞的前奏，大致是概述全局的意思。馬如飛的「諸葛亮」與「赤壁賦」可做爲「開篇」例證，以見其他：

諸葛亮

諸葛先生號臥龍，不求聞達在隆中。抱膝長吟消歲月，羽扇綸巾隱士風。躬耕南陽歸隱計，六韜三略貯於胸。禮賢下士劉皇叔，三顧茅廬風雪沖。鼎足三分先有數，博望燒屯第一功。兵敗當陽居夏口，爲曹瞞兵勢十分雄。假弔喪子敬來相請，扁舟一葉到江東，舌戰群儒在談笑中。銅雀臺賦激周公瑾，顯神通借箭借東風。國太寺中相女婿，新人繡院識英雄，難出先生妙算中。周郎使就美人計，錦囊妙策定三封，付與隨駕常山趙子龍。七擒孟獲苗夷伏，六出祁山盡鞠躬。克復兩川成帝業，先主臨崩受託終。禮斗禳星天不祐，五丈原一氣化清風，九伐中原身後功。前後出師遺表在，令人一覽淚沾胸，至今名入聖人宮。

赤壁賦

風流學士謫黃州，每日江頭盡興遊。壬戌新秋既望日，與二三知己話相投。瀟灑同登赤壁舟。少焉月出東山上，倚檻徘徊望斗牛。扣絃作板歌明月，滿滿頻將太白浮。一曲清歌一勺酒，客和簫聲音韻幽。客是西川楊道士，吹得音裊裊，和得韻悠悠，恍如嫠婦泣孤舟。堪嘆當年曹孟德，賦詩橫槊興優游。果然一世之雄也，未識而今安在否！三萬六千容易過，人生何幸寄蜉蝣。然須看破虛名利，話到窮通我亦羞。洗杯酌，肴核收，狼籍盃盤不自由，相與枕席在扁舟。

據趙景深氏（民國一年生，逝於七十五年）記述彈詞名家說：

彈詞名家，代有才人，首推乾隆年間「御前彈唱」的王周士。他是『元和人。乾隆南巡時，內官聽書作消遣。上聞召見，免冠而拜，頭禿似僧，具有血痕，故以七品小京官之冠冠之，而謝恩賜坐。彈唱數節後，竟護駕問鑾。公卿大夫，莫不往還。病乞歸鄉，居家有「御前彈唱」之燈。撫軍岳公曰：「既非供奉之時，不宜如是。恐終老於閑，謀生無處矣」毘陵探花趙公甌北載贈王周士詩於集中，今人猶呼曰紫鬍鬍是也，京人呼之曰紫禿子耳。先生無子，止一愛女，余及見。』（王耕香）馬如飛的開篇，柳敬亭說到王周士：

繼而天子南巡日，駕幸蘇州一座城。就有御前彈唱王周士，賜七品京官伴駕行。甌北趙公全集內，題詩一首贈王君。

光裕社一百五十年紀念冊中題詞諸公也多提到王周士。王大鈞云：『南巡供奉傳吳會。』鄧邦逖云：『彈詞曾記邀宸賞。』龐延祚云：『當年扈蹕唱回鑾，曾賜王郎七品官。』趙學南云：『曾記南巡幾度經，御前供奉歎飄零。』清稗類鈔也說：『紫鬍髯善絃詞，蔣心餘太史爲之作古樂府。』

此後就是嘉慶四大家：陳、姚、俞、陸，即陳士奇、俞秀山、姚豫章和陸士珍。馬春帆要孩兒後半云：

今生豈肯無名死！想當初陳、姚、俞、陸好工夫，敏捷心思！

但也有去掉姚豫章，代以楊駕帆的。笑中緣第三十回邀儒云：

內中有幾位說書先生，……不衫不履笑含含。第一位先生吳德三，梅世龍搭仔全亮采，好將評話與他彈。陸士珍、俞秀山、陳士奇、楊駕帆，只幾個能言舌辨語綿蠻。

也有去掉陳士奇代以毛姓的。馬如飛道訓云：

今之毛、姚、俞、陸，望重吳市。

關於姚豫章，義妖傳第九回復豔有一節記載：

上聯是「欲平天下須弓馬，」下聯是「奠安社稷賴文章。」淋漓筆法能蒼古，落款圖書姚御章。（白）官人可認識？（生）才認識（旦）這姚御章向在朝中來伴駕，翰林學士左春坊。後來削職歸鄉里，自幼習得說書腔，蘇州現在坐書場。

這姚御章當即姚豫章，惟「朝中來伴駕，」是否與王周士混爲一談就不得而知了。

李家瑞說彈詞以爲『陳遇乾也是當時的彈詞名家，』這話是不錯的。義妖傳有好幾處說起陳遇乾本與他本不同之點。第十五回鬬法，啥個道士拿起葫蘆，放出許多白鶴，空中飛舞，娘娘未將鞋底棉花，扯碎變壽星，吹入空中，只見許多棉花壽星，騎鶴四散而去，又拿令牌寶劍，架起空中，耀武揚威，俱被娘娘破掉。娘娘又將茅山道，弔在空中鞭打，再三討饒放下，抱頭痛恨而去，是介一宗說法，雖則鬧熱好聽，然而與情理勿合，神仙廟係城市大街，人煙稠密之所，豈容妖魅鬬法，各顯神通將今比古。世事一般！豈無官府訪拿，仙官蘇地焉得存身。只有陳遇乾老先生唱白蛇傳，並無鬬法，乃愼眞理切也。』最後一句已經明說陳遇乾老先生唱白蛇傳了。第十八回盜草又云：『我里同道中，唱白蛇鶴童追趕到危急，有觀音大士下降，一番點化，無事不了。第末無法，未免近於草木急難中。啥個太白金星、驪山老母、靈官下降，一致諸事完結。』陳遇乾本的確沒有觀音下降之事，但他大約也只改了半部，最後卻矛盾起來，並且後半部插科的成分也較少。第四十八回收青云：『又遇瑤池鶴鹿童。若無大士慈悲救，怎能夠重返家庭救相公！』

與兪秀山齊名而爲時稍後的有咸豐同治時的馬如飛。黃協塤的松南夢影錄（筆記小說大觀本）卷二頁二云：

彈詞有俞調馬調之分。俞調係嘉道間俞秀山所創也。宛轉抑揚，如小兒女綠窗私語，喁喁可聽。馬調則率直無餘韻。咸同間馬如飛所創也。

此外清稗類鈔和葉紹鈞的未厭居習作也都有類似的話。馬如飛的生平有其自述云：

僕幼習刑名，充書吏。不意先人見背，家計維艱。父執閬苑陳公勸承先業，遂受教於先中表桂秋榮。不匝月，試一彈唱，不週年蹤跡遍江浙矣。明經敦堂陶亮采公與予訂忘年交，勸習舉業，適臂疼痛，乃止。公惠虎酒一瓶，繫詩曰：「一片至誠祈鑒取，雖非叔子不鴆人。」載公全集，余是以有「此身願作東籬菊，常得先生帶笑看」之句，謝公也。余有小詩，公攜示名公距卿，贈答之詩，不勝錄矣。曾記汪氏題余集曰：「種愁人本善言情，一卷攜來冰雪清。莫道風塵無藻鑑，天涯知己有淵明，亦因公之賞識矣。

馬如飛字吉卿，長洲人。著有夜吟樓草，庚申兵燹，無一留存。又著有南詞必覽，亦僅存片段。他的開篇馬氏也是夫子自道，頗爲幽默，摘錄如次：

莫笑寒家赤骨貧，頗多白鏹與黃金。馬公公專放陰司債，元寶千張日日焚，利錢雖重本錢輕。馬趙溫周排第一，靈霄寶殿四天君。不惟天上爲神道，並且人間領將兵。馬伏波，漢將軍，馬周唐代大忠臣。……一代不如前一代，小區區彈唱九松亭。至於十棄行中客，馬浪蕩同姓不同門，馬氏門中灰子孫。

與馬如飛同時而又齊名的，則有姚似璋、趙湘舟和王石泉，合稱馬、姚、趙、王。姚唱大書水滸。馬唱九松亭即珍珠塔，（今傳所謂馬如飛重譜時調珍珠塔並非馬編，馬編另有抄本未刊，阿英藏有殘葉，並作文馬如飛及珍珠塔以辨之。）趙（清稗類鈔誤作姚）唱玉夔龍，王唱南樓傳，姚似璋一作姚士章。王石泉乃馬如飛之婿。馬如飛遺文有信一通云：

> 蓮生於今月初五日清早抵蘇。承賜醃肉一方，已經收下，於四月初十邊蓮生祖母來舍一次，詢問上海景況，並問蓮生母子，故於後五月初七八命蓮生向伊祖母處請安去矣，餘容面敘。專此即候，石泉賢婿青及。愚馬吉卿拾片。

又，與馬姚趙王齊名的還有一位許殿華。

此後光裕社中各家擅長者約如下列：說大書的有葉聲揚的英烈傳、金繼祥的金台傳、黃兆麟的三國志以及張玉龍的金鎗傳和綠牡丹。彈詞則有楊月槎星槎弟兄的珍珠塔、「浙江馬如飛」張福田的文武香球和繡香囊、朱耀笙的雙珠鳳、錢幼卿的描金鳳雙金錠和三笑、趙鶴孫的龍（玉夔龍）鳳（描金鳳）、王綬卿、綏卿弟兄的倭袍、吳小松小石弟兄的白蛇傳和描金鳳以及潘蓮艇的三笑。

業彈詞的人往往成爲一種世業，這在馬如飛的自述中已可看到他如張鴻濤傳福田，趙筱卿傳鶴孫，陳沁梅傳士林，士林又傳瑞麟均是。陳瑞麟的傳承如下：

馬如飛——俞蓮生——陳沁梅——陳士林——陳瑞麟

同治年後有所謂女彈詞，名其居爲書寓，即最初的清吟小班。王韜淞濱瑣話有一節滬上詞場竹枝詞記此最詳。張若谷三十年前的上海浮世繪第三十二篇說書場和花偵的上海的倡門都據王韜而敘述，別無新見。此外上海掌故叢書中所收楊光輔淞南樂府和袁翔甫的望江南詞也各有一小條。女彈詞名家有吳郡醉月館主的女彈詞新詠，計錄王麗娟、袁雲仙、朱幼玲、王幼娟、嚴麗貞、陳月娥、朱素蘭、徐雅雲、錢雅卿、徐寶玉、施月蘭以及陳愛卿，湊成十二金釵之數。除朱幼矜、錢雅卿、施月蘭、陳愛卿這四個人外，其餘八人，清稗類鈔第三十六冊都有詳傳，朱素蘭和嚴麗貞是『老輩風流』，見面三九，袁雲仙、陳月娥見面四〇，王麗娟見面四一，王幼娟、徐雅雲、徐寶玉見面四二。王麗娟、幼娟是姊妹，徐寶玉、雅雲則是母女。她們所唱的書就所知者開列如下：

周瑞仙『三笑姻緣讓瑞仙。』（淞濱瑣話）

嚴麗貞『倭袍篳素人爭聽。』（女彈詞新詠）

此外則常唱描金鳳與雙珠鳳。王韜滬上詞場竹枝詞云：『不道書場變曲場，京腔難脫韻鏗鏘。描金鳳與雙珠鳳，當年誰識聽者狂。』女彈詞至此已改為京腔，迄今所謂「群芳會唱，」仍相沿不衰。實在因為彈詞太多，太難記憶了。

女子所作的彈詞甚多，計有：順治陶貞懷的天雨花、雍正陳端生梁德繩的再生緣、乾隆侯芝的再造天和錦上花（即錦箋緣與金冠記的合刊）嘉慶朱素仙的玉連環、道光沈清華的醒愁編和鄭澹若的夢影緣、咸豐邱心如的筆生花、同治鈕德英的金魚緣、光緒程蕙英的鳳雙飛、彭靚娟的四雲亭以及周穎芳的精忠傳。他如王素芬的吟餘編和映清的玉鏡臺都不知年代。以上諸書，四雲亭見陳汝衡說書小史，醒愁編、吟餘編和金魚緣見李宗瑞的說彈詞，其餘都有譚正璧中國女性文學史和中國文學史極詳細的研究和叙述。再生緣則有淩景埏的再生緣考（見珊瑚一卷一號和二號。）

陳次衡「說書小史」中於「彈詞」一節述：

彈詞在淸季之蘇州，最稱發達，兪秀山馬如飛更創調門，爲後之業彈詞者所宗法，所謂兪調馬調是也。二者唱法不同，各有其獨到之處，試引諸書，藉窺其槪。

葛元煦滬游雜記卷二：「虞調（應作兪調）係琵琶曲子，由來已久，細靜而文，引人入勝。馬調惟唱書用此，同治初馬如飛所創，調無餘韻，彷佛說白。」

畹香留夢室主（案即黃式權，南匯人）淞南夢影錄：『彈詞有兪調馬調之分，兪調係嘉道間愈秀山所刱也。宛轉抑揚，如小兒女綠窗私語，喁喁可聽。馬調則率直無餘韻，咸同間馬如飛所刱也。』

淸稗類鈔音樂類：「彈詞爲吳郡所有，而越有平調，有盲妹，京津有鼓詞，其聲調有足與彈詞相頡頏者。然彈詞亦有派別，今即兪調馬調比較言之。兪調音節宛轉，善歌之者如春鶯百囀，竭抑揚頓挫之妙，其調便於少女。如飛出，一變凡響。以科擧時代之八股例之，兪調猶管韞山，而馬調則周犢山，亦彈詞家之革命功臣也。」又同書有『兪調貴柔婉，貴靜細，貴情韻雙絕也』之語。

蓋馬調質樸少文，兪調宛轉流麗；馬調汪洋恣肆，兪調則抑揚極多也。馬調往往一氣連唱七八句，一手理絃索，另一手須做手勢，殊不易唱。故今日說書先生多唱兪調，而馬調漸成廣陵散矣。然馬調吐字特淸，兪調以轉折太甚，一不經心，字音改變，即不能使聽者明白。惟以唱法接近女性，如文章之有陰柔之美，爲人賞鑒較易也。

彈詞多狀兒女，描寫之細膩，辭句之委婉，較之小說名著，決無遜色。在中國文藝產物上，佔極大之數量。曲海已有『倭袍，珍珠塔，三笑姻緣，皆彈詞也』之語，其中長篇鉅製，每有成於婦女之手者。

天雨花明陶貞懷著　鳳雙飛清程蕙英著　筆生花清淮陰女士邱心如著　玉釧緣再生緣再造天錦上花清侯香葉夫人改編　夢影緣清鄭澹若夫人著　四雲亭清寄雲女史彭靚娟著　精忠傳清周穎芳著　玉鏡台映清女士著

『榴花夢』據薛汕「藝曲」中說：

清代長篇彈詞作品。李桂玉著。李桂玉，字姮仙，福建福州人。清嘉慶、道光年間女作家。生於甘肅，後隨丈夫林肖蘅還居福州。所作《榴花夢》彈詞，成書於道光二十一年（一八四一），共三六〇卷，約四八三八四〇〇字，是一部篇幅最長的彈詞巨作。原作止於三五七卷，後三卷爲翁起前、楊美君一九三九年續寫，署名浣梅女士。書前有道光二十一年作者自序及陳儔松序。李桂玉晚年在福州李姓書館教學，曾手抄三部贈與學生，遂以抄本流傳，讀者競相傳抄，並在租書鋪中出賃。傳抄本缺佚錯訛甚多，而且長期沒有發現全帙、一九三八年，鄭振鐸在《中國俗文學史》第十二章《彈詞》中提到這部書，才爲世人所注意。後於一九五七年發現全帙抄本三部，一部燬於火，一部現存福建省文化局，一部現存福建師範學院圖書館。

《榴花夢》作者生活於清代由興盛轉入衰落的嘉慶、道光年間，在作品中頗多寄情寓意，正如陳僔松序言所說，是一部『翻新述舊』之作。作品以唐代貞觀以後朝綱廢弛、外藩侮主、干戈擾攘、英俊流離的種種歷史動亂爲背景，通過桓、羅、梅、桂四大家族的仕宦遭遇，以桓斌玉、桂桓魁、梅媚仙、羅錦魁、桓桂卿等人的政治活動，描繪了忠臣、孝子、英雄、美人、謀臣、俠士、名將、靜女等眾多物，並從政治、戰爭寫到家庭生活，故事情節錯綜複雜，結構宏偉。作品突出地描寫了一位能文善武、胸懷壯志，有治國齊家、匡夫教子之才的女英雄桂桓魁，把想像出來的豐功偉績都加在這位女主人公身上。作者自序說她『抱經天緯地之才，旋轉乾坤之力，負救時之略，濟世之謀，機籌權術，萃於一身。可謂女中英傑，絕代梟雄，千古奇人，僅聞僅見。』這顯然表露了作者對久受封建桎梏壓迫下婦女悲慘遭遇的不平。作品雖以唐代爲背景，但在全書中並未描繪當時任何重大歷史事件，事蹟也多與唐代帝王本紀無涉，而在文物典章制度等方面多採明清兩代故實。特別是最爲讀者喜愛的二○○卷以後的大量篇章，處處充滿清代社會生活的現實感。如描寫帝王柔懦不振，邪佞橫行、肆虐的種種政治現象，都可看出作品是藉唐代的朝政，針砭現實，意在警醒世人。作品文筆秀麗，敘述和描寫細緻生動，不落俗套，音韻協調自然。

鄭振鐸等學者以爲這部書是評話話本，但民間藝人並未演述過，與福州評話無關。其中雖有一些福州方言俗語，但仍是一部案頭閱讀的長篇彈詞文學的作品。

女彈詞作家與女彈詞家於彈詞藝術，享有獨特的地位，由其作品與彈唱之技藝高超，確有令人激賞之處。至如馬如飛與俞秀山二大詞家之身世，見於「中國大百科全書—曲藝」者，分別介紹如下：

馬如飛　清代咸豐、同治年間蘇州彈詞藝人。原名時霏，字吉卿，一署滄海釣徒。江蘇蘇州人。其父馬春帆，以彈唱《珍珠塔》著名。馬如飛幼時讀詩書，稍長充書吏。後從表兄桂秋榮學《珍珠塔》得以繼承父業。《珍珠塔》雖在馬如飛之前經人多次修改，但仍如清乾時周殊士原刊本序中所指『舊刻噴飯有餘，勸世不足，詞句多俚，音節不諧』。馬如飛在演唱實踐中，對《珍珠塔》進行了加工、潤色。加工後的《珍珠塔》結構嚴謹，詞句工整，疊句層出，氣勢充沛；還在唱腔上創造了樸實豪放、流利酣暢的馬調，對後來券州彈詞的唱調影響很深。馬如飛一生除致力於《珍珠塔》的加工和曲調的研究外，還創作了不少開篇。他的開篇集，有光緒十二年（一八八六）的木刻本《馬如飛先生南詞小引初集》上下兩卷。又著有《南詞必覽》。馬如飛是光裕社中的領導人物，所著《道訓》一篇，勉勵同行刻苦練習，謙虛對人，不要運用穢語詼諧，致傷雅道。

俞秀山　清嘉慶、道光年間蘇州評話、彈詞『四大名家』之一。生卒年、出身、籍貫均不詳。以說唱《倭袍》著名。據說《倭袍》一書曾被清朝列爲禁書，經俞秀山修改，始得開柰演唱。他的唱調時稱『俞調』，是清末以來與『馬（如飛）調』並稱的蘇州彈詞兩大流派唱調之一。清代黃協塤《淞南夢影錄》載：『彈詞有俞調、馬調之分。俞調係嘉、道間俞秀山所創也，婉轉抑揚，如小兒女綠窗私語，喁喁可聽。』『俞調』還吸收了蘇灘、崑曲和京劇的一些唱腔。『俞調』一作『虞調』，『虞』指虞山（今江蘇常熟）。或因清末女彈詞多唱『俞調』，而女彈詞以常熟人爲多致稱『虞調』。『俞調』經近代藝人蔣如庭、朱介生加以發展，使之長於人物內心的刻畫，更適宜表達淒清哀怨的感情。其他一些著名流派唱調，如『夏（荷生）調』、『徐（雲志）調』、『祁（蓮芳）調』等，都是在『俞調』基礎上發展而成的。

清代以來說唱藝術

寶卷與鼓詞

說唱藝術是民間最熱愛的生活節目，是市井及田野小民精神的潤滑劑，也是勤勞的季節中放鬆情緒歡樂的資源。明朝開國，朱元璋從民間來，深知說唱藝術在民間傳播講經，講史小說故事感染的力量深入民心，其大無可估量。所以，凡是足以煽惑視聽的戲曲，說唱伎藝活動，急欲予以整飭和限制，朱元璋洪武二十三年降旨內有：

學唱的割了舌頭。下棋打雙陸的斷手，蹴圓者卸腳，犯者如法施行。

這是殘忍且嚴酷的手段，不准學唱，不准下棋打雙陸，不准蹴圓，犯者且要割舌、斷手、卸腳，如法施行，就是絕不寬貸。又如「國初事跡」卷一所載：

洪武時令樂人張良才說評話，良才因做場擅寫省委教坊司招子，貼市門柱上。有近侍言之，太祖曰：『賤人小輩，不宜寵用。』令小先鋒張煥縛投于水。

張良才說「評話」，其內容大多講史，在招貼上用了教坊的字樣以廣招徠，竟爲纔言所害，被梱綁起來淹死。又如寓退居士「笑笑錄」卷三引用「都公談纂」中所記：

> 陳君佐，揚州人，善滑稽，太祖愛之。嘗令說一字笑話，請俟一日，上許之。君佐出尋瞽人善詞話者十數人，詐傳上命。明日，諸瞽畢集，背負琵琶。君佐引之見上，至金水橋，大喝曰：『拜！』諸瞽倉皇上跪，多墜水者，上不覺大笑。

陳君佐這個不肖的演滑稽的優伶，居然想出來拿一群背負琵琶的瞽者，對這些彈唱藝人作十分殘忍的遊戲，竟令他們在金水橋上下跪，多跌到水裡，引逗朱元璋大笑，眞是心術可惡之至。明成祖時，說唱藝術隨著環境開放而有開展，成祖永樂三年鄭和下西洋，拓展外交。朝修「永樂大典」評話一科占有很多卷帙。英宗正統年間，北京滿城唱「妻上夫墳」與陸游當年寫「滿村聽說蔡中郎」的情況相同。但鄉村間無人禁唱，明時，亦不能有效禁止。憲宗成化年間詞話話本十六種今已於民間發現。而宮庭中亦有說唱如沈德符「野獲編」說：

> （郭勛）自撰開國通俗紀傳名《英烈傳》者，內稱其始祖郭英戰功，幾埒開平、中山。而鄱陽之戰，陳友諒中流矢死，當時本不知何人，乃云郭英所射。令內官之職平話者，日唱演于上前，且謂此相傳舊本。醒因惜英功大賞薄，有意崇進之。

公安派袁中郎聽說書，在其全集二十七卷中有「聽朱生說水滸傳」五言詩：

> 少年工諧謔，頗溺滑稽傳。後來讀《水滸》，文學益奇變，六經非至文，馬遷失組練。一兩快西風，聽君酣舌戰。

而民間豪門貴族亦有蓄養說書的僮僕，以供筵席與消閒笑樂。徐復祚「花當閣叢談」卷五有言：

元美家有廝養名胡忠者，善說平話。元美酒酣，輒命說解客頤。忠每說明皇、宋太祖、我朝武宗，輒自稱朕，稱寡人，稱人曰卿等，以爲常，然直戲耳。

彈詞與鼓詞在汴梁盛行，明末董說「西遊補」於崇禎年間流行，其中十二回下半有：「撥琵琶季女彈詞。」陶貞作爲彈詞的前身，身背琵琶的藝人於江浙間，尤其爲民間所喜愛。清無名氏「三風十愆記」述明末常熟丐戶草顏娘的彈詞藝術說：

其魁名朱國臣者，初亦宰夫也，畜二瞽姬，教以彈詞，博金錢，夜則侍酒。（沈德符《野獲篇》卷十八「冤獄」）（草頭娘）……更熟二十一史，精彈詞。

田汝成說嘉靖年杭州西湖見「西湖游覽志餘二十記」杭州觀湖中說：

其時優人百戲：擊毬、關撲、魚鼓、彈詞，聲音鼎沸。

彈詞多用琵琶伴奏。臧懋循《負苞堂文集》卷三《彈詞小紀》說：

『若有彈詞，多瞽者以小鼓、拍板，說唱于九衢三市，亦有婦女被以弦索，蓋變之最下者也。

「琵琶記」趙五娘身背琵琶爲尋蔡伯偕，是一路說唱，乞討此盤纏上京城去的，自王昭君馬上彈琵琶出塞，琵琶一語下來成了彈詞說唱的代名詞。唐代段安節「琵琶錄」談到琵琶的事由與其聲韻，見於「說郛」卷二十，因爲說到彈詞與琵琶的相輔爲用，在此特加錄出；以供了解：

琵琶錄

琵琶法三才，象四時，風俗通云：琵琶近代樂家作不知所起。長三尺五寸，法天地人也。四絃象四時也。釋名曰：琵琶本胡中馬上所鼓推手曰琵引手，卻曰琶因以爲名，漢遣烏孫公主入蕃念其行遠思慕本朝使知名者馬上奏琵琶，有直項曲。項者蓋便于關軸也。樂錄云：琵琶本出于絃鼗，而杜摯以爲秦之末，苦于長城之役，百姓絃鼓而歌之。古曲陌上桑間范曄、石苞、謝奕、孫放、孔偉、阮咸皆善此樂。東晉謝鎭西在大市樓上彈琵琶，作大道之曲。世說云：謝仁祖比在牖下彈琵琶，有天際之意。又朱生善彈琵琶，雖伯牙之妙，無以加焉。武德中白明遠、竺伯夷，皆以彈琵琶。至大官貞觀中，裴路兒彈琵琶始廢撥用，手今所謂搊琵琶是也。白秀眞自蜀使得琵琶以獻之，以沙邏檀爲槽，其木溫潤如玉，光采可鑒，金縷虹文蹙之成雙鳳，貴妃每奏于梨園，音韻淒清，飄若雲外。開元中梨園有駱供奉，賀懷知、雷海清其樂器或以石爲槽，鵾雞筋作絃，用鐵撥彈之。安史之亂流落于外，有舉子曰：白秀才寓止京師，偶值娃弟子出在民間，白即納一妓焉，跨驢之洛，其夜風清之朗，是麗人忽唱新聲。白驚遂不復唱。逾年因遊靈武，李靈曜尚書廣場設筵，白預坐末，廣張妓樂，至有唱何滿子者，四坐傾聽俱稱絕妙。白曰某有伎人聲調殊異，于此便召至，短髻薄妝態度閑雅。發問曰：適唱何曲曰：何滿子。遂品調舉袂，發聲清亮，激昂諸樂不能逐。部中有一面琵琶聲韻高下，攏撚揭掩節拍無差。遂問曰莫是宮中胡二娣否？胡復問曰：莫是梨園駱供奉否？二人相對汍瀾，欷歔不已。

建中中有康崑崙稱第一手，始遇長安大旱，詔兩市神雨。及至天門街市人廣較勝負，及闢聲樂街東市則有康崑崙琵琶最工，必謂街西無敵也。遂請崑崙登採樓彈一曲新翻羽調綠要。至街西豪侯閱樂東市稍誚之。亦于綵樓上出女郎抱樂器先云：我亦彈是曲兼移于風香調中，及下撥聲如雷其妙絕入神。崑崙驚愕乃拜爲師，女郎遂更衣出見，乃莊嚴寺僧善本也。翌日德宗召入內令教崑崙。段師奏曰：且請令彈一調。及彈師曰：本領何雜兼帶邪聲。崑崙驚曰師神人也，少年初學藝時偶于鄰家女巫處授一品絃調，後乃屢易數師之藝今段師精識如此玄妙也。段師奏曰：且遣崑崙不近樂器十年候忘其本態，然後可教，詔許之後果盡段師之藝。

元和中有王芬曹保之子善才其孫曹綱皆精其藝，次有裴興奴與曹通。時綱善運撥若風雨，然不事捏絃，興奴則善于攏撚，指撥稍軟時人謂綱有右手，興奴有左手。

武帝初朱崖李太辱有樂人廉郊者，師于曹綱，盡綱之能。綱嘗謂其流云：教授人多矣，未嘗有此性靈子弟也。郊嘗詣平原別墅于池上彈蕤賓調，忽有一片方鐵躍出，有識者謂之蕤賓鐵。蓋是指撥精妙律呂相應耳。

安節門下有樂吏楊志善能琵琶，其姑尤更妙絕本。本宣徽子弟後出宮于永穆觀中住。自惜其藝，常畏人聞，每至夜深方彈，志善懇其教授，終不允。且曰吾誓死不傳人，楊乃賂其觀主求寄宿，于觀竊聽姑彈弄，仍以自繫脂皮鞋帶，以指畫帶記其節奏，遂得一兩曲調。明日詔姑彈之，姑大驚異，楊即實陳其事。姑意方回，乃盡傳其能。

文宗朝有內人鄭中丞善胡琴，內庫有琵琶二面，號大忽雷、小忽雷，因爲題頭脫損，送在崇仁坊南料理，大約造樂器悉在此坊，其中有二趙家最妙，時有權相舊吏梁厚本有別墅在昭應縣之西南。西臨河渭，垂釣之際，忽見一物流過，長五七尺許上以錦纏之。令家童接得就岸乃秘器也。及發開視之。乃一女郎妝色儼然以羅巾繫其頸，遂解其巾，伺之口鼻之間，尚有餘息即移入室中。養經旬方能言語云：我內弟子鄭中丞也，昨因忤旨令內人縊殺投內河中，錦即是弟子臨刑相贈耳。及如故，即垂泣感謝厚本。厚本無妻即納爲室。自言善琵琶，其琵琶今在南趙家修理。恰值訓注之事，人莫有知者。厚本因原賂其樂器匠，購得之。至夜分敢輕彈，後值良辰飲于花下，酒酣不覺朗彈數曲，是時有黃門放鷂子過于牆外。聽之曰：此是鄭中丞琵琶聲也，竊窺識之，翌日達上聽。上始嘗追悔，至是驚喜遣中使宣召問其由來。乃捨厚本罪，任從匹偶仍加錫賚焉。

咸通中有米和郎，田從道，後有王連兒，連兒名金。

以上所記，是於琵琶在當時，至宋元乃有縐彈諸宮調的大放異彩。「陶眞」的說唱情況南宋西湖老人「繁勝錄」臨安大軍教場有路歧人（遊藝班子）廣集群聚作場：「唱涯詞，招引子弟；聽陶眞，盡是村人。」彈詞流傳廣泛，明末崇禎年間，禁止「水滸傳」於民間流傳，是防範社會動亂，民心異變。但因此，使寶卷拓展了另一條發展的道路。從講經、俗講、變文、彈詞到寶卷，乃成爲崇禎年間寺院僧侶到民間宣揚佛法故事的一大盛事，不僅寶卷刻印數量龐大，而其聲譽影響所及，也可說是無遠弗屆。「金瓶梅詞話」第十五回：「佳人愛賞翫月樓中，狎客封闞麗春院」中：「叫了兩個唱的董嬌兒韓金釧兒彈唱飲酒」，又說：「應著兩個粉頭彈唱燈謎」。又有：「那說高坡打談的，詞曲楊恭。到看這搧響鈸遊腳僧演唱三藏」。第三十九回：「西門慶王皇廟打醮，吳月娘聽尼僧說經」：

桌子在正中間。焚下香。秉著一對蠟燭。都聽他說因果。先是大師父說道

蓋聞大藏經中。講說一段佛法乃是西天第三十二祖下界。降生東土。傳佛心印。昔日唐高宗天子。咸亨三年中夏記是不題。卻說嶺南鄉泡渡村有一張員外。家豪大富。廣行金銀。呼奴使婢。員外所取八個夫人。朝朝快樂。日日奢華。貪戀風流。不思善事物的一日出門遊翫。見一夥善人。馱載香油紅米等物。人人稱念佛號。同前便問你這些善人何往內中一人答曰。一者打齋。二者聽經。員外又問你等打齋聽經有何功德。衆人言說人生在世佛法難聞。人身難得。法華經云。說的好。若人有福。曾供養佛今生不捨。來生榮華富貴從何而來。古人云。龍聽法而悟道。蟒聞懺以生天。何況人乎。張員外到家。便時安童去後房。請出你八個奶奶來。不一時。都到堂前。員外說婆婆。我今黃梅寺修行去。把家財分作八分。各人過其日月。想你我如今。只顧眼前快樂。不知身後如何。若不修行。求出火炕。定落三塗五苦。有夫人聽說。便道員外。你八寶羅漢之體。有甚業障。比不的俺女流之輩。生男長女。觸犯神祇。俺每業

重。你在家裡修行。等俺八個替你耽罪。你休要去罷正是。婆婆將言觀夫身。員外冷笑兩三聲。

大師父說了一回。該王姑子接偈。月娘李嬌兒。孟玉樓。潘金蓮孫雪娥。李瓶兒。西門大娘幷玉簫。多齊聲接佛。王姑子念道。

說八個。衆夫人。要留員外。　告丈夫。休遠去。在家修行。
你如今。下狠心。撇下妻子。　痛哭殺。兒和女。你也心疼。
閃得俺。姊妹們。無處歸落。　好教我。一個個。怎過光陰。
從小兒。做夫妻。相隨到老。　半路里。丢下俺。倚靠何人。
兒扯爺。女扯娘。搥胸跌腳。　一家兒。大共小。痛哭傷情。

金字經

夫人聽說淚不乾。苦勸員外莫歸山。顧家園。兒女永團圓。休遠去。在家修行都一般。

白文

員外便說多謝你八個夫人。我明日死在陰司。你們替我耽罪。我今與你們遁一鍾酒。明日好在閻王面前承當。飲酒中間。員外設了一計。夫人與我把燈剔一剔。員外哄的夫人。剔燈。一口把燈吹死。諕的八個夫人失色。連忙呼梅香。快點燈來。員外取出鋼刀劍。諕救八個衆夫人。

又偈

老員外。喚梅香。把燈點起。將鋼刀。拿在手。指定夫人。
那一個。把明燈。一口吹死。圖家財。害我命。改嫁別人。
若不說。一劍去。這頭落地。一個個。心害怕。倒在埃塵。
有八個。老夫人。慌忙跪下。告員外。你息怒。饒俺殘生。
你分明。一口氣。把燈吹死。吃幾鍾。紅面酒。拏劍救人。
你若還。救了俺。八個夫人。到陰司。告閻君。取你眞魂。

員外冷笑。便呼八個夫人。你哄我當身吹燈不認。如何認我陰司耽罪。八個女流之輩。倒哄男身。笑殺年高有德人。說的八個夫人。閉口無言。員外想人生富貴。都是前生修來。便呼安童連忙與我裝載數。車香油米麵。各樣菜蔬錢財等物。我往黃梅山裡。打齋聽經去也。

金字經

夫人聽我說根源。梵王天子棄江山。不貪戀要結萬人緣。多全捨。萬古標名在世間。
員外今日修行去。親戚鄰人送趕程。

這段經文說的是老員外捨棄惹大家業與八個夫人，一朝悟徹，不貪戀名祿，去深山修行的故事。又如第五十一回「月娘聽演金剛科，桂姐躲在西門宅」：

當下衆丫鬟婦女。圍定兩個姑子。吃了茶食。收過家活去。搽抹經桌乾淨。月娘從新剔亮燈燭來。炷來香。兩個姑子。打動磬子兒。又高念起來。從張員外在黃梅山寺中修行。白日長跪聽經。夜晚恭禪打坐。四祖禪師。觀見他不是凡人。定是個眞僧出世。問其鄉貫住處姓甚名誰員外具說前因一遍。弟子把家財妻子棄了。實爲生死出家。四祖收留座下。做了徒弟。白日教他栽樹。夜晚樁米。六年苦行已滿。驚動護法韋馱尊天驚覺四祖。教他尋安身立命之處。與了他三座寶貝。斗蓬簑衣灣棘棍往南去濁河邊投胎奪舍。尋房兒居住。三百六十日。經果圓成你如今年紀高大。房兒壞了。傳不得眞妙法。度脫不得衆生。直說到千金小姐。姑嫂兩個。在濁河邊洗濯衣裳。見一僧人借房兒住。不合荅了他一聲。那老人就跳下河去了。潘金蓮熬的磕困上來。就住房裡睡去了。少頃李瓶兒房中繡春來。呼說官哥兒醒了。也去了。只剩下李嬌兒。孟玉樓潘姥姥。孫雪娥楊姑娘。大妗子。守著聽到河中漂過一夥大鱗桃來。小姐不合吃了歸家有孕。懷胎十五。王姑子唱了一個耍孩兒。

一靈眞性投肚內。這個消息誰得知。人人不識西來意。呀的一聲孕男女認的娘生鐵面皮。纔得見光明際。崑崙頂上轉大千沙界。古彌陀分南北東西。

說千金小姐來到嫂子房中。吃咱兩個。曾在濁河邊洗衣見了那老人。問咱借房兒住。他如何跳在河內。諕的我心中驚怕。又吃了一個仙桃。我如今心頭膨悶。好生疑悔。

腹中成其身孕正是十月腹中母懷胎。千金小姐淚盈腮。

千金說。在繡房。成其身孕。心中悔。無可奈。忍氣吞聲。

一個月。懷胎著。如同露水。　兩個月。懷胎著，纔卻朦朧。
三個月。懷胎著。纔成血餅。　四個月。懷胎著。骨節纔成。
五個月。懷胎著。纔分男女。　六個月。懷胎著。長出六根。
七個月。懷胎著。生長七竅。　八個月。懷胎著。著相成人。
九個月。懷胎著。看看大滿。　十個月。母腹中。准降生。
五祖投胎在母腹中。因爲度衆生娑婆男女不肯回心。古佛下界轉九身。借胎出殼外後
母到天宮
五祖一佛性　投胎在腹中
權住十個月　轉凡度衆生
演誦先是薛姑子道。
蓋聞電光易滅。石火難消。落花無返樹之期。逝水絕歸源之路。畫堂繡閣。命盡有若
長空。極品高官。祿絕猶如作夢。黃金自玉。空爲禍患之資紅粉輕衣。總是塵勞之
費。妻孥無百載之歡黑暗有千重之苦。一朝枕上。命掩黃泉。空榜楊虛假之名。黃土
埋不堅之骨田園百頃。其中被兒女爭奪綾綿千廂。死後無寸絲之分。青春禾半。而白
髮來侵狽者纔聞。而吊者隨至。苦苦苦。氣化清風塵歸土。點點輪迴喚不回。改頭換
面無遍數。
南無盡虛空遍法界過見未來佛法僧三寶。

無上甚深微妙法　百千萬劫難遭遇
我今見聞得受持　願解如來眞實義

王姑子道。當時釋伽牟尼佛乃諸佛之祖。釋教之主。如何出家。願聽演說。薛姑子便唱五供養。

釋伽佛。梵王子。捨了江山雪山去。割肉喂鷹鵲巢頂。只修的九龍吐水混金身纔成南無大乘大覺釋伽尊。

王姑子又道釋伽佛。既聽演說。當日觀音菩薩。如何修行。纔有莊嚴百化化身有天道力。願聽其說。薛姑子又道。

大莊嚴。妙善主。辭別皇宮香山住。天人送供跏趺坐。只修的五十三　變化身。纔成南無救苦救難觀世音。

王姑子道。觀音菩薩。既聽其法。昔日有六祖禪師。傳燈佛。教化行西域東歸。不立文字。如何苦功。願聽其詳。薛姑子又道。

達磨師盧六祖九年面壁功行苦。蘆芽穿　伏龍虎。只修的隻履折蘆任往來。纔成了南無大慈大願毗盧佛。

王姑子道。六祖傳燈。既聞其詳。敢問昔日有個龐居士。捨家私迭窮船歸海。以成正果。如何說。薛姑子道。

龐居士。善知識。放債來生濟貧苦。驢馬夜間私相居。只修的抛妻棄子上法舡。纔成了南無妙乘妙法伽藍耶。

第七十三回「潘金蓮不憤憶吹簫，郁大姐夜唱鬧五更」當中一段說五戒禪師破了色戒將紅蓮花玷污。他的師弟明悟點化他，五戒愧悟坐化，托生四川眉山做蘇老泉的兒子蘇軾。明悟追五戒，他圓寂轉生本州佛印。這佛故事甚爲有趣：

說著只見小玉拿上。一道土荳泡茶來。每人一盞。須臾吃畢，月娘洗手。向爐中炷了香。聽薛姑子講說佛法。先念揭日。

禪家法教豈非凡　佛祖家傳在世間

落葉風飄著地易　等閒復上故枝難

此四句詩。單說著這爲僧的。戒行最難。言人生就如同鐵樹一般。落得容易。全枝復節甚難。墮業容易。成佛作祖難。卻說當初治平年間。浙江寧海軍。錢塘門南山淨慈古孝刹。有兩個得道的眞僧。一個喚作五戒禪師。如何謂之五戒。第一不殺生命。第二不偷財物。第三不不染淫聲美色。第四不飲酒茹葷。第五不妄言綺語。如何謂之明悟言。其明心見性。覺悟我眞這五戒。禪師在家年方三十一歲。身不滿三尺。形容古怪。自伊師明悟。少其一目。俗名金禪。字佛教。如法了得。他與明悟是師兄師弟。一日同來寺中。訪大行禪師。禪師觀五戒佛法曉得。留在寺中做個。首座不數年大行圓覺。衆僧玄他做了長老每日　坐那第二個明悟。年二十九歲。生得頭圓耳大。面闊口方。身體長大兔數。羅汗俗姓王。兩個如同一母所生。但遇說法同外法應。忽一日冬盡春初時節方天道嚴寒作雪下了兩日。雪霽天晴。這五戒禪師早辰坐在禪椅上。耳邊連連只聞得小兒啼哭。便呼一個身邊知心腹的清一道人。你往山門前看有甚事來。報我知道。這道人。開了山門。見松樹下雪地上。一塊破蓆。放著一個小孩兒。這是什麼人家丟在此處。向前看。是五六個月的女孩兒。破衣包裹。懷內片紙，寫著他生時八字。清一道。救人一命勝造七級浮屠。連忙到方丈稟知長老。長老道善哉。難得你善心。即抱回浮屠。連忙到方丈稟知長老。長老道善哉。難得你善心。即抱回房中好生喂養救他性命。這是好事。到了周歲。長老起了個名字。喚做紅蓮日往月來。養在寺中。無人知覺、一向老長也忘也。不覺紅蓮長成十六歲清一道人每日出鎖入鎖。如親生女一般女子。衣服鞋襪如沙彌打扮。且是生得清俊。無事在房做針線。只指望招尋個女婿。養老送終。一日六月熱天。這五戒禪師。忽想數十年前之事。逕來千佛閣後清一道人房中來。清一道。老長希行來此何幹。五戒因問紅蓮女子在于何處。清一不敢隱諱。請長老進房一見。就差了念頭。邪心輒起。分付清一。你今早送他到我房中。不可有誤。你若依我。後日抬舉你。切不可泄漏與人。清一不敢不依。暗思今夜必壞了這女身。長老見他應得不爽利。喚入方丈。與了他十兩白金。又度諜。清一只得收了銀子至晚送紅蓮到方丈。長老遂破了他身。每日藏鎖他在床後紙帳房內。把些飯食與他吃。卻說他師弟明悟禪師。在禪閑上、入定回來。已知五戒差了念頭。犯了色戒。淫垢了紅蓮女子。把多年德行。一旦拋棄了。我去勸醒。再不可如此。次日寺門前荷蓮花開。明悟令行者採一朵白蓮花來。插在膽瓶內令請五戒來賞蓮花。吟詩談笑不一時五戒至。兩個禪師坐下。明悟道。師兄我今日見此花甚盛。竟請吾兄賞玩。吟詩一首。行者拿茶吃了。預備文房四寶。五戒道將那荷根爲題。明悟道。便將蓮花爲題。五戒控起筆來。寫詩四句。

一枝菡萏瓣兒張　相伴蜀葵花正芳
紅留似火開如錦　不如翠蓋芰荷香

明悟道。師兄有詩。小弟豈得無詩。于是拈筆寫四句

春來桃杏柳舒張　千花萬　鬪芬芳
夏賞芰荷如燦錦　紅蓮爭似白蓮香

寫畢呵呵大笑。五戒聽了此言。心中一悟。面有愧色。轉身辭回方丈。命行者快蕤湯洗浴罷。換了一身新衣。取紙筆忙寫八句頌曰。

吾年四十七　萬法本歸一
只爲念頭差　今朝去得急
傳語悟和尚　何勞苦相逼
幻身如閃電　依舊蒼天碧

寫畢放在佛前歸到禪床上就坐化了。行者忙去報與明悟。明悟聽得大驚。走來佛前看見辭世頌。遂說你好卻好了。只可惜差了這一著。你如今雖得個男身去。我不信佛法

三寶。必然滅佛謗僧。後世落苦輪不得歸依正道。深可痛哉。你道你去得。我趕你不著。當下歸房。令行者燒湯洗沾。坐在禪床上。吾今趕五戒和尚去也。汝可將兩個人神子盛。放三日一時焚化說佯。六圓寂坐化。衆曾皆驚。有如此異事。傳得四方知道本寺連日坐化了兩僧。燒香禮拜。施者人。山人海抬去寺前焚化。這清一道人。遂收紅蓮改嫁平養老。不日後五戒托生。在西川眉州與蘇老泉居士做兒子。名喚蘇軾。子瞻。號東坡。明悟托生與本州。姓謝道法爲子。爲端卿後出家爲僧。取名佛印。他兩個還在一處作對。相交契厚。正是

自到川中數十年　曾在毘盧頂上眠
參透趙洲關捩子　好姻緣做惡姻緣
棰紅柳綠還依舊　石邊流水響潺潺
今影指引苦提路　再休錯意戀紅蓮

薛姑子說罷。只見玉樓房中。蘭香拿了兩方盒細巧素菜。　碟茶食點心收了香爐。擺在桌上。又是一壺茶。與衆人陪三個師父吃了。

七十三回故事中，在五戒、悟明兩僧中間，又出現了一個清一道人，收紅蓮改嫁。可見當時釋道不分，並無對立的問題。七十四回「宋御史索求入仙寺　吳月娘聽宣黃氏卷」。薛姑子爲吳月娘等女眷宣卷，是寶卷的眞面目，這裡有講，有說，有唱。裡面的詞文，有散文的說話有韻文的頌讀，有曲調如「楚江秋、山坡羊、皀羅袍」的歌唱，甚有彈詞，鼓詞的聲

色。

這些曲牌在「諸宮調」和「山西道情」中是經常見到的。

各往房裡分付預備茶去。不一時。放下炕卓兒。三個姑子來到盤膝坐在炕上衆人俱各坐了。擠了一屋裡人。聽他宣卷。月娘洗手炷了香。這薛姑子。展開黃氏女卷。高聲演說道。

蓋聞法初不滅。故歸空。道本無生。每因生而不用。由法身以畫入相由入相以顯法身。朗朗惠燈。通開世戶。明明佛鏡。照破昏衢。百年景賴刹那間四大幻身如泡影。每日塵勞碌碌。終朝業試忙忙。豈知一性圓明。徒逞六根貪慾。功名蓋世。無非大夢一場。富貴驚人。難免無常二字。風火散時無老少。溪山磨盡幾英雄。我好十方傳句偈。八部會垓場。救大宅之烝熬。發空門之侖綸。偈曰富貴貧窮各有由。只緣分定不須求。未曾下的春時種。空手荒田望有秋。衆菩薩。每聽我貧僧演說佛法道。四句偈子。乃是老祖留下。如何說。富貴貧窮各有由。相如今你道衆菩薩。嫁得官人。高官厚祿。在這深宅大院。呼奴使俾。插金帶銀。在綾錦窩中長大綺羅堆裡。生成思衣而綾錦千箱。思食而珍羞百味。享榮華受富貴。盡皆是你前世因由根基上有你的一般大緣分。不待求而自得。就是貧僧在此宣經。念佛也是吃著這美口茶飯。受著發心布施。老大緣分。非同小可。都是龍華一會上的人。皆是前生修下的功果。你不修下時就如春天不種下場。到了秋成時候。一片荒田。那成熟結子。從那裡來。正是淨埽靈臺好下工。得意歡喜不放鬆。五濁六根爭洗淨。參透玄門見家風。又百歲光陰瞬息回。此身必定化飛灰。誰人肯向生前悟。悟卻無生歸去來。又人命無常呼吸間眼觀紅日墜西山實歷盡空回道。一失人身萬劫難。想這富貴榮華。如湯潑雪。仔細算來。一件無多。做了虛花驚夢。我今得個人身。心中煩惱悲切。死後四大化作塵土。又不知這點靈魂往何處受苦去也。懼怕生死輪迴。往前再參一步唱（一封書）生和死兩下。相嘆浮生終日忙。男和女滿堂。到無常祇自當人。如春夢終須短。命若風燈不久常。自思量可悲傷。題起孜人欲斷腸開卷日。應身長救苦。幷本無去亦無來。彌陀教主大願弘深。四十八願度衆生。使人人悟本性。彌陀今惟心淨主渡苦海。苦海洪渡。證菩提女妙果持念者罪滅河沙。稱揚者。福增無量。書寫讀誦者。當生華藏之天。見聞受持。臨命纔時定往西方淨土。凡念佛者。斷有功無量慈愍大慈愍故。皈命一切佛法僧信禮。常住三寶法輪。常輪度衆生。偈曰無上甚深做妙法百千萬劫難遭遇。我今見得受持。願解如來眞實意黃氏寶卷纔展開。諸佛菩薩降臨來。爐香遍滿虛空界。佛號聲了動九垓。昔日漢王治世。雨順風調。國泰民安。感得一位善心娘子出世。家住曹州南華縣。黃員外所生一安。端嚴美巴。年方七歲。吃齋把素念金剛經。報答父母深恩。每日不缺感得觀世音菩薩。半空中化魂父母見他終日念經。若勸不從。一日尋媒。吉日良時。把他嫁與一婿。姓趙名方。屠宰爲生。爲夫婦一十二載。生下一男二女。一日黃氏。告其夫曰。我與你爲夫妻一十二載。生下嬌兒嬌女。但貪戀因愛。永墮沉淪。妾有小詞。勸喻丈夫聽取。詞曰宿緣夫婦得成雙。雖有母和女。誰會抵無常。伏望我夫主。定念與雙同。共修行終年富貴也。須草草貪名與利隨。分度時光。這趙郎。見詞不能依隨。一日作別起身。往山東買豬去。黃氏女見丈夫去了。每日淨房寢房歇。沐浴身禮。燒香禮誦金剛經

今方當下山東去　四個兒女在中堂　黃氏女在西房
香湯沐浴換衣裳　卸簪珥淺淡梳妝　每日家向西方
燒香禮拜　面念顏並寶卷　持念金剛
看經文猶未了　香煙沖散　念佛音聲朗朗
貫徹穹蒼　地獄門天堂界　豪光發現
閻羅王一見了　喜悅龍顏　莫不是陽世間
生下佛祖　急宣召二鬼判　審問端詳
有鬼判告吾王　聆音察理　曹州府南華縣
有一善良　看經文黃氏女　持齋把素
行善心功行大　驚動天堂　唱金剛經

閻羅王聞言心內忙。急點無常鬼一雙。一雙急奔趙家莊。黃氏正看經卷。忽見仙童在面前。念：

善人便是童子請　惡人須遣夜叉郎　黃氏看經忙來問
誰家童子到奴行　仙童答告娘子道　善心娘子你莫慌

不是幾間親眷屬　我是陰間童子郎　今因爲你看經卷
閻王請你善心娘　黃氏見説心煩惱　小心一一告無常
同姓同名勾一個　如何勾我見閻王　千死萬死甘心死
怎捨嬌娃女一雙　大姐嬌姑方九歲　伴嬌六歲怎抛娘
長壽嬌兒年三歲　常抱懷中心怎忘　苦放奴家魂一命
多將功德與你行　仙童答告娘子道　何人似你念經剛

善惡二童子。被黃氏女哀告。再三不肯赴幽。留戀一二個孩兒。難抛難捨。仙童催促。説道善心娘子。陰間取你三更死。定不容情到四更。不比你陽間好轉限。陰后取你。若違了限。我得罪。更不輕説短長。黃氏此時憶想便喚女使去燒湯。香湯沐浴方纔了。將身便乃入佛堂。盤膝坐定不言語。一靈眞性見閻王　唱

楚江秋　人生夢一場光陰不久常。臨危個個是風燈樣。看看回步見閻王。急辦行妝。鄉臺上把家望。兒啼女哭好悽惶。排鈸打鼓作道場披麻帶孝安塋　白

不説令方悽惶事　且言黃氏赴陰靈　看看來到柰何橋
一道金橋接路行　借問此橋作何用　單等看經念佛人
奈何兩邊血浪水　河中多少罪淹魂　悲聲哭泣紛紛鬧
四面毒蛇咬露筋　前到破錢山一座　黃氏向前問原因
是你陽間人化紙　殘燒未了便抛焚　因此捶翻多破碎

積聚號作破錢山　又打枉死城下過　多少孤魂未托生

黃氏見說心慈愍　舉口便誦金剛經　河裡罪人多開眼

尸山爐剔樹鵞林　鑊湯火池蓮花現　無間地徹瑞雲籠

當下仙童忙不住　急忙便去奏閻君　唱

山坡羊　黃氏到了那森羅寶殿。有童子先奏說。請了看經人來見閻羅王便傳召請。黃氏拜在金　下。不由的跪在面前。有閻君問你。從幾年把金剛經念起。何年月日感得觀世音出現。這黃女叉手訴說情來訶。自從七歲吃齋。供養聖賢望上聖聽言。從嫁了兒夫。看經心不減　白

閻君當下忙傳旨　善心娘子你聽因　你念金剛多少字

幾多點化接陰陰　甚字起頭甚字落　是何兩字在中間

你若念經無差錯　放你還魂回世間　黃氏當時　下立

願王聽奴念金剛　字有五千四十九　八萬四千點畫行

如字起頭行字住　荷擔兩字在中央　黃氏說經尤未了

閻王殿前放毫光　舉手龍顏眞喜悅　放你還魂看世間

黃氏聞知忙便告　願王俯就聽奴言　第一不往屠家去

第二不要染衣行　只願作個善門子　看經念佛過時光

閻王取筆忙判斷　曹州弭家轉爲男　他家積有家財廣

缺少墳前拜孝郎　員外夫妻俱修善　姓名四海廣傳揚

吃罷迷魂湯一盞　張家娘子腹懷耽　十月滿足生一子

左肋紅字有兩行　此是看經黃氏女　曾嫁觀水趙令方

此是看經多因果　得爲男子壽延長　張家員外親看見

愛如　寶喜開顏　唱

皀羅袍　黃氏在張家托化轉爲男身。相湊無差。員外見了喜添花。三年就養成人。大

年方七歲。聰明秀發。攻書習字。取名俊達。十八歲科舉登黃甲

卻說張俊達。十八歲登科應舉。陞授曹州南華縣知縣。忽然思憶。是他本鄉。到縣中

赴任之後。先去王　國稅。然後理論公聽。差兩個公差。即去請趙郎令方。我和他說

話。兩個公差不敢怠慢。即到銷家來請令方。白

趙令方在家中　看經念佛兩公人　忙喝喏聽說來因

即時間　忙打扮　來到縣裡

公廳上忙施禮　且說家門　張知縣起躬身

便令坐　敘寒溫分賓主　捧出茶湯

你是我親夫主　令方姓趙　我是你前妻子

黃氏之身　你不信到靜臺　脫衣親見

左肋下硃砂記　字寫原因　我大女嬌姑兒

嫁人去了　　第二女伴姐姐　　嫁了曹眞

長壽兒我掛牽　　守我墳墓　　咱兩個同騎馬

前至先塋

知縣同令方兒女五人。到黃氏墳前。開棺見屍。容顏不動。回來做道場七日。令方看金剛經。瑞雪紛紛。男女五人。總駕祥雲昇天去了。臨江仙一首爲證。

黃氏看經成正果。同日登極樂。五口盡昇天。道善人傳觀音菩未度我。

寶卷已終。佛聖已知。法界有恃。同生勝會。南無一乘字無量。又眞空諸佛海會。悉遙普使沙河同淨土。伏願經聲佛號。上徹天堂。下透地府。念佛者出離苦海。作惡者永墮沉淪、得悟者。諸佛引路。放光明照徹十方。東西下。迴光返照。南北處親到家鄉。登無生漂舟到橋。小孩兒得見親娘。入母胎三實不怕。八十部永返安康偈曰

衆等所造諸惡業　自始無始至如今

靈山失散迷眞性　一點靈光串四生

一報天地蓋載恩　一報日月照臨恩

三報皇王水土恩　四報爹娘養育恩

五報祖師親傳法　六報十類孤魂早超身

摩訶般若波羅密

薛姑子宣畢卷。已有二更天氣。

這是明代尼僧在大戶人家婦女中宣卷的情況。至於淸末民初，宣卷盛行江浙，流行於江西、湖南、四川以及河南、山西、河北。藝人進行宣講情況是：

宣卷時照例先由宣卷藝人焚香請佛，然後唱四句定場詩，如《家堂寶卷》：『家堂寶卷初展開，諸佛菩薩降凡來。在堂大衆高聲念，消滅延壽福滿來。』唱完以後開書。在宣講正文時，有說有唱，說少唱多。唱腔音樂性不強，有時只用一支簡單的調子，伴奏用打擊樂器，或用鼓、板，或用漁鼓、簡板，或用木魚、鐘磬，個別也有用胡琴的。由於藝人派系不同，唱腔和伴奏樂器也就有所不用。除宣講正卷外，還有用於敬香、請灶、傳香、收香、結緣等儀式的小卷。（李世瑜《寶卷綜錄》）

元明至淸，各地存在著大量的刊本、抄本寶卷，由明至淸，說唱形式的『宣卷』都以寶卷爲底本。這些寶卷本子的分類，鄭振鐸先生在《中國俗文學史》中認爲可分爲佛教的和非佛教的兩大類。

……在佛教的寶卷裡，又可分爲：

一、勸世經文。

二、佛教的故事。

在非佛教的寶卷裡，則可分爲：

一、神道的故事。

二、民間的故事。

三、雜卷。

雜卷所唱的多爲遊戲文章，或僅資博識；僅資一笑的東西，像《百鳥名》、《百花名》、《藥名寶卷》等等。

向達覺明「明清之際之寶卷文學與白蓮教」：（載於「文學」二卷六言。民國二十三年六月）的情況。所以，當初朱元璋禁止民間說唱，眞的是了解到民間的娛樂，一旦被造反的強者利用做爲反抗朝廷的工具，其效果實在很大。白蓮教當時運用「寶卷」來擴展勢力，結合群衆，就是一個例證。

這種寶卷文學大都仿照經的形式。長一點的分若干卷，卷分若干品；一卷或者一品末了並附有用駐雲飛、清江引、黃鶯兒、紅繡鞋、耍孩兒、鎖南枝、紅羅怨、浪淘沙、傍妝臺、綿搭絮、五更綿搭絮、粉蝶兒、上小樓、掛金鎖、四朝元、柳搖金、雁兒落、步步嬌、羅江怨、朝天子、滿庭芳、青天歌、後庭花（以上俱見「銷釋印空實際寶卷」），風入松、鷓鴣天（以上見「弘陽苦功悟道經」），五更梧葉兒、五更黃鶯兒（以上見「銷釋眞空寶卷」），白蓮詞等曲牌所寫成的小曲。所用的曲牌以駐雲飛、清江引、紅繡鞋、黃鶯兒等爲最習見。大都用一篇七言的讚同偈爲全卷的開始，以下則語體的散文同韻語相間而出，韻語有時是五言或七言，有時是三、三、四的句子，也有時是五言或七言之後，間以一段三、三、四的句子的。文章大都叙說教中老師求道的經過，或者借一段故事來勸懲世人，宣傳教義。

「金瓶梅」中說到放下桌子就是擺好香案，拈香讚頌，大家圍著來聽。而且說唱「寶卷」的人常常說到聽衆入迷以至神魂顛倒，或者寢食俱廢。拜佛奉神，相信因果報應。所以，繼承俗講的作用，流行於民間，就是「寶卷」發展的原由。

在寶卷裡，最早的是「香山寶卷」二卷，又名「觀世音菩薩本行經」簡集。據傳爲宋普明禪師於崇寧六年八月十五日在武林上天竺受神感召而作，述妙莊王四女妙善成道佛名觀世音的經過。

「魚籃寶卷」亦名魚籃觀音，述觀音化身賣魚女，度化金沙灘惡人馬二郎及鄉民之事。

「孟姜女仙女寶卷」述天宮芒童與七仙姑私自下凡救民。芒童化身萬喜良被埋長城下代替萬民而死。仙姑化身孟姜女送寒衣到長城，尋到喜良屍骨。始皇因其貌美，令其入宮，她提出三個條件，一要爲厚葬喜良，二要造萬王廟，三要始皇親祭。始皇一一同意，當始皇親自祭墳時，孟姜跳入火中自焚而去。玉帝恕了芒童與仙姑，而度喜良與孟姜父母成仙。

「消災延壽閻王經」，雖以經名，實是寶卷，述岳傳中胡迪見岳飛冤死，憤恨不平，下到地獄，見到岳王父子升天，秦檜夫妻墮入地獄。

「鸚老寶卷」借鸚老之口，勸化世人信佛行善。

「延壽寶卷」述金良四十得子取名本中，注定九歲夭亡，但因爲行善事，感動上天，一直延壽，活到百歲，升天而去。

「珍珠塔」寶卷二卷，述珍珠塔故事。是彈詞中的名作。

「如如寶卷」述如如和尚勸處人王文行善修行的故事。

「五祖黃梅寶卷」述五祖修行始末。

「梁山伯寶卷」述牛郎織女下凡投身爲梁仙伯，祝英台同學讀書，相許終身。不料祝家已將英台許給馬文才。馬家急著要把英台娶過去，山伯受此打擊病重而死。英台在馬家吉日迎娶日，身穿素服，去山伯墓前祭拜，血淚傾訴。山伯墳墓突然裂開，英台縱身跳入，丫環們抓不住她，只賸下衣裙在外。馬文才死去到陰間告狀，說山伯搶去了他的妻子。閻王告訴他始末，他只好回到人間。兩家人開墓探視山伯與英台屍身，只見一雙彩蝶相隨飛去。

「還金得子寶卷」述呂玉、呂寶、呂珍三兄弟。呂寶生性不良，屢次毒計害家人，最後害了自己。

「昧心惡報寶卷」金鐘用砒霜害和尙，卻害死了一家人。

「伏虎寶卷」述伏虎羅漢，棄邪歸正，帶了老虎修成正果。

「立願寶卷」道士給李寶山一本寶卷，敎化勸世人行善。

「趙氏賢老寶卷」是講述蔡中郎和趙五娘夫妻倫理親情故事。

「金鎖寶卷」說的是「竇娥」蒙冤，天降紅雪之事。

「妙英寶卷」講述妙英修行，成爲白衣大士之事。

「劉香女寶卷」述香女爲馬玉之妻，受兩個伯姆與婆婆百般虐待，但她堅持持齋把素，積德行善。雖被逐出家門，抄化度日。但受其感化惡人皆改過向善。馬玉再娶金枝，同赴潮州太守之路，香女仍行守佛道，在外居住。一天婆姆等吃團魚中毒身亡，馬玉魂遊地府，見父母兄嫂受若，他星夜奔喪，追薦亡人，使他們離罪超生。從此馬玉金枝追奉香女，皆得坐化昇天，馬玉爲無愚佛，香女爲寶月尊。

「藍關寶卷」述韓湘子度化韓愈事。

「白蛇寶卷」述白蛇有道，去人間報恩。與許宣成爲夫妻，遇法海鬥法，被壓在雷峰塔下。其子夢蛟祭塔，法海釋放白氏得道昇天，許宣剃度爲僧，修成正果。

「目連三世寶卷」說的就是目連救母的事。

「還金鐲寶卷」述王御受苦難，高小姐爲他帶髮修行，他求功名不第，貧困自殺爲李東陽所救，終於高中狀元。

「何仙姑寶卷」述何仙姑眞心修行得道成仙。

「秀女寶卷」山西陶秀女歷經苦難，死而復活爲何仙姑度她成仙。

「雌雄杯寶卷」述梅妃害人害己的故事。

「希奇寶卷」孝母故事。

「現世寶卷」惡人作惡受現世報應故事。

「醒心寶卷」是勸諭性的說唱。

「眞修寶卷」以問答爲體裁的勸世文。

「楊公寶卷」勸人向善的寶卷。

「梁山伯還魂團圓記」一名三美圖，述梁山伯還魂，習有奇術，平定奸賊馬方之亂，娶了英台、鳳鳴、紅瑞爲妻。

「嘆世寶卷」是勸世文。

「龍圖寶卷」包公陳州賑饑，審得寃案，眞相大白，林與王兩家終於成婚修行得道。

「正德遊龍寶卷」述明武宗微服出巡，到癡呆子周玄家中借宿，周母殺了老母雞給正德帝吃，周玄哭說殺了他的妻。因他打柴爲生，雞生蛋積財，可以娶一妻房。正德帝當夜住在他家聽的曹太史家更夫打更，第二天起來寫了詔書叫周玄送到曹太史家，把曹太史千金配給他。他鬧了許多笑話卻也立了大功。正德回京誅了劉瑾等人，叫周玄做指揮的官。這卷寶卷的故事，用蘇州口語寫成，十分有趣。

「何文秀寶卷」是故事性濃厚的寶卷，述何文秀屢遭奇冤，九死一生。其中一段述何文秀留戀蘭花院，金盡被逐，流落蘇州唱道情，有點像「李娃傳」的部分情節。他與王國女之蘭英約會在花園談情，又有些像張君瑞與崔鶯鶯的部分情節。不過他們的約會被王國老知悉，把二人放在袋中丟到江裡遇救，逃生到海寧結爲夫婦，又遇惡霸張堂張典主僕二人將蘭英強佔，誣他殺了婢女，送他入獄，落入杭州知府仇人陳練之手判文秀問斬。獄官憐他無辜，把自己聾啞兒子頂罪，放他逃生，他終於中了進士爲浙江十一省巡按。終於和蘭英團聚，並報了前仇。

「明宗孝義達本寶卷」是說經寶卷。

「龐公寶卷」述龐公全家四口好善念佛，修成正果。

「雙貴圖寶卷」述許氏行惡害人，兒子名叫繼子，行善救人。行善念佛的王氏修行有福。行惡的許氏死後入地獄。

以上所述寶卷，民間流傳至爲廣泛，「金瓶梅詞話」中的曲調，是把寶卷做爲通俗唱本來說唱，加上偈語，加上說白，加上咏誦，有似彈詞，有似鼓詞，在北方配合北人的聲口表情，在南方加以弦索鼓板，爐香乍爇，朗誦聲起，拜佛禮法，祥雲繚繞，我們就以上說法觀其因由：

「金瓶梅詞話」第三十九回，聽大師父「說因果」，王姑子接偈，金剛經是唱詞。這段的形式是如此。第五十回，兩個姑子「打動擊子兒，金剛神，中有王姑子唱了一個耍孩兒，並說十月懷胎。薛姑子演誦，兩個姑子分別說經。第七十三回薛姑子講唱佛法先念揭四句詩，說五戒，第一不殺生命，第二不偸財物，第三不染淫聲，第四不飮酒茹葷，第五不妄言綺語。其中只是說故事頌五言七言詩。第七十四回三個姑子演說黃氏女卷，其中有念，有白，有唱，唱的曲調有楚江秋，它們說唱寶卷，也叫做「說因果」，因果報應的說法便深入民間，有的叫做「說善話」，小本子的名目不知凡幾，內容勸人爲善，敎奉神佛，其道場無論山林寺廟，佛堂街場，或爲尼姑和尙，或爲道士信徒，手敲木魚，敲響小磬，聲宣佛號，口唱寶卷，求討化緣，因此，廣東沿海地方，也把寶卷叫做「木魚書」。本魚也是「摸魚歌」，用琵琶、胡琴、三弦等件唱。

前述寶卷被白蓮敎運用，宣傳其敎義，被道光時黃育梗列爲「邪說妖妄」的此類寶卷書目有六十八種：

古佛天眞考證龍華寶經　銷釋悟性還源寶卷　開心結果寶卷　下生嘆世寶卷　明證地獄寶卷　科意正宗寶卷　婦家報恩報卷　護國佑民伏魔寶卷　混元紅陽顯性結果經　混元紅陽大法祖明經　混元紅陽血潮寶懺　混元無上大道元妙眞經　苦功悟道卷　正信除疑無修證自在卷　巍巍不動太山深根結果卷　嘆世無爲卷　破邪顯證鑰匙卷　姚秦三藏西天取淸解論普靜如來鑰匙通天寶卷　普明如來無爲了義寶卷　三義護國估民伏魔功案寶卷　泰山東嶽十王寶卷　地藏菩薩執掌幽冥寶卷　靈應泰山娘娘寶卷　護國威靈西王母寶卷　佛說離山老母寶卷　千手千眼菩薩報恩寶卷　銷釋白衣觀音菩薩送嬰兒下生寶卷　佛說彌陀寶卷　救苦忠孝藥王寶卷　佛說梁皇寶卷　銷釋孟姜忠烈貞節賢良寶卷　佛說如如老祖寶卷　佛說無爲金安揀要科儀寶卷　佛說明宗顯性科儀　佛說通元收源寶卷　普度新降救苦寶卷　鄉肖釋授記無相寶卷　鄉肖釋大宏覺通寶卷　銷釋印空實際寶卷　銷釋金剛科儀　佛說大方廣圓覺修多羅了儀寶卷　佛說三迴九轉下生漕溪寶卷　佛說黃氏女看經寶卷　佛祖傳燈心印寶卷　皇極金九蓮正信皈眞還鄉寶卷　混元紅陽臨凡飄高經　混元紅陽悟道明心經　混元紅陽嘆世經混元紅陽苦功悟道經　混元紅陽明心寶懺　混元紅陽拔罪地獄寶懺　混元紅陽救苦升天寶懺

混元無上拔罪救苦眞經　混元無上明心寶懺　混元紅陽拔罪地獄寶懺　混元紅陽救苦升天寶懺　混元無上拔罪救苦眞經　混元無上普化慈悲眞經　紅陽寶懺　銷釋闡通救苦寶卷　觀音釋宗日北斗南經　勑封劉守眞君寶卷　銷釋地獄寶卷　東嶽天齊仁聖大帝寶卷　金闕化身

元天上帝寶卷　福國鎮宅靈應竈王寶卷　佛說皇極收元寶卷　苦功悟道卷略解　悟道心宗覺性寶卷　銷釋收圓行覺寶卷　銷釋眞空掃心寶卷

其中黃氏女看經寶卷，就是前面說的那種，這種種寶卷應該可以說信佛的成份較高，不完全是邪說。

由寶卷之流行民間，暢其所至。且被白蓮教運用做宣傳教義的工具。不禁使我們想到秧歌在農村的勢力，它於社火節慶，假日集市，或於田野山莊，曠地牧場，聽鄉民把秧歌唱的鎭天假響。尤其是婦人閨女青年子弟，把秧歌唱成了代表生活天地，情感景象，代表整個說唱面貌的心聲，秧歌其實是山西道情，民謠，梆子，鼓詞調合而成的說唱藝術，一般村民衆稱呼它爲秧歌。相對寶卷，這是另一個與佛道關係少而純粹是民間鄉鎭抒發情感，村民笑鬧娛樂的東西；「中國大百科全書」有記載，在此採摘重要部分來看：

> 來源於農民插秧時所唱歌曲，它和採茶歌、山歌、漁歌一樣，是勞動群衆的創造。後來，人們用秧歌，或唱故事，或與舞蹈、技藝、武術相結合發展爲地秧歌、高腳秧歌（即踩高　唱秧歌）、武秧歌等，成爲每年農曆正月民間舉辦『社火』時的表演節目。有的地方就把這種節期活動叫做『鬧秧歌』。在鬧秧歌的過程，孕育、產生了秧歌戲，這就是由小旦、小丑（或小生）扮演人物，唱民歌小曲，反映民間生活故事的『對對戲』。其形式，與採茶戲、花鼓戲、花燈戲很相似方清代中葉，梆子腔劇種興盛起來以後，山西、河北、陝西的秧歌戲。在不同程度上借鑑和吸收了當地梆子戲的劇目、

音樂和表演藝術，逐漸發展爲舞臺演出，向地方大戲演變。秧歌戲，主要分佈於山西、河北、陝西以及內蒙古、山東等地。各地的秧歌戲多以興起或流行的地區命名，如山西的祁（縣）太（谷）秧歌（又叫晉中秧歌）、太原秧歌、朔縣秧歌、繁峙秧歌、廣靈秧歌、襄（垣）武（鄉）秧歌、壺關秧歌、慢源秧歌、澤州泱歌；河北的定縣秧歌、隆堯秧歌、蔚縣秧歌、懷來秧歌；陝西的韓城秧歌、陝北秧歌等。它們從唱腔結構體制上大致可以分爲三類：①屬於民歌組合的，如祁太秧歌、壺關秧歌、沁源秧歌、韓城秧歌、陝北秧歌，以唱民唱小曲爲主。②屬於民歌組合與板式變化相結合的，如廣靈秧歌、朔縣秧歌、繁峙秧歌、蔚縣秧歌，其主要唱腔和板式多來自梆子腔，板式有頭性（慢板）、二性、三性、介格、散板及滾白等。其民歌小曲統稱『訓調』，有〔四平訓〕、〔苦相思訓〕、〔高字訓〕、〔下山訓〕、〔跌落金錢訓〕、〔推門訓〕等。採用板胡、笛子、三絃等伴奏。這種結構體制，俗稱『梆扭子』。③屬於板式變化的，有襄武秧歌、澤州秧歌、定縣秧歌、隆堯秧歌，唱腔板式分慢板、二性（二六）、快板、散板、導板等。演唱時用板鼓或梆擊節，大都不用管絃，只用鑼鼓伴奏，因止又叫『乾板秧歌』。但也有增加管絃伴奏的，如襄武秧歌，較早的使用呼胡、二把等伴奏演唱。

各地秧歌戲的傳統劇目，可分爲兩類：一類爲小戲，俗稱『耍耍戲』，如《王小趕腳》、《借髢髢》、《拐磨子》、《繡花燈》、《做小衫衫》、《小姑賢》、《大齊廟》、《藍橋會》、《呂蒙正趕齋》等；一類爲大戲，如《花亭會》、《九件衣》、《蘆花》、《日月圖》、《白蛇傳》等。秧歌戲形式比較靈活、自由，長於表現現實生活。

「金磚記」述梁山伯祝英台同學讀書，師娘看英台擔水不像男子漢，且因擔水跌倒，山伯出來替她把水擔走。這段唱詞完全是通俗的語氣：

白瑞蓮唱　一塊浮雲遮滿天，夫妻教書紅羅山。丈夫下山陪客飲沾，十八個弟子無人管。白瑞蓮走出臥房外，書房不遠到近前。行走就把書房進，觀見弟子唸書篇。你們汲水抱柴是輪流幹，今天不知那家班？

山伯唱　走上前身施一體，再　師娘你聽言。今天抱柴不該我，

英台唱　一旁閃過祝英台。今天值日我應當。

瑞蓮唱　今天既然應著你，跟著師娘梢擔。領弟子走出書房外，命你速去早回還。交罷梢擔臥房轉，

英台唱　我給師傅把水汲。用擔拿起一挑擔，即忙擔起兩個桶。英台說罷走下去，

瑞蓮唱　來了白瑞蓮我偷眼觀。看他不像個男子漢看著他好像個女嬋娟。不免趕在井台上，井台以上再偷觀。說罷此話走下去，

英台唱　又來了英台把水擔。正走中間來的決，抬頭觀見一井泉。英台來在井台上，慌忙撂下梢挑擔。丈二的絣繩拿在手，慌忙掛上梢連環。梢桶下去就擺尾，餓虎捕食朝上翻。英台打了兩桶水，使的我英台心跳不安然。拿起汗巾當扇扇，英台正在井台

上。

瑞蓮唱　白瑞蓮步到近前，用手一指高聲罵，連把弟子數罵幾言。未曾打水囑託你，你還在井台上貪著玩。你要誤了你師傅的飯，四十板子打手間，今天打水不用你，我給你師傅把水擔。拿起挑擔就講走，

英台唱　我上前就把師娘攔。叫聲師娘撂下吧，我休息把水擔。

瑞蓮唱　擔不擔自在你，我回在臥室去紡綿，講罷此話回房轉。

英台唱　我給師娘把水擔，黃楊木挑擔拿在手，急忙掛上梢連環。金蓮小邁步大，一歪摔在地平川。扔了挑擔撒了水，濕了靴子共藍衫。濕了靴子不要緊，光怕濕壞小金蓮。瞞怨瞞怨多瞞怨，瞞怨爹娘行事不端。你們無兒應求子，爲什麼拿著閨女當兒男。我以爲唸書有好處，那知打水遭了難。英台正瞞怨爹娘哩，

山伯唱　書房驚動吾梁山伯。我的兄弟把水打，這般時候不迴還。不免到在井台上，井台以上觀一觀。走出書房來的快，井台不遠到近前。觀見我弟淚如雨，叫聲兄弟一旁站，哥哥替你把水擔。山伯擔水走下去，

英台唱　倒叫英台喜心間。往日打水代我打，今日打水替我擔，日後回到我家下，俺二人配就姻緣。這是英台心裡話，未曾講出口外邊。英台說罷書房轉。

小花園

「小花園」十分有趣，我們來看：

小花園這齣秧歌表演張廷秀與王二姐的故事。妙處在張廷秀進京考中，假扮窮狀回來，告二姐落榜。二姐惱怒。恨他沒有造就。後來廷秀從懷中把皇家玉印掏出，二姐看見才喜歡，表示女子的虛榮心。

張廷秀白　斗大黃金印，天高白玉堂；不讀書萬卷，怎得伴君王。下官張廷秀，家住蘇州人氏，得了八府巡按。有一表兄，俺二人倒憑換印。我給他執掌四府刑庭，有心暗查蘇州，家員，吩咐校尉順轎。

家員白　校尉！老爺暗查蘇州命你們順轎伺侯！回稟老爺吩咐下去！

廷秀唱　廷秀上了八抬轎，坐在轎内看的清。轎前的人馬眞威武，一對板子一對棍，一對鐵鎖一對繩。金瓜鉞斧朝天蹬，鐵尺拐子和流星。轎前的景緻我不表，礮響三聲出了城。在轎内我心暗想，忽然想起大事情。一雙爹娘死的早，將我收留舅家中。開科之年去趕考，得中八府巡按有功名。有一表兄俺二人倒憑換印，今天暗查蘇州城。在轎内抬頭看，眼前來到蘇州城。城門樓高三丈，垛口箭眼數不清。護城河内鵝鴨游，來來回回把船沖。城外景緻我不表，人馬一擁進了城。進的城來抬頭看，兩邊鋪内眞威風。生藥鋪緊對熟藥鋪，鹽店當商緊相逢。吩咐人馬入公館，暫宿一夜！

王二姐唱　八月裡秋風涼，一場白露一場霜。白露單打獨根草，小螞蚱死在草顆上。空中大雁呱呱叫，只叫的二姐心好慌。心想二哥想的我有了病，一頓喝不了半碗湯。吃不下飯去喝不下湯。只餓的我前腔貼後腔。東屋裡不能上西屋裡去，未曾走道兒先扶著牆。小小的金蓮懶得裹，紅緞子小鞋底兒做幫。想二哥想的我有了病，嚇壞了上房二老爹娘。二爹娘給我把太醫請，請來太醫開藥方。頭一付藥甜甘草，第二付藥兒是麻黃。各樣的藥兒治不好，我百樣的藥兒當不了二哥他回家鄉。王二姐摘下金鎖鴛鴦簪，走了一天畫一道，走了兩天畫成雙。不知走了多少日，橫三豎四畫了滿牆。要不著爹娘管緊，怒一怒畫在大門上。老娘著我去做飯，梳梳腦袋下廚房。想二哥想的我暈迷了，將餅子貼在門扇上。王二姐二陣淚纏綿，手把樓門往南觀。往南觀的是張秀才，有官無官快回還。你要沒官回來了，二妹給你把監捐。王二姐今年十八九，這咯不娶還等多咯。日月穿梭催人老，紅花能開幾日鮮。花開花落常常在，人過青春沒少年。二哥將我娶到你的手，風流風流過上幾年。王二姐一陣喜滿心，忽聽大街吹笛鼓。不用人說就知道，就知道二哥來娶媳婦。王二姐坐在繡樓上，坐在繡樓裝扮新人。拆開頭上青絲髮，黃楊木梳抄在手。左梳右挽盤龍鳳，右梳左挽水墨雲兒。盤龍鳳裡加香草，水墨雲兒裡麝香薰。鬢角裡幾根亂頭髮，梳一個小蜜蜂鑽花心。梳個蜻蜓來戲水，梳個蝴蝶奔山林。蜻蜓戲水人人愛，蝴蝶奔山愛死人。當間有幾根亂頭髮，梳上一座小廟兒。廟兒裡塑上三尊神，你問裡邊那一個，就是劉備關老和張飛。耳朵上醒帶著鍍金墜，叮呤噹啷九道鬚兒。江南官粉擦滿面。蘇州的胭脂塗嘴唇。穿著一身對花氅，八幅的羅裙繫腰間。綠綢子褲兒黃絲帶，黃絲帶子纏腿腕。穗頭長一邊一根，黃緞子小鞋杉木底，掏心剜雲鞋幫中間。二姐打扮多齊備，單等著二哥來娶俺。左等右等二哥不到，手把樓門再觀上一觀。用手把樓口朝下望，原來是磨剪子的吹笛兒，吹笛的兔子小子他哄弄俺。東來的西來的人多的很，誰給我二哥把信傳。說叫我二哥回來吧，你就說在家裡想壞了一口子人。他若問想壞的那一個，你就說想壞了他的媳婦。王二姐說罷淚滿腮，窗户眼裡跑進個母貓兒來。你說這貓兒怪不怪，漆黑的毛兒白鬍鬚，我看著這貓兒長得好，王二姐走進前彎腰兒抱起貓兒來。這個貓兒懂人性，他噗咂噗咂舔我的懷。直舔的王二姐春心動，一把掌打下母貓來。王二姐坐床沿，口咬指頭手托腮。哼了又哼咳了又咳，王二姐一陣一陣的淚滿腮。忽聽的牆兒上唧嚷嘎叭，不用人說明白了，就知道二哥轉回家鄉。回過頭轉回面，抄起明燈照照它。手托明燈看一看，原來是一個螞蚱。一把掌打在溜平地，想不到他順著腿腕往上爬。一爬爬到三岔口，毛毛營裡住了家。你說這螞蚱怪不怪，掉過肚兒把吾扎。扎了個窟窿香頭大，四沿遭兒癢癢當間麻。氣的二姐沒有法，只得用手將他抓。王二姐繡樓無精打彩，又把菱花鏡子手裡拿。菱花鏡裡將我二哥照，我要笑他也笑，我要哭來他也淚珠灑。左照右照二哥不到，還要這無用的東西做什麼。硼然摔了菱花鏡，走上前來金蓮踏。金蓮踏來金蓮踏，爲二哥摔了鏡子後悔啦。我二哥回來了小兩口兒可拿什麼照，晒了肥皀胰子大片鹹，回頭把梳頭桌子靠倒啦。用手先撕了二人枕，恨恨的再撕了熱被窩。光顧撕了這二人枕，二哥他回到家來枕什麼。許多東西損壞的苦，我老娘知道了不是打來就是罵。二姐就把繡樓下，到在花園把風撒。二姐來到花園裡，

涼亭以上去溜達。二姐就把涼亭上，

丫環唱　來了丫環跑的快。敢快稟報一事情。河南來了二姑爺。稟報姑娘她知情。丫環就把花園進，稟報姑娘！

二姐唱　直聽來了我二哥，十分憂愁去九分。開言再把丫環叫，再叫丫環。

二姐白　丫環！

丫環白　有！

二姐白　怎麼說你二姑爺來咧？你就說花園有請！

丫環白　我早知道你有請，早慌壞了你那心眼咧！有請二姑爺！

廷秀唱　忽聽丫環一聲請，來了四府少刑庭。官宅辭別王岳母，花園會會二姐那玉容。頭上戴著開花帽，身穿夾襖帶補釘，一雙破靴足下蹬。用手侉起狗皮捆，打狗的棘條拿手中。躉步走出了官宅外，花園不遠面前迎，廷秀就把花園進，涼亭上會會二妹那玉容。進了花園用眼觀，細看王二妹二九一十八年。三把流油頭二把梳水纂，好一個能打扮的王二妹，你到叫張廷秀野馬難拴。廷秀簾外細端詳，細看王二妹巧梳妝。多日不見她出語，

二姐白　咳嗽一聲！

廷秀唱　咳嗽一聲桂花香。廷秀簾外著眼斜，細看王二妹二九一十八。打了打呵氣張了張嘴，露出滿嘴白玉牙。好一個能打扮的王二妹。倒教我廷秀愛上她。廷秀不誇二

妹好，我聽聽二妹說什麼。

二姐唱　王二姐在涼亭抬頭看，竹簾外頭一位窮相公。頭戴著一頂開花帽，身穿夾襖帶補釘。一對破靴登足下，燈籠破單褲四下露風。二哥呀怎麼襤褸去趕考，南京城裡怎麼行。二妹在家不知出門的苦，二哥講來二妹聽。

廷秀唱　聽罷二妹講一遍，忽然一計想心中。

廷秀白　有心近前來講話，現有多嘴的丫環！這花是好花，葉是好葉，叫這顆臭蒲草又把這花兒就趁醜咧！二妹解開其中意，就該令他打茶去。二妹若解不開其中意，廷秀來到花園是枉來一遭。

二姐白　丫環！丫環白　有！

二姐白　端一杯茶去姑娘所用。

丫環白　你渴了嗎？姑娘我今天打茶好有一比。

二姐白　比作何來？

丫環白　肉包兒打狗，一去不回來。

二姐白　那才好哩！

丫環白　我們姑爺眞才沒有良心咧！咱二人見上一面。你把我姑娘比做一盆好花，你把我丫環比做一棵臭蒲草，小丫環打茶去了，破車子不擋你們的好道！

廷秀唱　廷秀站在涼亭上。開科之年去趕考，誤了考場無有進京。夜晚宿在王家店，小店以裡把病生。生病生了三個多月，出了粘汗病才輕。許多的東西當賣淨，落了個討飯的花子窮。夜晚蓋著狗皮睡、左邊蓋著右邊冷。叫一聲二妹，你想一想，看我苦情不苦情。廷秀淨說喪興的話。

二姐唱　直氣的王二姐牙根痛。二姐一陣怒氣沖，連把二哥罵幾聲。自幼兒在俺家把書唸，二妹待你好恩情。唸書唸到一更鼓，二妹給你掌上燈。唸書唸到二更鼓，二妹給你火爐生。唸書唸到三更鼓，二妹給你添油去撥燈。唸書唸到四更鼓，給你做飯把飢充。唸書唸到五更鼓，二姐陪你大天明。唸書唸到開科日，這才趕考去上京。二妹聽說你去趕考，不過門的夫妻給你餞行。將你送出大門外，摘下戒指表表情。自小兒看著你是個白菜秧，長來長去一鋪鬆。自小兒看著你是個竹桿秧，長來長去節節空。二妹我說的你是落弟話，

廷秀唱　你到教二哥不願聽。別看二哥我落第，我有三個好賓朋。做閣老的是我盟弟，保定總督是我盟兄。南京來了少四府。俺二人結拜是一盟。

二姐唱　落榜就說落榜的話，充什麼剛強裝什麼興。

廷秀唱　一見二妹翻了臉，只得跟他露眞情。在懷中摸一把，皇家玉印拿手中。手拿玉印晃三晃，

二姐唱　王二姐一見喜心中。此處不是講話地，左手捲竹簾，右手掛金鉤。竹簾以内往外走，小小金蓮邁大步。霎時來到二哥眼前頭，我拉二哥繡樓上。

安兒送米

安兒送米這齣秧歌，不但情節好，而且詞句好，是描寫孝子行孝，母親賢慧的一齣好戲。由幾處都可以看出安兒的母親的賢慧來。安兒的母親是祖母趕出來，但是他見了安兒先問候祖母，第二問侯爹爹。安兒送米給她，恐怕米從不義中來，三番五次的問安兒。如果是偷來的，她還打他，眞是大仁大義，愛子有方。還有一點可以看出安兒的母親不但賢慧而且聰明。安兒出殿故意用腳蹬米口壞袋，藉機回殿看娘，請娘縫好。安兒的母親恐怕縫好，婆母要看出她的針線來，所以請師傅去縫。可見她聰明細心處。由幾處都可以看出安兒的孝心來，安兒自己積下餘糧，天天刻苦減食，給老娘送去，哀求師傅好好待他老娘，將來必要感謝。自己故意將米口袋蹬壞，回去看娘，活寫一聰明純孝的安兒。

我們看以下這一段：

安兒唱　老娘現在你菴裡，就請你保俺母子得相逢。

尼姑唱　叫聲安兒你寬心放，我保你母子得相逢。領著安兒前殿進，叫聲三娘你是聽。

尼姑白　三娘那裡走來？

三娘白　去了！（唱）三娘正在禪堂裡；忽聽的老師傳喚一聲。三娘走出禪堂外，想起夜晚一夢中。夜晚之間得了一夢，夢見安兒到我菴中。著那冤家撲了一把，兩手懷抱撲了個空。這亦不過是作夢胡思亂想，諒安兒找不到這菴中。三娘不表夢中語，見了老師傅問安寧。三娘來到前殿裡，再叫聲師傅你是聽。（白）師傅將三娘喚出有何話說？

尼姑白　無事不把你喚來，我且問你，你終朝每日哭哭啼啼爲何情呢。

三娘白　師傅是你不知，我終朝每日哭哭的是我那七歲的孩兒，盼盼的是我那無娘的兒呀！（哭介）

尼姑白　三娘不要慟哭，你那七歲的孩兒現在探望你來了。

三娘白　老師傅不用你講出口來，我就明白。你看我終朝每日哭哭啼啼，不過是給我兩句安心的話罷了。

尼姑白　你那冤家當眞是探望你來了。

三娘白　老師傅開天地之恩，保俺母子見上一面哪？

尼姑白　安兒現在前殿以裡，你母子相見去吧！

三娘白　老師傅請回。我兒在那廂？

安兒白　老娘在那裡？這是老娘，（唱）是我不知道哭來不知叫，嗓子裡叫一聲難見面的娘。自說咱母子不得相見，現在見面亞賽沙裡澄金一般同。我那難見面的娘呀！

三娘唱　苦命的兒呵！嗳！三娘一陣淚珠傾，懷抱著小冤家大放悲聲。在家下你奶奶他可好？

安兒唱　你問我奶奶爲何情？

三娘唱　雖說你奶奶心腸狠，那一個作媳婦的忘了婆婆的情。在家下你爹好不好？
安兒唱　你問我爹爹又爲何情？
三娘唱　論到你爹爹不該把他問，常言道一日夫妻百日恩。再問聲冤家你好不好？
（白）你爲何不言，你爲何不語？（唱）苦命的兒來苦命的兒，就知道冤家受苦情。
你不在南學把書唸，找到菴中爲何情？
安兒唱　正跟老娘來講話，想起了口袋還在山門中。安兒走出了大殿外，覯見了這口袋我淚灑胸。上手攢住布袋口，拉拉扯扯往前行。口袋撂在大殿裡，
三娘唱　連把冤家問幾聲。莫非是你奶奶給我的米？
安兒唱　我奶奶並沒有疼娘的情。
三娘唱　莫非是你爹爹給我的米？
安兒唱　我爹爹亦沒有疼娘的情。
三娘唱　想必是狗子你偷了來的米，畜生你逃學到菴中。說了實話還罷了，不說實話爲娘不答應。
安兒唱　未曾說話我搭下了躬，養兒的老娘要你聽。我祖母聽了外人的閒話，把我生身的母親趕出門庭。自打我的老娘出門去，狠心的我奶奶才把米來供。一天她供我一升米，十天她供我米十升。應吃一碗我吃上半碗，應吃一升吃半升。一個月積下了一斗米，孩兒我逃學來到菴中。孩兒要是偷來的米，必定是細米一般同。孩兒要是積下

的米，必定是大的大小的小青的青紅的紅。我老娘要是不憑言，你打開口袋看分明。

三娘唱　三娘抓出細米來看，果然不是細米一般同。就知冤家有了疼娘的意，積下細米送到菴中。站在前殿一聲叫，再叫師傅你是聽。冤家背米將我探，給我冤家口袋傾，布袋付給我兒手，好叫冤家早回家中。

關王廟

「關王廟」說唱的是王三公子順卿討賬到北京，三千銀子花在妓院蘇三身上，床頭金盡，被趕出妓院，蘇三得到金寶童報訊，懷了一百兩銀子，私下和王三在關王廟見面，助他回南京；這其間金寶童插科打諢，正是氣氛熱烈的所在：

王順卿唱　王順卿一陣好傷情，後表家鄉先表名。當年不屬北京管，家住南京叫金陵。我在北京來討賬，三千銀子討手中。三千銀子拿在手，全數花到此院中，老鴇前門接下有錢的客，後角門趕出我王順卿。王順卿一見暗生氣，關王廟裡寒病生。害病害了三個多月，出了黏汗病減輕。白天大街尋茶討飯，到了夜晚給人打更。順卿哭在大街上。

金寶童唱　來了我做買賣的金寶童，端著糖果梨糕瓜子賣，裡邊還有酥燒餅。正是寶童往前走。觀見三叔王順卿。

金寶童白　三叔怎落到這般光景？

王順卿白　三千銀子花到此院中，這時才落得尋茶討飯。

金寶童白　你那心還想著跟玉堂春見上一面不？

王順卿白　就是有心見面，見不著面也是枉然哪！

金寶童白　我管保你們二人見上一面！

王順卿白　那是寶童的好意，但是怎樣見呢？

金寶童白　二人定下計，神鬼也不知，我到北樓送件，兩離別罷！（王公子與寶童均下）

蘇三唱　蘇三正在北樓上，先表我的家鄉後表我的名。當年不屬此處管，家住山西屬大同。一雙爹娘死的早，把我遺落姨娘手中。狠心的姨把我賣，把我賣到此院中。十一十二學彈唱，十三十四學斟盅。十五歲結交下王三公子，俺二人交好整三冬。三哥家住南京地，討賬來到北京城。三千兩銀子討在手，全數花到此院中，許多的東西全賣淨，三哥落個兩手空。老鴇前門接頭有錢的客，後門趕出三哥王順卿。自打三哥離了此院，我沒心跟他過光景。南來的君子我不接待，北來的君子我不奉迎。不接客來不奉迎，惱了老鴇打我動苦刑。打的皮開和肉爛，打的我渾身紫藍青。蘇三哭倒北樓上。

金寶童唱　來了我作買賣的金寶童。今天我到在北樓上，北樓以上把信通。金寶童站在北樓下，但聽老三說何情？

蘇三唱　蘇三哭倒北樓上，想起三哥王順卿。你光顧回到南京去，拋下妹妹蘇三受苦情。正在北樓思想王公子，只聽樓下咳嗽一聲。

以下是寶童通信，蘇三與王順卿約會「關王廟」；但金寶童隔在他倆中間，不方便講話叙情，有趣的是臺內來了個說白的人，叫金寶滾開，這是別的說唱詞兒裡少見的現象和適時來的點綴：

蘇三白　老三！

寶童白　你酸你要不酸你還不來哩！

蘇三唱　金寶童開門庭，奴家蘇三到廟中。進廟門來看，不見我的三哥，不見三哥王順卿。

寶童唱　你要降香就說降香話，問你三哥爲何情。

蘇三唱　你在北樓說的什麼話，裝什麼啞來裝什麼聾。

寶童唱　一見老三翻了臉，只得給他露眞情。叫聲老三你跟我走，見你三哥王順卿。叫聲老三你順手看，那不是你三哥王順卿？

寶童白　老三啊！那不是我三叔嗎？

蘇三白　三叔不三叔與我何干，與我何意！那不是兩句騷話嗎？你們二人見面啦，親親的近近的，熱熱糊糊的，你們把那心肺話說上一說。

寶童白　嘿！這是怎麼幹哩？老三給我兩句這個話，我要給三叔說，他的給我那個話，三叔呀！那不是老三嗎？

王三白　老三不老三與我何干，與我何意，那不是兩句騷話嗎？

寶童白　我合著你得給我兩句這個話，咳！你也騷，你也騷，就是我金寶童不騷。裝和尚變道士，怎麼來得騷哇！

台內白　吻！那不是金寶童好猴兒崽子嗎？

寶童白　是我呀！

台內白　裝什麼混蛋王八蛋！你保佑王三公子和玉堂春見面；你當中隔著他們怎麼說話，還不滾開！

寶童白　對呀！借個因由走我的。咳！我問問他們渴了沒有。老三啊！你渴了沒有，我給你打茶去。

蘇三白　早渴了多時了。

寶童白　渴死你，渴爛了你，渴得你一點一點成了人乾子，也不去給你打茶去！我再問問他渴也不渴？

王三白　我早渴了。

寶童白　你見人家渴了你也就渴了，人家是怎樣的渴？你是怎樣的渴？大家在北樓吃的是香油白面，豬羊走獸。人家喝的是冰糖水，白糖水，紫花月白糖水，人家也是渴。你手裡拿著棗棍懷抱著瓢，東家討來西家要，這家給你個糠餅子，那家給你個糠粃子，那家給你個糠粃糕，你是怎樣渴？渴死你，渴爛了你，渴得你一點一點的成人乾才好哩！我打茶去了，走著！

蘇三白 我那三—（寶童作咳嗽狀喀！喀！接白 你看準是三啦！你壓上一百吊錢，準得他三百吊。比你幹什麼不強？）

蘇三白 你給我快滾開罷，壞雜種羔子。

寶童白 打茶去了。

蘇三白 三哥！（寶童作咳嗽狀喀！喀！接白 三合！上下幾十口子只吃三合嗎！一頓吃幾十斤饅頭，走我的！

蘇三白 老三抬頭看，西廊一貧生。貧生調過臉，罷了！我那難見面的三哥呀！只說兄妹不得見面又得見面，不得相逢又得相逢。咱兄妹見上一面，不異沙裡澄金一般。我的三哥喲！（唱）蘇三一陣淚滿腮，再叫三哥王秀才。三哥你長著渾身膿糊子瘡，我不嫌你骯髒摟抱在懷。你是塊石頭我要把你暖熱，是塊冰凌也要把你暖出水來。蘇三想不起話來只落淚，拉起三哥王順卿。咱二人西廊落了坐，你聽妹妹訴苦情。自從你離了北樓院，我沒心給他過光景。頭上青絲我不攏，不攏青絲一篷鬆。許多的好衣我不穿不用，一綹鈕兒不結我開口鬆。小小的金蓮我懶怠裹，金蓮不裹鬆了又鬆。南來的君子我不見客，北來的君子我不接迎，惱了老鴇動苦刑。打的我臉上開上胭脂鋪，渾身上下紫藍青。三哥若是不憑信，結開鈕兒你看分明。叫聲三哥你想一想，因爲你我才受了這樣苦情。

公子唱　聽罷妹妹講一遍，倒叫三哥淚涕零。那一日老鴇前門接下有錢的客，後角門趕出我王順卿。三哥不由的暗生氣，城隍廟裡寒病生。傷寒病生了三個多月，出了一身黏汗病才減輕。三哥到在大街上，落個討飯花子窮。叫聲妹妹你想一想，看我苦情不苦情。

蘇三唱　聽說三哥你受苦，妹妹蘇三我心疼。只說你回到南京去，不料想你還在北京城。你若早叫寶童給我送信，三哥也不至受苦情。我給寶童定一計，許下了關王廟裡把香行。我帶著銀子一百兩，你靴帽鋪裡把衣更。我叫張華把馬買，買匹大馬回家中。磚頭瓦塊多拾幾個，假扮闊客回南京。臨走就從院門前，你看老鴇眉眼行。她若留你住你就住，夜晚宿在北樓庭。二人到了三更鼓，必定收拾他個淨光淨。咱二人回到南京去，大比之年求功名。若是高榜身得中，我也賢慧你也有名，二人若是得了好，別忘做買賣的金寶童。把他搬到咱家下，你二人拜成生死弟兄。爲什麼咱把他交下了，因爲咱得過這孩子的好恩情。正給三哥來講話，想起翠香和翠紅。若叫鴇兒知道，這場亂子可不輕，蘇三出門來眼難睜頭難抬，好一個難割難捨的你我離情，罷了！三哥呀！（哭介）

王三唱　一見妹妹她去了，靴帽鋪裡把衣更。（公子下）

「白蛇傳」是衆所周知的故事，它既是說唱，也是一齣戲，我們只引用其「訂盟」一段說唱的內容，以見其他。

訂盟

青兒上（詩）妝成金屋一青衣，窈窕長成侍玉妃，只爲欲成人好事，不辭團扇立朝暉。我，青兒！遇娘娘在舟中，得遇許官人，果然風流俊雅。我娘娘十分憐愛，臨別之時，他說今日相會，只恐他到來，無處詢問，娘娘著我門前等候。正是！易求無價寶，難得有情郎。（下）

許仙上白　我許仙！昨日遇見白小姐，約定今日相會，不免前去才是。（唱）可喜那佳人正青春，頭上青絲挽烏雲。只見他眉灣如鉤月，臉似桃花可愛人，我若得此人成連理，不枉我人生一世春。看他不像凡間女，好似那仙女降凡塵，我邁步來到峴橋地，又不知小姐在那邊。（白）我一路問來，此間已是雙茶坊巷，也不知那一家是？

青兒上白　怎麼這般時候，還不見到來？（看）白官人來了！

許仙白　正是來了！

青兒白　眞信人也！我娘娘等候多時，裡邊有請！

許仙白　青姐請！

青兒白　許官人請！多蒙借傘而歸，感謝不盡！

許仙白　些許小事，何足言謝！

青兒白　娘娘！官人到來！

白蛇上白　百年夫妻三生定，千里姻緣一線牽。官人萬福！

許仙白　小姐拜揖！
白蛇白　請坐！
許仙白　有坐。
白蛇白　夜來遇雨，多蒙照拂！
許仙白　些許小事，何足掛齒！
白蛇白　請問官人，作何生意？宅上還有何人？
許仙白　不瞞小姐說，先君在日，作藥鋪中生意，不幸父母雙亡，多蒙姐丈收留，又在鐵線巷藥鋪中勾當。
白蛇白　原來如此！青兒你且進去與官人安排酒宴。
青兒白　曉的！（下）
許仙白　小姐不必費心罷！
白蛇白　好說！舟中偶遇官人，十分投意，祭掃回來，一夜掛慮！
許仙白　好說！小生夜晚睡夢之間，忽聽窗外嚮聲。忙來月下觀看，原來是風吹花枝動，當作小姐前去！
白蛇白　眞來妙呀！果然情意甚重，像咱二人呵！（行唱）一日不見如三月，咱二人情意共相合，堪愛一夜心頭鎖，今日這重會好似蜂蝶。官人不棄奴貌醜，解開香羅巧會合。

許仙唱　小姐呀！早知小姐恩情熱，就來歡愛怕什麼，昨夜輾轉如缺月，如今話兒心歡悅。小姐你願從親意事，拜拜天地便結合。二人盼盡花片落，百年大事晚聚合。幸遇娘子恩義女，要不是相思病兒見閻羅。（白）小姐拜拜天地罷！

白蛇白　哎！官人，想我身榮千金，此類事含羞不過，斷然不可罷！

許仙白　哎！小姐，看你有意，假作無情，你就急殺人了！

白蛇白　奴家做下此事，怕你有負義之心，你且對天明願，奴家才肯。

許仙白　這又何妨？老天在上，我許仙，啊！……（在敲傢伙聲中白蛇許仙一齊跪下）（唱）天地神聖用耳聽，宏願大誓親口盟，忘恩負義小娘子，準被天打不容情。

合唱　咱二人拜罷天合地！

白蛇白　羞臊奴家臉通紅。（青兒暗上看）

許仙唱　叩罷頭來欠身起，

白蛇唱　這姻緣事兒天賜成。

青兒白　娘娘！酒宴到此！

白蛇白　放下！

青兒白　官人！也非初一十五，拜謝什麼來！

白蛇白　你且老幹些！

許仙白　青姐取笑了！

青兒白　有些！

白蛇白　青兒！瞞不得你了！我把終身托靠許郎，你看怎樣？

青兒白　好！一對才貌似天仙。夫婦歡聚一百年。有緣對面自相認，千里姻緣一線牽。姑爺請上座，娘娘並坐了吧。（青蛇斟酒）

（許仙坐幷白）蘭陵美酒鬱金香，洞房花燭琥珀光，交心一盞百年壽，並坐佳人與才郎。

白蛇白　官人請酒！

許仙白　請！

白蛇唱　未曾開言面羞紅，尊聲官人你是聽；奴把終身靠與你，不知你姐丈從不從？

許仙唱　小姐且把寬心放，見了俺姐丈說端詳。我今回家議此事，使媒說合到這廂。

白蛇白　如此甚好，青兒取過兩錠銀子，贈於官人，當作聘禮！

青兒白　曉的！

許仙白　小姐，青兒去了！咱們這個……

白蛇白　你想怎麼？

許仙白　與我飲盃酒！（許仙摟白蛇飲酒）（唱）咱二人春意共滿懷！

白蛇唱　渾身上下多通泰。

許仙白　魂靈兒飛在九霄外，渾身打戰好似雨來。

白蛇唱　你一盅來我一盞，勒上香羅合繡懷。

（許仙曰蛇請酒）青青端銀上白　娘娘！銀子在此。

白蛇白　官人！這是白銀兩錠，送於官人，回去使媒說合，早成美事。

許仙白　這個自然！就此告別罷！

白蛇白　是！

許仙白　一對芙蓉並臉安，只怕風雪到江關。

白蛇白　今朝兩下輕離別，一夜相思甚難堪。（白蛇許仙同白）請

青兒白　娘娘！（白蛇羞下）

這種對話，正是說唱的本色。

鼓詞與東西調

舒禾在曲藝說：「鼓詞一般指以鼓、板擊節說唱的曲藝形式。鼓詞的名稱，起於明代。今存明代鼓詞作品有《大明興隆傳》、《亂柴溝》等，演唱情況則缺乏記載。清代初年以後，鼓詞演唱相當興盛。北方鼓詞主要流行於河北、河南、山東、遼寧以及北京、天津等地。南方主要有江蘇的揚州鼓詞、浙江的溫州鼓詞等。」

北方鼓詞有兩種演唱方式：一種是藝人自擊鼓板，無樂器伴奏，主要流行在農村，以說

唱中篇鼓書為主，也有一些短段兒書；曲詞採取上下句反覆的詩讚體，曲調比較樸拙。另一種是藝人自彈三絃說唱的，稱為『三絃書』或『絃子書』，農村和城市都有流傳。曲詞有詩讚體和樂曲體兩種。清康熙年間李聲振《百戲竹枝詞》有詠『鼓兒詞』一首，注釋說：『瞽者唱稗史，以三絃彈曲，名「名板」以按之。』這種以〔老八板〕樂曲演唱的鼓詞，一直到乾隆年間還在流行。據《霓裳續譜》中《留神聽》一曲描寫盲藝人在街頭演唱的鼓詞，除絃子外，還有琵琶、箏、拉琴伴奏。嘉慶以後，又有以〔太平年〕樂曲演唱的鼓詞，今存有木刻本《白寶柱借當》、《李方巧得妻》、《繡鞋記》等多種。另外，子弟書在傳入民間由盲藝人演唱時，也稱為絃子書。這些多半是中篇和短篇曲詞，內容以民間傳說和戲曲故事的題材為多。詩讚體的鼓詞，內容以長篇講史的題材為多，今存有大量的刻本、抄本、石印本，如《梅花三國》、《西唐傳》、《北唐傳》、《楊家將》、《呼家將》等，數量極多。鴉片戰爭以後，農村中以鼓板擊節而唱的藝人和絃子書藝人逐漸拼檔演出，形成近代藝人自擊鼓板並有三絃伴奏的大鼓書；後來又經過河北的馬三峰、山東的何老鳳等人在唱腔上加工提高，逐漸形成了西河大鼓、山東大鼓等品種繁多的大鼓書。

南方鼓詞，另有源流。清初至乾隆年間，有起源於道情的揚州鼓詞流傳，但不甚盛行。據清李斗《揚州畫舫錄》記載：『大鼓書始於漁鼓簡板說孫猴子，佐以單皮鼓檀板，謂之段兒書；後增絃子，謂之靠山調。此技周善文一人而已。』揚州鼓詞後來已不傳。浙江的溫州鼓詞，相傳始於明代，源於祀神時演唱的『唱太平』、『靈經』、『娘娘詞』，曲調由古代的詞曲和當地的民間小調發展而成。浙江還有麗水鼓詞、永康鼓詞，都以當地民間曲調演唱，至今仍在流行。

在近人著述中，有鼓詞源於唐代變文，或源於元、明兩代詞話的說法。由於古代對說唱藝術的稱謂，多是一種通稱，所以，歷代說唱藝術的傳承、流變關係很難詳細考察。鼓詞也是若干體制相近的曲藝形式的通稱，即如所用的鼓就有扁鼓、戰鼓、單皮鼓、小鼓多種，曲調源流也因地而異。直到現代，才形成源於鼓詞的品種繁多的鼓書類曲種，並各有專稱。

鼓詞又叫鼓兒詞，其實就是大鼓書，是流行北方的說唱。李家端在「北平俗曲略」中說：

「大鼓書的種類，用樂器分則有梨花大鼓、鐵板大鼓、五音大鼓；用地域分則有京調大鼓、山東大鼓、樂亭大鼓、奉天大鼓、天津大鼓。然而無論他是什麼大鼓，統統都是彈絃打鼓的，不過有的是外加兩片梨花簡（即明會典所稱花梨拍板，）有的是外加兩片半月形的鐵片。所以大鼓的名稱雖多，大別之不過是梨花與鐵片二種而已。」

京調大鼓也叫京韻或平音大鼓。梨花是犁鏵的諧音，農民隨奏只用一副乍板節子。在產生職業藝人之後，腔調才得到不斷豐富，成爲深受群衆喜愛的曲種。這種由藝人演唱『蓮花落』，統稱爲『小口蓮花落』，以別於乞丐所唱的『大口蓮花落』。

十不閑蓮花落分爲『單曲』和『彩唱』兩種形式。『彈曲』和一般說書一樣，由一人用叙事體抒情唱景，演唱故事，以唱腔曲調優美動人取勝。傳統曲有《摔鏡架》、《大西廂》、

《秋景天涼》；『彩唱』則與現在的『二人轉』差不多，由兩三個人分包趕角，化妝演唱，以旦、丑腳色爲主，插科打諢，妙趣橫生。傳統曲目有《十里亭》、《赴善會》、《小化緣》。

十不閑蓮花落在清代嘉慶時期，就已風靡一時，到了光緒年間，慈禧太后命在內務府掌儀司成立『萬壽無疆』，專門掌握宮內十不閑蓮花落的演出活動。民間也相繼成立不少十不閑蓮花落的檔子（一種文娛組織的名稱），曾經盛極一時。最出名的有西四牌樓的『太平歌詞』，地安門內的『樂善歌詞』，祿米倉的『萬年歌詞』，香山的『擊壤高歌』等。著名演員以『抓髻趙』最受歡迎。大鼓的種類多，現在參考「中國民間藝術大辭典—曲藝」部分縷述一下：

京韻大鼓 曲藝曲種。形成於京津地區，流行於京津地區及華北、東北部分地區、源於河北省滄州、河間一帶的木板大鼓。大板大鼓的演唱形式爲演員自擊木板、書鼓演唱，無弦索伴奏，曲目多爲中長篇。一八七〇年前後木板大鼓藝人進入京津地區，多爲撂地攤演唱。因觀衆流動性太大，長篇遂改短段。又增加了三弦爲其伴奏，因用河北方言演唱，時人稱之爲『怯大鼓』。怯大鼓藝人裡在京津一帶外享盛名的有胡十、宋五、霍明亮，三人名懷絕技。胡十以嗓音好，善制新腔著稱；宋五文化修養高，以善編曲詞聞名；霍明亮則以擅演金戈鐵馬故事而受到聽衆的喜愛。怯大鼓初到京津地區，因其『怯』對聽衆有新鮮感，因此站住了腳。但是京津地區的聽衆更喜歡的是京味十足的藝術，因此在胡十、宋五、霍明亮之後，就出現了改『怯』爲京味的幾位名家：劉寶全、張小軒、白雲鵬。劉寶全年輕時在天津拜師胡

十、霍明亮，後又爲宋五操琴伴奏，他宗師這三位名家，採其長，發展自己。一九〇〇年他在北京演唱時改用北京語音說唱，並創制了新腔，還廣取博取，將時調小曲、京劇的一些唱法揉進了大鼓唱腔之中，改長篇爲短篇。張小軒初時在北京唱時調小曲，後改爲木板大鼓，他的唱法以京音純正，高腔大調，一氣呵成而見成。白雲鵬年輕時也是在北京學藝，對北京的民間小曲有精深的研究，改唱木極大鼓后以字美腔柔，風格樸素自成一家。這三位便是京韻大鼓早期的三種有代表性的流派。之後京韻大鼓藝人多宗劉派，比較有代表性的如白鳳鳴、駱寶笙等，至三〇年代以後女藝人漸興，直到二〇世紀八〇年代初經常活躍在舞台上的有駱玉笙、孫書筠、小嵐雲、閻秋霞等。他們不但在繼承中均有發展，而且還培養了許多優秀的接班人。爲京韻大鼓的發展起到了承上啓下的作用。

京韻大鼓的曲目均爲短段，一般只有百十句，是一種重歌唱，頗見功力的演唱藝術。京韻大鼓的曲、詞結構爲『頭、腹、尾』結構。『頭』在唱詞裡是四到八句構成的『詩篇』，一般是對全段加以概述，或是對故事發生的時代背景及人物的介紹。唱腔則是全篇最精彩的段落，從高亢挺拔的挑腔始，進入平腔，再入低迴婉轉的落腔，至如江河直下的甩腔。音域跨兩個八度，節奏急徐有至，聲調起伏悠揚。『腹』是講述故事的全過程。伴隨故事發展的起承轉合，唱腔從一板三眼至快三眼再至無眼板的快板。其中每到故事的分段處均有設計別致的大甩腔，甩腔後還伴以長短不等的花過門。這過門既有爲故事戲段落的意思，也爲聽衆留出了回味的餘地。『尾』在文學上是全段內容的小結，也是作者通過說書人之口對故事的客觀評價。在音樂醒則與『頭』遙相呼應，節拍轉回一板三眼，常要用一句張馳得法，難度極大的由低到高再由高到低的甩腔結束。此外，還有一種專門用作抒情的『小段』，如《丑末寅初》、《百山圖》等，流傳至今已成爲京韻大鼓的精品，聽來令人迴腸蕩氣。

京韻大鼓唱詞的基本句式爲七字句或十字句，唱腔結構爲板腔體，板式有〔慢板〕（四/四拍）、〔快三眼〕（四/四拍）、〔快板〕（一/四拍）。有時在〔慢板〕裡也插入輕鬆、活潑的〔垛板〕（二/四拍）。

作爲在城市產生發展起來的曲藝藝術，聽衆也好藝人也好，有著極強的正統觀念，如劉派大鼓從一九〇〇年發展至今不衰。但是城市的聽衆也喜追求新奇，因此在二〇世紀三〇年代京韻大鼓又產生出一個流派，專以滑稽取勝，稱『滑稽大鼓』，代表人物如稱『老倭瓜』的崔子明等。

京韻大鼓的曲目極爲豐富，它從木板大鼓裡繼承了一批曲目，更從子弟書裡吸收改編了衆多曲目，在二〇世紀五〇年代後不但改編了許多傳統曲目，還創作了一批反映現實生活的曲目。豐富的曲目表現了範圍廣泛的題材，如表現金戈鐵馬戰爭題材的有《長坂坡》、《趙雲截江》、《戰長沙》等；表現正劇、悲劇題材的有《徐母罵曹》、《劍閣聞鈴》、《紅梅閣》等；表現活潑、風趣生活題材的有《大西廂》、《桃花莊》等；新編、改編歷史、民間故事的有《臥薪嘗膽》、《英台哭墳》、《雙玉聽琴》等；還有許多反映當代生活的曲目。

現在仍活躍在曲藝舞台上的中青年演員有陸倚琴、馬靜宜、劉春愛、趙學義、張秋萍、鍾玉杰等。

梅花大鼓　又稱『梅花調』。曲藝曲種。源於清中葉北京北城一帶八旗子弟中傳唱的『淸口大鼓』。淸末以來流行於京津兩地。其形成有兩說：一說是梅花調產生於咸豐年間，爲旗人世襲佐領玉祥之弟玉瑞所創。玉瑞別署『梅花館主』，因而稱梅花大鼓。又因用三弦、四胡、琵琶、揚琴伴奏，加上演員用板、鼓擊節演唱，象徵梅花五瓣而得名。另一說是：當時人們稱以自娛娛人爲目的的淸八旗子弟演唱的大鼓爲『淸口大鼓』（職業藝人的演唱稱『混口』），淸口大鼓傳入南城後，亦爲南城人們所喜愛，被人稱作『南板』。『南板』藝人金萬昌等人對淸口大鼓的唱腔、板式等進行了改革，方定彙爲梅花大鼓。梅花大鼓傳至天津，著名弦師盧成科吸收當地時調小曲進一步豐富了它的曲調，並培養了一批女弟子，有花雲寶、花四寶、花五寶、花小寶等。其腔調柔媚華麗，與北京金萬昌纖細典雅的唱腔，形成了兩種不同的藝術風格，被人們分別稱爲『金派』和『花派』。二〇世紀五〇年代，北京的白鳳岩、韓德福等弦師爲使梅花大鼓適應表現新生活的需要，又創作了『新梅花調』，一改過去字少腔長，過分典雅的演唱風格。

梅花大鼓的音樂其重要特徵是在叙事中抒情，唱腔音樂婉轉動聽。唱腔音樂結構爲板腔體，板式有〔慢板〕、〔中板〕、〔緊板〕、〔快板〕、唱詞的基本句式是由七字句組成的上下句體，有時在句前加三字頭，在快板中有時也用五字句。也有在唱段裡加曲牌的結構方法、梅花大鼓的伴奏樂器在北方曲藝裡是比較豐富的，伴奏的大過門非常優美，其中尤以〔上三番〕、〔下三番〕最爲動聽，是充分顯示弦師們演奏技巧的地方。演出形式有單人演唱，也有對口演唱。

梅花大鼓的曲目均爲短篇，傳統曲目多取自〔紅樓夢〕故事，如《黛玉悲秋》、《寶玉探病》、《黛玉葬花》等。此外，還有《湘子上壽》、《王二姐思夫》、《鴻雁捎書》等。二〇世紀五〇年代後創作了不少新曲目，如《二泉映月》、《半屏山》等。

著名演員除金萬昌及花派的幾位老演員外，年輕演員還有籍薇、王玉蘭等。

含燈大鼓又叫『叼燈大鼓』，或叫『銜燈大鼓』。曲藝曲種。含燈當爲『銜燈』的轉音。所唱爲『梅花大鼓』的曲調，和五音聯彈同屬『梅花大鼓』的一個支派。

早年表演形式是用三根箭子，演員先將一根橫銜於嘴上，然後將另兩根鼓箭子豎搭於橫箭子的兩端，一頭支於耳根部，另一頭橫放一小鑼片。在小鑼片下面用三根銅絲吊挂九個酒盅，上下三層，一層三個。酒盅內放上香油和燈捻兒。演唱之前，先將燈捻點燃，隨後即行演唱。當時以票友納鑒泉最爲有名，二〇世紀三〇年代票友路瑞齋也曾經演過，以後就很少有人演唱了。一九八八年中國民俗社會經挖掘演出。除三根鼓箭子的放法與上述相同外，小鑼片改爲小木板，板上點燃四支小蠟，下面配以流蘇彩穗，更爲美觀了。

二〇世紀三〇年代，北京前輩藝人楊才德家中還藏有早年『叼燈大鼓』的實物，由此看來，『含燈大鼓』的歷史至少也在百年左右。由於叼燈演唱不僅發聲受到限制，影響聲腔質量，而且也不能持久，因而過去專業藝人很少採用這種形式演唱，基本是子弟票支自我娛樂的一種形式。

山東大鼓 山東曲種。發源於魯西北農村，又名梨花大鼓、犁鏵大鼓。早期只以敲犁鏵碎片來演唱當地的民歌曲調，後逐漸發展成爲有板式變化體結構的成套唱腔，擊矮腳鼓，敲特製的半月形梨花片，由三絃伴奏的演唱形式，長期流傳在農村中，由農民業餘演唱。再後出現流動的民間藝人，並形成孫、趙兩大門戶，流傳日益廣泛。明末清初詩人賈鳧西運用鼓詞形式寫了《木皮散人鼓詞》，他端坐集市擊鼓演唱，嬉笑怒駡，寄亡國之激憤。清末，劉鶚在小說《老殘遊記》中描繪了白妞、黑妞在濟南明湖居演唱時的景況，師史氏《歷下志遊》及鳧道人《舊學盦筆記》均有所記述。

清末以前，山東大鼓一直活躍於農村，著名藝人有郭老占、何老鳳、范其鳳、李老鳳等，以後，白妞、黑妞進入城市演唱，女藝人大量增加。享盛名的有上半截、下半截、蓋山東、白菜心、郭大妮等。二〇世紀三〇年代以後享名曲壇的是四大玉，即謝大玉、李大玉、趙大玉、孫大玉。以後，杜大桂、姬素英、鹿巧鈴相繼而起，流傳地區不僅山東城鄉，而且南至徐州、南京、上海，西至鄭州、洛陽、漢口、重慶，北至北京、天津、東北各地，盛極一時。但自西河大鼓、河南墜子興起之後，山東大鼓漸趨衰落。

山東大鼓主要分南口、北口兩大流派。南口流傳廣，影響大，早期原唱快口，唱腔流暢動聽。《老殘遊記》中描寫白妞所唱《黑驢段》，節奏全是快板，越唱越快，如『大珠小珠落玉盤』，字字清楚，實屬獨到。後起的女演員謝大玉、杜大桂、鹿巧鈴都宗法南口並有所發展。北口流行於山東北部、河北南部一帶，俗稱『老牛大捽繮』調，曲調質樸，吐字夯實有力，富於鄉土氣息。代表性藝人爲郭老占、何老鳳等。其中以何老鳳影響最大，他的唱腔曾被京韻大鼓、梅花大鼓、河南墜子等曲種吸收。另外，李老鳳曾在北口的基礎上吸收南口的精華，自創新腔，稱爲小北口，原來的北口被稱老北口，所以又有南口、老北口、小北口三派之分。

山東大鼓曲目豐富，中篇書有《三全鎭》、《金鎖鎭》、《大破孟州》、《大送嫁》、《范孟亭推車》等數十部；短篇段兒書尤爲豐富，其中以《三國》唱段最多，有《東嶺關》、《長坂坡》、《河北尋兄》等六〇餘段；其次是《紅樓夢》唱段，有《黛玉葬花》、《寶玉探病》等十餘段；《水滸》唱段有《李逵奪魚》、《燕青打擂》等。另外有許多根據戲曲故事、民間傳說故事編寫的唱段，以及由子弟書移植過來的唱段等，初步統計不下二百段。一九四九年後，山東惠民地區乃有老北口流傳，山東西部、河北南商也有南口流傳，並編演了一些現代曲目。

『歷山山下古帝遺蹤，明湖湖邊美人絕調』。凡是讀過劉鶚《老殘遊記》的人，對這一節裡所描述的白妞、黑妞都會留下深刻的印象。這明湖邊的美人便是白妞，一名王小玉；而明湖邊的絕調便是白妞所唱的『梨花大鼓』（後易名爲山東大鼓）。白妞、黑妞是一雙姐妹，實有其人。據鳧道人《舊學盦筆記》（一九一六年木刻本）中的《紅妝柳敬亭》一文所記：

光緒初年，歷城有黑妞、白妞姊妹，能唱賈鳧西鼓兒詞。嘗奏技于明湖居，傾動一時，有紅妝柳敬亭之目。端忠敏題餘《明湖秋泛圖》有句云：『黑妞已死白妞嫁，腸斷揚州杜牧之。』即謂此也。

梨花大鼓是道咸年間興起後，盛行於山東農村的，其代表人物是何老鳳等名家。到了清末，農村經濟日益蕭條，梨花大鼓藝人逐漸向濟南等城市活動。爲適應城市聽衆的欣賞趣味，其具有純樸鄉土味兒的唱腔也變得華麗、嫵媚。書目也由又說又唱的中篇改爲基本上是以唱爲主的短篇。女藝人也開始登場獻藝。名噪一時的有郭大妮，據《歷下志遊》中記述：『邑之千佛開市會，大妮就其中設雅座，……度曲永日，極盡所長，立而觀者，幾無餘地。』可見當時梨花大鼓的盛況，這大約是光緒二年的事。不久，郭大妮出嫁，其藝絕響，幾年之後，約光緒十年前後，王小玉（白妞）異峰突起，她在郭大妮藝術基礎上吸收了西皮、二黃、梆子腔，豐富和充實了原來的曲調，令人耳目一新。在『新聲競奏』中獲得成功，復蘇了沉默多年的梨花大鼓，並把它推向一個新的階段。在《老殘遊記》中，有一段極生動的描繪：

王小玉便啓朱唇，發皓齒，唱了幾句書兒……唱了數十句之後，漸漸的越唱越高，忽然撥了一個尖兒，像一線鋼絲拋入天際，不禁暗暗叫絕。……

那王小玉唱到極高的三四疊後，陡然一落，又極聘其千回百抑的精神，如一條飛蛇在黃山三十六峰中腰裡盤旋穿插，頃刻之間，周匝數遍，……正在撩亂之際，忽聽霍然一聲，人弦俱寂。這時台下叫好之聲，轟然雷動。

從『老殘』對王小玉演唱技藝精湛的描述中，我們可以感覺到當時曲調是何等的美妙動聽。她的聽衆有官吏、生意人、店伙計、讀書人等，階層廣泛。她所創之新腔盛行極廣。繼白妞、黑妞姐妹之後，又有許多女藝人享名曲壇。二十世紀三十年代以後的著名藝人有四塊玉，即前面說的謝大玉、李大玉、趙大玉、孫大玉。並流傳於南北各大城市。

梨花大鼓分南口、北口兩大流派。中篇者有《三全鎮》、《大破孟州》等數十部；短唱段有《長坂坡》、《李逵奪魚》、《燕青打擂》、《黛玉葬花》、《寶玉探病》等，內容十分豐富。

但，自從西河大鼓、河南墜子等說唱品種興起之後，梨花大鼓便逐漸衰落。

採取用耕稼器具碎鐵片，以伴奏鼓詞而說唱者。「中國民間藝術大辭典」曲藝部分中對大鼓有頗爲詳盡的記述，我們抄錄來看：

北京琴書　曲藝曲種，產生於京津地區流行於北京、天津及河北省部分地區。又稱『單琴大鼓』、『揚琴大鼓』。其源有兩說。一說是源自清代流行於河北安次縣農村的五音大鼓，以三弦、四胡、揚琴等樂器伴奏，無職業藝人，是當地農閑時農民的自娛形式。十九世紀末逐漸有了職業藝人，並傳到了京津兩地，其中著名藝人有常德山等，後有翟青山在廣播電台播唱，因只用一台揚琴伴奏，故稱『單琴大鼓』。一說是一九四〇年前通縣樂亭大鼓藝人翟青山，用揚琴代替三弦伴奏演唱被稱『單琴大鼓』。兩說裡有一點是相同的，即翟青山爲『單弦大鼓』的第一代藝人，因他是同時在北京、天津兩處電台演唱，因此可說是產生在京、津兩地。其後北京的藝人關學增與翟青山的琴師吳長寶長期合作，改用北京語音演唱，伴奏也增加了四胡，二十世紀五十年代定名爲『北京琴書』。

北京琴書的唱腔與北京東郊的『平谷調』相近，唱腔節拍爲一板三眼，唱詞句式以七字句、十字句爲主，但因是説唱大書，變格較多。唱腔結構爲四句體，反覆演唱。演唱爲半説半唱，一般爲前半句説，後半句唱。唱詞多爲句句押韻，俗稱『樓上樓』。二十世紀五十年代後以短篇爲主，在近四十年的發展過程中，唱腔的節拍發展較大，唱腔結構一般是從慢一板三眼到快一板三眼，再到無眼板的快板，結尾回到一板三眼。在情節急迫時，常常在慢一板三眼或決一板三眼的唱腔裡插入一板一眼的垛句。並常在每個段落處和唱段的結尾加大甩腔。長期與關學增合作的琴師吴長寶，在伴奏上，創造了一種獨特的伴奏方法，無論演員説還是唱，揚琴自有一套伴奏旋律，與唱腔若即若離。現在伴奏樂器又加了二胡。

北京琴書的演唱形式與各地琴書均有不同，它是演員站唱並以書鼓、鐵板擊節。因爲所唱書文均爲敘事體，所以按其特點應歸爲大鼓類。而不應把它歸爲坐唱的，以代言爲主，敘事爲輔的琴書類中。

北京琴書的曲目早期以長篇爲主，有《七國演義》、《回龍傳》等十餘部。進入二十世紀五十年代以後，關學增所唱曲目以短篇爲主，而且多爲新編現代曲目。他長期生活在北京前門外勞動人民聚居的地區，了解北京勞動人民的生活，在作品裡非常表現他們的喜怒哀樂。因此他的演唱深受廣大勞動群衆的歡迎。代表作有《考神婆》、《一鍋粥》、《傳家寶》等。經他整理改編的傳統曲目有《楊八姐遊春》、《鞭打蘆花》等。他的演唱以高嗓、高調，說中有唱，唱中有說，說與唱之間轉換自如，字音清晰爲特徵。表演極重人物形象的塑造。他的作品也每每開門見山，廖廖數語便直入主題。他又是個多產的曲詞作家，凡他演唱的曲目，多爲自己創作或改編。

奉調大鼓 曲藝曲種。產生、流行於北京。二十世紀五十年代至六十年代，由原唱唐山大鼓的演員魏喜奎與韓德福等幾位弦師合作，在唐山大鼓、樂亭大鼓及馬寶山演唱的奉天大鼓基礎上，借鑒京韻大鼓的唱腔結構方法，並改唐山語音爲北京語音創造的。奉調大鼓的唱腔有慢、中、垛板和緊板，從用北京語音演唱後，其唱腔旋律在唐山大鼓、樂亭大鼓的基礎上已有了很大發展變化。馬寶山的奉天大鼓演唱技法亦被融化。因此雖稱奉調大鼓，但已有了很大變化。奉調大鼓旋律柔媚大方、曲折婉轉，敘事部分作越弦說唱時，伴奏另外演奏一套旋律。演唱與伴奏若即若離別具一格。每段唱詞的結束，均有一曲折優美的甩腔。這些便構成了善於表現抒情哀怨情緒的特殊風格。唱詞多爲七字句，上下句體，甩腔時常加垛句。代表作品有《寶玉娶親》、《寶玉哭黛玉》、《鞭打蘆花》等。演唱時，演員自擊木板、書鼓，伴奏樂器爲三弦、四胡、高胡等。

京東大鼓 曲藝曲種。約有一百年歷史，是在北京東部的通縣、三河、香河和天津的武清、寶坻、薊縣、寧河一帶的民間小說「地頭調」的基礎上，結合當地的語言音調發展起來的。二十世紀二十年代，寶坻縣的民間藝人劉文斌到天津賣藝，經常走街串巷演唱這種曲調，並由此定名爲京東大鼓。

京東大鼓只唱不說，唱詞基本上是七字一句。常加三字頭、襯字、垛句。原始唱腔比較簡單。後經劉文斌和他的弟子董湘昆在演唱中不斷豐富發展，並從其它曲種中吸取養分，逐漸形成了一種曲牌體和板腔體混合的唱腔結構。每唱一段，總以〔四開板〕起唱，中間加入各種曲牌，最後以〔上板調〕結束。常用的曲牌有〔金鉤調〕、〔雙柔調〕、〔雙高調〕、〔大反調〕、〔大悲調〕、〔小悲調〕、〔霍城調〕、〔回應調〕、〔十三咳〕、〔拉腔〕等近二十支。曲目多爲短篇。

京東大鼓的表演形式爲演員左手擊銅板、右手擊鼓演唱。有三弦、揚琴伴奏。近年來，有群口、對口等演出形式出現，伴奏樂器也增加了二胡等。

京東大鼓的傳統曲目長篇以唱歷史故事爲主，如《楊家將》、《呼家將》、《薛剛反唐》等。短篇曲目以民間傳說的故事爲主，如《楊八姐遊春》、《武公打店》、《許仙遊湖》等。傳統曲目還有《拆西廂》、《隋煬帝望瓊花》、《郭子儀慶壽》等。五十年代以後，陸續創作了一些新的曲目，如《辦喜事》、《新花競放》、《劉三姐對歌》、《人民的好總理》等。

京東大鼓是群衆喜愛的一種曲藝形式。五十年代以來，仍然廣泛地活躍在北京等地的農村和廠礦，董湘昆是京東大鼓的名家。

大板大鼓　曲藝曲種。流行於河北省的滄縣、黃驊、青縣、辛集、深澤、河間等地。從木板大鼓受影響而形成的西河大鼓（有二百多年歷史）及京韻大鼓（有一百年歷史）來推測，大板大鼓於清乾年間已發展得相當成熟。產生年代可推至清初或明末。趙老石（藝名大老鴰）是早期馳名的藝人。

木板大鼓長期流傳于河北中部農村。早期演唱時無弦索伴奏，由演員自擊簡板（木制）、書鼓演唱。可以單口唱，也可以對口唱。其唱腔旋律簡潔、流暢，唱詞基本七字一句，爲上下句體，通俗易懂，質樸健康，生動活潑，富有濃厚的地方特色。因演唱者一般都帶些保定、滄州一帶的口音，因此從農村流入城市以後又被稱爲『怯大鼓』，並增加了三弦伴奏。在農村時以唱長篇書目爲主，進入城市漸改唱短篇。唱腔爲板腔體。從其它姊妹藝術上吸收了許多曲調加以發展。唱段一般都是由曲頭、慢板、快板（包括二六、馬蘭垛、流水）、鎖板組成。另外還有許多專用的曲牌，如〔海底撈月〕、〔雙展翅〕、〔單展翅〕、〔雙高〕、〔單高〕等。

木板大鼓善於演唱英雄好漢的故事，如《楊家將》、《封神演義》、《響馬傳》等長篇。也有一些短篇很有影響，如《鴻雁捎書》、《賈寶玉夜探瀟湘館》等。五十年代後創作了一些現代劇目，如《一鍋粥》、《剃頭》、《計劃生育》等。

木板大鼓至今仍在我國北方的部分地區流行。在廠礦、農村的業餘文藝活動中十分普及、著名藝人韓鳳元演唱的《呂蒙正趕齋》、申端河演唱的《小姑賢》，都是群衆極爲喜愛的曲目。

西河大鼓 曲藝曲種。由清乾隆年間便已在冀中一帶流行的『三弦書』和『木板大鼓』

合流後衍變而成的曲種。盛行於河北，流傳於山東、河南、京津地區及至東北、西北的部分地區。當時，弦子書的演唱形式爲藝人操小三弦自彈自唱，木板大鼓的演唱形式爲藝人用木板、書鼓擊節說書，除木板、書鼓外再無樂器伴奏。清嘉道年間兩種藝術漸漸合流。改爲藝人以木板、書鼓擊節演唱，另有弦師操小三弦伴奏。道光年間有高陽藝人馬三峰，受東山大鼓的影響，將木板改爲犁鏵片、小三弦改爲大三弦。並吸收了當時在民間廣爲流行的民歌、小調、戲曲唱腔創制新腔，使唱腔音樂發生了極大的變化，紛紛爲藝人們傳唱。時稱『梅花調』、『犁鏵片』，因在河北河間一帶頗爲盛行，又被稱爲『河間大鼓』。一九○○年前後，隨著城市經濟的繁榮，許多農民湧入城市求生，西河大鼓藝人也隨之進入城市，多爲設地攤演唱賣藝。一九二○年藝人王諷咏與劉寶全在天津同台演出時，根據在天津獻藝的西河大鼓藝人多來自大清河、子牙河（天津人將這兩條河統稱爲西河），便在海報上寫了『西河大鼓』，並從此定名。

西河大鼓與我國北方的許多曲種一樣，始終扎根在廣大農村，有幾代藝人就有幾代聽衆。深厚的群衆基礎也造就了許多名家。同時積累了大批書目、曲目。通過幾代藝人的錘煉，唱腔音樂也日臻完善、豐富。繼馬三峰之後，著名藝人有朱化麟、王振元，他們自成一派，人稱『北口』；路英貴、李德全、趙玉峰等人也自成一派，人稱『南口』；二十世紀四十年代在天津、北京興起的專攻短篇的馬連登、馬增芬父女也自成一派。

西河大鼓的鼓詞以中長篇爲主，進城市後有了短篇。中長篇以說爲主，以唱爲輔。短篇則以唱爲主。唱詞基本爲七字或十字的上下句體。唱腔音樂結構爲板式變化體，有〔頭板〕（一板三眼）、〔二板〕（一板一眼）、〔三板〕（無眼板）三種板式。屬〔頭板〕的腔調有〔起板〕、〔慢四句〕、〔一馬三澗〕、〔快頭板〕等；屬〔二板〕的腔調有〔起板〕、〔流水板〕、〔雙高〕、〔海底撈月〕、〔反腔〕、〔蚍蜉上山〕、〔梆子穗〕、〔十三咳〕等；屬〔三板〕的腔調有〔散板〕、〔緊流水〕、〔竄板〕、〔尾腔〕等，計有三十餘種。這三十餘種曲調在演唱時，均分別歸入西河大鼓的頭板、二板、三板唱腔中。因此從音樂上看三種板式規定了西河大鼓唱段的音樂框架，而這種種腔調的插入，則使整個唱段風格多變，又諧和流暢。因此西河大鼓可以表現各種題材的內容。也因此確定了它北方大曲種的地位。

西河大鼓的曲目裡，中長篇有一五〇餘部，短篇有三七〇餘篇。中長篇書目代表作有《楊家將》、《呼家將》、《響馬傳》、《少英烈》等；短篇代表作有《小姑賢》、《打黃狼》、《鬧天宮》、《遊西湖》、《繞口令》、《馬前潑水》等。二十世紀五十年代後，記錄、整理了不少西河大鼓傳統曲目。著名演員現有馬增芬、王艷芬、孫嚴君等，青年演員有郝秀潔、楊嚴琴等。

樂亭大鼓　曲藝曲種。起源於河北省樂亭縣的一種民間說唱形式，流行於河北樂亭、灤縣、昌黎、唐山、京津地區，以及東北的部分地區。

清初，樂亭縣城內盛傳『清平樂』，樂亭附近鄉里也有與其類似的散曲流傳，人們常常聚在一起唱這些民歌小調自娛。後有弦子李用三弦爲『清平歌』伴奏，並對唱腔進行了加工，使其音調愈加悅耳動聽，被時人稱之為『樂亭腔』。樂亭腔經與在河北各地流行的木板大鼓相結合，演唱時始用本板擊節。經過了從只唱不說，到又說又唱，從唱民歌到說唱民間故事的過程，這是一個漸變的過程，這個過程也是一個典型的從民歌藝術向說唱藝術的轉化過程。它經歷了從清初至清末這樣一段漫長的時間。最終完成這個轉變，使『樂亭腔』變成說唱藝術的，是清光緒初年樂亭藝人溫榮。他用樂亭腔唱『子弟書』曲目。在唱故事的過程中他對唱腔進行了規範，制定了『立腔』。同時對伴奏樂器也進行了改革，如改本板為鐵板、採用書鼓與鐵板擊節，選用大三弦為伴奏樂器等。他到北京獻藝時，始定名為「樂亭調」。其後許多藝人師其法演唱樂亭調。清末民初先後有祁眞、陳繼昌、王鴻恩、祁武、陳文煥、胡少蘭、齊文鳳、靳文然、韓湘圃、唐俊功等，在繼承中不斷發展樂亭大鼓藝術。其中以靳文然、韓湘圃對樂亭大鼓的發展貢獻最大，現行流行的樂亭大鼓唱法，多受他們的影響。「樂亭調」至二〇世紀五〇年代才改名為「樂亭大鼓」。

樂亭方言在河北省範圍內極有個性。各種藝術形式如皮影、蓮花落在樂亭一帶也極為盛行。各類藝術之間相互吸收借鑒，使樂亭大鼓的音樂也帶有極強的個性，富有濃郁的鄉土氣息。由於曲本結構上的區別，樂亭大鼓裡的長篇書目說白和唱詞多根據演員所師承的「梁子」（古事提綱）敷演；中篇書目的說白、唱詞則相對固定；短篇曲目才有固定唱詞和完整音樂結構。樂亭大鼓的唱腔音樂結構屬板腔體，基本板式分為大板、二性板、三性板散板四類。大板的曲調有〔四大口〕、〔四平調〕、〔淒涼調〕；二性板的曲調有〔八大句〕、〔慢起程〕、〔小怯口〕、〔學舌〕、〔十字緊〕、〔二六〕等；三性板曲調有〔上字流水〕、〔凡字流水〕等；散板曲調有〔昆曲尾子〕等。作爲一個短篇曲目，其音樂的布局爲：專作開頭用的〔四大口〕、下接具有承上啓下作用的〔八大句〕，然後進入唱腔的主體。一般是先用一板三眼的〔四平調〕或〔淒涼調〕，又接一板一眼的〔流水〕、〔慢起程〕等，再接〔上字流水〕、〔凡述流水〕等。最後用散板的〔昆曲尾子〕結束。有人稱這種結構爲「開頭腔——聯結腔——主體腔——尾子腔」。樂亭大鼓音樂從皮影、昆曲、京劇等姐妹藝術中吸收了許多營養，唱腔裡的〔四平調〕、〔淒涼調〕、〔昆曲尾子〕等均爲吸收進來逐漸與樂亭調音樂融合在一起的。

現在流行的樂亭大鼓有東、西路兩大流派。一是以樂亭爲中心的韓湘圃爲代表的東路，其唱腔高亢樸實、節奏嚴整；一是以唐山爲中心的靳文然爲代表的西路，其唱腔抒情婉轉、流暢華麗，節奏鮮明多變。除這兩大派之，還有流行於京津地區的王佩臣爲代表的一種流派，她改樂亭大鼓的樂亭方言爲普通話，並根據她自身的條件對曲調進行了改造，聽起來纏綿嫵媚，俏麗多變，極善刻劃人物的內心活動，有「醋溜大鼓」之稱。

樂亭大鼓的曲目非常豐富，中長篇傳統曲目有《回杯記》、《楊家將》、《呼家將》、《包公案》等。短篇有《雙鎖山》、《樊金定罵城》、《王二姐思夫》、《大鬧天宮》、《拷紅》等一〇〇餘段。二〇世紀五〇年代後整理、上演了一大批優秀傳統曲目，並創作了不少反映現實生活的新曲目。也改編了若干部長篇書目《烈火金剛》、《桐柏英雄》等。

樂亭大鼓作爲河北省的一個大曲種，對其它曲種的影響很大，如唐山大鼓。北京琴書、北京奉調大鼓在形成與發展過程中，也均受到它的影響。

唐山大鼓　樂亭大鼓的一個分支，流行於唐山地區。約有八〇年歷史民國初年，有唱怯大鼓的鼓書藝人李小香、王樹貴等人到了唐山，在街頭擺演唱。他們手敲木板，用三弦伴奏，演唱《小寡婦上墳》、《夸桑》等曲目。後來由鄭慶先（藝名畫眉）把木板改爲鐵板，與胡廣蘭、賈文鶴等人在唐山演唱。演唱的鼓詞一部分是成本大套的《施公案》、《于公案》等。另一部分是《黛玉悲秋》、《孟姜女哭長城》等小段兒。內容大都是取材於古典小說名著或地方戲曲，很受大衆歡迎。

唐山大鼓的唱腔比較靈活，演唱根據內容需要可以隨時變化，表現生動、曲折和複雜的故事情節。據老藝人說，唐山大鼓與樂亭大鼓的區別不在於表現形式，而在於唱腔。樂亭大鼓演唱時，先用四句或八包引入正文，然後再用南城腔、四平調和快慢流水板等；唐山大鼓則不使用南城腔，二者在唱腔上截然兩樣。唐山大鼓的著名演員劉桂琴演唱的《蘆花蕩》和管素演唱的《草船借箭》，極受觀衆的歡迎。

襄垣鼓書　山西曲種。又稱「襄垣鼓兒詞」，源於襄垣縣的農村，並以該縣命名。在山西東南各縣廣爲流行。據傳，至今約有三〇〇多年的歷史。

襄垣鼓書早年演唱時，用的是置於桌上的矮腳書鼓。藝人左手持檀板，右手拿鼓箭，擊節說唱，伴奏樂器多爲當地的老胡和二把。伴奏者一至二人。唱腔有〔緊板〕、〔慢板〕兩種，上下句式。長於叙事，也抒情。清道光年間（公元一八二一－一八五〇年），有當地民間藝人史金星，在演唱中吸收當地民歌等音樂素材，使襄垣鼓書的音樂有所變化、豐富和發展。後來，又有藝人苗來喜創造了〔悲板〕和〔搶板〕兩種板式，豐富了板式。民國初年，藝人們又在前人的基礎上，創造出〔起板〕、〔三性板〕、〔垛板〕和〔截板〕等板式。並把苗來喜的〔搶板〕發展爲〔緊搶板〕和〔慢搶板〕兩種使襄垣鼓書的板式日臻豐富完美。二〇世紀四〇年代，藝人侯玉成、董財元等開始從當地的戲曲音樂中吸收養分，把許多受到群衆喜的唱腔糅合到鼓書中去。受到群衆的歡迎。據當地記載，爲了適應唱段的要求，著名的鼓書藝人董財元能同時操作鼓、板、小鈸、鑼、鈸、鑔、鏜鑼、木魚、梆子等九種樂器，邊敲邊唱，同時還配有弦樂伴奏。

襄垣鼓書唱腔分鼓兒詞、柳調兩大類。屬板式變化體結構。鼓兒詞唱腔以〔慢板〕爲主，另有〔散板〕、〔搶板〕、〔哭板〕等。柳調唱腔以〔平板〕爲主，另有〔鼓板〕、〔小哭板〕、〔散板〕及起、送、導等過渡板。伴奏音樂弦樂有京胡、二把、胡胡、月琴四大件，還可加二胡、低胡、中胡、三弦等。打擊樂有單皮鼓、檀板、板鼓、木魚、碰鈴、小鑼、鈸、梆子等。

現在演唱短篇時，仍由一人主唱。演唱長篇時，則有多人坐唱，分別操樂器伴奏，並分擔生、旦、淨、丑等腳色，以獨唱、對唱、齊唱等形式演唱。襄垣鼓書的傳統曲目很多。長篇有三〇多部，如《劉公案》、《金鞭記》、《金鐲玉環記》等。中篇有四〇多部，如《楊八姐遊春》、《子牙賣面》、《武松打虎》等。短篇更多，約有八〇餘篇，如《小二姐做夢》、《窮漢過年》、《小倆口爭燈》等。短篇的書目以反映人民生活的內容爲多。

演唱襄垣鼓書的盲藝人很多。抗日戰爭時，還有「盲人愛國宣傳隊」，編演許多新書目，宣傳抗戰。

潞安鼓書 山西曲種。產生於山西長治一帶。山西省長治市一帶，古稱潞安府。潞安鼓書約在二〇〇多年前在這裡形成，以州定名。逐漸流行於山西省東南地區各縣和太原、晉中等地。

潞安鼓書的表演形式早期爲演員一人自擊鼓、板演唱。初時的伴奏樂器有三弦和二把，後來又增加了揚、板胡等，現在演唱形式爲坐唱六、七人一組，各操樂器，分擔腳色，行當齊全。以獨唱、齊唱等形式表演。

潞安鼓書有著悠久的歷史，早期的名藝人有乾隆初年的高保山，人稱高鐵嘴。鐵嘴一張，四鄉而動。當時的唱腔只有上下兩句。到了道光年間，民間藝人張銀娥將兩句腔發展爲四包腔。唱到二〇世紀四〇年代時，著名鼓書山藝人於樹田等人，在原來四包腔的基礎上，大膽地吸收了當地的民歌和秧歌等音樂，使潞安鼓書成爲具有多種板式的唱腔。爲潞安鼓書的發展做出了巨大的貢獻。

潞安鼓書的板式有〔提綱板〕、〔平流板〕、〔大板〕、〔垛板〕、〔花板〕、〔悲板〕等。〔平流板〕是基本唱腔，由四包組成，善於叙事和抒情，曲調和緩。〔提綱板〕在每段書目的開頭使用。〔垛板〕是〔平流板〕的曲調和節奏的緊縮，往往在書目的高潮和結尾時使用，增加了氣氛。〔大板〕、〔花板〕、〔悲板〕等則屬於抒情性的唱段。大多用於段落中的悲歡離合等讓人動情的情節。曲調婉轉多變，起伏較大。在演唱時，演員們還常常插入當地流行的秧歌、梆子及落子的唱腔，很受群衆的歡迎。潞安鼓書的語言音調和當地群衆語言相近。伴奏特點是，唱時不伴，伴時不唱，使觀衆聽得特別清晰。再加上曲調十分悠揚動聽，很受群衆歡迎。

潞安鼓書的傳統書目有《楊家將》、《呼延慶打擂》等長篇，《倔老婆》、《打斑鳩》等短篇。抗日戰爭以來，還不斷有新曲目問世。

東北大鼓　曲藝曲種。遼寧、吉林、黑龍江三省均有流傳。又有「奉天大鼓」、「遼寧大鼓」之稱，二〇世紀五〇年代定名爲「東北大鼓」。清代，沈陽稱盛京，在北京獲罪或閒散清室人員常常被遣送盛京。約在清嘉慶初年，在北京已盛行的「子弟書」，連這些被遣送回盛京的清宮閒散人員傳入東北。當時在沈陽演唱子弟書的班社又稱「清音子弟班」。子弟書在東北長期流傳過程中，受當地民歌、小調以及戲曲和關內說唱藝術「弦子書」的影響，同時從清音子弟班的自娛娛人漸漸流入社會，而產生了職業藝人無論是內容還是藝術表現形式均發生了很大變化。如東北大鼓初時的演唱形式是演唱自彈小三弦伴，腿上還綁著「節子板」以擊節。後改爲演員以書鼓擊節演唱，專有樂隊一人操三弦伴奏，又如子弟書曲目多爲短篇，在東北廣大農村流行的東北大鼓則以中長篇爲主。只在城市裡演唱短篇。東北大鼓早期藝人均爲男性，清末民初方始有女藝人，她們主要在城市演出，專攻小段，時稱「女大鼓」，當年名噪曲壇的有劉向霞、朱璽珍等。

東北大鼓的音樂結構屬板腔體，唱詞的基本形式爲七字句的上下句式唱腔有一套完整板式。如〔大口慢板〕、〔小口慢板〕、〔三六板〕、〔快板〕、〔散板〕等。除外還有一些曲牌和小調爲它的輔助唱腔，如〔悲調〕、〔西城調〕、〔怯口調〕等。伴奏樂器除演員自操的鼓、板之外，另有三弦和四胡，有的也用板胡。

東北大鼓在長期流傳過程中，隨東北各地風俗人情的不同，也形成了風格各異的流派唱法。如以沈陽爲活動中心的唱腔優美抒情、纏綿逶迤，適宜演唱《紅樓夢》故事的「奉調」；以營口、海城爲活動中心的，唱腔慷慨激昂，適宜演唱《三國演義》等鐵馬金戈故事的「南城調」；以錦州爲活動中心，唱腔哀怨低沈，適宜演唱《孟姜女尋夫》等悲劇故事，或《羅成叫關》等悲壯故事的「西城調」；以吉林爲活動中心的「東城調」和流行於黑龍江的「江北派」（又稱「北城派」）等。

東北大鼓曲目十分豐富，中長篇傳統曲目有四〇餘部，代表性曲目有《響馬傳》、《蝴蝶杯》、《十粒金丹》、《呼家將》、《薛家將》、《楊家將》等；短篇傳統曲目有二〇〇多段，代表曲目有《草船借箭》、《小姑賢》、《憶眞妃》、《寶玉探病》、《孟姜女尋夫》、《羅成叫關》、《燈下功夫》等。根據長篇小說改編的長篇大書有《烈火金鋼》、《節振國》等；新編的短篇有《楊靖宇大擺口袋陣》、《白求恩》等。著名演員早期劉向霞、朱璽珍，後有霍樹棠、任占奎、劉桐璽、徐香九等。

鼓詞多慷慨悲歌之聲，亦有細膩纏綿之處，其體裁多用敘事，少有說的，所以是唱多說少。劉寶全是大師級的人物，可做京韻大鼓的代表者，在此錄幾段他相傳下來的鼓詞看：

馬鞍山（又名俞伯牙摔琴）

列國的諸侯亂紛紛，出些賢士與名人。有一人表字伯牙姓俞名瑞，這位爺他本是晉國臣，晉王爺差此人前去修聘，奉旨的欽差他是來拜楚君，拜罷楚王就要回朝轉，棄岸登舟中秋正臨，行至在漢陽江口，船灣住，正遇著密佈陰雲，細雨紛紛，雨過天晴黃昏後，俞伯牙推開了船窗艙兒上的門。

見江中萬道銀蛇翻波浪，在江岸上有處處的那些丹桂。這還幽香兒可聞，陣陣金風吹得人爽，縱有那風吹水浪，水借著風音在耳輪中，猛聽得這不唰唰……風擺動了秋葉，這不落進了秋林。秋星兒明朗，秋蟬兒聲靜，在那秋坡前，秋草中，耳邊廂又聽得絮叨叨的是那寒蛩兒的聲音，叫得那麼嘆煞人。秋草黃黃秋光兒滿目。看那正東方，閃出了明亮亮秋月兒一輪。

秋山秋水一時遣興。「來！喚從人給我設擺瑤琴把香焚。先撫一曲消閒悶。」在江岸上來了個砍柴人。「俺姓鍾名子期外人恭敬，家住在馬鞍山八里之遙集賢林，想當年我居官二品職份，都只爲父母年高無人侍奉。棄職歸林孝養雙親，每日裡打乾柴我常把山進，依仗著斧柯攀藤以渡光陰，打了擔乾柴我尋那舊徑。正遇著密佈陰雲細雨降臨，因天氣我難把家瘖。尋一個古廟禪堂暫且存身。雨過天晴到了黃昏時分。正遇著風兒清，月兒朗，月朗風清我轉家門。順著江岸我朝前邁奔。猛聽得官船以上這不有人撫琴。」樵夫聞琴音把心神穩定。柴擔兒放至在了地埃塵，孔仲尼嘆顏回才高他的命短呃，猛聽得琴弦斷了那麼一根哪，把那仃伯牙就唬走了魂。

俞伯牙見琴弦已斷呆呆的發楞。「啊，莫非是江岸上有了賊人，忙問從人灣船何處？」梢公回稟：「纜繫山根。」伯牙暗想這是荒山地，那裡來的人聽我撫琴，喚從人進來聽爺吩咐。「到江岸上各處找尋。」搜檢到那蘆葦叢中柳深處，忽聽得在岸上答言把大人尊。子期說：「休要你尋找並非是賊盜。也是我樵子無知我在此聽琴，小可俺乃此山中一個樵子也。也採柴我就歸來的晚，正值一論琴首，聞君此處操琴故而止住步。」俞伯牙哈哈大笑：「是個砍柴人哪，居然亦知聽琴自趣，眞乃是這山野村夫你滿口胡云。」子期說：「你既知此處無有那知音客，似俺這窮山僻壤野店荒村，在那瑤琴上有六忌、八絕、七不撫，曾記得不對知音大不該你調動了瑤琴。」

俞伯牙聽樵夫之言卻道文而雅。暗說道：倒莫笑這魚樵野叟共山村。忙命從人與我往上請。「你請上那位樵夫，我細與他談心。」有從人答應了一聲，就把這個官船下。走上前見鍾子期，便把話去。向樵夫說：「你見了我家大人須當要叩首。他問你什麼言語得都要你留神。」鍾子期昂然不睬把官船上。向伯牙長揖不拜，「我是有禮了大人。」俞伯牙恐怕失了官體是焉能與他還禮。說：「你一旁坐下，我今天要與你得細談談心。」鍾子期並不謙讓。一旁居然佳。伯牙一見面帶含沈，不讓吃茶空對坐。說：

「方才岸上可是你聽琴嗎？」子期說：「我不敢說深知，略曉一二。望君官莫要以斗量人。」伯牙說：「你既然口稱聽琴論。我有幾件事也不大什麼知其眞。哪我且問你此琴當初何人留下？流落在何處？因何叫瑤琴？造琴當用什麼木？什麼人造這一張琴？字字行行全說對。樵夫知音就便爲啊嘿眞。」子期說：「琢磨本是伏羲氏，流落在瑤池因才叫瑤琴。造琴尚用梧桐木，上節清，下節混，宜取中節用，清濁兩相勻，出了一位魁首的木匠叫劉子奇，他造成這一張琴。」

伯牙說：「此琴當初何人撫得好？撫到何處會過什麼人？什麼人以琴喪了他的命？什麼人以琴就罵過什麼人？字字行行全說對，就算樵夫你知音。」那位子期說：「此琴文王撫得好。撫到妙處常常的會仙人。文王世子伯夷考，他也曾以瑤琴誹罵過紂君，妲己女安下一條狠毒計，周文王食子肉，世子命歸陰。」

伯牙說：「此琴前寬有幾寸，尾窄幾寸零幾分？徽金歲月有多少數目？內有幾行是外按幾首？蛇紋穗按著什麼一樣造？共合是幾尺幾寸另幾分？什麼人好聽，什麼人好戰？上邊共有弦幾根？」子期說：「此琴前寬有八寸，尾窄四寸把四季分，徽金歲月十有二，閏月加一是五行按五音。蛇紋穗按著同天一樣造，共合是三尺六寸零五分。文王好聽武王好戰。上邊共有弦七根，韻透九霄鸞鳳喜，音傳山海龍虎親。三月三王母娘娘蟠桃會，瑤池雅樂常伴斯文。」伯牙說：「嘔！你字字行行全說對，你可知我以何題作曲文。」子期說：「孔夫子嘆顏回才高命短，你以那月光秋水作就曲文。」俞伯牙連誇樵夫好好好。鍾子期你看他毫無懼色笑盈盈，以琴會友把金蘭拜，到後來馬鞍山前俞伯牙先生他摔碎了瑤琴。他是所爲謝知音。

華容道

三國紛紛亂兵交，四外裡狼煙滾動槍刀，周公瑾定下一條火攻計，諸葛亮他是借東風把曹操的戰船燒。

赤壁鏖兵那曹操逃了，孔明派兵前去擋曹，他把各路兵將全派到，關公在帳下縐眉梢，說這樣軍務全派到，這是明明白白的把關某我小瞧。孔明說啊！二將軍別看你能征慣戰刀法好，據我瞧你不能前去擋曹。關公聞聽火往上冒，說軍師把某特此瞧薄，想當初我們弟兄在桃園結義，在誰的手内落過下梢，溫酒也曾把華雄斬，破過黃巾賊不少，只殺得張角望影而逃，我是三戰呂布在虎牢，斬顏良誅文醜刀法玄妙，保二嫂嫂走東霸橋桃過袍，五關連把六將斬了，我在古城的南門外拖刀計把蔡陽這不把他的那個首級削。

大江大浪我也過了多少，難道說這小小溝渠他會保不牢，此一去我若把曹操放了，項上的人頭當軍令銷。此一去我若把曹操拿到，問軍師你有何物把某交。孔明說你此去當眞把曹操拿到，軍中這一顆印我讓與你執銷。他二人立下了軍令狀保，諸葛亮回手把令箭抄，我命你把守在華容道，立起高台把火燒，關公聞聽哈哈笑，說軍師不必跟某使上了這著（同招），古來定計總怕人家知曉，是爲何就點火驚嚇奸曹，明明白白捨不得軍中這一顆印，咳，來來來算我輸了，把我項上的人頭給你當軍令交。

孔明聞聽忙把話道，壽亭侯有幾句言詞讓你記著，兵書有云實者虛，虛者實，百戰百勝，你是知己知彼才算高，休當我捨不得軍中這一顆印，曹操如不走華容你是回來某把令交。夫子爺回手接過了令箭，叫關平你與父看過來盔甲袍，吩咐聲馬童把坐騎給我備好，喚周倉你與爺看過這口青龍刀，率領五日鞘刀手，在那華容小道我前去擋曹，我不言關公把守在華容道，再表曹操從赤壁兵望影而逃，正往前走有條出路，可笑這個周郎你的那個計不高，頭一笑被趙雲殺的好跑，第二笑張飛戰了一個魂魄消，正然發笑前跑，啊，前邊的火焰因何數丈高，喔，諸葛亮並沒派華容道，這是虛張聲勢嚇我曹，我今天定要走華容小道，我不上諸葛亮他的那個計籠牢，說罷一催跨下馬，後跟程昱大將張遼，往前行忽聽得噗通……三聲炮，震得地動山又搖，明盔亮甲人人勇，劍戟刀槍放光毫，兒郎個頂個雄以虎，虎似天神降九霄，見五百鞘刀手，守著一個大旗在空中搖，遙望見黑白二員將，將軍統帥八尺高，高戴紮巾巾襯，襯新甲，甲勒，九股，古銅鏡放光豪，豪在坤吳劍，……………嗆啷…………一聲響神鬼怕瞧，瞧面貌如，重棗臥蠶眉巔骨高，丹鳳眼如燈照，五縷髯胸前飄，飄飄殺氣，衝牛斗，抖擻威風人怕瞧，瞧罷多時認得了，我也跑不了我也逃不了，哎呀，原來是關公把守在華容道一條，都說是張飛趙雲槍法好，我最怕關公他的那口刀，孟德撥馬要逃跑，後面驚動將張遼，說丞相，今天咱們要逃出華容道，除非是到前邊與他求告饒，說關公別看他能征慣戰刀馬好，他是恩怨二字見識高，待他有恩他必報，待他有仇人家定斬不饒。曹孟德嘎登登勒住坐下馬，強打著精神把話學，打躬先問軍侯你可好，後問皇叔駕安樂，也是我赤壁鏖兵一場戰，我的八十三萬人馬被火燒，後面周郎追兵到，望亭侯念舊交，開一條生路你放我緊逃。夫子爺馬上蠶眉綯，用刀一指人就喚曹操，你本是朝中大奸巧，上欺天子是下壓群僚，逼我大哥無有去路，棄新野走樊城敗當陽橋是夠奔夏口逃，終朝拿你拿不到，今天不殺某的氣怎消。曹操說眞要殺我聽我講，有幾句言詞我讓你記著，想當初在土山屯兵養將，歸我的營中全憑著張遼，我旬曾與你修一府分兩院，二位皇嫂另眼看瞧，上馬贈金下馬獻過寶，十名美女陪伴著，三日五日大小筵，官拜亭侯爵位高，當年待你那裡不不好，誰叫你言不言語不語，叫那二位皇嫂過了霸橋，在相府聽仔細，那麼立時餞行把你瞧，贈過你三盃餞行酒，賜你一件大紅袍，當年待你如山重，哎呀！今天你要殺輕如鵝毛。夫子爺馬上蠶眉綯，用刀一指就喚曹操，想當初歸你得營中我不爲別的事，二位皇嫂無處住著，上馬金下馬寶我也沒要，官拜亭侯不過願我降曹，你們排筵俱都是邀買人心意，十名美女刮骨刀，進曹營海口，不立功勞不辭曹，斬顏良誅文醜，有封書信往下飄，刀挑書信留神看，才知道大哥在何北住安牢，俺家兄長有了音信，你想想啊，有什麼眞心保你曹；回營中頭辭曹二辭曹三辭曹爲何不見面，我無奈保那二家皇嫂過了霸橋，只說你餞行是好意，不料不想你是拿假當眞你暗藏刀。曹操說，這餞行的話語咱們一概全別表，莫不成你把五關的事情你就沒記著。呀，夫子爺聞聽頭低下，不叫曹操敘叨叨，將刀一擺傳將令，擺下長蛇陣一條，張遼馬上抬頭看，承相那關公有意放咱逃。孟德一催坐下馬，花稜稜跑出華容道一條，孟德敗走華容道，周倉開平哭嚎啕，夫子爺馬上蠶眉綯，兒郎們一個一個頂個的不必再焦，死了好死了好，曹操恩情不欠著，叫關平把爲父上了綁，來呀，綁回營去好把令交，這一回關公一失在華容道，留下了英名啊表當朝。

戰長沙

關公勒馬看分明，見長沙府衆三軍撒隊列西東，眞是明盔亮甲人人勇，劍戟刀槍放光明，甲葉鑾鈴聲震耳，在紅旗的腳下閃出了湖南黃漢升。只見他風擺胸前的白鬚動，蒼眉直立瞪雙睛，面如古月精神滿，雖然年邁甚英雄，鳳翅盔朱纓罩，麒麟甲玉玲瓏，大紅袍花千朵，金珠帶束腰中，龍角弓箭雕翎，虎頭靴把鐙登，黃驃馬急如電，金背刀半盤冰，老爺看罷將點頭，暗暗的誇獎也不絕聲。可見漢室洪福卸，埋沒多少將英雄，我若收服他同到武去，我大哥一定必要愛黃忠。老爺想罷用刀一指，氣貫在丹田那就喊了一聲。大叫：「老將休要你催馬，某有句良言要你聽。我勸你下馬來投降的好，也免得在某刀下赴幽冥。」黃忠聞聽勒坐驥，用刀一指喚關公：「這而今明明大漢的國運敗，你看這群雄四起亂縱橫。此時雖有曹丞相，才高智廣比人能，戰將千員多猛勇，雄兵百萬慣能爭。若依天下人談論，這江山不久要屬曹公，你不必聽信了諸葛亮，謬談陰陽任意而行。螢火之光難照遠，坐井觀天理不通。依某家良言勸，即早擺戰快收兵，叫玄德速醒悟，咱們同助曹公掃滅江東，把天下的狼煙皆都掃盡，也難免你弟兄們世代功。你一意要把長沙取，怕只怕禍到臨頭悔不成。」那黃忠語詞還未說盡，好不得笑壞了忠義無雙蒲州的關壽亭。青龍刀指長沙將：「哎呸！蒼生說話太已得愚朦，似你我既在軍中爲大將，強弱無有分不清，你也該想一想當年的漢高祖，布衣起首聚雄兵。劍斬白蛇開宏業，達成一統錦江山。項羽眞有拔山力，槍沈力大慣能爭，縱橫天下無敵手，久敗張憨享大名，他不該依仗著豪強欺弱主，盡將義帝使江東，差遣高祖漢中去，連營寨口屯紮兵，他只道難出漢中府，天意該當我大事成。張良賣劍訪韓信，明修棧道並牢籠，席捲三秦如反掌，夏明張通一掃平。燕趙聞名納降表，神陽膽烈早投誠，龍主難脫囊妙計，我馬踏山東七十座城，霸王空有拔山力，只落的烏江岸自刎血染紅。」黃忠聞聽氣炸肺？忠義將滾滾腮邊烈焰騰。一磕坐下黃驃馬，這口刀轉前投後當槍靈。老爺一見心歡喜，暗暗的叫道老黃忠，關某自幼把春秋看，什麼兵法我不明。你這路刀法出在左傳，有一個大鬧周朝劉展雄，一馬三刀他留下，唯有某家見到的通，聖賢爺回首提刀懷中抱，黃忠的利刀刺前胸，刀轉一磕兵刃響，二馬一錯黃忠在馬上把刀橫，順風擺柳攔腰鋸，聖賢爺雙手把刀往上碰。青龍偃月推出去，黃忠在馬上扭轉身形，掃葉一刀當頭剁，聖賢爺雙手把刀往上迎，這刀剁刀砍只聽得嘎得登登一聲響，拍拍疆場以上冒上進，兩匹坐驥分爲了南北，好不得怔了湖南的老將勇黃忠。暗說道：自幼兒在湖南稱爲好漢，全仗著一馬三刀立大功。今天遇見蒲州將，怕只怕久戰疆場也難保我的贏，我不言黃忠加了防備，聖賢爺帶轉馬能行。青龍偃月往右邊一擺，名曰勒馬浩停弓，黃忠一見呆呆怔，好奇怪怎麼他的刀法會與我一般同。屢鞍橋嗖的一聲寒光過，這青龍偃月會竟會削空，二馬一衝轉過去，各戰龍潭虎穴坑。我不言二將疆場上，再表太守韓玄上了城，吩咐聲搭過接腳木，手扶垛口看分明。見疆場白茫茫兩口大刀分上下，飄規之旗轟亂擺火焰空。鼓魯魯兩軍鼓打如爆豆，鬧吵吵三軍吶似喊山崩。暗說道：每日老將臨軍隊，旗開刀舉就成功，今天遇見蒲州將，哎呀，怕只怕難保長沙的這座城。我不言太守韓玄心害怕，再表疆場二英雄。他二人只殺的塵砂陡起遮紅日，只殺得煞氣彌漫透碧空，只殺得凌霄斗府皆攪動，只殺的幽冥地府比陰城，只殺的空中飛鳥無踪跡，只殺的山中走獸緊避形，只殺得日落西山藏紅鏡，只殺得月出東海湧輪冰，老爺馬上叫軍正，說：「軍正司呀給我點起弓火把秉燈籠。」黃忠聞聽：「好，好，好，好哇，不見輸贏誰肯罷兵。」城樓上太守韓玄心害怕，來到吩咐鳴金快收兵。在城頭只聽得倉郎三棒銅鑼聲震耳，黃忠在馬上聽的清楚，虛剁一刀撥馬敗走，扭項回頭喚關公，「我家兵主傳下令，天色已晚暫收兵，明日五鼓吃戰飯，你我一定見輸贏。」夫子爺嘎吟吟勒住坐驥，刀指疆場叫黃忠：「今天某家留情意，你叫韓玄快獻城。日出不見降書到，我這裡提兵攻打城。那時節先破長沙府，難免你舉家項染紅。」夫子爺說罷將刀一擺，人馬倒轉回了大營。整殺了一天沒分出勝敗，這才是虎將遇了英雄。

趙雲截江

張昭獻計妙非常，孫權密遣人過江，周善荆州請郡主，夫人戀母也思鄉。片言卻成無情棒，打散灘頭對鴛鴦，月下紅絲從此斷，海誓山盟盡渺茫，到後來那夫人難免投江死，只落得泉下魂歸漢中王。

表得是周善催船臨且近，傳令三軍聽個其詳，四隻兵船休往前進，且在那蘆花深處去隱藏，但見我把紅旗一擺齊來接應，兒郎們一令去隱藏，周善吩咐船與我攏岸，唯你看他棄舟登岸去慌忙，跟隨衆人把城進，眞是三街六市熱鬧非常。街前不斷人來往，他們一個個眞是搖肩蹭背的是擠成幫。趲到府門尋著門吏，說我奉那我們吳侯的差遣就來到了貴方啊。

特要見你家的夫人我家的郡主，你就說我是周善求見有事相商。門吏聞聽往裡稟，尋著那宅門以內得小梅香，丫環內稟說周善要求見，夫人說他是個心腹的家將命他入後堂。丫環傳出周善隨入，在簾兒外跪倒磕頭問安康，簾裡得夫人說聲免，周善叩首站在了一旁，孤夫人先問國太我母好，後問吳侯可安康，你今過江有何事，一一從頭說個其詳。周善說我今過江非有別事，爲只爲國太病在床，請郡主攜帶公子前去探望，有修書一封遣臣我過江，孫夫人見書哇，如酒醉呀！也就不住的在鳳目之中淚兩行。說道是我母病急是皇叔又在外，可命人修書轉達皇叔，再去過江，周善說西川離荊州路太遠，老國太病在垂危已入膏肓。夫人說如不然稟報那位軍師諸葛亮。周善說郡主高見欠思量，那軍師管代國中事，家事卻有自主張。倘若推托難以專主，如不然皇叔回來再商量。那時節兩下要牽延耽擱日久，怕只怕國太命有傷。夫人說這不辭而別恐失了大禮，有人要攔阻怎能夠過江。周善說請郡主過江臣有準備，大江中早有防備料也無防。夫人點頭原來如此。吩咐聲丫環們各備行裝，也不用多從人只十數個，叫他們套車預備在户旁，丫環傳出諸事齊畢，這位孫夫人她是歸心似箭也顧不得梳妝。款動鳳足朝外就去走哇！抱起阿斗小兒郎。府門以外把車上，周善先行是早離了府堂，孫夫人一聲號勇專武士，嚯！衆丫環們俱能跨馬各帶刀槍，人馬紛紛離了荊州府，嚯！不多時來到了江岸旁，活潑潑得衆丫環一個個跳下馬，夫人車内接過小生。周善吩咐聲打扶手，主僕紛紛進了船艙。夫人說跟來的從人哪皆都回去吧，我只帶八名丫環隨我過江，嚯兒郎們得主母得命，他們一個個興車拉馬轉了還鄉，將才要起茅撤跳開船走，在那耳輪中猛聽得馬碰鑾鈴響，這不遠把塵垢盪。但則見在馬上端坐一員將，嚯！眞是威風凜凜像貌堂堂，明亮亮的亮銀盔生煞氣，風飄飄九鬚簪纓貫頂樑，神朔擴目濃眉精神滿，端正正鼻直口闊地閣方，叩答答兩耳垂輪銀盆面，雄糾糾膀扎腰圓是氣概宣昂，穿一件素羅袍襯銀葉甲，懸兩面護心實鏡放毫光，繫一條是勒甲絲絡傳九股鋒厲厲青虹寶劍殼內裝，密扎扎壺中密擺皆白箭，龍衣帶鐵背胎是寶雕弓一張，登一雙虎頭戰靴非薄底，懸一對鑑銀二鐙在兩旁，騎一匹的趕日追風銀雪戰馬，擎一桿兵驚將怕五鈎神飛槍，來的是正定府常山將，趙子龍在長坂坡前曾把美名揚。

這位爺巡哨方回聽家將稟，說夫人攜帶公子去過江。子龍大驚連說是不好，啊，這其中有詐暗隱著不良，只啦只啦一催馬，來到了江邊見船還未走，子龍一見喜洋洋，大叫道你們且莫開船我趙雲相送。那周善見有人追趕氣滿了胸膛，吩咐聲開船把紅旗一擺，蘆葦中四船齊出是各見刀槍，五百兒郎齊擺列，衆軍囉人人奮勇似虎狼，五隻船接連一虎是順流而下。趙雲馬上暗思量，嘅、！這明明東吳定下牢籠計，過江來把郡主誆，夫人過江有什麼要緊，怕只怕小主命有傷。吾主公既將大事託於我等，有半點差錯是面上無光。又打著風順水急是船已去遠，猛抬頭見人影兒渺渺茫茫，無奈何趙雲挨江追趕，呀！好湊巧，在江邊斜來一雙小小的漁航，趙雲大喜離岸棄馬，有兩個腳快的軍卒跑慌忙，棄岸登舟解開纜，命二人駕舟直入長江。在大江中小船行來如瓢一葉，嘆趙雲一片的忠心那怕落水而亡，頃刻之間把大船趕上，那周善吩咐聲放箭似飛蝗，衆吳兵開弓放箭如驟雨。趙子龍著了忙，忙擺動手中槍，恰好似如龍擺尾——搖頭拍拍拍拍，雕翎打落在長江，周善吩咐退後遮展，衆吳兵人人奮個個逞強，小船臨近著槍刺，趙雲亮劍放毫光，這口劍削銅斬鐵如切廢，唰唰唰兒郎竟剩半截槍，好趙雲見大船臨近將身一聳，嘩啦啦撞倒了東吳那些大小兒郎，趙雲追舟是臨險地，留下了英名啊在萬古揚。

大西廂

二八的俏佳人懶梳妝，崔鶯鶯呀得了這麼點病，躺在牙床。躺在了床上，她是半斜半臥。您說這位姑娘，她茶㪣㪣呀，悶憂憂，茶不思，飯不想，孤孤單單，冷冷清清，困困勞勞，淒淒涼涼。獨自一個人悶坐香閨，低頭不語，默默無言，腰兒瘦損，乜斜著杏眼，手兒托著她的腮幫。您要問這鶯鶯這得是什麼樣的病，忽然間就想起了那秀士張郎。我也想張生，想得我呀，一天吃不下半碗飯，盼張郎兩天喝不下去一碗湯。湯不湯來呀嘿那是奴家我的飯。您瞧，餓得我前心貼在了後腔。誰見過十七八歲的大姑娘，走路拄著拐棍。這姑娘呀！要離了拐棍兒，手兒就得扶牆。強打著我的精神啊，我走了兩步，哇……喲！可不好了，大紅緞子繡花鞋那個底，怎就會當了幫。我低言巧語呀！可要把紅娘喚。小丫環就答應了一聲，走進了繡房。喲！說是我的姑娘，你老人家是喝酒麼，再不然可是吃飯。您要是不愛吃烙餅，我給您做上一碗湯，您要愛吃酸的，給您多多的加上一點子醋，要吃辣的，咱們多切薑。哎呀！我的姑娘，您要嫌咱們家的廚師做的飯不太怎得味，嘿！小丫環我呀就挽挽袖子繫上圍裙，我下趟廚房，我是給姑娘哪您作一碗鹹茲茲，淡汁汁，辣絲絲，又不鹹，又不淡，八寶一碗油酥飯，端在了繡房。哎呀！我的姑娘，您再嘗嘗。這位鶯鶯說你說的那些吃的喝的，穿的戴的，桶的摸的，引的鬬的，瞧的看的，玩的樂的，姑娘是全都不愛。我的那個傻丫頭，我叫你去到西廂給我聘請那位張郎來，就說咱們娘們請他來，一不打飢荒，二不跟他借上一票當，就借他的筆墨和硯瓦開個藥方。他要問姑娘我得的是什麼病，嘿！你就跟他說吧！白天受了一點暑夜晚著了點涼，他要是來，搭著伴的走，他要是不來跟他鬧遭殃。你沒氣假裝帶三分氣，擰著眉、瞪著眼，那就鼓著你的小腮幫，他講打架，你就跟他先動手，別忘了先下手的爲強，這個後下手的遭殃。砸碎了他的硯瓦，你叫他研也研不得墨。你只管撕了他的那個三字經兒，百家姓兒，大學、中庸、五經、四書、孟子、老子、禮記還有春秋啊！叫他做不了那篇文章。他要告咱們娘兒們呀，廝鬧他的學館哪，是應該怎麼一個罪。喲，我的丫環，你問問他到底因爲什麼，半夜三更的，三更半夜，溜裡溜瞅，顳裡顳頂，不言不語，黏裡黏干，他跳過咱們姑娘們上青下白，磨磚對縫，對縫磨磚，裡生外熟，挑灰灌漿，雕哪花，過那梗的，鶯不落粉壁花牆，他可爲的是什麼勾當，這不所爲那一樁。到底可安著什麼歹心腸哪！他是跳花牆砸碎了一口缸。

小紅娘聽此言哪！她是似笑不笑，啊我抿著嘴的那麼笑。喲！我說的姑娘唉！哎哎！您到底是比我麼大兩歲，說出話來怎麼那們強。您也不用跟我們說哪，小丫環我就知道您叫我去請張郎，那麼爲的本是那一樁。要得您的病兒好，除非請來了張君瑞，大姑奶奶見了功效，總得請得來呢小張郎。我上西廂聘請來了書獃子張老二。我的姑娘您立時好，病就離了床，眞比大夫還強，那就勝似過藥方。這一點小事，您把您的心寬放。哎喲、我小紅准保您們二人雙雙對對，對對雙雙，拜了花堂入了洞房。您們日久呀天長。那時節你們二人相逢見了面，千萬可別忘了奴婢紅娘。崔鶯鶯聽此言，說你氣也氣死了我了。你這個小蹄子啊！一句話你說了奴家我們一個透心涼。我說紅娘呀！我眞不看你早晚的把我來侍奉，我也不容你分說了吧！趕上前扒扒就是劈臉兩巴掌。怕打的小紅娘慌忙往外跑，穿遊廊，過遊廊，她不多會到了西廂。都說西廂修蓋好，果然幽雅非比尋常。西廂門上貼著一副對，上一聯，下一聯，寫得那麼眞在行。上聯寫「庭有餘香，榭草鄭蘭燕桂樹」，下聯配「家無別況，唐詩晉字漢文章」。橫披寫「文光射斗」四個大字。往那裡就跑，險一險沒碰倒了他們家的影壁牆。影壁前邊爬山虎，影壁後頭養魚缸。茨菇水裡長，荷花茂盛，半陰半陽。紅的石榴花，白的玉簪棒，藍的翠雀兒，那綠的本是夜來香，直豎豎青「餅」子，那個叫仙人掌。紫的白的二丁香，葵花桂花全都開放哪！這麼一陣一陣的打鼻子放清香。在那邊還有七個心六個瓣彎著腰一捧傘晚香玉。綠珍珍的有幾盆子海堂，高搭著天棚有多麼涼爽。我瞧了瞧有個小書童兒打掃地當陽那個意思透著有點忙。小紅娘飄飄拜了兩拜喲！書童我的哥哥唉！我嚮可到安康，你們家的相公在這塊兒沒有呀！那個小書童兒就說，嘿！紅娘啊！你要問他呀吃了點心才喝了碗綠豆湯，他是一個人要煙槍哪，多半在書房。書房門上有是一付對，嘿！這一付寫得倒比大門上那一付強。上聯寫「雨過琴書潤」，下聯記「風來翰墨香」，橫披寫「金玉滿堂」四個大字，往裡就走，嘿這裡邊兒的擺設呀到比院子十個頭的強。金漆八仙迎著門放，太師交椅一邊放著一張。迎面掛平八扇，俱都水墨丹青畫了個更強。首一聯杜子美遊春望景，第二聯周夢書伏日來乘涼，三一聯陶淵明九月菊花訪，第四聯孟浩然踏雪尋梅下山崗，五一聯堯王下山舜帝訪，第六聯俞伯牙訪友撫琴在船艙，七一聯周文王夜夢飛熊把西岐上，啊，第九聯孔夫子率領著眾門徒，有子路和顏回，冉莫牛、閔子遷、曾子、子孝、子思、子貢和子張、有個善懂鳥語公冶長，他們大家伙兒念文章，畫了個大書房。大紅的幔帳半放，見張生坐在床上，逛裡逛當。晃裡晃當，搖頭晃腦，好像一碗湯，他一個人念文章。小紅娘沒氣假帶三分氣，配個印了吧，你看她那麼眉瞪眼，發著狠，咬著牙，鼓著小腮幫，這麼走上近前。看！我拍了一掌，呔！老二啊，反穿了皮襖你甬跟我裝羊。我也問跳花牆那件事情犯。我們老太太清晨早起坐樓堂，手裡拿著無情棍，拷打鶯鶯審問我紅娘。我說了你既讀四書就知禮，那裡有半夜三更竊玉偷香。老太太聽見我跨張生你好，哈哈！夫人怒氣滿了胸膛，這麼走上前，梆、梆、梆、光、光、光，揍了我們三巴掌，給了我三煙槍，打得我麼丫環疼難忍，你們做的苟且事，我一點也沒藏。張君瑞笑臉揚，抬頭瞧見了小紅娘，紅娘姐，再好沒有喂！咱們倆人近，咱們倆人好哇。咱們倆相好，地久天長，說什麼未朝天子得先拜相。我啊！不過有什麼鮮桃尊品，先教你嘗嘗。上學來，上大人，孔乙己，我手把手呢寫，百家姓我沒教給你嗎趙錢孫李，還有周吳鄭王。大學之道，你叫我怎見面，你叫我孟子難見梁惠王。張君瑞從頭至尾說一遍，丫環說，我可不聽你的西皮二簧，什麼叫梆子腔。我爲你擔了多少驚，我爲你害了多少怕，我爲你呀把我呀嗎的紅緞子繡花鞋跑壞了七千六百五十單四雙。休當是太太把你告，告訴你吧！我們小姐得了病躺在床。我家姑娘窕窈淑女把你等，你就該君子好逑奔那西廂，你們關關睢鳩見了面，在河之洲配成雙。小丫環逃之夭夭頭裡頭走，張君瑞怯生生（讀眞）跟著慌忙，之子于歸到一處，宜其家室拜了花堂，到了這一回，張生跟那鶯鶯他們倆人見了面，到後來在那十里亭上餞別，哭壞了那位鶯鶯，這不嘆壞了小紅娘。

現代文藝評論家王怡之研究鼓詞藝術特有成就，她說：

京朝派的鼓書，吸取各種鼓書的精華，而棄其糟粕，把梅花調的柔媚悲涼，梨花調的幽雅悽咽，八角鼓的溫文，鐵片的樸拙，快書的激越，溶在一起，重新提煉。詞句雅俗共賞，腔調亦剛亦柔，故事允文允武。

京韻大鼓，劉寶全、白雲鵬、張筱軒，稱爲鼓壇三傑，還有白鳳鳴、林紀玉、小黑姑娘、小嵐雲，小綵舞和山藥旦的女兒富貴花。就中以劉寶全聲譽最好，且其人內外兼美，德術雙修，在曲藝界爲拔尖的期型人物。王亞光評其：

藝有獨到，且潔身自好，故能獨霸鼓壇垂三十年，而盛譽不衰。民國二十四年在南京夫子廟鳴鳳茶園獻藝時，已居七十高齡，尤見奕奕，而聲朗朗，每歌一曲，輒一氣呵成，毫不懈怠，時人以「白髮鼓王」譽之。

劉氏身頎長，美豐姿，幼入梨園習武生，故演唱戰長沙關黃對刀等劇，工架優美，實得力於此。後以練武功傷腿，乃改習大鼓，與梅花泰斗金萬昌同師學藝，金習梅花調，而劉攻京韻，以天資聰敏，力學不倦，頗得其師歡，盡其所能以授之。且得天獨厚，有一條「雲遮月」的嗓子，行腔吐字圓潤堅實，抑揚頓挫，運用自如，故成名較早。

梅蘭芳談到鼓王劉寶全的藝術創造，認爲他那受國劇界在修工的指點影響，又受到學爲藝時名家的教導，而能搏取衆長，獨成一家之絕唱，他的本錢深厚，受到了譚鑫培老板「一字爲師」的訣竅：

劉先生談到這裡，神情激動起說：「『一字爲師』，譚老板這兩句話，比金子還値錢。以我以後就照他的話來改，我把怯味兒改成京音，唱腔也和彈三弦的反覆推敲，讓它細致大方，並且琢磨著連唱帶說的氣口，耍著板唱，這樣，臉上的神氣和身段也不同了，至於翻高唱，我是試著步兒來的，先偶爾用一兩句高音，台下座兒很歡迎，以後就練高音，但是用三弦吊嗓，出音不夠高亮，我有時兼用胡琴吊嗓。那時，我住在北平石頭胡同天和玉客店，前後幾條街住的都是梨園行名角，像譚家、『老鄉親』（孫菊仙）、龔雲甫、寶忠的父親楊小朵……我們都是朋友，我一邊和他們往來，一邊抓工夫聽戲，琢磨他們唱、念、做的韻味神氣。我用胡琴吊嗓，大半唱『迴龍閣』裡薛平貴唱的『長安城内把兵點……』或者『打金枝』裡，唐王唱的『景陽鐘三響把王催』

一段，有時還試著吊『四郎探母』叫小番的嘎調。」

我打斷了他的話頭說：「京戲裡的『嘎調』是另一工勁，我陪譚老板（鑫培）唱過幾次『四郎探母』，叫小番的『番』字，他使假嗓，炸音、微微帶點沙音，『扭回頭來叫小番』這一句完全用丹田氣直噴出來，『扭回頭來』下面不加『空匡』換氣的鑼鼓，叫人聽了眞解氣。並且和楊四郎拿到令箭，急於回營探母的劇情比較接近。『嘎調』的音必須準確，如果夠不到工尺，音就『黃』了，所以要用假嗓，使丹田氣，懂得這個竅門，可以百發百中。大鼓裡沒有『嘎調』之說，可是您唱『大西廂』，崔鶯鶯三個字就等於嘎調，但大鼓是不能完全照皮黃的嘎調唱的，您是從本嗓轉到立音，好聽極了。咱們內行所說的『音堂相聚』，就是眞假音接準的地方聽不出痕跡來，沒有眞功夫是唱不上去的，您不但上去了，而且唱得那麼悠揚宛轉，眞是不容易，有人說您的嗓子是『雲遮月』，可以比得上譚老板，這句話一點也不算過分。我從幼年到現在，足足聽了您卅多年，您在我家裡走過多少次堂會，來的客人都愛聽您的大鼓，這位點一段，那位煩一段，您一天唱過大小六段，您的嗓子總是那麼圓潤清亮、韻味醇厚。您是怎麼保養得那麼好？請說一說。」

按：劉先生的大西廂『二八俏佳人懶梳妝』以及『崔鶯鶯』的唱腔，採用了梆子的腔調，但融化的好，聽的人不容易覺察出來。

劉先生說：「有句老話『幹一行，怨一行』，我卻不然，我是眞愛大鼓，每一段裡的每一個字、一個腔、一個音，我都細細琢磨過，張嘴大小和每個音應該從哪兒發出來，怎麼使勁，都有準譜，這是巧勁，翻高唱可別使濁勁，要讓人聽了好像不費勁，才算玩意兒。梅老板您是懂得這個道理的，所以嗓子經久耐用，寬亮好聽。我們靠嗓子吃飯的人，最忌使濁勁，不但聽了笨，沒味兒，而且還費嗓子，有些人忽然嗓子啞了，就是沒有找到用嗓子的門道，幾十年來，我的嗓子只是比較上有點出入，可是沒有啞到一字不出，我說的使巧勁，有個重要的關子，就是要會用氣，第一要練丹田氣，至於提氣、換氣、偷氣……種種門道，都要下功夫自己揣摩。懂得養氣的道理，才有長勁，唱個五六段是不會露餡兒的。」我接著說：「您說的對，有句老話『內練一口氣』我覓得嗓子好比喇叭，嗩吶上的『哨兒』，要用氣吹才能響的，像我們唱旦角這一行的，往往中年塌中，嗓子倒了，那並不是嗓子壞了，其實是氣力不足，催不動嗓子，所以高音就沒有了，老輩常說『蹓彎兒』、『吊嗓』都是了『長氣』，這和您的說法是一樣的。」

劉先生很高興地雙手合起來一拍說：「對啦！唱戲、說書全靠精、氣、神、講究急、準狠，必須要『開竅』，就怎麼來都合適，竅門是要下苦工琢磨才能打開的，『天下掉下餡兒餅來』的事情是沒有的。開了竅，還得練，不能缺工。我每逢上台的日子，早晨一定把當天所唱的段子，在弦過一道，一則溜嗓，二來溫習詞兒，幾十年來從沒有間斷過。至於保養嗓子的辦法，其實沒有什麼秘訣，不過是飲食寒暖，格外小心而已。」

他吃東西小心之至，生痰助火的食物絕不入口，吃得清淡，煙酒辛辣，概不入口，「單刀會」不僅唱出故事來，卻是生、旦、淨、末、丑各種行當人物，按著悲歡離合的情節把每人的喜、怒、哀、愁唱出來，勁長氣沈，飽滿緊湊。而纏綿悱惻的地方，則是委婉細緻，迴腸盪氣。京韻大鼓的唱法，講究「遲疾頓朵」，有四句口訣：「疾是快，遲是慢，朵起板眼，唱連貫，頓位的四句如切斷。」這就是聲口、切句、旋律、節奏運轉自如，恰到妙境。劉寶全精各種樂器，也能唱各種的曲調，但他只以京韻大鼓享大名，眞正的「鼓王」是戲劇界共同給他的名號，他爲人寬厚，律己極嚴，好學不倦，一絲不苟，他的學生白鳳鳴說：

王瑤卿先生就指教過我：「你學你們老師只學唱腔身段不行，還要細聽他的字音、板槽、氣口，這還不行，他是口唱心也唱，音響意也響！你們老師小曲京戲，吹打彈拉，會的太多，弄個東西，你們都不知道來處，怎麼學得好呢？」王先生還告訴我，老師爲什麼能達到這樣的藝術高峰；「熟能生巧，這句話只對一半，只是熟還不行，爛熟不如參透，得把別人的地方化爲自己的，一句詞、一個字、一個腔，都是琢磨透是幹什麼的，這才行。你們老師就善於學別人的東西，這才能巧。」王先生的這些話不但對我們是很好的藝術箴言，也比較恰當闡發了老師的藝術，指出了他取得成就的一些重要原因。

老師唱京戲不成，回到北京加入了玉成堂，這個曲藝團體，後來他自己組織了寶全堂。寶全堂羅致了當時的曲藝名家：白雲鵬、全月如、何質昌、金萬昌、羅文濤、德壽山、韓永告和著名的曲藝伴奏家：霍連仲、韓永祿、花起元等前輩，這個團體的集體宿舍就在前門外的甘井胡同。這裡特別值別介紹的前輩藝人是白派京韻大鼓的創造者白雲鵬先生，白先生原來是大書藝人，藝術基礎深厚，在京韻大鼓藝術中創造出自己獨具風格的白派大鼓，他在寶全堂搭過班。白先生約在二十年代到了天津，那正是五四運動之後，他在天津演唱了「醒世金鐸」、「勸各界」、「罵皇親」、「提倡國貨」等新節目，受到歡迎。老師和白先生是至交，白先生也是我的老師，他們二位老人家在藝術上是勁敵，各有千秋，他們在世時一直是分庭抗禮，各具口碑，有很多傳説，説他們如何不睦，其實不然。劉先生去世後，白先生匍匐在靈前號啕失聲，足證友情之深。老師有好幾個拿手節目是從白先生手裡要過來的，也是兩位前輩友情深厚的明證，例如從子弟書移植過來的節目：「刺湯」、「託孤」和「博望坡」等等，都是白先生唱響的，老師把詞要過來之後又刻意加工，成爲自己的拿手節目，而且往往在劉先生唱響這類節目之後，白先生就讓路，年紀在四十歲以下的京津聽衆大概就沒有聽過白先生的「刺湯」，在舊社會，藝人之間能有這種交情是罕見的。老師和藝名老倭瓜的崔派大鼓創始人崔子明先生也處得很好，和張派大鼓的創始人張小軒先生在武漢同過台，並且屢屢教導徒弟們要好好學習張派一氣呵成的本領。

在這裡也介紹了白雲鵬，中國百科全書，都有他像的專頁，我們再來看他倆位的身世：

劉寶全（一九六九～一九四二）京韻大鼓藝人。原名劉毅民，河北深縣人。幼年從父親學彈三弦，唱木板大鼓。後到天津，拜盲藝人王慶和爲師。出師後，曾爲盲藝人宋五（玉崑）擔任伴奏，又拜木板大鼓藝人胡十（金堂）爲師，學唱一些短段。二〇歲前後，曾在天津學唱京劇，並到上海搭班演唱。一年後重返天津，拜木板大鼓藝人霍明亮爲師，在爲霍擔任長篇大書三絃伴奏的同時也墊場演唱一些短篇唱段，藝業日進。由於劉寶全，在彈唱技藝方面下了堅實的功底。他於一九〇〇年到北京獻藝，結織了京劇演員譚鑫培、孫菊仙等人，在藝術上得到他們的指教，並吸收梆子腔、石韻書、馬頭調等戲曲、曲藝形式的聲韻、唱法，吐字發音依照北京的語音聲調。同時，借鑑京劇的表演程式，形成一套適合於說唱藝術的表演技巧。這一時期，他還結識文人莊蔭棠，在莊蔭堂幫助下修訂了《白帝城》、《活捉三郎》、《徐母罵曹》等大鼓書詞，豐富了演唱曲目。經過數年用心鑽研，終於在以鄉音演唱的河間木板大鼓的基礎上，脫胎出京韻大鼓的規模。一九一〇年，劉寶全再到天津，在四海昇平茶園登臺演唱，獲得聲譽，形成京韻大鼓的主要藝術流派——「劉派」。此後，在北京、天津、上海、南京、漢口、濟南等地演唱不輟，博得了「鼓界大王」的美稱。

劉寶全嗓音天賦甚好，基本功堅實，用嗓、護嗓得法，因而聲腔甜潤清亮，音域寬廣。晚年仍能唱出三個八度。由於他精於音律，善於創製新腔，勇於革新，逐漸形成「說中有唱，唱中有說」，「說即是唱，唱即是說」的說唱風格，把大鼓藝術敘事抒情、刻畫人物的表現能力推向新的境界。他的代表性曲目有《單刀會》、《長坂坡》、《戰長沙》、《白帝城》、《趙雲截江》、《徐母罵曹》、《大西廂》、《鬧江州》、《遊武廟》、《馬鞍山》、《丑末寅初三春景》、

《百山圖》等二〇多個。此外，在他擅長的多種彈唱伎藝中，以演奏琵琶、演唱石韻書、馬頭調爲「三絕」。傳授和私淑弟子有白鳳鳴、譚鳳元多人。（王 決）

白雲鵬（一八七四～一九五二） 京韻大鼓演員。河北省霸縣人。青年時期在農村廟會說唱大書，一九〇〇年左右在天津演唱，不久去北京拜史振林爲師，改唱小口大鼓（經過改革的才板大鼓）。白雲鵬於一九一〇年前經常在京津曲藝場所演出。由於他結合個人天賦、生活經歷，選擇適合自己說唱的題材譜曲創腔，逐漸形成了吐字清晰、韻味醇厚，長於表達書中人物內心感情的獨特藝術風格，成爲京韻大鼓的一個流派，人稱「白派」，與劉（寶全）派、張（小軒）派齊名。白派京韻大鼓的代表曲目除說唱《紅樓夢》故事的《黛玉焚稿》、《寶玉娶親》、《哭黛玉》、《探晴雯》外，《孟姜女》、《花木蘭》、《草詔敲牙》、《樊金定罵城》、《千金全德》等書段也是在藝術上經過長期錘煉深爲聽衆喜愛的曲目。五四運動以後，白雲鵬在當時社會思潮的影響下，演唱了具有愛國思想內容的《提倡國貨》、《勸國民》等新唱段；抗日戰爭時期，他經常演唱《哭祖廟》等節目，曲折地反映出他的愛國思想。一九五一年入中國戲曲研究院工作。他的學生有富少航、程樹棠等。（陳笑暇）

陳定山「春申舊聞」之十二 「小黑姑娘大鼓」

新世界初闢遊藝場，北京大鼓雜耍，始與滬人相見。京音大鼓以白雲鵬爲首座，白時年方三十，美風儀，專唱寶玉探病、晴雯撕扇、黛玉焚稿、葬花諸折，纏綿悱惻，一往情深，時人稱之爲文大鼓。又有張小軒者專唱戰長沙、游武廟、南陽關諸折，連唱帶做，賣盡氣力，時人謂之武大鼓。及小黑姑娘一出而文武大鼓，盡爲失色。小黑白皙而美，雙瞳剪水，登台四射，惟文艷親王張文豔足爲頡頏。登台撚鼓板，輕如一陣小雨點，開場打位，好以纖指，自解領紐，露出蝤蠐雪頸，豐度之美，不可方物。或云：「不必聽她唱，只一解領紐之間，便令人之意也消。」小黑爲鼓王劉寶全弟子，論藝，不及林紅玉，然紅玉徐娘老蓺，嘗一至滬，沒沒無聞。小黑則萬人空巷，晶報余大雄、步林屋，民國日報邵力子，南社楊杏佛，無不排日捧之，而小黑終爲薛三量珠聘去。

薛三名良，兄娶露蘭春，弟得小黑，人亦以爲雙絕。薛三擅皮簧劇，學譚有根底，而不常在外票演，自得小黑，親授以青衣，腔梅而做則荀，小黑絕頂聰明，自成一格。夫婦均爲正誼票房社友，正誼在南京路大陸大樓，設備宏麗，有小戲台甚精，場面亦齊整。夫婦每發戲癮，即設筵請客，常至百人，酒酣以往，登台串演，率以三劇而止，觀者與演者，打成一氣，票友演戲的風格，當以此局爲最佳。薛三喜演探母、戲鳳，評者以爲小余神氣，薛每不慊，云：「我還唱不過小余嗎？」曾不十年而票界競尚余腔，幾不知譚爲何等者，視薛三誠有厚愧矣。但薛有芙蓉癖，日久，萎靡困頓，黃金散盡，幾無以自存。乃攜小黑北上，爲津沽寓公。或勸小黑東山復出者，小黑謝絕。曰：「窮則認命，不復再爲紅氍生活。」敵僞時，薛三竟以貧死，小墨盡典釵環，扶柩南下，安葬故土，成服盡禮，畢，還居北方，守節守孤，媲美於劉喜奎。共匪陷北平，強迫登台，重現色相，憔悴姬姜，每於紅牙魚板之間，俯仰往事，輒至咽不成聲。

子弟書

子弟書是由鼓詞蛻變出來，鄭振鐸氏「中國文學史」下冊中說：所謂「子弟書」，是指八旗子弟的所作。八旗子弟漸浸潤於漢文化，游手好閒，鬭雞走狗者日多，遂習而爲此種鼓詞以自娛娛人。但成就，卻頗不少。

子弟書以其性質分爲西調，東調二種。「西調」是淺斟低唱，寫「楊柳岸曉風殘月」一類的故事的。東調則爲慷慨激昂的歌聲，有『大江東去』之風的。

西調的作者最有名的是羅松窗，惜未能詳其生平；他所作的，今留有大瘦腰肢、鵲橋、出塞、上任、藏舟及百花亭六種。（總不止此數，但不易再得到）。他所寫的，不盡爲故事，也有純然是抒情的，像大瘦腰肢。松窗的文學條養的工夫很深，故其風格便和一般的鼓詞迥然有異，像出塞的一段：

群山萬壑赴荊門，生長明妃尚有村。一去紫臺連朔漢，獨留青塚向黃昏。畫圖省識春風面，環珮空歸夜月魂。千載琵琶作胡語，分明怨恨曲中論，傷心千古斷腸文，最是明妃出雁門。南國佳人飄雉尾，北番戎服嫁昭君。宮車掩淚空回首，獵馬出關也斷魂。今日還非胡地妾，咋宵已不是漢宮人，風霜不管胭脂面，沙漠安知錦繡春。幸有聰明知大義，敢將顏色繫終身。爲救蒼生離水火，甘教薄命葬煙塵。殘香賸粉人一個，野地荒煙雁幾群。自嘆說到處沙場多白骨，又誰知今朝小妾弔英魂！爾等是俠氣雄心眞壯士，偏遇奴斷腸流激苦昭君，我嘆爾白骨縱橫在這荒草地，爾嘆奴一身流落莽乾坤。爲甚麼爾嘆奴家奴嘆爾？只因都是漢家臣？爲國精忠是臣子的事，封妻蔭子聖皇恩。莫向黃昏哭鬼火，須從白日傲精魂。伸自神而屈自鬼，況爾等盡是英雄俠義人。休嫌風雪胡天地，自有營花故國墳。這佳人想令爹娘不知安康否，也是蒼蒼白髮六旬的人。大略著也模糊了兒的面貌，可憐空對我的朱門！一自孩兒歸內院，但從魂夢見雙親。實指望二八青春壓六院，三千寵愛在一身，萬兩黃金充小妾，千方白璧慰親心；又誰知一朝去國纔十八歲，萬里投荒二九春。這娘娘命取琵琶彈馬上，眼望南朝兩淚淋。彈的是斷腸商調湘妃怨，唱的是慟耳傷心故國音。君王雨露霑天下，並非獨吝在昭君。自恃容顏羞行賄，也非愛小省黃金。妾身也不怨毛延壽，都爲我前世的昭君是造了孽的人。不行好事纔折了奴的福，可怨誰來是自己尋！只因我父母堂前缺孝道，君王座下少忠心，無故的斷送毛延壽，總死胡邦也是結了怨的魂。這如今一身柔弱有誰來問！天哪，教我走投無路，進退無門。奴本是守禮讀書節烈女，此身已是漢宮人，豈肯失身於草莽，難道說就不念南朝舊主恩！憶君王臨別不忍與奴分手，龍目紛紛兩淚淋，哭濕了龍袖還指奴的淚，口喚卿卿莫怨寡人。這而今茫茫野草煙千里，渺渺荒沙日一輪。數團氈帳連牛廠，幾個胡兒牧馬群。回頭盡是歸家路，滿目徒消去國魂。向晚來胡女番婆爲妾伴，那渾身羶氣哎就熏死人。這一日忽見道傍碑一統，娘娘駐馬看碑文。看罷低頭一聲嘆，呀，原來是飛虎將軍李廣墳！

前面八句用了杜甫「咏懷古跡五首」中的兩首，內裡以七言爲主，用了六言、九言、十言、十一言、十二言甚至十四言的句法，自由伸縮，縱橫無礙。鄭氏說：

「不是大手筆是寫不出這樣流麗宛曲的唱文來的。韓小窗在周西坡裡說道：『閒筆墨小窗竊擬松窗意，降香後寫羅成亂箭一段缺文』，則松窗也曾寫過東調的了。」

東調的作者，以韓小窗爲最重要。他屢次的在鼓詞裡提到自己的名字，但在其中，對於他自己的生平，卻一點消息也沒有。他所作的有托孤、千鍾祿、寧武關、周西坡、長板坡等，風骨㷮㷮，讀之如啖哀家梨，爽快之至！至今還是大鼓書場裡爲群衆所愛好的東西。他寫些西調，像得鈔傲妻、賈寶玉問病等，但不是嬉笑怒罵皆成文章，便是沈鬱悽涼，若不勝情。他是不會寫軟怯無力的調子的。是非常了不起的作品，在此錄了來看有如敘事長詩，浩氣長存的「甯武關」：

甯武關

小院閒牕潑墨遲，牢騷筆寫斷魂詞。
可憐孝母忠君將，偏遇家亡國破時。
怨氣悲風凝鐵甲，愁雲慘霧透徵衣。
一腔熱血千秋恨，甯武關苦死了將軍力難支。
出重圍一念思親情切切，幾回欲死復遲遲。

一路兒紛紛塵滾銀鎗冷，慘慘風吹戰馬嘶。
奔到了甯武關中自家門首，見依稀風景似當時。
老家將請安已畢接鎗馬，勇忠良把銀盔整整抖抖徵衣。
進儀門腳踏花磚行甬路，到庭前英雄舉目心內驚疑。
但只見萱親堂上開瓊宴，妻子筵前捧玉巵。
呀，這是我爲國忘家把心都使碎，竟忘了太太是今朝壽誕期！
太夫人一聞傳報將軍至，說：快喚來。早見前跪倒了遇吉。
說：請太太萬福金安無恙否？太太說：溫存殘喘難爲兒媳。
吾兒免禮。忠良站起。見夫人萬福深深問起居。
小公子向父請安垂手立。這將軍千般悲慟只好一味支持。
看看娘親瞧瞧自己，瞧瞧愛子望望嬌妻。
暗思量：此際團圓少時何在？一家兒須臾對面傾刻分離。
這將軍滿腹愁腸強忍耐，命家童把殘席徹去重整新席。
遇吉說：老母的千和身來拜壽。太太說：每年今日教你大遠的奔馳。
公子夫人雙侍奉，旁華筵壺傾玉液酒泛金樽。
周遇吉膝前跪塞了三杯酒，無奈何把牙關緊咬作祝壽的言詞。
說：娘啊，聲氣兒倒噎紅滿面，淚珠兒在眼中亂轉不敢悲啼。

說：兒願母眉壽喜同山岳永，洪福長共海天齊。
這將軍拜罷平身把身倒，倫擦得素羅袍袖血淚淋漓。
太夫人看破將軍悲切切，急問：吾兒何故慘悽悽？
周遇吉強硬著心腸陪笑臉，說：兒見母霜鬢垂白不似舊時。
桑榆暮景年高邁，兒不能承歡膝侍奉朝夕。
太太說：你爲此含悲麼？忠良說：正是。太太搖頭說：未必是實。
可是嚇，聞得代州有流賊犯境？你爲何自問甯武撇下了城池？
周遇吉驚慌滿面含糊應，說：曾打仗是孩兒得勝，那流寇失機。
太太見忠良變色聲音慘，老人家疑心之上更添疑。
喚遇吉忠良答應說：兒在。太太說：莫非你把代州失。
周遇吉半響驚獃說：兒來拜壽。太太見情眞事確，就站起了身軀。
說：好遇吉！還支吾說來拜壽。你瞧你一身甲冑遍體徵衣。
忠良見萱堂震怒連聲的問，無奈何一身跪倒兩淚淋漓。
悲切切：說流賊的勢衆，代州的兵少，因此上孤城失守獨力難支。
兒遇吉欲從陣上酬君死，爲只爲先到家中報母知。
這忠良磕頭血濺花磚地，慟激成行戰襖濕。
忽見老家將驚慌氣喘在前跪，說：不好了流賊的兵將圍困城池。

一片器聲遠近聞，軍民逃竄各紛紜。
滿城怨氣黃塵起，四野狼煙白晝昏。
流淚斷腸周總鎮，冰肝鐵膽太夫人。
老家將渾身亂抖中庭跪，不住的報說：流寇督兵打四門。
太夫人眼看看忠良說：還不快去，大丈夫血濺在疆場纔是報君。
遇吉說：孩兒願做軍前鬼，但是老家將隻身怎樣護送娘親？
太夫人冷笑一聲遇吉謬矣！還指望我蓬頭垢面逃竄於風塵。
也想想子幼妻嬌娘又老，一條鎗焉能保的住這些人？
快去罷，千萬的全忠休喪志，必須要斷頭折臂斬將誅軍。
臨死時好歹的爭強淋漓痛快，做一個轟轟烈烈的大明臣。
你的娘這一把骨頭一條命，半完兒志半酬君。
遇吉說：兒在膝下留怕死，叫孩兒怎生割捨太夫人！
老太太手指忠良說：冤家你狠好！想必你要在家中先逼死母親。
英雄大慟將頭叩，說：娘啊，空養了孩兒枉費了心。
周遇吉無可奈何別老母，太太連催把陣臨。
不孝男只爲居官連累了母，言至此氣堵咽喉無話云。
站起來一步一哭朝外走，不住的回頭望母親。

說：兒遇吉今不能全孝道，也只好來生再報我娘的恩。
太夫人強掌著傷心說：還不快去！忠良無奈轉過儀門。
猛聽得背後的哭聲悲慘慘，一回頭是親生的子合結髮的夫人。
轉彪軀忙將公子懷中抱，臉對著臉把個勇戰的忠良慟碎心。
慟哀哀叫了聲姣兒兩行淚落，這是孩兒的命苦纔投著苦命天倫。
公子的小手兒緊緊把忠良脖項摟，說別去罷，親親的好父親。
這英雄狠狠心腸把眉頭皺。輕輕的放下公子眼望著夫人。
總鎮說：下將全忠難顧你。夫人說：妾身捨命願酬君。
總鎮說：烈婦的行藏非易事，夫人說：兒夫的言語露著疑心。
總鎮說：時窮勢變連英雄都少，何況你紅顏綠鬢一釵裙。
周遇吉素曉夫人知大義，也只得硬住了心腸拏話斟。
說：我此去血染鋼鋒身亡於陣上，撇下你伶仃的母子合太夫人。
關破時萬馬奔馳千軍鼎沸，一城兵火遍地煙塵。
似卿這面似芙蓉腰似柳，怎保得冰清無垢美玉無痕！
我遇吉食君的俸祿應該死，勸夫人兩字貞節別認真。
我今日身殉於國卿莫管，卿自求生我不嗔。
你何難重戀繡幕紅絲兒繫，再畫青蛾柳葉兒新。

這賢人粉面焦黃渾身亂戰，對兒夫悲碎芳心痛斷了魂。
嗚咽咽腮邊只有雙垂淚，呆獃獃口内全無一話云。
周遇吉把絕話連說見夫人不語，只當他患難之時改變了心。
氣岔岔說：權將軍器作離書一紙，伸虎爪把昆吾出鞘遞與夫人。
忿怒的忠良纔要走，見夫人劍橫粉頸血濺了湘裙。
哭聲兒一會兒夫人一會兒卿，對妻兒一會兒慌張一會兒疼。
眉頭兒一會兒低垂一會兒動，眼珠兒一會兒活潑一會兒凝。
柔氣兒一會兒嬌吁一會兒短，粉臉兒一會兒焦黃一會兒青。
玉體兒一會兒強直一會兒軟，芳心兒一會兒昏迷一會兒明。
周遇吉手扶著玉體把妻兒叫，見他慢慢的哎喲把眼睜。
說：好狠哪，夫人坑了下將，妻呀，你一片心腸冷似冰。
你的夫割恩斷愛非有意，誰知你珠沈玉碎太無情。
雖是拙夫言語暴，你怎麼一語全無就把此事行！
見夫人朱唇慢啓強扎掙，說：夫哇，氣短的夫人又半響不哼。
妾本該堂前侍奉年高的母，膝下溫存小幼童。
奴今死白髮萱堂缺侍奉，沒娘的孩子苦伶仃。
只爲你疑心纔逼急了我，也是我婦人量窄行事愚蒙。

罷了麼，我是名門的媳婦名門的女，你是個蓋世奇男蓋世雄。
我如今爲你殺身是婦人節本等，你疑我是鬚眉的志氣漢子的心胸。
今雖叫要強的夫君把妻兒信，但只是那仁義的婆婆枉把妾疼。
這夫人眼光兒亂轉尋公子，說：兒呀，芳心一慟艷魄飄零。
小公子將身撲倒在娘身上，摟抱住淋漓鮮血的死屍靈。
連叫娘親見夫人不語，意急的他打著滾兒悲啼大放聲。
站起來眼望著忠良雙腳跳，證說：爹爹呀！總鎮見嬌兒小臉兒青。
纔要拉見他一身撞倒瑤堦下，頭觸石血濺紅。
忠良大驚說：兒休怕，跑上前忙將公子抱懷中。
只見他頭顱栽破身軀兒挺，面目焦黃淚道兒橫。
氣絕緊把牙關咬，命盡還將眼目睜。
周遇吉懷抱公子雙足跺，滿腹中似刀攪柔腸陣陣疼。
這將軍淚眼瞧妻妻不語，悲聲喚子子不應。
只有那慘慘涼風空院子，昏昏白日照門庭。
無奈何放下公子將人叫，叫多時外面纔來一馬童。
連答應跑至跟前纔要跪，忠良說：傳闔府家丁立刻點名。
馬童落淚說：回爺的話，偺府内另女老少各逃生。

忠良點頭一聲長漢，說：你快去買兩口棺木好殮屍靈。
馬童說：流賊的事緊無處去買。忽見老家將帶跑連哭到院中。
趕向前手拉忠良連說：是不好，眼睜睜流寇的敵兵打破城。
一低頭說：公子夫人爲何這樣？總鎮說：夫人自刎公子傾生。
家將說：老爺德行眞眞的大，纔有這夫人節烈公子英雄。
稟老爺將弁逃亡多一半，餘剩下的帶重著傷強與爭。
周還吉猛然想起娘親的話，又聽得轟天炮嚮震地鑼鳴。
無奈何向結髮的妻兒頭點點，又對者親生的愛子淚盈盈。
狠心腸把寶劍拾來插鞘內，瞪雙睛戰靴一跺轉身形。
出府門那有旌旗合將校，只剩下坐驥長鎗一馬童。
上徵駒提鎗縱轡把精神抖，激昂昂一腔忠孝氣貫長虹。
慷慨激昂事可傷，從來國難苦忠良。
妻賢血濺龍泉上，子孝屍橫玉砌傍。
百丈英風離帥府，一腔悲忿赴疆場。
這將軍單騎出門期必死，老家人隻身入內稟高堂。
老太太仰天大笑連說好！不枉我苦志周門這一場。
好媳婦珠沈玉碎給夫爭氣，好孫孫光宗耀祖替父增光。

博得箇芳名美譽垂千古，喜吾門節婦賢孫萃一堂。
想老身受子之榮膺誥命，自然該隨子一死報君王。
早難道還想重活這些歲數，我怎肯苟延殘喘玷綱常！
太夫人口呼家將聽吩咐，保與我多柴草積中堂。
你與我一火而焚休怠慢，成全我千秋不斷有輝光。
你看著赤焰飛天黑煙滿地，急急的他鄉避難遠處潛藏。
快去罷，就此收什遲延卻怎的？我還要魂助吾兒去戰李闖王。
老家將跪倒中堂悲切切，說：叫老奴藏身何處？避難何方？
念小人自幼周門蒙豢養，久隨恩主受風光。
安樂榮華既然同享，流離顚沛同死應當。
理該將這條老命酬恩主，又豈肯抱頭鼠竄把大恩忘。
況夫人紅粉青年明大義，小公子孩提穉幼重綱常。
難道說：主人能作忠良事，奴僕應無俠義腸？
我情願老命也隨恩主去，幽魂侍奉太君傍。
慟只慟太太年高遭慘，周家無故遇奇殃。
這也是蒼天無眼方如此，不由人又悲又慘又淒惶。
太夫人欣然鼓掌說：難得的狠！可喜你身爲奴僕志氣忠良。

我孩兒爲國盡忠丹心耿耿，我媳婦爲夫殉節烈志揚揚。
我孫兒不辱家門全孝道，我老身欲全兒志報君王。
更有你這義氣僕人能殉主，忠心的家將重綱常。
這就是上天憐念周家的幸，又何須頻頻的落淚切切的悽惶。
就動手不必遲疑速速的蹤火，老家將連聲答應兩淚千行。
一堆堆枯枝朽木堆廊下，一束束乾柴亂草置門傍。
家將含悲說都收什已畢，太君帶笑說：就點何妨。
霎時間濃煙滿院焚朱户，烈焰飛空捲畫堂。
太夫人神隨猛火歸天府，老家將心似鋼刀刺肺腸。
向火光中失聲大痛將頭叩，說太太喲，豪爽的靈魂在那方？
想素日待下多恩仁如春雨，持家有法嚴似秋霜。
不能勾善眼慈眉歸正寢，只落得黑煙烈焰死中堂。
太夫人好歹前途等上一等，老奴才情甘殉主喪無常。
但不知老爺此刻何方去？但只見黴雲滾滾陣雲黃。
恨只恨朝中宰相無謀略，纔叫這邊上將軍受禍殃。
想到此銀牙頻挫咯支支的響，老眼圓睜閃閃的光。
站起來身軀一縱往煙中跳，霎時間忠魂渺渺義魄茫茫。

偏是忠良遇禍毒，蒼天默默意何如！
滿庭烈焰焚周母，一抹濃煙喪老僕。
燒的那梁斷華堂壁頹小院，燒的那香消繡户石碎堦除。
只燒得忠孝人家清白門第，成了堆的瓦礫連一人都無。
周遇吉馬轉星飛到自家的門首，睄了睄火光閃灼煙氣模糊。
瓦裂磚崩的空院子，折梁斷柱的破房屋。
這忠良知母自焚心慟碎，下征鞍將身欲向火中撲。
明大義的虎將摟衣重止步，說：曾記得太太方才囑咐吾。
娘教我要死還須陣上死，卻如何違娘遺訓我太糊塗。
無奈何睄眼著烈火躬身下拜，磕頭碰地淚如珠。
說：兒遇吉罪重如山眞不孝，帶累了年老的老母喪冥途！
大叫道：苦命的娘親忠良的氣閉，嘆將軍昏絕於地竟沒個人扶。
周遇吉半響哎喲喲纔還過了氣，忽聽得聲音大振一片人哭。
少不得站起身來灰塵抖抖，不由人慟膽摘心搥胸跺足。
冷清清一杆長鎗一匹馬，孤另另單身隻影連馬童兒無。
這忠良一腔忿恨到城門下，見只剩了淚眼愁眉待終跑兵卒。
怒衝衝傳令開關三軍奉命，勇忠良單鎗匹馬把城出。

但只見旌旗隊隊遮天日，賊寇紛紛滿了路途。
周還吉馬奔疆場紅了眼，恨不得生吞活嚥衆賊徒。
鞭稍鎗杆排著頭兒打，流寇賊兵挨著次兒除。
闖王見忠良英勇人難擋，喝采道：此將梟雄蓋世無。
傳暗令吩咐兒郎速放箭，大英雄無由遮避怎支吾。
亂紛紛鏃似星飛一樣緊，知如雨落萬分毒。
奮神威帶箭的英雄將陣闖，怒跑哮著傷戰馬也把賊撲。
一隻虎右臂鞭傷奔曠野，左金王咽喉被刺走冥途。
透重圍衝天殺氣神威猛，出賊隊滿目秋風落日無。
坐下馬染血攻心栽倒地，勇忠良番身落馬一陣迷糊。
甦醒多時睜虎目，咯嗒嗒彪軀亂抖兩淚如珠。
箭穿鐵甲渾身透，血染徵袍遍體酥。
強跪起眼望皇都尊聲萬歲，臣遇吉力盡難將社稷扶。
枉辜負雨露天恩臣負主，蒼天有意要殺吾。
一壁裡說著頭碰地，淚珠兒滴答黃土血氣模糊。
吱楞楞青絲亂作雙睛瞪，咯吱吱鋼牙挫碎氣長出。
無氣力戰戰兢兢拔佩劍，喊一聲劍橫虎項命盡昆吾。

周遇吉可憐盡孝全忠死，卻可喜萬古英名史册書。
弔將軍日淡風悲魂渺渺，天愁地慘鬼孤孤。
更可嘆荒草離離埋鐵骨，寒林寂寂夜啼烏。
消午悶傳奇筆仿傳眞筆，爲將軍寫就冰心血淚圖。

「中國大百科全書——曲藝」部分介紹「八角鼓」，章輝說：

八角鼓 盛行於清代的曲藝曲種。以演唱者所用的擊節樂器八角鼓而得名。八角鼓的起源，傳說不一。始見於清康熙李聲振《百戲竹枝詞》中記載：「八角鼓，形八角，手擊之以節歌，都門有之。」《中國地方戲曲集成·內蒙古自治區卷》的序言記載，內蒙古滿族八角鼓老藝人說：「八角鼓原是滿族在關外牧居時的民間藝術。滿族人民常在行圍射獵之暇，以八角鼓自歌自娛。」又說：「八角鼓原係一種坐腔岔曲形式」，形成於「清康熙、乾隆時期」，「乾隆、嘉慶以後，已無專業藝人，僅由八旗子弟做非營業性的演出，清唱於廳堂筵席之前。」北京地區八角鼓藝人的傳說，是崇彝《道咸以來朝野雜記》：「文小槎者，外火器營人。曾從征西域及大、小兩金川。奏凱歸途，自製馬上曲，即今人八角鼓中所唱之單絃雜排(牌)子及岔曲之祖也。其先本曰小槎曲，簡稱爲槎曲，後訛爲岔曲，又曰脆唱，皆相沿之訛也。此皆聞之老年票友所傳，當大致不差也。」《昇平署岔曲》一書的引言所記略同，只是「文小槎」之名作「寶小岔」。

八角鼓自乾隆末年以後，盛行以滿族旗籍子弟中間，多組織票房，編詞演唱以爲自娛。

旗籍子弟演唱的八角鼓包括五種演唱形式：①岔曲。②群曲，由多人齊唱、輪唱，有鼓、板、鑼鈸和絃樂伴奏。劉振卿《八角鼓遺聞》記述滿族票友宗承芝說：清乾隆四十一年，阿桂征服金川凱旋後，將乾隆皇帝所製之《大有年》、《萬民樂》、《龍馬吟》等滿語軍歌譯爲漢文，以八角鼓曲調譜曲，用苗、瑤等少數民族樂器金川鼓、大銅鐃、銅鈸、小鑼等擊節，使軍士合奏而歌。清代多由子弟票友在親友的喜慶堂會上演唱，民國以後已漸衰落。一九四九年後，有的曲藝團體曾對這種形式加以改革，由多人亦歌亦舞來演唱，稱爲「單絃聯唱」。③拆唱八角鼓，由演員分飾正、丑腳色，根據曲詞內容及人物的多少，由三～五人分包趕角，一般以三人演的節目爲多。因其演唱近於戲曲，俗稱「八角鼓帶小戲」。這種演唱形式興起於乾隆、嘉慶之間，嘉慶三年刊行的戴全德《潯陽詩稿》中有一支小曲，專詠拆唱八角鼓的演唱情況。演唱時以丑腳爲主，曲詞中穿插很多插科打諢的說白，近於相聲的逗哏，徒供聽衆取笑，趣味不高，已漸衰落。④單絃。⑤雙頭人，演唱內容與單絃相同。清代對演員自彈自唱的形式多稱爲單絃，而以一人持八角鼓擊節演唱，另一人操三絃伴奏者稱爲雙頭人，或說雙頭人是由兩人共操一擔三絃，一人按絃，一人彈撥，同時輪唱曲詞的形式。

清代旗籍子弟組織票房演唱八角鼓時，還包括一些其他曲藝、雜技形式，稱爲「金堂八角鼓」。崇彝《道咸以來朝野雜記》說：「八角鼓之全堂，分鼓、溜、彩三種爲完備。鼓，唱也；溜，相聲之類；彩，戲法。」北京藝人的說法略有不同，認爲「鼓」指八角鼓、北板梅花大鼓、聯珠快書等形式；「溜」應作柳指旗籍子弟喜唱的馬頭調等小曲之類；「彩」指古彩戲法、相聲、雙簧等形式。

清代俗曲總集《霓裳續譜》、《白雪遺音》、《百萬句全》、《牌子曲五種》、《別本牌子曲五種》等書中都收錄了不少八角鼓曲本。但在《霓裳續譜》中收錄的曲詞，都是乾隆年間歌童演唱的腳本，作品在情趣、格調上與滿族旗籍子弟編唱的曲詞不同。

八角鼓在清代嘉慶、道光以後，由於旗籍士兵在各地駐屯，和各地旗籍官吏的愛好，流傳到很多地區。相傳凡漕運、鹽運所經的城鎮，都有八角鼓傳唱。現代在山東流行的聊城八角鼓，吉林由滿族八角鼓發展而成的新城戲，都與八角鼓有直接的淵源關係。另外，河南的大調曲子、甘肅的蘭州鼓子、青海平絃等曲種，在曲體結構、曲詞格律等方面也與八角鼓有共同之處。

「八角鼓」是「子弟書」的分支，流行於天津一帶，它的內容有演唱樂曲，連珠快書、原弦牌子曲，大鼓書說相聲、變戲法、雙簧、拆唱八角鼓等的名目。演唱的人打鼓，彈弦子、出現在酒樓、茶館，也隨雜耍班子，在江湖賣藝。「出堂會」則是到大戶人家、或官宦筵席。樂曲多見於「白雪遺音」和「霓裳續譜」中，如李家瑞所說：「以起句爲名」，並試絲弦的定音，而後以短句說唱。其中有平岔起字岔，慢岔，數岔坎字岔之分。平岔短，數岔長。前尾與後頭字相重，如小岔「來掩紗窗」中第二段：「半明不暗燈」與第三段「燈光光亮」相異等。此種說唱，清末極爲履行。牌子曲也是小曲，不過吸收南北民歌及地方曲調而來，曲式近百餘種，大鼓書中也有聯珠快書在內。彈打八角鼓是獨門的技巧，耳朵要聽弦子的聲音，相與配合，打鼓的口訣是：「懷中抱月不許偏，四平八隱忌聳肩，搖鼓抖腕臂不動，打墊輪戳應合弦。」單弦牌子曲中爲「杜十娘怒沈白寶箱，孔雀東西飛，金山寺、武松、黛玉焚稿」等，連株快書說三分中如「溫酒斬華雄、鳳儀亭、血帶詔，古城相會，草船借箭」等，都十分動聽。

大姑娘拴雞；是小曲中的精品，情趣濃厚，令人叫好：

說了位大姐二十一，偷偷摸摸的想女婿，可恨爹娘老糊塗，不知閨女的內心事。她家養著一隻老母雞，這一年抱了一窩小雞，老母雞咕咕前頭走，小雞仔隨跟叫唧唧。這一天爹娘都出門去，獨留大姐一人在家裡，這大姐越思越想心越煩，拿下頭繩子拴小雞，把小雞綑了一大串，後來拴到老雞腿上綑的好結實，老母雞要是一挪動，帶的一串小雞叫吱吱。正趕兒娘回家轉，一見此事生了氣，開口就把傻妮罵，罵聲傻妮沒出息，放著活兒你不做，爲什麼拴了大雞拴小雞？大姑娘一聽開言道，叫聲兒娘莫生氣，小雞本是大雞養，我叫它跟它母親一輩子。兒娘一聽沒了話，只得不語暗算計，罷了罷了眞罷了，眞恨我作了母親忘了當閨女。

除了前面感人肺腑的「甯武關」流利討巧的「大姑娘拴鷄」外，以西調說唱「紅樓夢」的璣珠快語，聽者也是聲隨淚下，傾倒之至的；如「黛玉悲秋」中的情景：

（西調）……此一時甯國府中人浩浩，大觀園內月溶溶。西院中賈母年高安歇早，前邊的鳳姐歸院理事情。藕香榭迎春賭橫聲兒遠，秋爽齋探春觀畫夜燈兒紅。蘅蕪院寶敘獨自拈針坐，稻香村李紈訓子把書攻。梨香院女樂遙傳簫鼓韻，籠翠庵尼僧敲木魚兒聲。對門就是紅院，他那裡一派喧嘩笑語聲。只有悽悽切切瀟湘館，主僕們愁眉淚眼對銀燈。最可嘆秋蟲兒也似知人意，四壁裡即即同聲哭月明。

這種描寫，雖然已有範本，但出之以巧手編織，遂有翩然出塵之緻。東調，西調都是快書。楊蔭深氏在「中國俗學概論」中說：

快書是愈唱愈快的書，正與牠名稱相合。又稱為「連珠快書」，那是因為書的末尾，都用連珠調作結的緣故。此書的體裁頗似諸宮調，也是有唱有白，唱詞則集合許多曲調而成。不過諸宮調所集曲調沒有一定，牠卻有一定的限制罷了。開端也如子弟書有「詩篇」，通常八句。次為「註頭」，用很簡單的詞句，總敘全書大意。再次為唱詞和說白。唱詞通常分三落，說白即在唱詞第二三落之間，又有「話白」「詩白」之分：話白有短有長，詩白常為七言四句，有時則話白、詩白並用。三落第一落為春雲板，唱時較緩，如春雲初展，冉冉出岫；第二落為流水板，唱時稍快，如流水滔滔，行之不息；第三落為連珠調，則如連珠纍纍琅琅不絕了。此三落並不一定，可長可短。長則各落皆可重疊，如第一落春雲板，第二落再疊為春雲板，以及流水板連珠調也是如此。短則僅有兩落，可略去中間的流水板。唱時是用一人坐彈絃子。一人站著說唱，唱的人也有手打八角鼓的，無則以手作書中種種姿勢。所唱多為歷史故事，尤以戰事為最多，如長板坡、戰長沙、陰魂陣、鬧天宮之類，以其動作劇烈，適於快書體製的緣故。

另有竹板書，流行於中原一帶，竹板有大小的竹板之分，內容也有小曲與大書之別，小曲是隨口唱，有似蓮花落，大曲則有說三分，說水滸說西遊等類。小曲隨唱隨完，大曲則有段落，需擺桌子，說唱人手拿竹板，桌上另有醒木，也有弦索伴奏的，場面自然神氣的多了。除了河北河南有竹板書外，山東山西省也有此類快書，說紅樓，說西廂，說武二，說林沖誤入白虎堂，說西遊，也可說無書不說。由道情發展出來的是河南墜子，在南陽，鄧縣，鎮平等地盛行，墜子的曲調伴和了皮簧，梆子，大鼓書，豫劇等曲調在內。說唱墜子時，前面有序曲引詩詞開場，說唱人自拉自唱的不多，大都是地方搭了帳棚，上面有一方平臺，二三人主唱，也有生、旦、淨、末、丑的角色，不過並非粉墨登場。墜子開唱，高朋滿座，所以，這些地方人士樂聽墜子不疲，故有「聽戲不如聽墜子」的口頭話。又如：「天上下雨地下流，夫妻吵嘴不記仇。」「紅蘿葶，白蘿葶，不是大葱，高桌子，低板櫈都是木頭。」等口頭禪，都是民間流行的用語。進入墜子中演唱，而顯的格外活潑。

說書與俗曲

說書盛行於鶯飛草長煙雨樓臺的江南，所以有「蘇州說書」，「上海說書」，「揚州說書」的美名稱，不僅因襲了彈詞的衣缽，能在時代的背景上，將內容予以充實，並能翻出花樣，剪裁適當，尤能體貼入微，情景交融。特別是吳濃軟語，把彈詞中原有的音容相貌，更加的褪去北方口音的聲氣，完全是把輕重緩急委婉曲折的意思傳達出來。朱介凡氏在「五十年來的中國俗文學——彈詞」篇中引吳縣張瘦碧「蘇州彈詞」的話說：

> 這是純粹屬於蘇州的特別道地的地方藝術，所以出言吐語，必定要以純正的蘇州白，說得一口清脆悅耳的吳儂軟語，在臺上指手劃腳，描摹入微。彈詞流行的區域，輻輳相當狹窄，除了京滬沿線一帶以外，只有浙省的杭、嘉、湖等地，其他地區，絕少有彈詞的蹤影。換句話說，凡是聽得懂蘇州話的地方才有彈詞。

彈詞如張氏所說，僅爲流行於京滬沿線一帶，但就蘇杭與上海來說，其影響已非淺顯，因爲京滬人煙繁密，乃係工商人文薈萃的大埠要衝。旖旎風光，煙粉習尚，一旦涉足其間，每使人留連忘返，而記憶深長。因爲吳儂軟語別有一種委婉情調，朱介凡氏舉例說：

其一、玉蜻蜓：

> （老旦白）啊，大爺！好些了麼？（小生白）呀！那個叫我？（旦白）大爺！當家在此望你。（小生白）咳！當家你來了嘛？我正要同你說話，啊唷！疼痛得很虐，你來扶我一扶。（旦白）呀！來了。（唱）志貞扶了申公子，一忽翻身向臥床。（小生白）呀！當家！恕小生不見禮了。（老旦白）呀，大爺！貧尼問侯來遲，望勿見怪！（小生白）咳！我不怪你別的呀，（唱）只怪你，不肯放我回家去，小生一心念家鄉，懇

求普太行方便，勝往名山燒寶香。（老旦白）呀，大爺！你病得這地步，還想回去，這是斷斷不能夠的。

這一小段，對白言詞雖少有蘇州話，卻見其嗲聲嗲氣，是鼓詞所無有的韻味。其二、描金鳳：

（唱）錢飛箬聞言急沈沈，叫天叫地叫神明，可憐一個徐公子，官家公子年紀輕，此等兒郎眞可惜，好一個風流美貌人，如今做了刀豆鬼，阿吓我個天地無眼睛。（白）若說錢飛箬，快活了半生半世，從來勿曾哭歇個；無酒吃個日腳末，無非氣氣罷哉，也忽曾出過眼淚。（唱）此時爲徐公子，不覺傷心苦斷腸，眼中流淚號淘哭，擲腳捶胸大放聲。（白）阿吓！我說女婿大爺吓，早知到俉要殺豆末，到勿如凍殺雪向更好吓。（唱）雪裡不死亡刀裡死，阿要氣殺人來苦殺人，叫我阿翠終身無了局，雖然勿是大鄉紳，無擺佈將他另對親。（白）噯！毛子里朵溫娘，早知是介末，勿對子故個牢親哉？舍個見神見鬼，三歲連姻，描金鳳爲聘。

右例，白字、借字，均如原書照錄。「刀豆」應即「刀頭」，「殺豆」乃爲「殺頭」，是十足蘇州話腔調。

彈詞中開場引的詩詞，多很文雅。珍珠塔：

（詩曰）緣樹蔭濃夏日長，樓臺倒影入池塘；水晶簾動微風場，且把新詞按律揚。

（引）困守墳堂，萱親兩鬢花。顯揚有志，何日傳風光。缾罍常罄恥自言，青衿憔悴有誰憐？堪嗟世事風波惡，不重斯文只重錢。

彈唱到正文，就雅俗共賞了：

小姐是，一見珍珠兩淚拋，心中猶如塑萬刀；啊呀不好了！一定是謀財命招凶事，一定是中途把大禍招。小姐但請放心，丫頭早已問根苗，他的兄弟名喚邱六橋，只消報得東君曉，報到當官三木敲，不怕強徒不肯招。（民國四十九年五月四日香港「天文臺」，阮文達「再談珍珠塔」所論。）

再如「雙玉盃傳」的一段六字道白，清新雅致，雖也夾入一句極村野的罵人話，卻不顯得粗鄙：

我受你們之托，生意拿來丟脫。特地到著張家，不道先經踱出。娘娘要好烹茶，叫我安心等歇。仰亭少刻歸來，手裡拿子物色。我就將言細講，正尾從頭直說。張權雙手連搖，頭頸幾乎搖脫。他云你是財翁，他卻貧來咋骨。則非戶對門當，貴賤高低各別。應知名分攸關，此事如何使得？仰祈致意年高，令姐須當別適。我曾婉轉而言，他總咬釘嚼鐵。反言人若忘恩，只算王巴狗肏。聽他如此之談，叫我如何落掰。

如此詞句，通過彈詞藝人的表演：

唱時娓娓動聽，白時有聲有色。精於此道者，往往溫而不火，頭頭是道，並且隨時能引經據典，旁敲側擊，甚至眼前景物，隨手拉進書內，所謂死書活說，格外能受人歡迎。（張瘦碧「蘇州彈詞」）

蘇州說書

蘇州說書成爲興盛的事業，自清末以來，歷史已有百十來年，其間人材輩出，由個人而集合成爲團體，集會「光裕社」，掌握書界之霸權，凡入社者，皆以社事爲先，因爲組織企業化，故掌理社務總攬外聘出碼頭說唱場面場次聘金諸事。

清稗類鈔音樂類：「彈詞家應聘外埠，謂之出碼頭。出碼頭時所開，多擇生澀腳本，名家之所以說部多而且熟者，練習之功侯深也。亦有借碼頭爲試驗及殖財地回蘇始拜師者。每拜一師，非六七金不辦。彼業規例綦嚴，說一書必奉一先生，否則不能接受盤洋。然碼頭不盡蘇人，嘉湖及常熟無錫籍者，亦間有之，其藝亦有高出蘇人上者，特少數耳。」

由此可見，社員是有訓練的，有傳承的，有一定規則要遵守的，而社方對社員之出碼頭，亦有先後高低的分別，需視老師的身份地位而定，那出師者，需社方帶擋。無論出碼頭到何處，均需社內出面決定，不能私下接洽，如有違反此規定者，必受極爲嚴重之處罰，甚至爲同行所唾棄。陳次衡「說書小史」中說到因方言關係，不能伸展到中原一帶地區說：

然蘇州方言，以夾雜土語過多，外省人頗難索解。蘇省中若江北之揚州及鎮江南京一帶，以語音而論，謂之國語系。自丹陽以來，常州蘇滬等地爲方言系，吳音則其中之尤富於地方色彩者。惟然，故蘇州操說書業者，其出碼頭也，南不越嘉禾，西不出蘭陵，北不踰虞山，東不過松泖。過此則吳儂軟語，不甚通行。又說大書必起角色，遇正角自白時，勢非用中州韻莫辦。然吳音過柔，京音非彼中人所素習，「蘇州人說官話」，足使聽者感覺其極不自然。此蘇州說書，所以彈詞一派受人歡迎，遠過於開講也歟？

蘇州說書之不能向三江五州發展，主要原因就是吳儂軟語特爲蘇滬聽衆們能心領神會，食髓知味，吃得死脫。但到了外省人的耳中，不能確知土語方語的地方色彩，會有怎樣的情況，所以才有「其碼頭南不越嘉禾，西不出蘭陵，北不踰虞山，東不過松泖」的說法。反過來說，蘇滬地帶流行的蘇州說書的口氣聲調，卻有許多吸引聽衆之處，亦非外地人所可想像的，因爲蘇州說書的細緻，確實較比燕趙慷慨悲歌，另有纏綿悱惻的天地，玉泉老人跋「珍珠塔」（嘉慶十四年「吟國閨」刊本）言：

『姑蘇俞正峰，語妙天下，而文筆更活躍。近編「碧玉環」，「鴛鴦譜」，「絞綃帕」，「珍珠塔」等南詞四本，而珠塔尤其中珠玉也。』

陳次衡說：語妙天下的俞正峰疑即俞秀山不僅善唱，亦且爲彈詞的著作家，如此而言，俞秀山正是論著「珍珠塔」等彈唱作品的人。陳次衡說：

「至同治初年，蘇城彈詞家著名爲馬姚趙王。馬即馬如飛，爲馬調之創始人。姚字似璋，趙字湘舟，王字石泉。」四人擅長之書如下：

馬如飛——珍珠塔　姚士璋——水滸　趙湘舟——玉夔龍　王石泉——南樓傳

馬如飛，字吉卿，有姊適王石泉。王爲蘇郡名彈詞家，善唱倭袍傳。珍珠塔彈詞初亦爲王改編以教如飛者。如飛天資卓越，技術孟晉，兼之虛懷若谷，喜與文士遊，故獲益良多，終成彈詞聖手矣。當時名士如仁和譚仲修（獻），江陰潘彥輔（溫德），吳縣葉茗生（廷琯），石梅蓀（渠），長洲陳碩甫（奐），如飛皆敬禮有加，深相結納。其享盛名之珍珠塔，即幾經潤飾而成。蓋爲之作開篇者，元和江挺三也；作說白者倪聽松也；爲插科者潘瘦羊也。

馬如飛卒後，弟子中之能繼其衣缽者祇姚文卿，何蓮舟，楊鶴亭。鶴亭自虞山來蘇，從如飛子一飛學，索得如飛眞本，遂能成名。一飛雖善唱珍珠塔，然較其父已大遜色。一飛既沒，以唱珍珠塔著名者，祇姚文卿弟子魏鈺卿而已。鈺卿而下，餘子碌碌不足齒數，馬調珍珠塔，遂成絕響矣。藝術以難能爲可貴，馬調之不傳，藝術上之大損失也。

此外，顧雅庭之唱白，田敬山之詼諧，錢玉卿之描金鳳，謝少泉之三笑姻緣，皆著稱於當時。錢玉卿有戚張步瀛者，獨以琵琶彈唱名擅當代，常與子幼卿俱。口角詼諧，傾靡四座，善說玉夔龍，藝術之精，爲同儕所不及。

清稗類鈔音樂類：『晚近彼業中之善琵琶者，首推步瀛，步瀛坐場子，逢三六九日，例必於小發回時，奏大套琵琶一折，儕輩咸效顰焉，然終不能越步瀛而上之。……步瀛所說爲玉夔龍，是書含有義俠性質，俗謂之大書小說，湘舟即以是見重於時。湘舟沒後，有丁似雲，似雲之書太落靜功，聽之，嫌索索無生氣。步瀛素滑稽，書中角色雖多，能秩然不紊，各如其身分而止。蓋步瀛客游久，致力於是書者專也。步瀛說描金鳳最熟，朱耀庭輩雖略負時名，終無以奪之。』

至若彈詞文字，其雅處近詩，俚處似諺。雖旨在娛悅民衆，然欲入士林之耳，非稍稍潤飾其辭句不爲功。故彈詞家多喜與文士遊，久則吐屬雅馴，耐人尋味，聲價自然什倍，固不僅乞文士揄揚已也。昔有蘇人江聽山者，爲顧雅庭編三笑唱本，顧因之而成名。又有吳陞泉者（有兄曰西庚，亦善歌唱），爲蘇城說書名手，不僅絃索嫻熟，且能作畫鼓琴，有儒者風，絕無彼中人浮薄習氣，是亦皎皎者矣。

這一時期最著名的有在前人馬如飛、俞秀山藝術基礎上發展起來的夏（荷生）調、徐（雲志）調、楊小亭創的「小楊調」和沈儉安、蘇筱卿雙檔所創的「沈薛調」、及蔣月泉所創的「蔣調」等。在表演形式上除一個人的「單檔」外，還有「雙檔」（二男或一男一女），以及後來的三人檔等，都受到觀衆的歡迎。

夏荷生（一八九九－一九四六）浙江喜善人，少時隨其伯父夏吟道學說《倭袍》，後曾到商務印書館學徒，不久又拜在錢幼卿門下，學《描金鳳》、《三笑》。他善用眞假聲結合的演唱方法，唱起來高亢、激越，挺拔，唱腔低回婉轉，善演單檔，以《描金鳳》、《三笑》著名，前者更佳，人稱「描王」。

徐雲志（一九〇一－一九七八），原名徐爕賢，江蘇蘇州人。從小喜聽山歌、小調，尤其喜歡聽彈詞《白蛇傳》、《玉蜻蜓》。十四歲從師夏蓮生，十六歲登台說唱《三笑》，擅起丑角祝枝山等角色。他酷愛彈詞藝術，勤奮好學、善於博采衆長，把民歌、戲曲唱腔、小販的叫賣音調揉進音樂唱腔裡，終於創出了介於俞調和小楊調之間，具有濃郁江南民歌風的「徐調」新腔。一九二六年他到了上海，一舉成名。他根據自己音域寬廣、聲音清新明亮的長處，運用眞假聲的結合，創出了九種新腔。上海聽衆稱他的唱腔爲「糯米腔」、「迷魂調」。

蔣月泉（一九一七），江蘇蘇州人。十九歲從張雲庭學《玉蜻蜓》，後又向周玉泉學藝。在「兪調」和「周調」的基礎上標新立異，自創新腔。他的唱腔音樂性強，韻味濃，在剛勁中又見柔媚，被稱爲「蔣調」。這是近代彈詞流傳最爲廣泛的一種唱法。

除他們之外，還有魏鈺卿、蔣如庭、劉天韵、周玉泉等著名彈詞藝術家。他們都是清末民初以來，在創制新腔、豐富伴奏音樂、改編、加工傳統作品的革新家。他們的藝術活動也爲上海說唱藝術的發展作出了極大貢獻。

上海彈詞

彈詞藝術的興旺，吸引了更多蘇州彈詞女藝人前往。她們聚居於北市一帶，隨時等待書場老板的聘約。在袁翔甫的《上海南北竹枝詞》裡就記錄了當時的這種盛況：

一曲琵琶四座傾，佳人也可號「先生」，就中誰是超群者，吳素卿同黃愛卿。

敬亭余緒足軒渠，難得明朝會說書。袁調自高嚴調穩，若論風貌讓三朱。

這裡提及了當時頗負盛名的女彈詞藝人。「袁調」、「嚴調」指的是袁雲仙、嚴麗貞；「三朱」則是朱素蘭、朱素卿、朱幼香。其時稱「色藝雙絕」者頗多，她們逐漸從城裡往租界地遷移。然而，租界地使他們失去了眞正喜愛她們說唱藝術的中下層市民，文化界元老狄膺氏在「吳韻序言」中述他對彈詞的感想：

「余於文藝無所不愛，己所不能者，愛之更甚。彈詞爲吳郡韻事之一，數十年來印像堆積，得機會一表白，樂甚！

余家太倉之淇涇鎭，茶園時有書場。有凌德園者，大廳臨蕩茜涇，後爲陸氏竹園，水明木瑟。余二十歲前，初知戀愛，偕某氏妹聽王鳳卿、姜鳳笙以每日下午，柔情綺遇，有時相顧互睞，詞中節目若有爲余二人道者。

崑山人設宴祝生辰每以夜，名之曰燒夜香。余四十初度，王沂仲、徐冀揚諸丈於吳味農家廳事，列崑山石四十架祝蝦。醉霓僊自蘇州來，爲彈唱數曲。

葉楚傖先生於南京城北建蘇州同鄉會，落成之日，崑曲外邀蘇州名家彈詞。彈詞較崑曲易解，每場滿座。其時沈君匋任遊藝提調，余往點品，衆賓臚歡，演奏者特別賣力，非尋常會書可比。

余四弟住蘇州，余以周末往，近則吳苑臨頓路護龍街，遠至閶門外，甚遠則至木　光福聽書。熟人熟書，演者每爲臨時改動關目，旁人詫爲奇遇，不知演者與聽者係多年老友。某次余爲蘇州彈詞家邀往光裕社演講，雖未怯場，亦未見出色。

趙仲英丈能背誦開篇甚多，云在金號中及其上海宅中每日上下午均有數檔，諸名家名演拿手，互有噱頭。余家每逢尊長生日，請親友陪壽星聽書十日或二十日，旣歡娛亦淸靜。沈復初之老母，設茶乃有醃菜、花生、豆腐干、乾糕數碟，謂人生快事，乃在聽書吃茶，謂在三弦琵琶之後，談論劇情，庶不至提家常瑣屑。

華社諸先生清趣互證，於民國四十年之夏，成立票房，切磋琢摩，聲調增美。朱庭筠、薛宏彬、盛磐耕、范塵鶴、蔡善本、程一雷、程松甫、戎之仁、徐學耕、楊錦池、季炳辰先生各有擅場。在天涯海角，保留吳韻，亦予流亡人士以大安慰。余所常往之蘇、松、太月會，父老姐妹尤酷愛之！」（載「吳韻集」，臺北華報版。）

狄氏此文，不啻爲民國彈詞小史，敘述了蘇州上海一帶演唱彈詞的情形，並說到臺灣之一脈相承，還有聽書吃茶的韻味，以及彈詞藝人與文人學士之交遊。

唱崑曲的藝人，多半善唱彈詞，如李阿泉：

「他最得意的戲，便是牧羊記的蘇武，長生殿的郭子儀，交印的宗澤，能唱得聲容並茂，盡善盡妙。尤其是長生殿中一齣彈詞，眞唱得賽如當年李龜年，把他暮年落拓光景，演唱得逼像認眞，聽他的人，都得下一些同情之淚。有一回，他貼著彈詞劇報，來看的人，端的是人山人海，戲館門前，貼上客滿條子，如同沒有掛貼一般，要看的人，依舊是潮水般的推擁進來。結果，把走路的廊下都立了人。招待的案目，也沒有招呼觀者的辦法，嚷嚷吵吵的塞滿了一院子人，無一個不是來瞧他這齣彈詞的。只等他登場，挾著琵琶，門帘一起，走將出來，四廂裡霎時靜悄悄的鴉雀無聲，待他一開口「不隄防」三個字，方吐出口，那嗓音，好似春雷般的響亮，誰聽了都說一聲不差。」（民國十九年二月，「戲劇月刊」二卷六期，黃南丁：「度曲者」）

沈葦窗「大成」第一五七期，唐耿良作：「評彈與崑劇」中說：

我們蘇州評彈的發展得益於崑劇藝術的幫助很大。我曾聽前輩人說過，早期的蘇州評彈是以說書人敘述故事爲主，不大注意角色的表演。由於當年崑劇在蘇州盛行，評彈藝人觀摩了崑劇受到啓發，從中汲取養料，對書中人物也分行當起角色，人物的官白主要用中州韻，這就是從崑劇中學來的。（後來也吸收京劇、話劇等等）從此，評彈在說、噱、彈、唱的基礎上又增添了一個演字，大大地豐富了評彈的表演手段。

我們上海評彈團一些同人學習崑劇的情況，我略知一二。據朱介生老師告訴我，他在二十年代學過崑劇拍過曲子，爲救災義演還粉墨登場飾演過「販馬記」中的桂枝一角。評彈界公認朱老師唱的俞調不但嗓音甜潤而且字正腔圓，他的咬字、氣口、潤腔功底很深，主要是借鑒了崑劇唱功。一曲「宮怨」和「慶雲自嘆」（「落金扇」選曲）成爲三十年代流行的唱段。他倒嗓之後擔任評彈團學館老師，經常教誨青年要觀摩崑劇，還請「傳」字輩老師爲青年們講課，傳授崑劇的表演藝術。

楊振雄原先彈唱「描金鳳」和「小紅袍」，後來他自編自演長篇彈詞「長生殿」，他在演唐明皇時就感到彈詞中的小生、巾生、冠生都不能體現唐明皇李隆基的氣派，便向評彈老聽客崑劇名票徐凌雲老夫子請教，經過他的刻苦鑽研，把唐明皇這個風流天子演活了，「絮閣」中唐明皇念的引子「風流惹下風流苦，不是風流總不知」，念得情眞意切，崑味十足。楊振雄說：「有次在家裡吃午飯，吃了幾口，忽然想到一個藝術技巧問題沒有解決，丟了飯碗立即出門跳上三輪車直奔徐凌老家中求教」。他學習崑劇的勁頭，到了「忘餐」的程度。

蔣月泉在一九四九、五〇年說唱長篇「林沖」，蔣調善於表達委婉工穩的兒女之情，要唱逼上梁山的英雄人物林沖，就感到原來唱腔和人物的情緒不夠諧調了。蔣月泉專誠去學崑劇的「林沖夜奔」，並請人輔導他唱「林沖」裡的「新水令」曲牌。經過融合消化，在「血濺山神廟」的一回書裡，蔣月泉用海曲唱了一段「血海冤仇何日報」的唱段，充分表達了林沖這位落魄英雄的悲忿情緒，蔣調中融合了崑劇的韻味。

劉天韻在中篇評彈「林沖·酒店」這回書裡，演一個店小二，他向恩公林沖訴說方才東京來了三位客人——陸謙、富安、董超，他們鬼鬼祟祟在酒店裡密議陷害林沖。劉天韻借鑒了崑劇「活捉」中丑角的表演藝術，在三段曲牌唱段裡成功地描繪了三個壞蛋的醜惡形象，他自己不彈三弦，邊唱邊演，兩臂下垂手掌向左右平伸，兩腿微屈，頭頸一伸一縮，兩只腳移動轉身，唱得淋漓酣暢，把聽衆情緒引向高潮，一曲唱畢，場内掌聲雷動。劉天韻說：「這是向崑劇學來的。」

張鑒庭唱的「顏大照鏡」（劇本見見本刊一二二期）是一個膾炙人口的保留節目。顏大相貌醜陋，父母在時不讓他照過鏡子，這次他要去相親，別人勸他別去自討沒趣，顏大堅持要去，先從鏡子裡看一看自己的容貌。張鑒庭先做著顏大擦拭鏡子的動作，聽衆已忍俊不禁；接著看到鏡子裡醜八怪的形象，他慌忙藏好鏡子，迅速回顧後面是哪一個醜人在照鏡。最後發現鏡中的醜鬼是他自己時，顏大沮喪怨艾的一擋唱段，特別贏得聽衆熱烈歡迎。張鑒庭說他爲了演好這個丑角，向王傳淞老師去討教，還觀摩了王傳淞的「狗洞」，學習了崑丑的表演藝術，再結合評彈的特點，才創造出「顏大照鏡」這回書。

顏大要去相親，父母自小不讓他照鏡子，今朝無論如何他要照一照自己的面孔，因爲相親當然要看面孔的。「顏大照鏡」的彈詞小說，作者是張鑑庭和張鑑國二位，我們看照鏡的一段：

先是尤少梅和小乙都勸他不要照鏡，他開了父母的卧房找到鏡子，看到了自已：

顏伯雅　呀！（表）顏伯雅活了廿四歲，這種閒話，今朝第一趟聽到，過去從勿曾聽見過。因爲他鏡子從來不曾照過。他是顏家的獨養兒子，他生下之後，爺娘關照老傭人叫他看好這位大少爺，要他們把鏡子全部收起來，絕對不能讓他看到。即使在落雨天，也不許讓他出門的。爲什麼？因爲下了雨，地上有水塘，可以照得出的。所以老傭人從到現在一直看好他。今朝小乙說出此話，顏伯雅弄不懂？外加尤少梅的說話又是吞吞吐吐，其中必有毛病。所以今朝這只悶葫蘆一定要打開它。對！又想到此刻的老傭人到了黃棣去，不在家。鏡子阿有？「有」，在阿媽娘房間裡。想到這裡，所以顏伯雅閒話不講，立起身來，走出書房，一路奔進去。上樓梯，走到爺娘的房門口，看見鐵將軍把門，門上有鎖鎖住。撥轉身要緊去尋把鎯頭，鐵鎖敲脫。兩扇房門推開，踏進房間。心想（白）爹爹姆媽這間房一直空關，阿要作孽。唉！大官人呀大官人，自己也弄不懂，啥道理我從來勿曾照……照過鏡子？老死人一直不給我照，今朝無論如何我要照他一照。（表）梳妝台上有面鏡子，從前沒有玻璃鏡子，用的祇有青銅鏡。鏡子上外加還有套子，緞子繡花鳳穿牡丹的鏡套套住。「札」拿面鏡子拿到手裡，身體坐坐停，拿鏡套拉脫，心想這面鏡子長遠勿用哉，今朝要擦擦乾淨，清清爽爽，澈澈底底來照它一照，堂堂角角都要照到。（白）唉！爹爹姆媽呀，要吃青糰子末在這一世。我也曉得，照出來不會推板到那裡去，爹爹這只面孔是蠻登樣的，阿媽娘的面孔也是蠻標緻。叫龍養龍呀鳳養鳳，賊養兒子掘呀……掘……壁洞。蘇州的大財主，阿會推板到那裡，嘻……嘻……要照他一照，顏大官人呀顏大官人呀，到底你尊家只相貌哪哼？今朝我要看俚一看哉。顏大照鏡時，他看到鏡內自己面容，誤認身後另站一醜人。（白）啊呀！要死快了！我身背後立……立啦的人，阿要怕人呀。喂！喂！你當面不立，立……立在我背後，做啥？死快了，斷命面孔生也勿曾生像，這種也可以算人的呀？喔，光線不靈，轉那面看。（顏大持鏡轉身再照）喔唷，臭你的賊！你這面不立，又立……立到我那邊來了。你出來，你要死快了。日清日白要……飄給你嚇煞人的喔。嘖……嘖……嘖……這只面孔啥場化弄出來的，你出來，呀，你出來罷，你呀！（顏大四面尋找）啊呀，嘸不嘸不末，這只面孔是啥人呢？蠻準，大官人，放……放大膽，嘸不道理的，仔仔細細看俚一看，定定心，後頭不要看，單看前頭好哉。（顏大重又照鏡）

（驚叫）阿哈哈哈（嗚咽之聲）！大官人呀，我以爲背後還有人，啥？就是你呀！嗨……嗨……啊呀我的大官人呀，你這只相貌……哪哼會養出來的。唉！爹爹姆媽呀。你們是在插我的爛污，哪哼養出來的，唉！

他在鏡子裏，看清了自己的臉孔，終於：顏大拿面鏡子「光郎」敲碎。

「蘇州彈詞」發展到彈詞小說，把劇本所用的說白與動作也加進去，雖然看不見道具，但也有道具的設計在內裡，「顏大照鏡」是一個例子。這個風氣，在上海尤其盛行。

上海說書

「上海說書」蘇白仍然爲聽衆歡迎，王韜「王志健著「文學論」（現代文學中有較詳細介紹，正中版）「松濱瑣話」卷十二介紹女流彈唱人：

『前時書寓身價自高出長三上，長三諸妓，則曰校書，此則稱之爲詞史，通呼曰先生。凡酒座有校書，則先生離席遠座，所以示別也。滬上書寓之開，創自朱素蘭，久之而此風乃大著，同治初年，最爲盛行。素蘭年五十許，易姓沈，猶時作筵間承應。繼素蘭而起者爲周瑞仙嚴麗貞，瑞仙以說三笑姻緣得名，然僅能說半部，麗貞則能全演。

……初詞場所演説者爲傳奇，未演之先，則調弦安縵，專唱開篇。自人才難得，傳奇學習非易，於是盡易京調，以悦俗耳。京調高抗，以吴姬摹之，正如皮傳漁洋詩也。況復頸赤面紅，尤非雅觀。前時詞媛以常熟爲最，其音淒惋，令人神移魄蕩，曲中百計仿之，終不能並駕齊驅也。……向者詞場諸女，皆有師承，例須童而習之。其後稍寬限制，有願入者，則奉一人爲師，而納番餅三十枚於公所，便可標題書寓，今聞幷此洋亦不復納。自書寓衆多，於是定每歲會書一次，須各説傳奇一段，不能與不往者，皆不得稱先生，今此例亦廢不行。書場謂唱演正書者爲上手，答白者爲下手，今但有同唱而無答白。場中説書時，遇熟客，例索包籌，須納番洋一元。……包籌之外，例有點戲，亦係佛銀一枚。惟包籌則聽書之費亦在其内，點戲費須別給。或有書寓先生香茗早飲，艷幟高張，則開書場者，必再三邀致，否則虚寫其銜名，本人每不屑來。間有熟客偶至，瞥睹其名，因而包籌點戲者，則一臨焉，是日書場聽者必衆。近日曲中書寓規模酬應，一例相同，不復區別。』

書院中身分地位高者，無不習琴棋書畫，無不以彈唱提高其聲譽，而初入書寓中之諸倌人必以彈唱爲其進身之堦，而入書寓之雛姬除面孔秀麗外，尤需有天賦昀好嗓子，否則，必無出人頭地之日。故書寓之聲價，高於長三，而長三欲濟身書寓者，鮮有不曉彈唱者。陳次衡「説書小史」於「上海説書」一節中説：

時有漱芳書館者最爲擅名，余藏有申江名勝圖説一書，爲淸季管可壽齋刊行，其第廿七圖漱芳館素卿歌兪調有云：

『彈詞女郎皆稱先生，所以別於都知錄事也。住處謂之書寓。局面無異勾欄，而個中人位置自高，幾欲俯視一切。堂唱之外，約二三姊妹裝束登場，絃索琵琶，琤互奏。少年子弟輸青蚨百翼，即可一聽妙音，正不必效擫笛李暮宮牆偷倚也。漱芳書館開設最久，其中名重一時者，以朱素卿爲巨擘。素卿夙善兪調，其聲宛轉抑揚，如聆出谷雛鶯，花間低囀，視昔年程黛香陳芝香輩無多讓焉。』

又此輩女彈詞在場奏技謂之坐場，又曰場唱。大率開場各抱樂具，急管繁絃，按腔合拍。樂罷，重弄琵琶，則曼聲長吟，爲七言麗句之開篇。曲終更有誦唐人五絕一首始說書者。然習彈唱固重歌喉，尤在天資穎異，斷非每一校書所勝任。傳奇旣感難學，於是改習京調，而眞能說書者遂日以鮮。終則徒擁書寓之虛名，賣笑而外，寧復知有藝術，誠屬每況愈下矣。蓋上海書寓說書，至光緒初，業已名存而實非。

瘦鶴詞人游滬筆記卷三書寓條：『妓之聲價，此爲上品，皆須嫻習歌唱善解逢迎者。皆住四馬路之東合興西合興，東薈芳西薈芳，東公和西公和，尚仁里桃源里，石路中之肇富貴日新久安普慶同慶各里，如清和坊公陽里兆榮里桂馨里間亦有之。其門道粘有色牋，書某某書寓者皆是也。人於此輩皆稱之曰先生，今書場之擫絃歌曲者，皆爲此中之妓，而長三么二中人不與焉。然名曰書寓，實不能講說諸書，且於崑曲亦無諳曉。惟京腔數闋，兪調一篇而已。顧名思義，殊不相符。』

「阿英文集」中有段詩歌：

如此繁華冠五洲，春江浦上水悠悠。遠見那帆牆萬道如梭密，錯疑陸地可行舟。哪知道猋輪火琯機關妙，不輸似木牛流馬武鄉侯。國旗招颭風吹起，五色澄鮮濮院綢。無非是英法德美寫蝌蚪，通商口，占勝籌，……兵馬縱橫全不管，猶然歌舞在紅樓。

其中『兵馬縱橫全不管，猶然歌舞在紅樓』正是當時上海這一殖民地城市的寫照。我國東南沿海經濟中心的上海一時吸引了各地的說唱藝人，而其中人數最多，上海聽客普遍喜愛的便是蘇州的說唱藝術。

陳次衡說：「滬道團體曰潤裕社，係清末程鴻飛苦心創設」而歷經數十年社務發達。又有租界庇蔭，而得歌舞昇平。

至潤裕社說書名家，舊有所謂五虎將者，即創造該社之程鴻飛，開講三國志之郭少梅，西漢之嚴煥祥，彈唱果報錄之沈廉舫，奇冤報之李文彬是也。此五人者，咸有相當號召聽衆魔力，生涯不惡。自五虎將相繼下世，祇一郭少梅如碩果之僅存。而擅長張汶祥刺馬與偵探書之朱少卿，頗能別出心裁，自成局面，亦棄世數載矣。說書人材之不易得，與其他藝術正復相同也。

「彈詞小說」在今之彈詞界已十分盛行，楊振雄「西廂記鬧柬」也是小說劇情特出彈詞的新作，見於「大成」一二〇期中，這一節「鬧柬」十分蔓長，但也頗稱細緻，我們只截取一段來看：

紅娘（表）紅娘將書信在衣袖內藏好，因爲這封書信非同小可，所以格外要謹愼小心。紅娘一路上戰戰兢兢，在花街上迂迴而行。（白）只因午夜調琴手，引起春閨愛月心。

（表唱）好一個煮茗添春紅袖女，變作了傳書帶信綠衣人。

（唱）暗將花箋藏羅袖，我自家不懂自家心，爲什麼肯與張生冒險行？

（表）我爲何要這般熱心，冒險傳書帶信？假如小姐看見了信惱羞成怒，如何？因爲我實在是看他們兩個人苦惱煞哉！

（唱）張生是一種癡情癡欲死，小姐是聽琴昨夜吐眞情，所以我冒險傳書覿面呈。

（表）假使昨夜聽琴，小姐沒有口風露出來，老實說我今朝也還是不敢帶信的。就因爲聽見妳小姐親口說，「若得人來傳消息，哪怕巫山十二峰，高唐自有夢魂通」，所以我今日傳書，也是妳小姐求之不得的。正像張生所說：「小姐見了這書信呀！」

（唱）非唯不怒反生喜，謝不盡紅娘莫大恩。

（表）論實際情形來說，夫人賴婚之後，除了我爲他們奔走之外，也沒有第二個人能夠從中出力，所以我是義不容辭的。

（唱）繞遍迴廊登繡閣，聽中房何來竊竊耳語聲？

原來房中是一對鸚鵡依偎架上效鴛鴦侶，私語，紅娘以爲：「西廂未完婚，鸚鵡先成親。」加強了她不滿意老夫人賴婚，決心成全張生與鶯鶯好事成雙。她帶了張生的情書步入內房。見鶯鶯正在小睡：

(唱)見牙床垂下芙蓉帳，

(表)這帳子既薄又輕，等於透明一樣。

(唱)疑煙還似霧，似霧又如雲，

薄薄輕羅隔一層，

顯出個海棠春睡的畫中人。

(表)望進去，隱約依稀，猶如霧裡看花。紅娘就輕挽羅帳，身體靠近小姐，小姐的睡態嫵媚可愛。只見她手托香腮，斜靠牙床，柳眉斂翠，桃臉凝紅，雖然惺眼朦朧，依然含情脈脈。紅娘想，勿要怪讀書人爲了小姐是要如癡若狂，哪個人看見了不愛？我見猶憐。何況張生！紅娘就俯下身子，細聲細氣對著鶯鶯，(白)小姐，小姐呀！

(表)輕呼低喚，叫了兩聲，見小姐勿曾醒，紅娘倒勿捨得喊醒她了。

(唱)你看她輕閉杏花眼，彎曲楊柳腰，雲髻蓬鬆鬢霧毛，雖在睡中卻添媚態，令人哪得不魂消！

其實，鶯鶯並不曾睡著，心中正在說不盡的懊悔，害著「白頭相守，不負知音」的相思病。而紅娘卻忖思著如何把信交給小姐：

紅娘 (表)紅娘是在上心事，想這封信到底怎樣交給小姐？絕對勿能當面上。那末放在啥地方呢/紅娘倚靠妝台，手掠雲鬢，（白）這個末？（表）哦，有哉，想到小姐方才靠在牙床。「釵嚲玉斜橫，髻偏雲亂挽」，料想小姐等歇起床，一定要當窗臨鏡，梳理青絲，紅娘計上心來，就把鏡袱揭起，輕輕把小抽屜一開，從自己衣袖內取出張生書信，放在抽屜內，勿是平放，而是斜擱那裡，再將抽屜輕輕地推上，但是勿曾完全密縫，有意露出一隻信封角，等歇可以引起小姐注意。一切舒齊，又想到自己，既不能立在旁邊看她中計，又勿能有意避開。因爲張生重託我，我一定要在妳身旁，好等妳看完信後，我就來說得妳去西廂探望張生。

如此安排，紅娘就坐在一旁，專等小姐醒來中埋伏。鶯鶯見紅娘坐在一邊不理不睬，身體沒個放處，看見梳妝臺：

想我就梳頭吧。因爲方才躺在床上，簪釵橫斜，雲髻半偏，所以鶯鶯將衣裙一提，輕移蓮步「搭……」，到妝台邊，對鏡臨走定，玉手尖尖把菱花鏡袱慢慢揭起。（白）

呀！

（表）看見妝盒小抽屜虛開一線，而且露出一張紙角，什麼東西？三個指頭就在攀鈕上一搭，輕輕叫慢慢叫把抽屜拉開一半，只見一隻信封擱在抽屜口上。鶯鶯頓時面上泛起兩朵紅雲，芳心一陣跳蕩。（白）呀！

鶯鶯看見信封，曉得是張生的信，心情涙盪，見信封及面有鴛鴦二字，鴛字在上，鴦字在下，明明是一對鴛鴦，爲何要拆開來呢？這就完全表明了書束的意思了。

另有「大成」一五二期載秦紀文作「再生緣—君臨遊園」一段：

成宗　愛卿，來啊！

明堂　萬歲請。

這時候——

（唱）太監侍奉入仙鄉，左右相隨在兩旁，年少君王騎駿馬，風流宰相相帶絲繮，

君臣一路花街繞。

風呼嚕嚕……吹過來，

風當中陣陣花香。

（唱）一陣陣風來一陣陣香，

但見那鳳閣龍樓飛五彩，假山眞水繞迴廊奇花異難盡識，燕語鶯啼別有腔。究竟是天子御園眞富貴，果然佳景似仙鄉，想我今天到此能游逛，無非我女身扮男妝。

孟麗君顧自想，我一個小小女子，能夠扮男人，做到宰相，還能到此地御花園來遊玩，未及想到其它，總算沒有虛度年華。正在這時候，兩匹馬已經走上了九曲橋，下面是魚池潭。麗君看到魚池潭邊上，還有不少鴛鴦，都是成雙成對，正在沐浴。

（唱）忽見那對對鴛鴦在池畔浴。

孟麗君看了心裡覺得難過，轉過頭去不看。哪裡知道向那邊一望，都是假山。假山洞裡，索落！鑽出來一對毛色雪白眼睛通紅的兔子。

（唱）雙雙玉兔在假山旁，

觸景傷情欲斷腸，想那禽鳥尚且把雌雄配，爲奴錯配了薄情郎，一世終身少下場。麗君是心事滿腔無處訴，低頭答答馬蹄忙。

孟麗君看了，心裡說不出的難過，低下頭，跟著皇帝這匹馬，只管突突過來。前頭皇帝騎在馬上當然也東看西看，瀏覽春光。上了九曲橋，又在打主意，讓我來和他說句話，讓他心領神會。不過從何談起呢？一看眞巧了，只見橋下魚池潭裡金魚戲水！魚池潭邊上，沙灘上，有不少鴛鴦都是成雙成對，有的游浴，有的交頸而眠，看它們眞是相親相愛。忽然看見有一只鴛鴦，獨自一個。大約太監不當心，那只雄的死了，形單影隻，像人一樣孤單寂寞，頭埋腳縮，獨宿孤處，看去十分淒涼，皇帝因此頓生一計，借題發揮，要來打動酈明堂，突突突突，扣住馬匹。麗君馬就在後面，皇帝突然扣住馬，麗君這只馬頭，就往皇帝這只馬的屁股上撞去了，於是他連忙突突突突也扣住。出什麼事啊，趕緊問一聲。

阿！萬歲，爲何住馬不行？

成宗　嗄！愛卿，朕躬住馬，在此看一樣東西。

明堂　什麼東西？

成宗　喏喏喏！你看，那邊這只獨宿鴛鴦。

順手用馬鞭一指，孟麗君眼睛跟了她所指的地方望過去。一看嘛，果然有一只獨宿鴦鴦。

二十年代琴雪芳演孟麗君琴秋芳演成宗，擴大了彈詞的風貌，把彈詞說唱不僅流行於廣播電台，也搬上了舞台，但在本質上仍然是彈詞爲主的說唱藝術。

揚州說書

揚州自古就是富商雲集，風華繁榮之地。「天下明月有三分，二分明月在揚州」，可見杏花春雨江南的揚州之明媚秀麗。杜牧：「十年一覺揚州夢，贏得青樓獲倖名」。亦可略睹唐時揚州秦樓楚館歌臺舞榭的勝景旖旎。陳次衡輯語「揚州說書」言：

「揚州說書，爲江蘇江北說書業之中心，與蘇滬相頡頏。柳敬亭爲揚之泰州人，揚州說書家或直接傳其衣缽也。揚州畫舫錄謂：『郡中稱絕技者，吳天緒三國志，徐廣如東漢，王德山水滸記，高晉公五美圖，浦天玉淸風閘，房山年玉蜻蜓，曹天衡善惡圖，顧進章靖難故事，鄒必顯飛跎傳，謊陳四揚州話，皆獨步一時。』則當時之盛可知，蓋揚州自昔繁華，淸代揚州鹽商，富擬王侯，恣情享樂，自意中事。聽書爲高尙享樂之一端，富貴之家，日長無事，主婦千金，以婢媼捧出，列坐堂上，聽說書者彈唱一番。聽至悲咽處，則目眶盡紅，凄然下淚。至公子落難遇救，或佳人才子終成眷屬，則又眉飛色舞。試觀淸稗類鈔所載情形宛然在目也：

『揚故多說書者，盲婦傖叟，抱五尺檀槽，編輯俚俗儳語，出入富者之家。列兒女嫗媼，歡咍嘲侮，常不下數百人。』

揚州說水滸者，舊有魯（魯智深）十回，林（林沖）十回，武（武松）十回，宋（宋江）十回，盧（盧俊義）十回，共五十回書傳世。然據余所知，武宋之二十回，說書家恃爲最熟最精之品，以之謀生，以之噉飯。此外盧十回尙有說者，林魯各十回則說者極鮮。蓋今之說書家，才淺力薄，不能多所記憶，漸致失傳，良足扼腕。武宋二十回書中之大節目，爲救嫂，獅子樓，血濺鴛鴦樓，鬧江州，三打祝家莊等。至後水滸中叙宋江受招安，征四寇，亦有能說之者。

三國演義一書，昔有康國華者，以說此名擅一時，康解文義，吐屬雅馴。當其開講，有莊有諧，有考證，有諷諭，其聲音辭句，俱確合書中身分，故康在當時說書家中，允推獨步。書中大節目至多，顧今之說書家多說前三國，若後三國六出祁山等故事，則鮮有說之者，毋亦因難學而失傳歟？

畫舫錄謂鄒必顯說飛跎傳，第九卷又云：『鄒必顯以揚州土語編輯成書，名之曰揚州話，又稱飛跎子書。』此書已外無人演說，惟話本獨傳，清代嘗禁止刊行之。所謂飛跎者，焦循易餘龠錄云：『凡人以虛語欺人者，謂之跳跎之；其巧其虛甚者，則爲飛跎。』今揚人尙有『跳空心跎子』之語。書記跳跎子幻變百出，意在滑稽諷世，非以故事動人也。然此種全以口吻見長之說書，情風聞實爲此中之最著者，且至今說者仍多，聽者亦衆，趣味曾不少衰。此書假託宋時揚州人皮鳳三（俗稱皮五辣）故事。皮本無賴，以詐欺取財爲主，然性淳厚，卒以獲窖金致鉅富，並平其岳父孫姓之獄。說此者以科白見技之高下，惟夾雜市井俚語淫辭，以之遺睡魔有餘，入士林之耳不足也。按之畫舫錄。此書實爲邑人浦天玉所創作。

『浦琳，字天玉，右手短而捩，稱撇子。少孤，乞食城中，夜宿火房。……逾年，大東門釣橋南一茶爐老婦，授撇子以呼盧術。撇子挾之以往，百無一失，由是積金賃屋與婦爲鄰。在五敵臺，婦有姪以評話爲生，每日皆演習於婦家。撇子耳濡已久，以評話不難學，而各說部皆人熟聞。乃以己所歷之境，假名皮五，撰爲清風閘故事。養氣定辭，審音辨物，揣摩一時亡命小家婦女口吻氣息。聞者驩咍嗢噱，進而毛髮盡悚，遂成絕技。撇子體肥，多痰善睡，兼工笑語口技，多諷刺規戒，有古俳諧之意。晚年樂善好施，金棕亭有撇子傳。』

昔有張捷三者，美豐姿，說清風閘，生涯不惡。張開講前，必說笑話三則，聽者無不捧腹。今之說此書者，猶師此不衰。清風閘中最有趣味之節，如皮鳳山辨年貨，娶親，八蠻聚賭之類。說此書必擅長各地方言，其狀市井口吻，眞無微不至也。

又有說八竅珠者，爲義俠性質之說部，他埠未有說之者，東西漢演義，彭公案，施公案，七俠五義，西遊記，綠牡丹，俱有評話。封神榜及濟公傳，亦有演說之者。

屬於彈唱方面者，別有弦詞之名。揚州畫舫錄卷十一載之。弦詞有一人說唱並彈三弦者，亦有兩人中坐，分任說唱者。大率插科說白居多，調弦歌唱之處甚少。其音調既不類蘇滬之彈詞，亦不似崑曲。別成一種淒婉曲折之音，極抑揚高下之能事。每有聽已數日，而書中結構進行無幾者。所插科白恆新穎有趣，入情入理，刻畫周詳。其所說書，據余所知「不外六種，即珍珠塔，雙珠鳳，落金扇，玉蜻蜓，倭袍記，雙金錠是也。昔有張麗夫以此名一時。又有所謂『說淮書』者，大抵江北清淮一帶之說書，每於揚城校場空地上爲之。業此者有小鑼小鼓各一，唱七字詞，間亦說白，並有女子任之者，然聽衆已屬輿夫工匠及鄉村農夫矣。

揚州說書，年代久遠，亩不下於蘇之光裕社。四十年前，揚之說書家，如李國輝蘭玉春之三國演義，鄧光斗之水滸傳，金國燦之平妖傳，龔午亭之清風閘，秦鑑南之說唐等，無各擅盛場。揚人並有諺云：『要聽龔午亭，吃飯莫打停』，其吸引聽衆有如此者。今日揚州說書，雖不及蘇滬之盛，然所說之書猶是前人遺產。如：（見中國大百科全書）

王少堂（一八八九～一九六八）著名揚州評話演員。江蘇揚州人。出身於評話世家，父親王玉堂、伯父王金章都以講說《水滸》著稱。他七歲從父親學藝，十二歲登臺獻藝。王玉堂受業於張慧堂，張的藝術學自傑出評話家鄧光斗。因此王少堂間接得到了鄧光斗的藝傳。

王少堂青年時期曾就學於說《三國》的名家康國華及劉春山，把父親玉堂的善於：表，和康、劉兩位善於『演』的長處兼收並蓄，結合自身的特點加以提煉、發展，並隨時注意觀察生活，對所接觸的三教九流、各行人物觀察入微。同時，在口、手、身、步、神等方面，悉心揣摩，力求形神兼備，經六十多年藝術實踐，在表演藝術上進入很高的境地，所說《水滸》被譽爲『王家水滸』。

王少堂的說表細膩、堅實，使用語言準確，善於用氣換氣，吐字清楚，對語音的抑揚高低、緊慢起落，掌握得當，做到了「快而不亂，慢而不斷」。王少堂說的《水滸》屬於「朴刀捍棒」一類，所以他對武術技擊作過深入的了解，對英雄人物武功方面的描述，細緻而不累贅，壯美而不粗疏，一拳一腳，一招一式，來龍去脈交待得清楚明白。很多演員只說「熱書」，不說「冷書」，因爲說「熱書」易，說「冷書」難。王少堂從來不說跳躍式的「跳蚤書」，他苦心鑽研書情，冷中求熱，把「冷書」說成「熱書」。他的四個「十回書」，幾乎段段精采，回回引人入勝。一九五九年，揚州評話研究小組根據王少堂的口述整理出版的揚州評話《武松》，是在《水滸傳》的基礎上發展、豐富起來的。早在清代乾隆年間，揚州評話藝人王德山說「武十回」已負盛譽，後經名藝人鄧光斗、宋承章、王建章、王金章、王玉堂不斷加工，內容日益充實。王少堂繼承前人成就，在他幾十年表演實踐中，又對《武松》進行創造性的加工，並吸收了民間傳說，對原書作了大幅度擴充。通過對社會上各行各業人物的觀察體驗，人物描寫細緻入微，世態描摹深刻入理，遂使《武松》臻於完美。《水滸傳》原者有關武松這一人物的描寫，只有八萬字左右。前輩藝人講《武松》十回，只能說二十天，王少堂學藝時也只能講四十天。經過他的不斷豐富，把十回書發展到連講七十五天。錄音稿約爲一一〇萬字，經過整理出版的《武松》爲八十三萬字。

在這時期，與王少堂同輩的揚州評話名家尚有說《三國》的康又華、吳少良、費駿良（兼說《列國》）、徐伯良、說《西漢》的劉春山以及說《八窾珠》的朱德春、說《西遊記》的戴善章、說《清風閘》的仲松岩和說《綠牡丹》的郎照星等人。他們的評話藝術也各有特色，各有所長。他們與王少堂一起，也爲這一階段揚州評話藝術的發展，做出了重要的貢獻。

北地說書

單弦說唱是從子弟書和八角鼓中轉化出來，滿清末年，滿族旗籍子弟德壽山喜唱八角鼓，由官場走出，流落江湖，自編曲詞，靠藝爲生，借故事諷諭世情，代表作有「五味閣招牌大時興」、「昆蟲賀喜」等。

創新原弦藝術的是榮劍塵，也是滿族人，集各種原弦曲子之長，而形成「榮派」的獨有風格。原弦手法高超，嗓音嘹亮有餘味，代表作有「細侯」、「風波亭」等。常澍田亦滿族子弟，拜師德壽山，盡收其藝，氣勢橫闊，變化靈活，代表曲目有「風雨歸舟」、「金山寺」、「誦賦激瑜」等。又有謝芮芝，出相聲而爲原弦說唱，諧趣味醇，人物生動，名篇「沉香亭」、「高老莊」最爲錄手。

天橋把式，有眞本事，實功夫者才能生存，其中最出名的是窮不怕的朱少文的單口相聲，其內容必出新巧，別開生面，望文生意，引古鑑今。他用的竹板上刻有「日食千家飯，夜宿古廟堂。不作犯法事，哪怕見君王」的太平歌詞。眞的是叫人刮目相看的相聲大家，他也是對口相聲，三人相聲的創始人。另有老雲裡飛三代人的白寶山，焦德海，張壽臣，敲盆唱曲兒的盆禿子（名字從莊子鼓盆成大道而來）耍中幡的王小辮，練杠子的田瘤子，砸石頭的常傻子，善口技的百鳥飛，練鐵錘的志眞和尙，拉洋片的大金牙，梓跤的沈三等。

相聲藝術的『說、學、逗、唱』是沿襲清乾隆時興起的八角鼓裡的『說、學、逗、唱、吹、打、拉、彈』而來，清咸豐、同治時八角鼓著名丑角張三祿曾屢因與同行不睦，無人與他搭檔而改說相聲，這是單口相聲的開始，至清末民初窮不怕及著名藝人萬人迷（李德錫）還有後來的張壽臣等，都爲相聲在北京的發展做出了極大的貢獻。相聲最後定型在天橋是因爲其最初撂地演唱的形式。『撂地』使聽衆有著極大的流動性，藝人要想抓住觀衆，並時時抓住剛圍攏過來的聽衆，就要在叙述中不斷組織的包袱（笑料），用妙趣橫生的插科打諢使聽衆留連忘返。天橋的聽衆、天橋的藝人在天橋一地孕育了一種至今人們仍喜聞樂見的相聲藝術。

有人以「天橋的把式」作爲開玩笑的對象。事實上，天橋的技藝是從生活的磨練與競爭中發展出來，他們在說唱藝術中有不可磨滅，無可代替的歷史地位，辛酸與榮辱，對他們來說，如耳過風。天橋的名聲是這些藝人前仆後繼，數代相傳下來的風氣，藝人們以「撂地」的習慣與方式，即時即地即興即趣的表演他們拿手的絕活，穿插各種各樣的藝術，滿足觀衆耳目之所好，身心之歡娛，無論相聲、大鼓、雙簧、雜技、氣功、武藝、戲法等新奇古怪，淋漓盡致的聲口百戲，巧妙功夫，總不外以此養家活口，以最簡單的地攤習尙，保持自古以來傳統的純粹的中國的民間藝術，不僅爲故都保留了特異的藝術方式，也爲川流不息，爭相觀看天橋把式的紅男綠女，四方遊衆貢獻本領，加添娛樂。眞的是洋洋大觀，漪歟盛哉。天橋評書藝人善說水滸，隋唐的雙厚坪，善說封神榜的張靈白，善說濟公傳的張泰然，略說西遊記的猴兒安都十分有名。

大鼓書自劉寶全，白雲鵬之後，女藝人佔據了「落子館」，落子是由蓮花在加上蹦蹦，大鼓、二簧、時曲、小調，綜合而成的藝術，適合聽衆的趣味，隨興點唱，女藝人多半年輕靈秀，並排兒坐在臺上，弦索師父在旁邊侍侯，觀家要誰唱什麼，點名道姓，或是京韻大鼓，或是山東快書，或是時調小曲。出人頭地的走上了說唱舞台，時運不濟的，只好隨波逐流。落子館是女藝人的演唱場所，因此，也叫坤書館。

一般的書館就是藝人說唱的地方，茶館也是，書棚是搭起來的說唱場所，建在角道兩旁，大都有固定的聽衆，固定時間，專心來聽說唱的，也有寺廟撂地說唱藝人，多半找尋知音，要抓住遊走的聽衆。不過有水準的聽衆，都是到書場去聽說唱。

明末清初最有名的說評書藝人是陳士和（一八八七—一九五五），他以說聊齋故事見長。他把文言文的聊齋說得通俗易懂，而人物的描述、人物心理狀態的刻畫，都給人以如見其人，如聞其聲，如身臨其境之感，他與雙厚坪、潘誠立等都是對評書發展有重要影響的藝人。

明末清初張潮著「幽夢影」，編「虞初新志」內收福建晉江進士林嗣環「口技」一文，張潮評稱：「絕世奇技，復的此奇文以傳之」。文說：

京中有善口技者，會賓客大宴，於廳事之東北角，施八尺屛障，口技人坐屛障中，一桌、一椅、一扇、一撫尺而已。衆賓團坐。少頃，但聞屛幛中撫尺一下，滿座寂然，無敢譁者。

遙聞深巷犬吠，便有婦人驚覺欠伸，其夫囈語。既而兒醒，大啼。夫亦醒。婦撫兒乳，兒含乳啼，婦拍而嗚之。又一大兒醒，絮絮不止。當是時，婦手拍兒聲，口中嗚聲，兒含乳啼聲，大兒初醒聲，夫叱大兒聲，一時齊發，衆妙畢備。滿座賓客無不伸頸，側目，微笑，默歎，以爲妙絕。

未幾，夫齁聲起，婦拍兒亦漸拍漸止。微聞有鼠作作索索，盆器傾側，婦夢中咳嗽。賓客意少舒，稍稍正坐。

忽一人大呼：「火起！」夫起大呼，婦亦起大呼。兩兒齊哭。俄而百千人大呼，百千兒哭，百千犬吠。中間力拉崩倒之聲，火爆聲，呼呼風聲，百千齊作；又夾百千求救聲，曳屋許許聲，搶奪聲，潑水聲。凡所應有，無所不有。雖人有百手，手有百指，不能指其一端；人有百口，口有百舌，不能名其一處也。於是賓客無不變色離席，奮袖出臂，兩股戰戰，幾欲先走。

忽然撫尺一下，群響畢絕。撤屏視之，一人、一桌、一椅、一扇、一撫尺而已。

口技人入坐八尺屏障中，一桌、一椅、一扇、一撫尺、撫尺一下，百音聚集，千聲潮湧，一家初憩，萬戶驚奔。撫尺一下，萬籟俱寂。此種絕技，令人嘆爲觀止。

天津的說唱

天津是除北京外，最繁榮的都市，它的發展是因應著時代的要求，過去是漕運鹽務集中之地，也是外國人競求通商文集之處，民國之初，它的地位更爲重要，由於人文薈萃，經濟的迅速繁榮，形成了天津說唱藝術繁榮的獨特方式，它沒有像揚州一樣產生過揚州評話和清曲，也不像蘇州一樣，產生了歷久不衰的蘇州評話和彈詞，更不像北京產生了『八角鼓』、『子弟書』。也就是說，它不是『曲藝之鄉』而是北方曲藝的『集散地』。清末民初畸形的經濟繁榮使得說唱藝人得到了賣藝求生的生存空間，並在天津的說唱場所裡把說唱藝術的水平推向高峰。

它是說唱藝人演出場所最多的城市，最早的演出場所是天津西城根和天津道衙門門前空場，這是供藝人『撂地』的兩個場所。其後又出現了落子館。在《津門曲藝史漫話》（張鶴琴、姚惜云著）一文中說：『僅南市一帶，落子館就有六處。此外，在南市三不管、西頭三角地還出現了「小時調場」。而最盛的還要算茶樓、書館』。文章中又指出：『在開設最早的北大關「志成信」和侯家后「義順」、鳥市「東來軒」之後，又陸續開設了「北海樓」……「西燕樂」、「東燕樂」……就三十年代後期，專供說唱演出的場地來看，全市大、小茶樓，書館，茶園等將近三十處。』正是在這些遊藝場所裡養成了天津聽眾欣賞說唱藝術的愛好和鑒別能力。也培養出一批優秀的說唱藝人。

什麼雜耍是天津說唱藝術的特徵，什樣雜耍或雜耍園子的稱謂始於天津，這是一種具有獨特風格的藝術演出方式。在一個小園子裡，觀衆同時可以看到相聲、大鼓、戲法、踢毽、口技等各種伎藝。而在這多類伎藝中，逐漸變成了以說唱藝術爲主。什樣雜耍的名字由何而來呢？著名四胡演奏家霍連仲曾回億說：『我十三歲（一八九四年）那年到天津賣藝……我記得那時在寶和軒同演出的有十場節目：耿東來的《鬼狐傳》（《聊齊》故事），劉增元的怯大鼓，孫寶太和閻立堂的戲法，閻德山的單口相聲，李萬興的巧變絲弦，羅雙全和張寶清的戲法，緊接著三場是立明亮、胡十、宋五的怯大鼓，末一場是陳青山，藝名「人人樂」的「暗春」，也就是口技「隔壁戲」，「他常說的有《五子鬧學》、《大過新年》、《醉滿回家》這些段子，京津常常把曲藝叫做「雜耍兒」，「什樣雜耍」，也許是打寶和軒這十場節目興的，其實不夠十樣』。『看雜耍』，在北京早有此提法，提的是到天橋去看各種撂地表演。而『什樣雜耍』、『雜耍園子』則是在天津興起。根據著名京韻大鼓演員孫書筠在她的《藝海沉浮》一書裡的回億：在一九三八年前後，她在天津『慶云』（雜耍園子）演出，除京韻大鼓、靠山調、唐山大鼓、單弦、相聲外，還有陳亞南、陳亞華的魔術，宋少臣、宋惠玲的毽子，王雨田的飛義，王桂英的空竹等等。二十世紀三十年代末天津的書茶館仍然保持著清末雜耍園子形式多樣，色彩繽紛的這一特色。這就是天津說唱藝術的風格特徵。這種特徵的形成是由於五方雜處的觀衆，他們要聽，要看，要評論，尤其是那些商人、職員市民聽衆，花一份錢看了許多形式的演唱，得到豐富的藝術享受，這是什樣雜耍能久盛而不衰的原因之一。

名家薈萃是天津說唱藝術清末民初以來的又一特徵。天津土生土長的古老曲調只有二六板鴛鴦調。清咸豐年間，子弟書傳入天津後發展成爲『衛子弟』，之後在天津流傳的說唱藝術品種則都是從北京、河北、山東、河南以及東北等地流入的。各地藝人進津，形成了激烈的藝術競爭，能長期在天津站住腳的藝人，大多是說唱藝人中的佼佼者，形成了天津說唱藝術名家們的薈萃雲集。

光緒初年（一八七〇），木板大鼓與弦子書合演成爲『怯大鼓』，藝人胡十、宋五、霍明亮到津獻藝，其中宋五是盲人，重音樂，能自編唱段，代表作有《大西廂》、《挑窗裁衣》、《坐樓》，帶反二黃的《子期聽琴》，帶西皮的《南陽關》。胡十技藝最佳，嗓子好，音色優美。他的代表作有《摔鏡架》、《丁香割肉》、《藍橋會》、《拴娃娃》、《兩口爭燈》等。霍明亮以唱三國故事著名，《長坂坡》、《戰長沙》、《鳳儀亭》、《單刀會》、《借東風》等都是他的拿手唱段。劉寶全青年時代（一八八六年）拜胡十爲師，並曾爲宋五伴奏。他繼承了他們三人的藝術經驗，致力於怯大鼓的改革。一九〇〇年至一九一〇年間他曾到北京獻藝，完成了對怯大鼓的藝術革新，成爲今天傳唱的京韻大鼓。他成名後，長期在津從藝。他一生演唱的拿手曲目有二十多個，而這些節目大都是從胡十、宋五、霍明亮那裡繼承下來的。此外也還有經文人莊蔭棠加以改編的子弟書曲詞而經他唱得膾炙人口的。劉寶全受到天津聽衆長期喜愛，這在清末民初說唱藝術史中亦是少見的。

「北京俚曲」出自各種曲種，而歸於內容十分開放，形式不免押韻；語言十分樸素懇切，聲調奔放激越於曲意情緒的表達。它所說唱給聽衆的有講史，有通俗小說，有家庭婚姻，有男女愛情，有社會風采，生活樣相；七情六慾，喜怒哀樂，可說無所不包，無遠弗屆。有的用諷諭表現世態，有的以滑稽寬鬆無奈。豐富爲的人生觀念，深刻的人物場景，活潑，生動，痛快，淋漓，不能一一盡述。精彩宜人之處，啼笑皆非之時，多半入木三分，多在不言中。因爲這些俚曲，雖非千錘百鍊，確屬人人喜歡。

「黛玉悲秋」脫胎於「紅豆詞」：「滴不盡相思血淚拋紅豆，開不完春柳春花滿畫樓。睡不穩紗窗人語黃昏後，忘不了新愁與舊愁，嚥不下玉粒金波咽滿喉，瞧不盡鏡裡花容瘦，解不開眉頭，挨不完更漏。呀！恰似遮不住的青山隱隱，流不斷的綠水悠悠。」另有即黛玉葬花時所吟：「今朝葬花人笑痴，他年葬儂知是誰？」及「一朝春盡紅顏老，花落人亡兩不知」：

黛玉悲秋

大觀萬木起秋聲，漏盡燈殘夢不成；多病祇因含熱意，惜花常是抱癡情。風從霞影窗前冷，月向瀟湘館內明。透骨相思何日了，枕邊惟有淚珠盈。

孤館生寒夜色暝，秋蟲悽慘不堪聽！人間難覓相思藥，天上應懸薄命星。病久西風慢枕簟，夢回殘月滿窗櫺；世人腸斷三更後，漏水燈昏冷翠屏。

一寸丹心恨幾重，釵鬟怕整鬢鬅鬆；黃花都是形容瘦，秋雨不如淚點盈！薄命凋零知有分，相思解釋嘆何從？斷腸最是瀟湘館，露冷霜寒泣暮蛩！

薄命從來離恨宮，芳心不與世情同；落花收入荒墳內，佳句枕殘烈炬中。秋作淒涼搜戶牖，月將慘淡染簾籠；醒來人住瀟湘館，瀛比湘江一倍洪！

金陵春色美無疵，黛玉的豐姿迥不同。生成的傾國傾城人難比，祇無奈，多病多愁體不寧。更他，秉性兒孤高性心兒冷，舉止兒端莊心地兒聰明；針黹兒習熟活計兒巧，書卷兒博通詩賦兒能。吃虧了摸樣兒風流身體兒弱，心思兒仔細氣質兒清；祇落得形容兒瘦怯情思兒倦，茶飯兒懶餐病勢兒增。漸漸的夢魂兒顛倒精神兒減，粉臉兒香消衣帶兒鬆！到秋來，時光兒蕭條柔腸兒斷，風月兒淒涼愁思兒紛。可憐他，早喪了高堂父和母，又無有同胞弟與兄。接在這母舅家中撫養大，外祖母愛似明珠掌上擎。閒來時，或同姊妹談書史，或與丫嬛習女工；或與他表兄寶玉同居住，從小兒不分彼此似同生。自從他大家搬入園中去，瀟湘館，緊對著怡紅小院中。這寶玉嬌癡習慣多情愛，脾氣兒一會兒糊塗一會有。有時節，殷勤體貼過於留戀，有時節，悠想歪纏太不近情；嘔的人哭也不是來笑也不是，惱不成來好也不成。時逢正是九秋景，氣爽天高萬里晴；眼看著滿城風雨重陽過，這姑娘節氣兒交時病勢兒增。祇見她，菱花羞對珠唇兒淡，粉黛傭施鬢髮兒鬅。好模好樣的眉頭兒皺，無緣無故的眼圈兒紅。有一時，臨波顧影還自言自語；有一時，問著十聲九不應。不知他終朝悶悶因何故，誰曉得每日懨懨主甚情？有一日，園中的姊妹未來造訪，日光兒午後倒也清明。林黛玉獨自房中無情緒，喚丫嬛：『隨我到門前略一行。』說話間，紫鵑扶定輕輕走，雪雁跟隨慢慢行。主僕們慢慢的步出瀟湘館，呀，這一種淒景——迥不同——瀟瀟灑灑，碧綠天空雲織錦；靜蕩蕩，雲收霧斂雨初晴。纖微微，三徑菊花開燦爛；碧森森，千竿竹葉顯菁葱。韻錚錚，隔院秋蟬驚午夢；呼刺刺，臨窗老樹起悲聲！枯乾乾，荷蓋翻披爲敗葉；軟扶扶，海棠憔悴臏残莖。香馥馥，芬芳尚有岩前桂；冷淒淒，零落還留井上桐。重疊疊，山經秋雨十分翠；碧澄澄，水共長天——一色情。急煎煎，雲外歸鴉投遠岫；亂紛紛，亭前落葉舞西風。寂寞寞，往來那有雙飛蝶；靜悄悄，上下不聞百囀鶯。一陣陣，天際驚寒穿旅雁；幾處處，空庭清冷少秋蟲。細條條，數棵衰柳無情綠；叢簇簇，一片楓林作惹紅。

佳人對景頻嗟嘆，她身倚闌干愁緒增。暗想道：『幼時讀過秋聲賦，果然是，物老悲秋今古同。眼前一派淒涼景，似這等，衰草寒煙好慟情；纔知道，歐陽作賦文詞警；怪不得，宋玉登高感嘆深！想三春，郁李夭桃濃濃淡淡，流鶯舞蝶鬧紛紛。到後來，牡丹開罷柘榴放；荷花兒謝後海棠紅。又誰知，韶華有限悠然去，晚景無多一旦空。霎時間，秋來夏去繁華盡，露冷霜寒草木零！看起來，物有盛衰時有寒暑；就猶如，月有盈虧人有死生！老天哪，發生長養爲根本，——既然春夏何必秋冬！何不叫日往月來人不老，又何妨風吹雨潤草長青？豈不是無思無慮極樂世，到成個不凋不謝廣寒宮。爲甚麼，瀟灑的西風如利剪？清涼的霜氣似雄兵？務必要，秋聲兒一起群芳兒落？把些個，萬紫千紅一掃空！接連著，雪花兒飄後堅冰兒凍，祇弄得，地老天荒酷寒生！怨祇怨，東君一去全不管；恨祇恨，青女飛霜主甚情？又想到，氣至三春依舊暖，花從二月又重生。獨有這人生斯世無多景，老去何從轉妙齡？最可嘆，逝水年華光苒苒，如梭歲月勢匆匆！青春虛度難留住，綠鬢消磨去不停！黃泉一去無歸路。還不如，草木逢春枯又榮。似我這浮生，好比花間露；病體還如風裡燈！回首紅顏能幾日？——已到了落葉歸秋途路窮！漸覺得，秋風重來身體重，時候更來，顏色更！這便是，「一朝春盡紅顏老」，眼看著，花落人亡兩不逢！想春時，癡情是我悲花落，把花片兒收來在土內封；那時節，我身一旦隨花損，不知秋林下，『送我何人，葬我誰！』佳人越思柔腸斷，止不住蛟聲兒嗚咽，淚珠兒傾！這黛玉，羞花閉月姿容絕代；落雁沉魚艷氣獨鍾。祇這一番哀怨悲秋意，感的那無情景物也傷情！——動搖，樹枝兒轉顫如點首；撲騰騰，鳥雀高飛似不忍聽！忽然間，園中一陣西風緊，吹的他，喘嗽吁吁把使女凭。急忙忙，一同回轉香閨內，這佳人，四肢無力少精神。壓睡臥牙床上，不覺得，神思困倦睡朧朧。偏這日，寶玉閒中來看病，興匆匆，步入瀟湘竹院中；進門來，祇見那些乳母丫嬛廊下坐，滿院中，蒼蒼竹影翠陰濃。紫鵑說：『姑娘散悶方纔睡，請進去，二爺仔細莫高聲。』癡公子點頭會意朝庭走，雪雁兒輕輕揭起繡簾櫳。進房來，珠圍翠繞難言盡，另有那一種的清香往鼻内沖；煖閣中，佳人睡臥頭朝裡，房兒内，寂然鴉雀不聞聲。這公子，床頭對面輕輕坐——梢梢兒細驗病形容：見佳人，頭邊斜倚著鮫綃枕，身上横搭著舊斗蓬。柔氣兒，一陣兒姣吁一陣兒嗽，細聲兒，一會兒「嗐喲」一會兒哼！一會兒，一面兒揜藏一面兒露；香手兒，一隻兒舒放一隻兒横；小枕兒，一邊兒墊起一邊兒靠；書本兒，一卷兒抛西一卷兒東；烏雲兒，一半兒鬅一半兒繞；孤拐兒，一會兒白來一會兒紅。眞個是，神遊洛浦三秋水，夢繞巫山十二峰。病形兒，捧心的西子差多少？就是那，妙手安青畫不能。不提防，窗前鸚鵡將茶喚；房兒內，酉正交了六下鐘。霎時間，佳人畫寢忽驚醒；不覺得，弱體輕舒把倦眼睜。見寶玉，無言獨自傍邊坐——反惹得佳人意不寧。本待要，起身陪坐又嬌無力；枕頭上，指頭兒輕按俏眼兒矇矓。命紫鵑，床上重新鋪坐褥；喚雪雁，潔淨案頭洗茶盅。低聲道：『適纔盹睡失迎侯，貴人哪，今日刮來是那陣風！昨日個清晨早起往何方去。可是怎麼了，要會會尊顏都不能？』寶玉說：『昨兒有事未來看你，我卻時時懸在心中……』

「寶玉探病」最關情的倒是黛玉說給他聽的話，寶玉似痴似呆，似解非解這玲瓏心竅的女兒心事。怕她生氣對身體不好，寶玉一走，可就難倒了多愁多病身的黛玉，滿腔哀傷化做了萬種的悽涼，瀟湘館變成了「愁眉淚眼對銀缸，唧唧同聲哭月明」的冰冷岑寂；也達到了說唱者也眼淚汪汪，引得多少聽衆淚珠兒濕透了衣襟：

寶玉探病

『今日裡，破了個功夫兒特來探問，多有疏慢了莫怪愚兄。這幾日午後的發燒，可曾少止？夜間的咳嗽，可曾住聲？身軀兒可比從先強與弱？飯食兒或比先前減與增？送來的茯苓，服過了沒有？拏來的燕窩，喫過不曾？配的那丸藥，可是那一料兒好？尋的那偏方兒，到底是那樣兒靈？』佳人說：『起動前來多承罣意，我這病勢兒，更比先前一倍兒增！參茸兒服過無其數，燕窩喫過好幾封；偏方兒試盡沒有應驗，夢病兒延纏何日安寧？發燒時，五更以後方纔減；咳嗽來，二夜何曾咯住聲。神氣兒焦勞成弱症，夢魂兒顛倒甚虛驚。待要去觀花，我心中又懶；提起了吃粥，我頭都是疼。眼看著綠紗窗下我將辭去！病骨鬼，不日掩埋黃土坑！這幾年，園中的往事都不堪回首；再若是，和你們講賦吟詩可不能！』佳人說到傷心處，由不得淚珠兒撲酥酥往下傾。一雙雙，恰似珍珠兒落，一滴滴，猶如秋露兒冷。霎時間，點點滴滴無歇止，把一條手帕兒濕透了好幾層。這寶玉硬著心腸忙解勸，心兒中，萬轉千迴不勝情！說：『大事無妨何至於此？你把那煩惱憂愁暫止停。我勸你，藥也要吃病也要養，爲甚麼自己熬煎把自己坑？茶飯兒也要勉強著進，身體兒也須扎掙著行。早些兒歇下休熬夜；厚些兒穿衣莫著風。想吃甚麼說知璉二嫂，要甚麼東西，告訴愚表兄。房中的姊妹跟前常走走；散散悶，強如睡在房中。若是睡壞了脾胃多添了病，叫我心中豈不疼？』說話間，癡郎久坐憨情動，不住的嘻嘻微笑眼瞇瞇。一壁裡搭訕說話朝前走，他把那玉腕雙攜不放鬆。說：『外面的菊花兒都開過了，眞個是，紫配著黃來白配紅。偺們倆，何不前行同去玩賞？也別要辜負了秋芳太寡情！』使性子的佳人忙躲閃，登時間，嬌羞氣惱面通紅。說：『起開罷！那邊給我斯文坐，方纔我出去了，受不得外邊的風。剛剛的睡覺你又來纏我；我知道你是命中生來的魔難星！似這等拉拉扯扯成甚麼樣子？也不管人家手腕子發酸骨節疼！動不動有人無人的上頭上臉，討人厭，更比從前的話兒瘋！知道麼？一年小，二年大，也該把那脾氣兒改改；何苦呢？

傳出去到惹別人好說不好聽！還有句言詞兒奉勸你：二爺的話，好歹別當耳旁風；誰像你，終朝祇和女孩兒們一處擠？從無見二個，胭脂貼在爺們嘴上紅！』一夕話，把寶玉的高興全掃盡，奚落得，悶悶低頭不作聲。半晌道：『姑娘近日是也高傲，行動兒乾，人冷似冰。有一時，好意前來親近你，誰想你每到其間，和我把氣生！有一時，偶而疏忽我若失照應，你又說：「甚麼很心腸，無義咧，」哭一個了不成！』黛玉說：『本來你的心腸，大比從前改，自有那上好的人兒，在你的意中。甚麼金咧玉咧，我也全不懂；又是甚麼冷咧香咧，我都記不清。請罷，二爺，你可往那高處裡走，何苦把有用的精神，在此處扔。耽誤了時候，到屈尊了你，反惹的好人兒瞞怨，你也不得安寧。』說的個公子情急祇發怔，他的那委屈煩難填滿胸；欲待要隱忍不說摺開手，祇可惜一片衷腸不得明；欲待要分證幾句將情訴，又怕她，病久的人兒把氣生。——「罷罷罷，暫時躲避由她去，等她的怨氣兒消時再來辯明。」主意兒一定將身起，他這裡步出了瀟湘館轉了怡紅。林黛玉見他不語揚長去，更覺得寂寞無聊怨氣生——「我不過幾句兒頑話白嗽你，怎麼就認起眞來怒氣生？細想來，我的情意兒都依舊，委果是，他的心腸大變更！莫不是，從今眞個丟開手？天哪！怎麼一日之間，就這樣的薄情！」這佳人，掩面悲啼聲哽咽，直哭到，黃昏以後秉銀燈。忽聽得，悠悠晚寺鐘聲起，又見那，淡淡窗櫺竹影橫。佳人坐起推窗看，要看一看今宵的月色明。但祇見：斜月橫空光燦爛，竹影滿地碎玲瓏；金風颯颯霜葉冷，銀漢沼沼夜氣清；何處寒砧頻擣煉，誰家玉笛暗飛聲？雲外秋賓千里雁，長空月朗一天星；階前唧唧寒蛩鬧，檐下悠悠鐵馬鳴！對月的佳人反把愁勾起，倚窗兒，頻頻嗟嘆望蒼穹——說：『月兒呀！你經行天下千萬里，普照人間萬宇情；你祇該，梨宵院內添佳景，楊柳池塘趁晚晴；你祇該，舞樂歌筵催勸酒，瑤臺錦砌待懸燈。似我這幽齋寂寞秋窗冷，爲甚麼，偏向愁人特地明？』她這裡，自言自語頻傷感，身背後，走過了丫嬛問一聲——紫鵑說：『遲眼貪看花前月，祇恐怕，坐久身招簷下風。姑娘呵！夜氣兒侵入須躲避，到還是，嚴關了門戶放下簾櫳。』雪雁說：『藥兒也煎好還有一劑，粥兒也熬得，略進一盅。從朝至暮還未沾水米，再若是淘碌著身子，可了不成。』黛玉說：『吃甚麼粥來服甚麼藥，就是那妙藥仙丹也不靈！這病兒堪堪挨不到重陽也，偺主僕，分離眼下赴陰城！有一件要緊的事託付你，臨時休忘我叮嚀：書案上抄寫了一部詩詞稿，我死後，你們拿來一火烘。女子吟詩原非本典，留著牠，反惹俗人議論生！不如焚去到也乾淨，我平生，最懨人稱才女名。最可憐，世上伶仃誰似我，說起來，鐵石人，不免淚雙傾！幼年間，慈母歸西拋弱女，接連著，先君捐館喪南京！賸了個，無倚無靠煢煢的女，一家兒死別生離一散空！祇落得，孤身要泊投親眷，到而今，無定的形蹤似轉篷！雖說是，外祖的家中如同自己，到底是，異姓的人兒差一層。人見我，美衣煖食居富貴，誰知我，暗中多少費調停——行事兒須知深與淺，說話兒須知辨重和輕。縱有那煩難，卻向誰人訴，也祇是淚眼淪揮午夜中！眼兒前，誰是我同胞姊與妹？那是我一母弟和兄？這屋裡，祇有你們和兩乳母，大夥兒甘苦同知，著意兒疼。實指望，耳鬢斯磨長聚首，又誰知，西風兒送我入幽冥！數年閒，無甚麼好處休瞞怨，你們的甘苦勤勞，我豈不明？再者，我死後，你們身無主，也無非，將來，分散各房中。這園中。那位姑娘是好說話？——獃丫頭，還當是，我麼那們個發瘋！少不得，寧心耐性加仔細，還要你，早起遲眠習女工。不必時常思念我，人生聚散似浮萍。孟蘭會，常把紙錢兒送，清明節，多將黃土兒堋。不一時，月明人靜黃昏後，你向那籬下花前喚我幾聲。這便是，主僕數載的恩和義，我雖然死在黃泉目也瞑！』二使女一面悲啼一面勸：說：『姑娘，何必說道這般凶！夜氣兒寒涼安歇了罷，樵樓已經鼓三更。且把那閒愁撇去寬心養，爲何把精神耗費損花容？耐心兒調養終許好，豈有這麼樣的人兒無後程？』此一時，寧國府中人浩浩，大觀園內月溶溶；西院中，賈母年高安歇早；前邊的鳳姐歸家理事情，藕香榭，迎春賭勝棊聲兒遠；秋爽齋，探春觀畫夜燈兒紅；蘅蕪院，寶釵獨自拈針坐，稻香村，李紈訓子把書攻；梨香院。女樂遙傳簫鼓韻；櫳翠庵，尼僧敲動木魚兒聲；對門就是怡紅院，他那裡一派喧嘩笑語聲；——祇有這悽悽慘慘瀟湘館，主僕們，愁眉淚眼對銀燈！最可嘆，秋蟲兒也似知人意，四壁裡，唧唧同聲哭月明！

情詞哀怨，纏綿排惻，對照東調西調的詞文，我們知道「黛玉悲秋」「寶玉探病」二篇至文，都是出之於羅松窗與韓小窗之手。

「十里亭」說唱的是鄭氏夫人賴婚要責罰小紅，小紅義正嚴詞，說的老夫人啞口無言。只得設酒宴送銀兩，命張生上京趕考，鶯鶯帶小紅在十里長亭送別張生。依依難捨，再三叮嚀，路上小心，高中榜首，早日回程：

十里亭

鄭氏夫人怒氣沖，開言有語叫了一聲『小紅！昨夜晚你同小姐把花園進，一宗宗，一件件，對我說明！』小丫鬟聞聽說『無此事……』夫人說：『我不打你你不應承！』在牆上摘下了馬挽手，打人的家法拿在手中——『皮鞭子一舉你的命在，皮鞭子一落你的命坑！』舉起了家法剛才要打，怕打的丫鬟跪在跟前：『老夫人高抬貴手容我稟，一宗宗一件件對你說明——皆因爲，咱府員外去世早；崔相府，抛下了，夫人小姐，丫鬟小紅；主僕降香普救寺，遇見了孫飛虎，搬來賊兵；團團圍住普救寺，口口聲聲要的是——那時節，夫人沒有主意；兩廊下，大喊一聲：「若有人退去孫飛虎，情願意，小姐婚姻與他配成。」言還未盡答應「有」，西廂慢閃小張生。張君瑞修書惠明僧帶下，請來了，白馬將軍八面威風！一杆槍，一匹馬，多們驍勇；殺退了，孫飛虎，百萬賊兵。到後來，夫人你把心腸改變；婚姻不許，叫他兄妹相稱。夫人你自己錯了不認錯，苦打小紅所爲何情？幾句話問住了老夫人，上前挽起丫鬟小紅——『明天在後堂設擺酒宴，西廂院去請張君；酒席筵前奉贈銀三百兩，叫他科考奔走東京。要是得中婚姻必許，要是不中婚姻不成。』主僕說話天色晚，西方霞映小桃紅。小書僮不曾停，手打燈籠來到房中；尊聲『相公安歇睡，明日清晨偺好登程。不該借宿普救寺中，萬不該在禪堂兩相逢——這也是前世因安排定！』說話之時樵樓起了更。一更一點月影兒東升，張君瑞在房中跺腳又搥胸！「細思量，心中惱恨老夫人——改變了前言，叫我們兄妹相稱。」二更二點月影兒正光明，張君瑞暗愁腸，長嘆兩三聲——「細思量，小姐待我恩情重，再三叮嚀——餞別十里亭。」三更三點月被雲彩朦，發困的相公正在睡夢中：「我夢瑤臺戲耍鸞交鳳，好事兒多磨，——祇聽得風颼颼。」四更四點月影兒往下行，夢會的相公長嘆五六聲——「最可嘆，方才所做的南柯夢，再要是相逢，恐是萬也不能！」五更五點月影兒回了宮，架上金雞喔喔報曉聲；「細思量，一夜無眠，少精神。」到了丑時，鐘鼓一齊鳴，丑末寅初到了大天明，張君瑞披衣喚醒了小琴童。『你把那琴劍書箱安排定，打點行囊，快奔十里亭。』小琴童拉過能行馬，君瑞馬上私禱祝——『得中回來再相逢！』君瑞騎馬頭裡走，小書僮肩擔書箱後邊行。走過三里桃花店，趕過五里杏花營。桃花店内出好酒，杏花營裡出美人；路上有花也有酒，花酒留不住張相公。正走中間來的快，遠遠瞧見十里長亭——鶯鶯紅娘在此等，預備下酒飯特來餞行。君瑞甩鐙下了馬，小琴僮接馬拴在萬年松。鶯鶯提壺紅娘把盞，滿滿斟上酒六盅；玉腕高擎遞過去，有語開言尊聲『相公：逢山莫把馬來乘，遇水莫要把船爭；早早下店慢慢再行，路上多加小心——要你一路身保重！那日到了東京，住在旅店中；奮志讀書苦若用功，千千萬萬莫狗性。開科進場中，見了主考公，問一答十，文章要你做後通。遇明君，凌煙閣上標名姓；點頭名，身做狀元公，即速打點回到鄉戶中；那時節，對得起老夫人。』張君瑞接過了這盃餞行的酒，托地毛腰深打一躬——『多蒙你，好恩情，我對哟——小姐說實話：不中頭名准中二名，那個時候再相逢！』鶯鶯淚盈盈，忙斟酒，遞與琴童：『鞍前馬後要你多侍奉』琴童接酒笑臉迎——尊聲『姑娘在上聽：相公呀，功名如山重；我小人，侍奉應當力何勞小姐囑咐丁寧。』『你去為功名，拋我在家中，獨伴小紅；但願你早成名，高跳龍門身得中。』說罷了君瑞就登程：身上鞍，馬步難行；走十步，九回頭，兩下裡心酸痛！

「十女跨夫」是逗趣而又詼諧的說唱，眞正的價值是系列性的介紹了木匠、處磨、圈籮、當廚、賣糖、打鐵、泥瓦、釘碗、打魚、種地十種行業的工作，這些工作與民生有密切的關係，極富於生活的意義與價值，用詞的切實，又是一大成就：

十女誇夫

有個太太七十七，四年未見「八十一」，一輩無兒絕戶樣，挨肩生下八個閨女。八個姑娘還嫌少，以外又認兩個乾的；親的乾的十個女，每人尋了一個婿。要找門當戶又對，個個全要在行裡——大姑娘的女婿是木匠；二姐許配了處磨的；三姐嫁個圈籮的匠；四姐尋了當廚行的；五姐許個賣糖漢；六姐嫁個打鐵的；七姐本是泥瓦匠；八姐配個鋸碗的；九姐嫁個打魚漢；十姐尋了個種地的。這日是太太壽誕日十個女全來上壽俱會齊十個姑娘全來到，全都坐在上屋裡。酒席筵前說閒話，大姐開言把話提：『七十二行屬那行好？那行高貴那行低？』太太說：『我今說句不偏話，那行掙錢都不離。』大姐說：『那行不如我們木匠好；』二姐說：『木匠不如我們處磨的；』三姐說：『處磨不如我們圈籮匠』；四姐說：『圈籮不如我們當廚的』；五姐說：『廚子不如我們賣糖好；』六姐說：『賣糖不如我們打鐵的；』七姐說：『打鐵不如我們泥瓦匠；』八姐說：『泥瓦匠不如我們釘碗的；』九姐說：『釘碗不如我們打魚好；』十姐說：『打魚不如我們種地的』。

大姐聞聽心好惱，叫聲『妹妹你們聽知——『姐姐說話笑話誰？七十二行不如石匠好，錘子鑽子來抖威！大磨小磨我全會處，金木橋兒修的更得。吃飯也在屋裡坐，日頭不晒風也不吹。木匠石匠是一個祖，我們祖師不累墜。誰像那三姐嫁個圈籮匠，終朝每日圈梆棰！』三姐聞聽心好腦——『姐姐說話笑話誰？七十二行不如圈籮匠，聽我從頭跨上一回：長的會圈捍麵杖，短的會旋搗蒜棰；吃飯也在屋裡坐，雨不淋來風不吹，潘椹本是我的祖，我的祖師也高貴。誰像四姐嫁個造廚漢，身上油膩成了堆！』四姑娘聞聽心好惱，『三姐說話笑話誰？七十二行不如廚子好，刀子勺子來抖威！各樣席面我會做，煎炒烹炸各美味。吃飯也在屋裡坐，誰像大姐嫁個据木匠，拉拉扯扯不停息。』大姑娘聞聽心好惱——『眾家妹妹且請坐，聽我把你姐夫這行說仔細：那行不如木匠好，聽我對你們誇一回——要是出門把活做，錛斲斧鋸來抖威！先修皇爺鑫鑾殿，兩邊朝房緊相隨。高棹板櫈我會做，八仙靠椅做的更得。吃飯長在屋裡坐，日頭不曬風又不吹。誰像那二姑娘嫁個處磨漢，叮叮噹噹的處到黑！二姐聞聽心好惱——日頭不曬風不吹。易牙本是我的祖，我們祖師也高貴。誰像那五姐嫁個賣糖漢，拏著糖鑼敲到黑！』五姑娘聞聽心好腦——『四姐說話笑話誰？七十二行不如賣糖好，聽我把賣糖誇一回：一出門，銅鑼先打十三梆，做官不能有此威；終朝每日繞街串，九門提督不讓誰！史太宗本是我們祖，我們祖師不委崇。誰像那六姐嫁個打鐵漢，終朝每日他掄大鎚！』六姑娘聞聽心好惱——『姐姐說話笑話誰？七十二行不如打鐵好，鎚子鉗子來抖威！大姐夫鏟斵斧鋸我會打；二姐夫鎚子鑽子打的得；三姐夫旋刀打得像；四姐夫菜刀多虧誰？敬德也曾打遇鐵，老君的門徒不累墜；誰像那七姐嫁個泥瓦匠，每日里拿著抹子他匀石灰！』七姐聞聽心不悅——『姐姐說話笑話誰？七十二行不如泥瓦匠，瓦刀抹子他來抖威！先修皇爺金鑾殿，兩邊的朝房緊相隨：瓦房平房全會蓋，大廟小廟修的更得。吃飯也在屋內坐，雨又不打，風又不吹。誰像那八姑娘許配個小爐匠。每日裡釘盆鋸碗鑽到黑！』八姑娘聽說無好氣——『我姐說話笑話誰？那行也不如鋸碗好，聽我從頭誇一回：家家户户全得用，走遍天下不吃虧，吃飯也上屋内坐，日也不曬風也不吹。胡定本是我們祖。我們祖師不累墜；誰像那九妹妹配了打魚漢，每日水裡泡到黑！』九姑娘聞聽心不悅——『姐姐說話笑話誰？那行也不如漁家樂，聽我從頭講一回：漁樵耕讀俺爲首，鮮酒活魚飲幾盃；姜太公渭水曾垂鈞，八十二歲有雄威！斬將封神誰不曉，興周滅紂成王位！誰像那老姑娘尋個莊稼漢，早起晚睡忙到黑！』十姑娘聞聽心好惱——『姐姐說話笑話誰？萬般不如莊稼好，你們聽我言一回——種上一升打五斗，種上一斗打一堆；秋收冬藏眞樂事，奉上錢糧諸事沒。偶伴妻來懷抱子，那像你們他鄉在外苦奔爲？后稷本是農人祖，我們祖師甚高貴。要是我們不種地，餓死你手藝買賣一大堆！』老姑娘說句包圓話，氣的衆姐紐雙眉！大姐聞聽心好腦，叫聲『料子你詈誰？姐妹十個變了臉，這個時間誰怕誰！大姐抄起錛斫和斧鋸；二姐拿起處磨錘；三姐拏起趕麵杖；四姐菜刀手内提；五姐敲的糖鑼響；六姐要掄打鐵錘；七姐瓦刀拏在手；八姐舉鑽鑽一回；九姐漁扦掄圓了；老姑娘又把笰竹鬧了一堆！』姐妹十個要打架，太太過來勸一回：『只許打來不許罵，你們要罵娘吃虧；那個如要出口詈，敲你們老牛孤孤嘴！』

翠娥的一場夢，明白的說出女兒家的心事，從父母到哥姐，從上廟碰到東莊張五哥。正是個好對象。夜裡夢中所經歷的景象，正是她的心事的反映。由家中辦喜事張羅的細節到翠娥巧梳妝妙打扮。

王二姐

河南有個朱仙鎭，離城十里凹子坡，凹子坡有個王員外，好種莊田銀子多。人人稱他王百萬，老母吃齋念『彌陀』，一母所生人五個，姐妹三人兩個哥：大哥名叫王寶慶，二哥名叫王寶合；大姐名叫王翠玉，二姐名叫王翠娥，大姐也曾出了聘。小妹也曾出了閣；翠娥今年二十歲，過了新春二十多。傷心不把別人怨，埋怨爹娘和哥哥：「留我長的長又大，留我女孩做甚麼？人在青春不出嫁，過了青春有幾何？——東莊有座娘娘廟，如今修的強的多；我和母親去上廟，碰見東莊張五哥；看見我車兒他不走，來來往往偷看我；他看我長的好，我看他長的得：二人到有夫妻意，當中缺少人說合。」翠娥正想心中事，祇見太陽落西坡；二姐回到繡房去，掌上銀燈鋪被窩。一更一點不睡覺，二更二點悶坐著——人逢喜事精神爽，悶來愁腸瞌睡多。忽聽敵樓三更鼓，翠娥作了南柯夢：手扶樓窗往下看，婆家的人馬多，二馬拉著車一輛，裡面坐著娶親婆，花紅轎子甚明亮，十二火把照小河。祇聽爆竹咕咚響，對子馬兒兩排著；鼓手吹的『將軍令』，疙疸對對打銅鑼；陪親騎的高頭馬，文婿騎的烏嘴驢。一進堡子三聲礮，驚動大哥和二哥，大哥聞聽往外走，慌了二哥王寶合。陪客下馬施一禮，大哥向前把揖作；拱手就往客廳讓，親戚朋友緊跟著。到在客廳都坐下，八仙桌子炕上擱：十二果子桌上擺，衆位親戚把茶喝。大哥就往內屋走，尊聲『母親你聽著，急忙快往醒樓去，告訴二妹好出閣；河道遙遠路兒長，誤了大事怎麼著？』母親聞聽這句話，急忙就往西樓挪——開言就把『翠娥』叫，『起來罷！梳洗打扮好出閣。』當時聞聽這句話，滿心願意拿攝著，手扶床沿忙扒起，欠身出了錦被窩；上穿石榴紅大襖，顧不的梳頭和理腳。母親一傍忙吩咐，叫聲『女兒王翠娥，你今以後出了嫁，不比在家裡靠娘我；公婆面前多行孝，大伯跟前躲避著；聽說婆母要用飯，搽抹桌子把筷擱；若是汝母把經念，經常打掃乾淨利羅。妯娌跟前有尊敬，小叔跟前擔代多；小姑若是她罵你，好好對你婆婆説。女婿若是喫醉酒，摘了帽子鞋襪脫；扶侍女婿睡了覺，燒壺茶兒預備著；女婿若是酒醒了，懷包枕頭一順擱；恩愛夫妻到一處，愛説甚麼説甚麼。』母親説完下樓下，又來大嫂把話説——兩手端著一碗麵，烏木筷子橫擔著。叫聲『妹子你吃點，到了娘家請不著。』耳邊聞聽這句話，有心忙把麵用過，大嫂扶侍下樓去，又來二嫂把話説。兩手端著一盆水，叫聲『妹妹且聽著：快點淨淨你的面，梳洗打扮好出閣』。此時心内多歡喜，木梳放在梳頭盒；用手分開青絲髮，大長墨亮怪愛人；左邊疏的『盤龍髻』，右邊梳的『水墨雲』；盤龍髻内加香草，水墨烏雲麝香薰。前梳『燕子三抄水』，後梳『喜鵲奔山林』；中間賸下亂頭髮，梳上『蝴蝶鬧花心』。七根小簪排北斗，五枝扁方押烏雲。赤金環子兩耳戴，翡翠鉗子墜耳根。上身披著扎花氅，下罩山河地理裙；青緞褲腿蛇皮帶，紅緞花鞋綠掖跟；鞋尖面上螞螂繡，風兒一刮愛煞人。心中暗自哈哈笑，來了哥哥抱上車——大哥抱我把車上，母親嫂子後跟著。大門外面上了轎，來到交界十里亭；十里亭前大風起，風刮轎簾扶搭著——掀起蓋頭留神看，看見女婿長的得：大大眼睛眉灣細，面似桃花笑和和。五色鞋子穿得好，雲緞馬褂外套著。一進保子三聲礮，孀子大娘來看我；大門外面下了轎，踏著紅氈往前走；踏的緊來走的緊，前行來到天地桌——桌上放著一香斗，上有一張弓橫擔著；香斗裡面三枝箭，有個稱桿無稱錘。女婿施禮媳婦拜，兩人也不高來也不矮。拜罷天地洞房人，方才轉過天地桌。看見寶瓶內裝五色米，這間房子蓋的闊：紙糊頂棚磚墁地，桌椅陳設擺的多。那時急忙炕上坐，轉過一位姑婆婆——開言就把『姑娘』叫，『我的言語向你說：爲你上趟天津去，打來一對金手鐲。』姑婆說罷金鐲獻，女婿向我把話說：『不用搶來不用奪，過了三天你戴著。』獻鐲已畢回房去，小姑過來把話說：開言就把『嫂子』叫，『小妹言來你聽著：人都說你手頭巧，伸過腳來看看你的活。姑嫂耍笑回房去，又來女婿把話說——他手端著一碗菜，口內銜著兩餑餑，叫聲『你快吃點罷，過了三天摸不著。』當時一聽掩口笑——才過門的女婿知道疼我！夫妻房中正耍笑，衹見太陽落西坡；繡房就把銀燈掌，點上銀燈鋪被窩。紅綾被褥床上設，鴛鴦枕頭床上擱；夫妻剛然到一處，膽大狸貓撲窗戶……狸貓驚醒南柯夢，再想此夢摸不著！

翠娥的好夢被狸貓驚醒，眞正令心想出嫁的姑娘氣惱。我們在此錄下了「閨艷秦聲」這齣罕見的珍本，做爲本書的結束。兒女私情，千古相同。

「王三姐」一場春夢，表現了成年女兒待嫁如意郎君盼望與期待的心聲與想像，是現實的經驗由觀察中得來，也是說唱的人刻意的描寫女兒家在一個家庭中對父母兄嫂愛護的感激，與終需出嫁作人家媳婦的夢想的實現，幸福而快樂。俚曲裏自有如此可愛的訴說，但是，一個生活在現實中女兒家眞實的出嫁，親身的體驗婚姻，又較「王三姐」的夢想，更顯明眞實得多。「西廂記」、「牡丹亭」、「紅樓夢」寫靑春男女怨慕交接之情，於隱約蘊藉處，其綢繆纏綿，仍出之於典雅含蓄，其駘蕩穠艷，仍不免委婉曲達。使讀者留連再三，回味無窮。本篇所選「閨艷秦聲」由古高陽西山樵子譜，是說唱所用的樂歌。另有齊長城外餅傖氏拜注則在此皆不用。以免影響一般讀者的感覺。因爲個人主觀的見解，還不足以說出精彩美妙，放浪狂恣，語語眞切特出，句句深入緊要的直筆，叫人看了打心裡同其情境，許其心體神會，聲色意氣，魂魄顚倒，痴迷甜密，許其恌達溢洋，更無遮攔，但說唱男歡女愛，世態私情，三春畢現，四體橫陳，並無猥褻淫穢之處，絲絲細雨，脈脈春夢，無妨儘在其中，反覆咀嚼，添歡解愁。

願天下有情人皆成眷屬。祈地上好男女共譜琴瑟。

閨艷秦聲

西江月

誰使紅顏命薄。偏教才子途窮。幾多恨事滿胸中。難問蒼天如夢。且向花前月下。閒彈趙瑟秦箏。狂歌一曲酒千鍾。好把閒心斷送。

無可奈何時候。偶然譜就新詞。非關閑處費心思。就裡別藏深意。借嬉笑爲怒駡。化朽腐作神奇。男兒心事幾人知。且自逢場作戲。

幽恨

艷陽天。艷陽天。桃花似火柳如煙。又早畫樑間。對對飛春燕。女兒淚漣。女兒淚漣。

奴今十八正青年。空對好春光。誰與奴作伴。對對胡蜨飛簾下。惹的大姐心裡罵。緊仔這會不耐煩。現世的東西你來咱。傷心理怨老爹娘。仔管留著奴做嗄。如今年程沒小人。時興的閨女等不大。兩淚如梭。兩淚如梭。描鸞刺鳳待仔麼。繡到並頭蓮。心坎上好難過。嫂嫂哥哥。嫂嫂哥哥。兩口子說話情意兒多。想是到晚來。必定一頭兒臥。哥哥今年二十一，娶了個嫂子才十七。年紀比俺還小一歲。身量比俺還矮二指。偏他又早戴著箱。不知前世怎麼積。仔巴到黑天就上床。想是那件果子極中吃。埋怨爹媽。埋怨爹媽。同行姊妹都嫁了人家。如今養孩兒。又早老們大。他也十八。我也十八。想是俺那點兒不如他。不知我爹娘。待仔管留著俺咱。尋思起來添煩惱。沒人之處乾跺腳。養到十八不招親。能有幾個年紀小。恨爹娘。把牙咬。把俺的青春耽擱了。從來閨女當不的兒。沒哩待留著俺養老。

媒議

園裡採花。園裡採花。忽見媒婆到俺家。這場暗歡喜。到有天來大。爹正在家。娘正在家。若是門當戶對好人家。禱告老爹娘。發了庚帖罷。園裡去摘花兒戴。惹起心中愁一塊。花兒雖好要當時。顏色敗了誰人愛。忽見媒人來提親。喜的心裡難刮劃。仔求庚帖出了門。就是我的大運快。帖兒去了。帖兒去了。不覺兩日並三朝。媒人不見面。急的仔雙腳跳。全不來了。全不來了。想必是帖兒合不著。使人對妝台。陣陣心焦燥。

心裡暗把媒人罵。沒緣沒故來哄俺咱。親事或成或不成。也該早來回聲話。惹的人。心牽掛。上不上來下不下。很很我要回庚帖來。出上這輩子不出嫁。

惱恨媒人。惱恨媒人。討了帖兒去沒有回音。親事成不成。叫我將誰問。昏昏沈沈。昏昏沈沈。辜負了多少好光陰。不好對人說。祗是心坎上悶。

半夜三更做一夢。夢見人家來下定。兩擔喜酒兩牽羊。吹笛打鼓好有興。看見尺頭合釵環。兩眼喜的沒點縫。醒來依舊皮不羊。呆不登的乾發掙。

得　情

媒人回來。媒人回來。故意妝羞倒躲開。待去聽一聽。又怕爹娘恠。惹的疑猜。惹的疑猜。梅香笑著走將來。叫聲俺姑娘。他來送插戴。

一陣一陣心裡躁。惱恨媒人沒下落。忽見雙雙轉回來。心口窩裡仔管跳。成不成。難猜料。待去聽聽怕人笑。梅香跑來笑嘻嘻。就知道這事有些妙。

好不歡喜。好不歡喜。得意的滋味全說不的。罵聲小賤才。別要來多氣。嫂子笑嘻嘻。嫂子笑嘻嘻。叫聲你姑便宜你。都說他姑夫。生的極標致。

這樁喜事委實陡。故意還把丫頭叫。失驚打怪影煞人。甚麼腔調還不走。搭上嫂子合俺頑。說他生的全不醜。喜的我仔沒是處。呸。笑著把他吐一口。

媒人又來了。媒人又來了。說是婆婆要來瞧。明天大飯時。候著他來到。故意心焦。故意心焦。人生面不熟的仔麼著。嫂子來勸我。我仔偷眼笑。聽說婆婆來目我。從新梳頭另裏腳。搽臙抹粉戴上花。扎裹的好像花一朵。故意妝羞懶動身。怎麼著出去把頭磕。嫂子說道你休害羞。咳。我心裡歡喜你不覺。婆婆來相。婆婆來相。慌忙換上新衣裳。本等心裡喜。妝做羞模樣。站立中堂。站立中堂。低著頭兒偷眼望。看他老人家。到也歡喜像。丟丟修修往外走。婆婆迎著拉住手。想是心裡看中了。怎麼仔管裂著口。頭上腳下細端相。我也偷眼瞅了瞅。槽頭買馬看母子。婆婆的模樣到不醜。

遇　歡

那人妝嬌。那人妝嬌。往我門前走過幾遭。慌的小廝們。連把姑夫叫。他也偷瞧。我也偷瞧。模樣俊雅好豐標。與奴正相當。一對美年少。那人年少會妝俏。時興衣服穿一套。來往不住往裡撒。我也偷眼往外料。眉清目秀俊生生。不高不矮身段妙。心裡得說說不的。忍不住的自家笑。嫂子合俺頑。嫂子合俺頑。見了他姑夫你饞不饞。有椿妙事兒。你還沒經慣。不是虛言。不是虛言。委實那椿滋味兒甜。你若嚐一遭。准要忘了飯。皮臉嫂子好多氣。一戲不罷又一戲。說長道短栖利咱。看不上那執張勢。撒謊的東西不害羞。沒人聽你那狗臭屁。說的我心裡疑糊突。沒哩那就是口蜜。

行　聘

眼望巴巴。眼望巴巴。巴到行李到俺家。眞個其整齊。也值千金價。寶釵金花。寶釵金花。梅香故意的笑著咱。本等心裡喜。反把梅香罵。

他家行李委實厚。整整的喜了一個夠。作怪的丫頭像個賊。他就把我的人看透。眼不轉睛笑迷奚。一會看的我好難受。罵聲執張小奴才。這們幾年還沒看夠。

喜地歡天。喜地歡天。可可的今年是大利年。聽說好日子。查在四月半。製辦妝奩。製辦妝奩。做了衣服打頭面。一點不應心。到模著從頭換。

也是我的時來了。一百樣的都湊巧。日子查的極近便。賠送製的全不少。打頭面。做裙襖。制的爹娘到處找。誰不望著東西親。那怕人說臉子老。

好個長天。好個長天。捱過一日像一年。算計到成親。還有兩日半。盼過幾番。盼過幾番。盼到那日喜上眉尖。他家來催妝。到惹的心撩亂。

埋怨老天不湊趣。一日長似十來日。捱過今朝又明朝。怎麼教人是不氣。忽見他家來催妝。不覺心裡怪爽利。仔說日頭紮住了根。一般也有這一日。

梅香燒湯。海香燒湯。今番洗澡要用些香。恐怕有人瞧。忙把門關上。仔細思量。仔細思量。鮮花今夜付新郎。祗怕到明朝。就要改了樣。

安排香湯欲沐浴。雙手忙把房門閉。今朝就要做新人。先要洗盡這閨女氣。身段嬌、皮肉細。自家看著怪得意。摸摸下邊那一樁。這件寶貝也該出世。

忙把頭梳。忙把頭梳。改眉絞臉用功夫。戴上紅鬏吉。辭了閨女路。少戴釵梳。少戴釵梳。今晚是他親手除。怕他心裡忙。手兒裡全不顧。

洗了身子重淨面。新衫新褲從頭換。細細絞面開了眉。霎時缺匙了一身汗。載上鬏吉合紅箍。自己覺著怪好看。這椿東西會拿犯人。怎麼仔覺著屋裡沒處站。

日色平西。日色平西。家中茶飯懶待喫。我的魂靈兒。先望他家去。燈燭交輝。燈燭交輝。丁冬一派樂聲催。他家來迎親。好生增門楣。

頭上腳下正扎掛。忽聽的門外吹喇叭。說是轎子到了門。喜的心裡仔一怎麼。將送女客進繡房。見我的模樣仔亂嚓嚓。誰知鬱屈了這幾年。今日纔便拉這便拉。

親迎

新郎到了。新郎到了。簪花披紅的扎裹著。穿著新裳。越顯得十分俏。鬧鬧吵吵。鬧鬧吵吵。都說時辰不遠了。母親拉住我。淚珠腮邊掉。

看看時候不大遠。母親旁裡擦淚眼。使不的對我大放聲。怎麼教我不心腸軟。那人親迎到了門。哥哥陪著往裡轉。纔待偷眼把他瞧。誰知他先偷看俺。

鼓樂喧天。鼓樂喧天。裡裡外外鋪紅氈。那人走進來，等著俺噴飯。站立堂前。站立堂前。低頭儘著他端相俺。心裡亂騰騰。不住流香汗。

扶我出去在中堂站。合著那人面對面。許多人都擠插著。母親端過了一碗飯。那人張兜等飯。一口噴了一多半。光眉撒眼儘他瞧。不覺看了我一身汗。

月影兒高。月影兒高。姑姑姨姨都來瞧。一齊擁著奴。上了他家的轎。好不熱鬧。好不熱鬧。滿街上看的塞滿了。那人騎著馬。緊靠我的轎。不覺就是時辰到。大家擁撮上喜轎。一路吹打不住聲。對對紗燈頭裡照。那人騎馬在轎前。回頭不住微微笑。怪不的人愛做媳婦。這個光景委實妙。

于歸

來到門前。來到門前。黃道鞋兒軟似綿。怎下轎子來。全然走不慣。揭起珠簾。揭起珠簾。寃家站在房門前。輕輕扶著奴。同坐床兒畔。

怎下轎來好難走。將送女客攙著手。踏著紅氈進喜房。女婿站在房門口。大家扶上拔步床。他就旁裡仔管瞅。我就猜著他心急。恨不這會就動手。

共坐羅幃。共坐羅幃。安排熱酒遞交杯。寃家對銀燈。細把奴來覷。就扯奴衣。就扯奴衣。看他那個光景全等不的。想起這事來。有些眞淘氣。

那人合我臉對臉。喫了交杯酒一盞。大家知趣都抽身。他就忙把房門掩。輕輕給我摘了頭。伸手就來扯把掩。本等心裡待不依。他央及的急了我又心腸軟。

交歡

又喜又羞。又喜又羞。寃家合俺睡在一頭。輕輕舒下手。解我的鴛鴦扣。委實害羞。事到其間不自由。勉強脫衣裳。半推還半就。

你說那人年紀小。偏他生的臉子老。一頭睡著不肯閒。摸了頭來又摸腳。百樣方法鬼混人。輕輕的把我的腮來咬。我的手仔鬆了鬆。褲帶已自解開了。

把俺溫存。把俺溫存。燈下看的十分眞。冤家甚風流。與奴眞相稱。摟定奴身。摟定奴身。低聲不住叫親親。他仔叫一聲。我就麻一陣。

渾身上下脫了個淨。兩手摟的沒個縫，腿壓腿來手摟脖。就有力氣也沒處掙。摟一摟來叫一聲。不覺連我也動興。麻抖擻的沒了魂。幾乎錯失就答應。

不慣交情。不慣交情。心窩裡不住亂撲通。十分受熬煎。仔是強閨鬧。汗濕酥胸。相偎相抱訴衷情。低聲央及他。你且輕輕動。

聽不的嫂子那瞎攘兒。這椿事兒好難受。熱燎火燒怪生疼。顫欽欽的把眉兒縐。百般央及他不依。仔說住住就滑溜。早知道這樣難爲人。誰待搶著把媳做。

又是一遭。又是一遭。漸漸的熟滑了。摟把著口裡不好說。其實有些子妙。魄散魂消。魄散魂消。杏臉桃腮緊貼著。款款擺腰肢，不住微微笑。

做了一遭不歇手。就是喂不飽的個饞癆狗。央及他歇歇再不依。恨不的把他咬一口。誰知不像那一遭。不覺伸手把他摟。口裡說著影煞人。腰兒輕輕的扭一扭。

不覺明了天。不覺明了天。待要起去仔是怪懶耽。勉強下牙床。閨鬧了好幾遍。懨懨纏纏。懨懨纏纏。冤家不住的又端相俺。身子軟迭歇。仔覺著難存站。

一夜沒曾閉著眼。不覺東方日頭轉。往日仔恨夜裡長。偏他今夜這樣短。勉強閨鬧起牙床。渾身無力骨頭軟。丫頭旁裡雌著牙。不由咱一陣紅了臉。

打扮穿衣。打扮穿衣。心情撩亂強支持。手兒懶待抬。難畫眉兒細。把俺將息。把俺將息。

盪心雞蛋補心虛。我的手兒酸。仔是拏不住。

魂靈不知那去了。怎麼著梳頭並裹腳。強打精神對妝台。左攏右攏再梳不好。忽然想起喜絹來。床裡床外到處找。誰知他正拏著瞧。才待去奪他笑著跑。

可意俏冤家。可意俏冤家。半步不離的守著咱。一霎不見他。我也放不下。會頑會耍。會頑會耍。怎麼教人不愛他。才知親嫂嫂。說的是實話。

也是我前世有緣法。今生今世撞著他。知疼著熱好愛人。款款溫柔會頑耍。半步不肯出繡房。我亦覺著離不的他。想起嫂子那話來。他到不曾把謊撒。

歡歡喜喜。歡歡喜喜。三朝九日都休提。怎麼眨了一眨眼。就是三十日。正好歡娛。正好歡娛。娘家差人來搬取。待要不回家。禮上過不去。

夜夜成雙好快活。恨不的併做人一個。不吃茶飯也不饑。仔是巴不的日頭落。不覺對月該回家。急的他仔把腳跺。一宿餞行好幾遭。連接風的酒席都預支過。

歸寧

對月搬回家。對月搬回家。尖嘴嫂子栖哩咱。他說你姑娘。已自奶膀兒乍。那日到你家。那日到你家。你兩口子光景是怎麼。我也替你喜。我又替你怕。

嫂子笑著把掩瞅。未曾說話先楝口。低低叫聲你姑娘。如今你可得了手。說是他姑夫見你親。想是不肯空一宿。那樁滋味精不精。不說實話是個狗。

罵聲臭東西。罵聲臭東西。我道你也是沒的。想想你當初。就沒有那一日。俺都老實。

俺都老實。誰像你生的像個狐狸。提起那椿來。就像糖伴著蜜。

罵聲嫂子現世報。偏你有些胡禱告。不管人心裡怎麼著。進門就是瞎鬼鬧。你嗎望著那椿親。俺可知道妙不妙。你仔想想你當初。蛇鑽的窟窿蛇知道。

住了幾天。住了幾天。心裡的滋味不好言。怕的到晚來。獨自睡不慣。情緒懨懨。情緒懨懨。說著笑著也怪懶耽。母親不通情。仔怪我不吃飯。

從新又到這房中坐。淡摸索的怪冷落。沒的辣氣上了床。閉眼就是夢一個。醒來不見了俏冤家。疑糊突的到處摸。想起那人在家中。冷清清的叫他怎麼著過。

他家來搬。他家來搬。依著母親還要留俺。虧了親嫂嫂。他會行方便。帶笑帶頑。帶笑帶頑。姑娘這兩日不耐煩。不如早送回。省的他兩下怨。

聽說來搬喜了個掙。腳趔跳的往外蹭。母親意思還要留。虧了嫂子來助興。姑娘這兩日裡像想家。沒精打采的強⿵門坐⿵門爭。再住兩日不送回。兩口子要想成病。

不好回言。不好回言。著實把他⿰目列一眼。沒人合你頑。偏要來尋賤。笑著出堂前。笑著出堂前。上了轎子就怪喜歡。那人在家中。不知怎麼的盼。

嫂子說話硼心坎。句句何曾差一點。本等心裡怪愛笑。人臉前裡放下臉。一遭一遭的瑣碎人。想是拏著奴聘纂。一行說著出中堂。回過頭來旋一眼。

還　家

來到他家。來到他家。那人見了歡喜煞。走到人背後。把我捻一下。痒痒刷刷。痒痒刷刷。心裡的滋味不知怎麼。笑著瞅一眼。忙把頭低下。

使不得催著轎夫跑。仔愛一步就到了。那人笑著往外迎。好像拾了個大元寶。瞅空就來捻索人。故意含羞妝著惱。低低罵聲臭東西。進去合你把帳找。

走進中堂。走進中堂。拜過婆婆進繡房。喜的俏冤家。嘴兒合不上。左右端相。左右端相。手裡摸索口兒裡忙。我全看不的。那個急模樣。

不管長來不管短。進門就來摟把俺。頭磕頭兒親又親。聲聲怨我把他閃。幾日沒見怪生插。笑著笑著紅了臉。上頭忽臉的影煞人。你看乖了我的纂。

巴的黑了天。巴的黑了天。吃不迭飯就把俺纏。他越纏得緊。我越發睡的慢。俏語低言。俏語低言。輕輕的跪在踏板前。我仔笑了一聲。他就扒上床兒沿。

本等知道他心裡急。故做張致不去理。不脫衣裳不摘頭。叫聲丫頭拏茶吃。急的他仔跳瑣瑣。扭著頭兒偷眼喜。不由嗤的笑一聲。怎麼就該這樣乞。

解脫羅衣。解脫羅衣。從新又溫舊規矩。比著那幾天。更覺有滋味。氣喘吁吁。氣喘吁吁。心裡自在全說不的。待要不聲喚。仔是忍不住。

上的床來就動手。要找上從前那幾宿。還待說的勉強話。到了好處張不開口。不覺低聲笑吟吟。喘絲的身子扭。他問我自在不自在。搖著頭兒摟一摟。

一段春嬌。一段春嬌。風流夜夜與朝朝。趁著好光陰。休負人年少。有福難消。有福難消。百樣恩情難畫描。明年這時節。准把孩兒抱。

天生就的人一對。郎才女貌正班配。二十四解不用學。風流人兒天生會。巴到夜裡就成仙。越做越覺得有滋味。該快活處就快活。人生能有幾百歲。

對玉環帶清江引

信口胡謅。不俗也不雅。寫景描情。不眞也不假。男兒不遇時。就像閨女不出嫁。時運不來。誰人不笑他。時運來了。誰人不羡他。編成小令鬧頑耍。都是些精明話。聊且解愁懷。好歹憑他罷。悶來時歌一闋。我且快活一霎。

功名富貴。由命不由俺。雪月風花。無拘又無管。淸閒即是仙。莫怨身貧賤。好月初圓。新醇傾幾盞。好花初開。奇書讀一卷。打油歌兒將興遣。就裡情無限。留著待知音。不愛俗人看。須知道識貨的。他是另一雙眼。